扫码关注"钱米课堂"公众号
后台回复"听书",免费获取5本经典理财听书

极简理财七堂课

FINANCIAL TRANSACTIONS

钱米课堂 组编
王凤霞 王雪玉 李锋 等 编著

实操性超强，学完就会用
轻松学透 银行理财／债券／基金／股票／保险

钱米课堂
从0到1，快速提高财商
赚取人生第一桶金

SPM 南方传媒 广东经济出版社
·广州·

图书在版编目（CIP）数据

极简理财七堂课 / 钱米课堂组编；王凤霞等编著. —广州：广东经济出版社，2022.5
ISBN 978-7-5454-7921-8

Ⅰ.①极… Ⅱ.①钱…②王… Ⅲ.①私人投资—通俗读物 Ⅳ.①F830.59-49

中国版本图书馆CIP数据核字（2021）第179404号

责任编辑：陈念庄　刘亚平
责任技编：陆俊帆
责任校对：刘紫娟

极简理财七堂课
JIJIAN LICAI QI TANGKE

出版人	李　鹏
出版发行	广东经济出版社（广州市环市东路水荫路11号11～12楼）
经销	全国新华书店
印刷	广东鹏腾宇文化创新有限公司 （珠海市高新区唐家湾镇科技九路88号10栋）
开本	730毫米×1020毫米　1/16
印张	23.75
字数	482千字
版次	2022年5月第1版
印次	2022年5月第1次
书号	ISBN 978-7-5454-7921-8
定价	50.00元

图书营销中心地址：广州市环市东路水荫路11号11楼
电话：（020）87393830　邮政编码：510075
如发现印装质量问题，影响阅读，请与本社联系
广东经济出版社常年法律顾问：胡志海律师
·版权所有　翻印必究·

目　　录

第一堂课　树立正确的理财观念 ················· 1
　钱越来越不值钱，我们要学会理财投资 ············· 2
　理财最重要的四件事 ························· 6
　理财投资的五大误区 ························· 10
　设定理财目标，规划好"三笔钱" ················· 14
　盘点资产，看看手里的钱该怎么生钱 ··············· 17

第二堂课　小白理财1.0：迈出理财投资第一步 ········· 23
　国债逆回购，小白也能轻松掌握 ················· 24
　储蓄国债，保本保息的法宝 ···················· 30
　学会打新债，每年多赚几千元 ··················· 37

第三堂课　小白理财2.0：寻找稳健的银行理财产品 ······· 47
　秒懂银行理财产品 ·························· 48
　银行理财产品该怎么挑？ ······················ 55
　年利率3.5%以上的银行存款类产品靠谱吗？ ········· 59
　如果银行破产了，我们的钱该怎么办？ ·············· 61

第四堂课　理财入门：最适合普通人的投资工具——基金 ···· 65
　普通人的理财神器——基金 ···················· 66
　从零开始认识基金，从名字一眼看透基金内涵 ········· 70
　投资基金有哪些费用？ ······················· 78
　在哪里买基金靠谱又划算？ ···················· 89
　零钱怎么存？货币基金帮你忙 ··················· 96
　5个维度，选出你的第一只短债基金 ··············· 103
　选对混合基金与股票基金，获取高收益 ············· 113
　选对人选对"基"，牛人牛基名单精选 ············· 122
　巴菲特力荐的指数基金，到底好在哪儿？ ············ 131
　5个挑选标准，找到适合自己的指数基金 ············ 142
　新手适用的3组指数基金组合 ··················· 150
　像股票一样波动的ETF基金，到底怎么投？ ·········· 153

1

新手必学的懒人投资法——基金定投···161
　　基金如何止盈？3种方法帮你忙···171
　　手里的基金亏钱了，怎么办？···176
　　基金的"智能定投"功能，要不要用？··182
　　基金分红有什么用？要怎么选？···187
　　总结篇：学会投资基金，更安稳地赚钱··189

第五堂课　理财进阶：从极简的股票投资说起···195
　　新手入门，要花多少钱买股票？···196
　　投资股票，不可不知的交易规则···201
　　初识A股结构，认清十大券商···207
　　揭开七大市场指数真面目，轻松掌握股市走向····································211
　　搞懂股票板块划分，热点一目了然··221
　　股市捕鱼法之鱼塘篇：找到好行业··227
　　股市捕鱼法之鱼类篇：认识股票分类···235
　　股市捕鱼法之捕鱼方法一：ROE选股··240
　　股市捕鱼法之捕鱼方法二：分红选股···243
　　股市捕鱼法之捕鱼方法三：条件选股···246
　　股市捕鱼法之捕鱼方法四：排除法选股··250
　　股市捕鱼法之适时捕鱼：市场估值法···257
　　股市捕鱼法之适时捕鱼：个股估值法···261
　　股市捕鱼法之适当捕鱼：构建组合和仓位管理····································267
　　股票技术分析必学的3个指标···272
　　上升趋势中的操作方法···283
　　下跌趋势中的操作方法···293
　　震荡行情中的操作方法···300
　　股票被套，如何解套？··304
　　学会打新股，稳赚更高收益··310
　　炒股也要防被骗，4种股票骗局揭秘··316

第六堂课　保险配置：解决家庭的后顾之忧··323
　　社保能带来哪些福利？有了社保为什么还要买商保？··························324
　　四大险种怎么配置才更经济合理？··332
　　一家人的保险，怎么买最合理？···347
　　买保险前，这十大常见问题要搞懂··352

目　录

第七堂课　工具、网站、书籍推荐 ·· 359
　　四大常用基金投资工具介绍 ··· 360
　　7个好用的炒股工具介绍 ·· 363
　　8个好用的投资网站推荐 ·· 365
　　理财小工具、实用理财书籍推荐 ·· 366

后记 ·· 369

第一堂课

树立正确的理财观念

钱越来越不值钱，我们要学会理财投资

很多朋友都有这种感觉：这些年工资上涨的速度远远赶不上物价上涨的速度。比如 10 年前 20 万元可以支付大城市一套房子的首付，现在 20 万元只能买到一个卫生间；5 年前，1 元钱就能买一支雪糕，而现在没有三五元，都不好意思打开小卖部的雪糕柜。

我们常感叹的"钱不值钱"，用经济学术语来描述就是出现了通货膨胀。通货膨胀会让我们手里同样的钱能买到的东西越来越少，如果我们不想办法让钱增值，那么我们的财富就会缩水。

从近 20 年的实际情况来看，平均每年的通货膨胀率大概是 5%，简单来说就是今年 100 元能买到的东西，明年要花 105 元才能买到，后年则要花更多钱……而且官方的物价水平统计中不包括房产，如果再考虑到房产，通货膨胀率就更高了！

我的一个朋友的爸爸 2003 年在广州花 30 万元买了一套房，到了 2020 年，这套房子能卖 480 万元，17 年涨了 15 倍，是不是很不可思议？

如果大家对此感受还是不强烈的话，可以回想一下，1980 年前后，万元户可不多见，属于方圆几百里内的富豪。如果我们在当时把 1 万元钱存进银行，到今天才取出来，本金加利息才 2 万元，购买力和当初已经没法比了。

所以，现在你可能觉得攒下来的 100 万元或 1000 万元，是一笔数目很大的钱，但是 20 年、30 年之后呢？这些钱给你养老，够不够用呢？这就要画一个问号了。

网上曾有人提出：我现在 35 岁，持有 200 万元现金，可以退休了吗？

乍一算，把 200 万元存在银行，银行年利率为 4%，每年能拿 8 万元的利息，按目前的消费水平，这足够让一个人生活得不错了。但展望未来 30 年，按照每年通货膨胀率为 5% 来计算，这 8 万元的购买力恐怕还不如现在的 2 万元，而现在每个月 1000 多元的生活费，到那时也就只能维持吃饱饭的状态。

通货膨胀这只"小怪兽"，一直在无形当中一口一口吃掉我们辛苦赚来的钱！只有积极理财投资，才能让我们的财富避免贬值，实现增值。

学会理财投资有以下好处：

（1）跑赢通货膨胀，让资产增值

大多数人理财投资的目的是让自己的钱跑赢通货膨胀，避免贬值。

比如，今年买 1 斤猪肉要花 30 元，而明年猪肉价格涨到 35 元，如果我能通

第一堂课
树立正确的理财观念

过理财投资把手里的30元本金变成35元,那么我理财投资增收的速度就追上了通货膨胀的速度,明年不用另外加钱也能买到1斤猪肉。如果我能通过理财投资把30元本金增值到50元,那么明年我就能买到更多猪肉。

因此,通过"让钱生钱",我们不仅可以跑赢通货膨胀,还能赚更多钱去买更多的东西。

如果我们只是把钱存在银行,享受活期存款利率,1万元存一年,利息才30元,那一定是跑不赢通货膨胀的。

通过正确的理财投资方法,一年获得10%~15%的收益并不是一件非常难的事情。如果再加上一点好运气,抓住一波牛市机会,收益翻倍也是可能的。

投资市场不断发展,现在我们可以选择的理财投资方式已经非常多样化,如银行理财、股票、债券、基金、黄金,还有这几年非常火爆的房地产投资等,都是可以让我们的资产增值的方式。

(2) 提高财商,避免踩坑

我们的人生路上会遇到非常多的诱惑和陷阱,不提高财商无法完全避免"踩坑"。

很多人以为,只要自己不参与理财投资,别人就骗不了自己,其实这种想法是错误的。因为人们很难克制自己的贪婪,只要诱惑够大,总会有人上当受骗。

还有一些坑,是我们在理财投资的过程中可能会遇到的,比如这几年乱象丛生的P2P理财。P2P网贷机构从高峰时期的约5000家到现在全行业被清退,导致数百万名投资者血本无归。

即使在银行购买理财产品,我们也可能会被银行的客户经理误导,最终购买不合适的基金或保险。有的人甚至会遇到诈骗,比如前几年民生银行某支行行长伪造了号称能"保本保息"的假理财产品,致使150多名投资者被骗,涉案金额高达30亿元。这些钱最后能追回多少是未知数,投资者损失惨重。

从被骗的人群来看,不仅有老年人、理财小白,还有很多学历高、社会阅历很丰富的人。

这是因为诈骗分子特别善于抓住人性的弱点,擅长使用各种诈骗手段,而且他们的背后可能有高智商团队在运作,我们光靠智商已经不足以应付了,提高财商才是重点!

因此,我们只有提高财商,练就一双慧眼,才能从根本上避免被骗。

(3) 学会消费管理,避免陷入月光和负债的境地

理财是一辈子的事,总的来讲是我们对个人消费的整体管理。

现在有很多人,为了满足自己的物质欲望,每月过度消费,信用卡、花呗透支

的额度越来越高，收入又不足以覆盖这些欠款，只好拆东墙补西墙，被债务弄得焦头烂额。更有甚者因为过度消费而欠债几十万元甚至上百万元，最终导致家破人亡。

学会克制自己的消费欲望，每月强制储蓄，做到收支平衡，是理财投资最基本的要求。

如果你已经属于负债一族，你就要学会管理你的负债，有些负债是良性的，如房贷、车贷；而有些负债是恶性的，如因购买奢侈品或赌博造成的。

通过理财投资，负债累累的人有可能变成拥有更多收入的人生赢家。

（4）把握重大财富机会，改变自己的命运

人称"周期天王"的已故著名经济学家周金涛有一句名言："人生的财富不是靠工资，而是靠你对资产价格的投资。一个人的一生中所能够获得的机会，理论上来讲只有三次，如果抓住其中一个机会，至少是个中产阶级。"

最直接的证明就是房产投资。10年前，如果你在一线城市购买了一套房子，那么你现在的资产价值至少已经涨了一两倍，身家起码是几百万甚至上千万了。

而在股票投资方面，机会就更多了。中国股市的历史有30多年，其间大的牛市已有5次，平均5～6年就有一次，在我们的生命长河中，如果能把握住其中的一次，我们的财富就会有根本性的改变。

我有个朋友，2007年大牛市时，他刚毕业，没有什么投资经验，也没有本钱，错过了那次机会；第二次机会是在2015年，他已有一定的投资经验，但是本钱不够多，所以他也没能实现财富大幅增值；第三次机会是在2019年初，股市跌到了一个比较低的位置，此时他已经有了丰富的投资经验，而且手里有上百万元现金。他抓住了这次机会，把房子卖掉，拿着几百万元进入股市，几个月后，他通过股市成功地赚了2000多万元，重新购买了更大的学区房。

他的经历我们无法复制，但我们可以从中得到一个重要启发：通过理财投资，可以让我们的财富实现增长，让生活变得更加美好。

（5）利用复利赚钱，早日实现财务自由

股票投资里有一个"10年10倍"的逻辑：每年只需要盈利25.89%，资金每3年就可以翻一番，每10年就可以增长到10倍。如果有10万元本金，30年后，这10万元将成为1亿元。其原因在于被爱因斯坦称为世界第八大奇迹的"复利"。

复利的秘密是什么？为什么复利有这么神奇的力量？

复利，其实就是把获得的利息连同本金再一起投资到理财产品中，不断滚续；单利则不会把利息再投进去，如银行的存款产品。

第一堂课
树立正确的理财观念

虽然一开始复利的增加幅度很小,甚至微小到你都感觉不出来,但是随着时间的推移,重复多次之后,总资产增速就会越来越快。

我们来举个例子。

我们先定一个小目标:退休的时候能有 500 万元的养老金。有朋友可能会叹气,怎么可能有 500 万元呢?我现在连 10 万元都没有。别灰心,我有办法。

第一种办法比较简单,每个月向银行账户存 13889 元,存够 30 年。但是,这个办法说了等于没说,毕竟不是每个人都有那么高的收入。那还有没有其他办法?

第二种办法是每个月拿出 1750 元进行投资,如果平均每年有 12% 的利息,那么 30 年后,你的账户上就会有 500 万元。

这个办法是不是简单多了?每个月投资 1750 元,只要我们能够坚持 30 年,并保持一个比较可观的收益,相当于平均每天的投资额度还不到 60 元,就能积累到 500 万元。这就是复利的魅力!

在我过去 10 年的工作经历中,我碰到过很多客户,在银行存了一笔钱,到期之后就把利息取出来,本金再存 5 年,或者理财产品到期之后,把利息取出来,本金再存。

这样做就错过了复利的机会。你把利息花掉了,但是你的本金没有明显增长,看起来在理财,但是你没有通过理财攒下一笔可观的财富,只不过赚了一点点利息而已。

巴菲特曾经说过:"投资就像滚雪球,只要有足够长的坡和足够湿的雪,那么你的财富雪球就一定会越滚越大。"这句话点明了投资理财当中复利效应的三大要素:本金、增长率和时间。

本金越大,复利的收益就越大。"足够长的坡"指的是时间,复利的时间越长,就有越多的时间让钱生更多的钱。"足够湿的雪"指的是增长率,也就是钱生钱的速度,速度越快越容易滚成大雪球。理财投资中,保持稳定的收益率,不管是 8%、10% 还是 20%,最后的结果都将非常惊人。

很多人会说,我有时间,可以保持增长率,但是我没有本金怎么办呢?其实你仔细测算一下就会发现,在这三个要素里,对结果影响最大的是增长率,其次是时间,最后是本金。

比如,同样是 10 万元本金,在 5% 和 10% 两种不同的复利利率下,第 1 年,收益相差 5000 元;到了第 30 年,收益相差 131 万元。10 万元本金下的复利年限差异见表 1-1。

表1-1 10万元本金下的复利年限差异

年限	复利5%	复利10%
1	105000	110000
5	127628.1563	161051
10	162889.4627	259374.2460
20	265329.7705	672749.9949
25	338635.4941	1083470.5943
30	432194.2375	1744940.2269

因此，不要小看复利利率的差异，即使利率只相差几个百分点，在时间的作用下，收益也可以拉开很大的距离。

我们通过学习基金、股票投资，要想达到10%以上的收益率，其实并不难。一旦收益率达到了，慢慢去积累500万元也将不再是遥不可及的梦想。

那么，影响收益率的最关键的因素是什么？

答案是理财能力。要想具备理财技能，一是要努力学习理财知识，二是要有"富人思维"，三是要能把握住机会。所以，学习理财投资知识是我们打开财务自由大门的第一把钥匙，我们只有找到好的学习方法，才能少走弯路。

理财最重要的四件事

每个人都希望能够随心所欲地做自己想做的事情，但是迫于现实的压力，能做到这点的人非常少。为什么？

其实，主要还是因为"穷"！

我们常说"你不理财，财不理你"。对于普通人来说，他们会先解决最基本的吃穿住行问题，再考虑理财的问题。

但吃穿住行也是理财的一部分。理财就是理生活，把收入和支出合理地进行规划就是一种很好的理财状态。等资本积累到一定的程度，我们就能靠投资赚取收益了。

那么，我们应该如何开启理财规划之路呢？下面介绍理财最重要的四件事。

1. 坚持记账

有很多朋友抱怨，自己一个月赚得也不算少，但是总是攒不到钱，都不知道钱花到哪里去了，其主要原因是没有养成坚持记账的习惯。

第一堂课
树立正确的理财观念

只有通过记账，我们才能知道每个月收入有多少，支出有多少，钱具体花在了哪里，有哪些冲动支出，这样才能有针对性地进行规划。

很多人可能会觉得记账很麻烦，或者经常忘记记账。

其实记账是一件非常简单的事，我们不需要随身带着本子去记录我们的花费，只要有手机就可以实现随时记账。

现在有很多手机记账工具可以选择，如鲨鱼记账、随手记、口袋记账、Timi时光记账、松鼠记账等，都可以作为我们日常的记账工具，只需要花几秒钟就能完成一次记账。

我目前正在使用的记账工具是口袋记账（图1-1），这个App里详细列明了项目、金额、时间，我每次消费完或获得收入的时候，会立马打开手机，开始记账。先选择消费项目，再输入消费金额，花10秒就完成了记账。

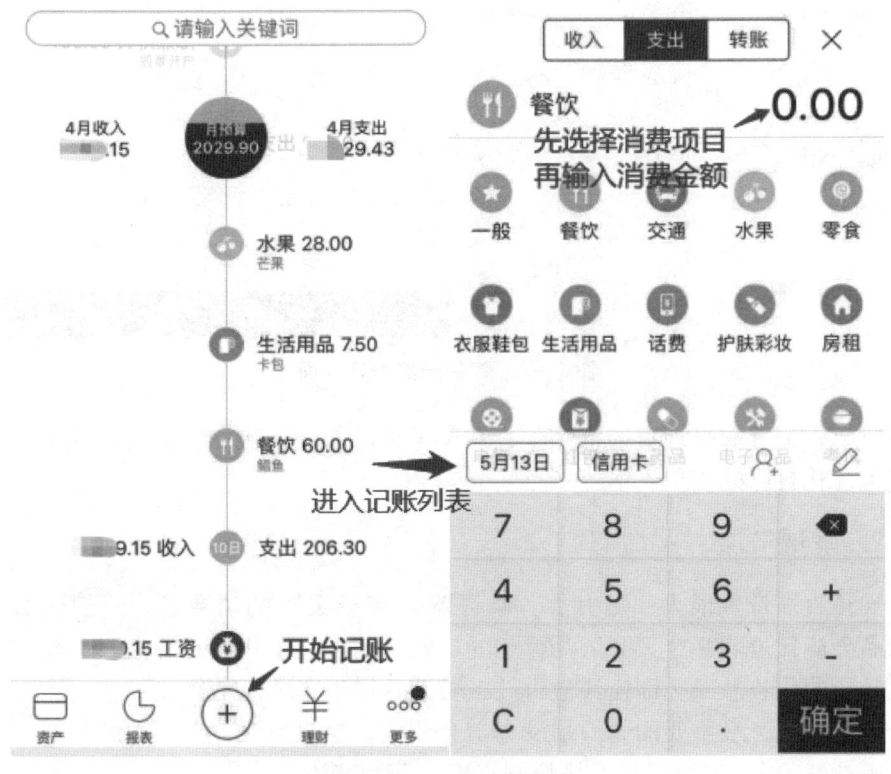

图1-1　口袋记账界面

记好账之后，可以打开记账表（图1-2），看看自己每个月的钱花在了哪里，哪些钱是可以节省的，哪些钱是固定支出。另外，还可以看看一年的收入和支出是多少，看看自己一年能存多少钱。

7

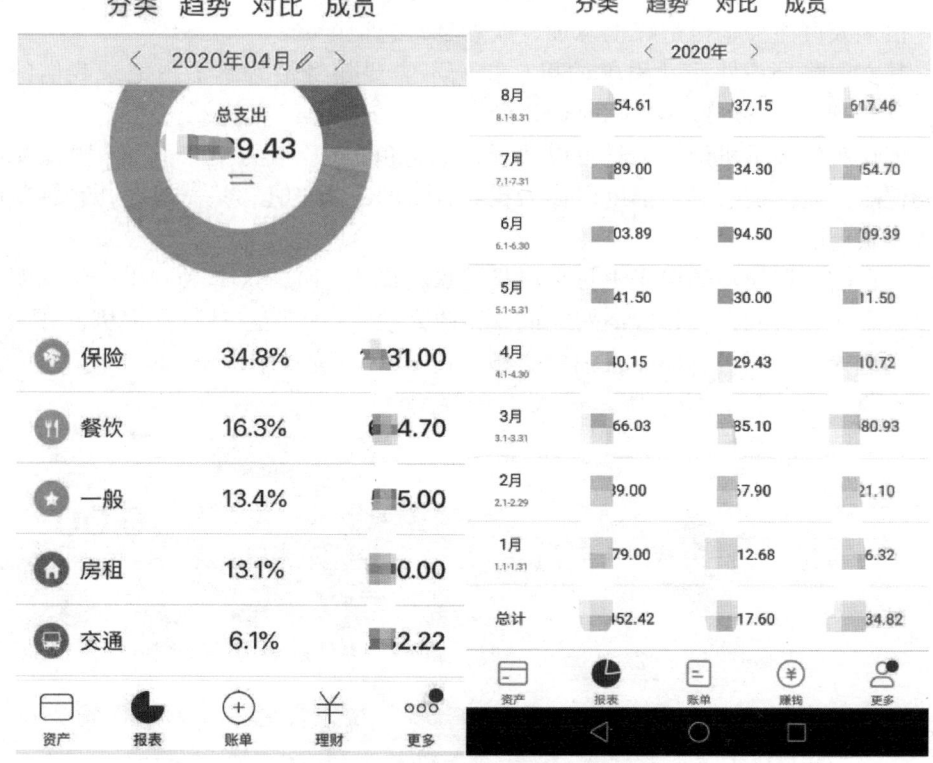

图1-2 口袋记账报表界面

所以,记好账是理财的第一步,知道了自己的收入和支出结构,就可以有针对性地优化自己的支出。

2. 坚持节流

现在直播带货很火,吸引了一群喜欢"买买买"的消费者。他们面对降价的商品会疯狂抢购,今天买了几百元的口红,明天吃了几百元的大餐,后天又买了几千元的化妆品……即使钱包再鼓,长期这样下来也撑不住。

攒不到钱,最重要的原因是没有学会节流。要想攒钱,在开源的同时,还要控制好花钱的"水龙头",严格控制流出,开始节流。

节流的方法其实很简单,但是需要狠下心来克服欲望,不被消费主义"洗脑"。

(1) 不买使用频率低的东西

使用频率低的东西,如果能够借用或租用,就别买太多,比如衣服,买得太多，一件一年穿不上三回，等款式过时了，基本上就存在衣柜里吃灰了。

又比如婚纱只能用一次，还占地方，买不如租。因此，在购物时一定要考虑清楚买下这件商品的必要性，不要一时冲动。

（2）消费要匹配收入

有的人收入不高，但是对生活品质的要求很高。比如月入1万元，每年要去2趟以上国外旅游；月入5000元，要买上万元的包包。追求生活品质没有错，但是我们手里总要有点钱，才有安全感，才能让自己在面对许多未知的意外时从容不迫。

因此，要想攒下钱，就别做与收入水平不匹配的事情。国外游可以换成周边游，或降低频率，如两年一次；包包可以用几百元一个的小众品牌代替，质量也挺好的。想想办法，总能找到匹配的东西来满足我们的需求。

（3）节约是一种美德

我们要控制购物的欲望，也要学会正确地购物，比如可以趁着促销多囤点纸巾、食盐、白糖等日用商品，这样也能省下一笔钱。

不过，我倒不建议大家在该花的钱上面节省，比如为了买便宜5角钱的鸡蛋，跑到隔几条街的超市去采购，实际上也省不了几元钱，还要搭上交通费，耗费大量的时间和精力。

所以，有些钱该花的就花，我们要节约的是那些没必要的支出。

3. 努力开源

有些朋友说：我已经很节约了，怎么还是没攒到钱呢？

答案是：你的收入水平太低了！

对于收入水平低的朋友来说，除了节流，还必须不断找到新的"钱源"。那么，开源的方式有哪些呢？

（1）做各种各样的兼职

有些朋友为了多赚钱，会在下班之后做些兼职。我之前坐网约车时遇到一名司机，他是动物园的工作人员，利用空余时间出来跑网约车，他说自己的兼职收入和工资差不多。

我认识一个宝妈，她的本职工作是在美甲店上班，早上店里人少的时候，她就抽空做鸡爪，下午下班后去摆摊卖鸡爪，每天都能卖完四大盆鸡爪，这样她每天都能多收入几百元。

还有一些人通过自己的技能去外面接单，比如会做PPT或平面设计，通过接单赚一笔额外的收入。

总之，赚钱的方法很多，但需要我们有一定的时间或技能，这个世界总是奖励那些努力付出的人。

(2) 通过理财投资赚钱

理财投资是伴随我们一生的事，只要手上有一笔小钱就可以进行投资。

比如，我们可以先去开个证券账户，参与打新债，中一签只要一两千元本金，平均收益一般在10%以上。

如果手里有几万元或几十万元，还可以去做其他投资，比如购买国债、银行定期存款类产品、基金、股票等。

我周围就有不少朋友，通过理财投资获取的收益能和他们自己的工资相媲美。当你真正学会了理财投资，它就会变成一件很简单的事情，你将能用同样的技巧和方法，让你的资产持续增值。

4. 终身学习

很多朋友能实现人生逆袭，和学习有很大的关系，持续学习的人和不愿意学习的人思维差别很大。

不愿意学习的人思维往往僵化，容易形成惯性思维，故步自封，没有自己的判断力，往往也无法克服自己的贪婪，最终很可能会"踩坑"或被人骗。比如，这几年有很多骗局打着高收益的幌子骗人，我身边就有人被骗走了几十万元。

而勤于学习的人思维开阔，明辨是非，不轻易被诱惑，能掌握更多新技能，在市场上快速找到机会，成就自我。许多能够稳定盈利的人，都是在投资市场上摸爬滚打多年的人，他们用真金白银给自己买来了很多经验和教训。

因此，要想成为一个投资赢家，就应该保持终身学习的习惯。

理财投资的五大误区

理财投资就像在浩瀚无边的大海里捕鱼，投资市场是大海，而我们是海里的捕鱼船。大海有风平浪静之时，也有大浪滔天之日，我们身处其中，可能会收获满满的海鲜，也可能会遇到惊涛骇浪，触到碎石暗礁。

在理财投资的海洋里，我们常常后知后觉，总是在翻了船、触了礁之后，才感叹"要是早点知道就好了"。

俗话说，"小心驶得万年船。"那么，理财投资，到底有哪些需要注意的地方？下面我给大家分享5个常见的理财误区，大家一定要当心！

第一堂课
树立正确的理财观念

误区1：等到有钱了再理财

我刚毕业的时候认识了一个朋友小玲，她家庭状况还不错，没有经济负担。她把每个月的工资都花光了，基本上没攒什么钱。有时临时需要花钱，她还要向我借，等发了工资再还我。

当时，我的工资和她的一样，都是4000多元。我不仅有钱攒下来，而且通过理财投资赚到了更多的钱。

每次我和小玲说要学会理财投资时，小玲总是撇撇嘴告诉我"没钱"。几年后，我的收入越来越高，理财投资经验越来越丰富，理财收益也变得更加丰厚。而小玲依然花钱没有节制，年近30岁了还过着"月光族"的生活。

"没钱就不理财"，有这种想法的人不在少数。他们从来没有意识到，正是因为他们缺乏理财规划意识，才会陷入恶性循环，一直没钱可理。没钱可理，就是缺乏理财意识、不会理财导致的。

"你不理财，财不理你。""理财"并不像大家想象的那样"高大上"，好像没有几百万元，都不好意思说自己有理财需求。实际上，它更像一种生活方式，通过合理分配收入与支出，做到"手有余粮，心里不慌"。

比如，我们没钱，是不是因为我们赚得不多而花得太多呢？通过理财规划，控制住支出，提高收入，我们是不是就能攒下钱呢？

所以，没有钱，更要理财。学会理财，就能攒下钱；攒得下钱，就能真正开始投资。正如赞比亚经济学家丹比萨·莫约所说，"种一棵树最好的时间是十年前，其次是现在。"

理财这个东西，像是一项技能，如同我们开车、骑自行车一样，这项技能你一旦掌握，是可以伴随你的一生的，甚至可以为你的家庭创造源源不断的回报。

所以，不要等到有了足够的钱才去理财，否则你会错过很多资产增值的机会。

误区2：看到别人赚钱就跟风

我有很多朋友在2015年那波牛市里亏了许多钱，为什么会这样？

最主要的原因是他们根本就不懂什么是股票，听说牛市来了，股价会涨得很多，买了就能赚钱。于是，这些小白们就赶紧拿钱冲进了股市，一开始账户里还真是每天都在不断增值，搞得他们都以为自己掌握了投资的诀窍，不断加仓买入。

但2015年6月后股市出现了波动，他们舍不得卖掉亏损的股票，最后每个人都出现不同程度的亏损。他们用几十万元换来一个教训：跟风乱投资是会吃亏的。

在不了解理财投资之前,听到别人的吹嘘或宣传,以为买到这些产品就能赚大钱,于是贸然跟风进场投资,这样就很容易被"割韭菜"。

所以,我们在理财投资前,一定要先了解产品,学习与投资有关的知识,有一定的投资能力后再决定要不要投资。

误区3:把钱全部拿去做投资

2015年,我有一个朋友在股市上亏得比较惨,他把本来拿来买房的钱以及另外借的几十万元都拿去买了股票,想要搏一搏,以实现财务自由,最后亏掉了买房的钱不说,借来的钱也还不上了。更悲剧的是,后来房价又上涨了,直到现在他也没机会上车。

他最大的问题是什么?其实就是把钱全部拿去做投资,甚至借钱投资。

理财投资是一个总体的规划,我们一直强调用来投资的钱一定得是闲钱,不能借钱投资,也不能把所有的钱都投进某一个产品里。

我们做投资时,首先要保障本金的相对安全。大部分赌徒都有过赢大钱的时候,但最后都会亏光家产,负债累累。

因此,我们在做理财投资时,要"手下留情",要给自己留退路。我那个把买房子的钱用来炒股的朋友的做法并不可取,风险实在太大。

我们要做自己能力范围内的事情,超出我们能力而赚到的钱,往往也会亏回去。

因此,在这里提醒大家,投资理财是为了让生活变得更美好,而"赌博式投资"明显不具有这样的作用。

误区4:盲目追求高收益

经常有朋友给我发一些高收益理财产品的截图,问我能不能投资。我一看,基本上都是年化收益率超过100%的项目,正常人一看就知道这是骗人的。

但为什么还会有人来问我答案这么明显的问题呢?主要还是因为他们的贪心和无知。

很多人刚开始学理财投资,不知道现在市面上产品的收益水平怎样才是合理的,以为一年翻倍是很简单的事。其实风险和收益本身就是并存的,收益率越高越容易亏损。

中国银行保险监督管理委员会主席郭树清曾警示投资者:理财产品收益率超过6%就要打问号,超过8%很危险,超过10%就要做好损失全部本金的准备。

所以,理财产品的年化收益率超过6%就已经有点危险了,更别说那些动辄高达百分之几十甚至百分之百的年化收益率产品了。

大家想想,世界上哪有那么好的事情,随便一投资,就能获得翻倍的收益,

第一堂课
树立正确的理财观念

如果投资是那么简单的事情,那么这个世界上就没有穷人了。

因此,那些收益很高,甚至号称保本保息的产品,绝对是骗人的。如果有人和你说,有老师带着你投资,几天你就能赚几倍,基本上不用怀疑,你已经被骗子盯上了。

一定不要盲目追求高收益,我们要先了解清楚想要投资的产品收益一般有多高。

误区5:以为眼见为实,被骗局表象迷惑

眼见一定为实吗?还真不一定。大部分理财骗局,都是利用人们"眼见为实"的心理,起初会让你尝到甜头,看到实实在在的收益。等你越投越多、把钱全部投进去了,骗子就卷款跑了。

随着修图技术和视频剪辑技术的进步,很多东西都可以被篡改,改个logo或数字,就可以以假乱真,使一些没有戒心的朋友上当受骗。

曾经有学员拿着一张号称被阿里巴巴投资的某企业的宣传海报,问我里面的理财产品是否可信。

我拿过来一看,发现这就是一张胡说八道的宣传海报,上面印着马云的头像,让人误以为真的是阿里巴巴投资的。

但实际上这家公司和阿里巴巴没有一毛钱的关系,在国家企业信用信息公示系统上根本就查不到这家公司。也就是说,这家公司根本就没有在工商局注册,更谈不上是一家正规的公司。即使是已经注册的公司,为了骗到钱,也会胡乱"抱大腿"。

正因为骗子越来越狡猾,在投资中,我们以往的经验经常会失灵,眼见往往不实,背后往往藏着骗局。

因此,大家一定要用知识武装自己的大脑,这样才能不断地识破骗局,看到这些理财产品背后的本质。遇到关于钱和投资的事情时,我们如果拿不准,最好去问问朋友和家人的意见,同时,我们还可以利用搜索工具,在网上查一下这些平台和理财产品的名称,看看它们是不是真的存在,有没有人爆料这是个骗局等。

理财投资是一件需要克服人性弱点的事情,希望大家在理财的路上,时刻记得这些误区,及时避开,这样才能稳稳地拥有收益!

请大家记住:理财,越早开始越好。但一定要先学习再实践,不懂的东西不要急着碰。投资一定要用闲钱,不盲目追求高收益,不梦想一夜暴富。

设定理财目标，规划好"三笔钱"

经常有朋友问我，手里有几万元或几十万元积蓄，应该怎么投资呢？对于这个问题，不同的人有不同的方案，因为每个人拥有的资产数量和对风险的承受能力是不一样的。比如有的人喜欢冒险，闲钱也多，就适合大量投资股票和基金；而有的人胆子小，风险承受能力低，那么就应该以购买国债、存款类产品为主。

不是所有人都适用于同一套方案，但学习理财的过程都是相似的：第一，了解自己有多少钱可以拿来投资，列出自己的理财目标；第二，学会做理财规划，做好配置方案。

1. 确定你的理财目标

首先，就是确定自己的理财目标。

我们要算出达成一个具体的目标需要存够多少钱。如果目标设定得不够具体，那么接下来的规划也不容易实施。只有把目标详细具体地列出来，让自己朝着这个目标努力，才可能实现目标。

比如你的目标是换个大房子，你可以把梦想中的豪宅照片打印出来，在旁边写上理财的目标：500万元，并将它放在最醒目的地方，这可比空洞的想法有力量多啦！

以确定教育、医疗、养老费用的目标为例，让我们来算一算，这三项大概需要我们花多少钱。

教育费用目标：如果你不是丁克，有了小孩后，就需要为孩子积攒足够的教育费用。

以公办教育费用的较低标准测算，小学六年要6.8万元，初中三年要6万元，高中三年则要7万元，大学阶段则要12万元，合计31万多元，这还是普通家庭对孩子教育投入的正常水平。

我们可以先确定教育金的理财目标，结合自己生活所在地的教育成本和对孩子的期望来计算。比如按一个孩子读到大学毕业来计算，一线城市的家庭要准备50万元以上，一般省会城市家庭要准备30万元以上，小城市家庭也要准备20万元以上。如果你的规划中孩子将来要出国留学，那么这笔费用可能就要达到200万元。

医疗费用目标：人的一生，难免会生几次病，小病还好，如果是大病，几乎就能摧毁一个普通家庭。

有关统计数据显示，人的一生有高达72.21%的概率患重大疾病。要是得了重疾，治疗费用可能要几十万元甚至上百万元。在治疗面前，钱才是"救命药"！如电影《我不是药神》里讲述的，有钱人可以去买进口药，一般人只能买仿制药，穷人可能连仿制药都用不起。虽然他们得的是同样的病，但是有钱和没钱的家庭，选用了完全不同的治疗方案，治疗效果也就大不相同了。

为了提早做准备，我们可以通过购买相应的商业保险来代替这个目标。如果我们设定的医疗费用目标是60万元，那么我们可以购买60万元保额的重疾险、百万医疗险、百万保额的意外险和百万保额的寿险代替。这样不需要攒够60万元，我们也能得到比较充足的保障，而如果一辈子平安健康，总的保费加起来也只需要一二十万元。

养老费用目标：对大多数年轻人而言，退休是一个很模糊的概念。但是我们每个人都会变老，最终不得不考虑这个问题：我们想要体面地养老，需要多少钱？

我们以中国女性55岁退休，男性60岁退休，人均预期寿命77岁来进行简单测算。2019年，中国的退休金平均每月大约为2768元，如果想维持正常生活水平并且有足够的钱来看病吃药的话，一个月至少需要5000元，那么仅有这不到3000元的退休金，肯定是不够的，每个月的缺口是2232元。

按此计算，从55岁到77岁，女性的养老金缺口大约是59万元，男性的养老金缺口大约是46万元。如果没有交养老保险，就得给自己备足大约20年的养老金，每个月5000元，一年6万元，那么至少需要120万元。

上述计算都是建立在物价不上涨，没有出现通货膨胀的前提下，但其实物价是不断上涨的，钱是越来越不值钱的，这个养老费用的目标，至少还要涨一倍。

综合来看，教育费用目标+医疗费用目标+养老费用目标，少则需要上百万元，多则需要几百万元。我们算算自己现在的收入和储蓄，真的可以靠打工攒到这么多钱吗？

其实光靠打工只能维持基本生活，想要过得更好，给孩子更好的教育，给家人更好的保障，给自己更体面的老年生活，就需要想办法让钱生钱，学会利用理财投资，让资产增值。

2. 划分好家庭的"三笔钱"

我们有了理财目标，接下来就需要对家庭资产进行梳理，看看我们的钱该怎么规划。

一般来说，我们的家庭资产可以分成三笔钱进行管理：一是要花的钱，二是保命的钱，三是生钱的钱。

（1）要花的钱

要花的钱一般分为两部分：一部分是我们日常开销需要用的钱；另一部分是用来应对突发事件的，这笔钱叫作备用金，金额一般是3～6个月的必要生活支出。

举个例子：如果你每个月的家庭支出是5000元，包括日常生活开支、房贷、车贷等。那么你手头的备用金至少应该有1.5万元。

很多人认为现在的信用卡、微粒贷、借呗等短期借贷工具很方便，不需要留备用金，实际上这种做法是比较危险的。比如，一个人失业三个月了还找不到工作，但是他的信用卡每个月都要还，微粒贷和借呗也要还钱，而且这些工具利息很高，年化利率差不多要20%，使用这些工具来替代备用金明显是不划算的。

因此在任何时候，我们在做好日常支出规划之余，都要给自己准备好一些备用金，存放在货币基金或其他活期账户里。

（2）保命的钱

一场大病足以击垮一个中产家庭。如果购买了保险，则可以大大降低这种风险。

在家庭资产配置中，用来配置保险的钱，被称为"保命的钱"。

保险其实是一种带杠杆的金融工具，通过以小搏大的方式来抵御风险，本质上是风险转移的工具。

比如，现在市面上有很多医疗险，每年只需要花几百元，就能获得100万元以上的保额，能够报销一定比例的医疗费用，给一个家庭减轻医疗负担。

我有个朋友去年花200多元购买了一份医疗险，后来他生病住院并做了手术，一共花了38000多元，社保报销了2万元左右，剩下的18000多元扣除1万元免赔额，总共获得了8000多元的医疗险赔偿。只用200多元就能撬动几千元甚至几万元的保险杠杆，很划算。

当然，保险中除了医疗险，还有重疾险、意外险、寿险、理财险等，这些我们在后面的章节中都会详细介绍。

总的来说，保险是我们普通人能够运用到的最好的风险转移工具之一，所以，我们要给自己留一些钱来配置保险，将家庭的风险转移出去。

（3）生钱的钱

生钱的钱，也就是用来理财投资的钱，可以分为两部分：一部分是追求本金安全的稳健投资，另一部分是追求更高收益的风险投资。

稳健投资，追求的是本金安全、收益稳定；不奢望高回报，只期望持续保本增值。这部分钱可以用于配置国债、存款类产品，也可以用于配置货币基金，甚至一些大额的信托产品。

用来保本增值的钱投资多少合适呢？最好根据我们的风险偏好来配置。

比如，张三是保守型投资者，一点本金损失都不能接受，那么他最好把大部分钱用来购买银行存款类产品或国债产品。

李四能接受本金出现20%的亏损，属于比较激进的投资者，那么他可以把小部分的钱放在保本的理财产品上，然后把剩下的闲钱拿来投资股票、基金等资产，以此来"钱生钱"。

用于风险投资的钱，可以用来投资高风险、高收益的理财产品，如基金、股票、房地产等，用来生更多钱。

具体分配用于风险投资的资金，主要看自己的理财投资水平和风险承受能力。如果你是一个小白，风险承受能力比较差，那么我建议你投资风险小一点的债券基金、指数基金。如果你是有一定的理财能力、风险承受能力强、追求高收益的投资者，那么可以选择投资风险更高一点的股票型基金、混合型基金，甚至是股票和期权等。

关于配置方案的内容，我们会在下一节继续讲解。

盘点资产，看看手里的钱该怎么生钱

认识了家庭资产配置的"三笔钱"后，接下来，我们要算一算自己手里有多少钱，能用多少钱来做理财投资，并根据自己的投资水平和风险偏好，做好资产配置。

1. 算出自己有多少可支配资金

理财投资是需要一定的本金的，而很多人不清楚自己到底有多少钱，有多少闲钱能用来理财投资。

因此，第一步，我们算一算自己有多少钱可以自由支配。在这里，建议大家找一张白纸，用笔写出来。

如何盘点自己的可用资产呢？

我们可以先算一下自己目前的可用资金是多少，将银行存款、货币基金、现金、别人欠我们的钱以及我们欠别人的钱列出，这样就能初步算出我们的可用资金总额了。

第二步，我们来算一下自己每个月的平均收入是多少、平均花费是多少，最终得出平均每个月结余的钱。

所以这里一共会有两笔钱：可用的总资金、每个月结余的钱。

我们来看下 30 岁的李某做的可用资产核算表（表 1-2），通过这张表，李某能很清晰地知道自己有多少可用资金，每个月大概有多少结余。

表 1-2 李某的可用资产核算表

可用资产核算		
类别	金额/元	备注
银行定期存款	30000	日常使用
货币基金	100000	日常消费
借出去的钱	30000	6 个月后还
现金	40000	日常使用
总资产	200000	可自由支配 170000 元
每月支出和收入核算		
房贷支出	-3700	固定支出 20 年
家庭日常支出	-4500	—
平均月收入	12000	到手收入
每月结余	3800	—
总核算（两笔钱）	总存款 20 万元，除了借出去的 3 万元，还有 17 万元可自由支配，每月收入可结余 3800 元	

从上表可以看出，李某手里一共有 20 万元，其中 3 万元借给了别人，6 个月后才能拿回来，这说明当前可支配的资金是 17 万元。每个月平均收入 12000 元，除去房贷和日常支出，她每个月还能存 3800 元。

所以，李某的两笔钱分别是 17 万元和 3800 元。

可用资金和每月结余算出来后，要怎么去配置资产呢？

2. 做好资产配置

进行理财投资，一定要做好资产配置。资产配置的比例就像是一座大楼的框架结构，结构设计得不正确，理财投资这座大楼就很容易倒塌。

因为投资是有风险的，如果买错理财产品，就很可能会被坑，损失大量本金。

因此，算出自己有多少钱能用来投资后，针对不同的学习阶段，可以采取不同的资产配置方案。在这里，我们可以按照投资水平，把资产配置初步划分为两个阶段：一是刚开始学习的新手阶段，二是有投资能力和风险承受能力的阶段。

第一堂课
树立正确的理财观念

（1）刚开始学习的新手阶段

在刚开始学习理财投资的新手阶段，各项资产配置的比例可以是：80％低风险理财产品＋15％中高风险理财产品＋5％保障类理财产品。

如果你刚开始学习理财投资，那么不管你是一个爱冒险的人，还是一个很担心风险的人，都建议你先做个谨慎的投资者。

谨慎的投资者主要是把钱投资在风险比较低的理财产品上，比例最好是在80％左右。

也就是说，假如你有10万元闲钱可自由支配，你可以分配8万元投资低风险的理财产品，分配1.5万元以内的钱投资中高风险的理财产品。

低风险理财产品包括银行储蓄存款、货币基金、国债逆回购、储蓄国债等。

中高风险理财产品投资比例在15％左右就可以了，其主要包括基金、股票、黄金投资等产品。

我建议一开始先定投指数基金，再买点纯债基金。股票、股票型基金等高风险资产可以等自己学得更深入了，掌握更多专业知识后再购买。

保障类理财产品也要记得配置，这是转移风险的要求，一般建议配置金额为自己每年总收入的10％以内。

下面我们来看看李某在刚开始学习理财的第一年是怎么配置资产的吧（表1－3）。

表1－3　李某的资产配置情况（第一年）

类型	资产	金额/元	期限	年化收益率	配置比例
低风险理财产品	银行储蓄存款	50000	5年（1年定期派息）	4.8％	29.41％
		50000	3个月定期	约4％	29.41％
	货币基金	34000	不定期	约2.5％	20.00％
中高风险理财产品	债券基金	30000	长期	预计3％～8％	17.65％
	指数基金	1000（每个月定投）	长期（从每月结余中扣）	预计5％～15％	—
保障类理财产品	保险	6000	每年缴费一次	—	3.53％

从上表可以看出，李某把她目前可用的17万元以及每个月的结余分成了三部分：低风险理财产品＋中高风险理财产品＋保障类理财产品。

①低风险理财产品：银行储蓄存款＋货币基金（余额宝），一共是 13.4 万元，占比 80% 左右。

其中，她分配出 5 万元用于投资 5 年期、年化收益率为 4.8% 的银行储蓄存款，由于担心短期可能需要使用大额资金，同时分配出 5 万元用于投资 3 个月定期、收益率 4% 的银行储蓄存款。

货币基金（余额宝）存了 3.4 万元，年化收益率预计有 2.5% 左右，这笔钱是方便随时取用的，也可以用于日常消费或当作备用金（备用金是家庭 3～6 个月的开支，每个月花费 8200 元，3 个月共花费 24600 元）。

②中高风险理财产品：债券基金＋定投指数基金，一共是 3 万多元，占比约 17.65%。

李某分配出 3 万元用来购买债券基金，债券基金风险比较低，长期持有一般有 3%～8% 以上的收益。

除此之外，她每个月可结余 3800 元，于是每个月定投 1000 元指数基金，长期持有预计能有 5%～15% 的年化收益。

③保障类理财产品：每年投入约 6000 元，占比约 3.53%。

李某通过合理配置消费型保险，购买了重疾险、意外险、医疗险和寿险，把保费控制在 6000 元左右。

上面就是刚开始学习理财的李某的资产配置情况，如果你也是刚开始学习理财投资，可以参考这个比例去配置资产。

那么，当我们有了一定的理财基础，水平得到了一定的提高后，又应该如何配置资产呢？

（2）有投资能力和风险承受能力的阶段

在有一定理财基础和较高风险承受能力的阶段，各项资产的配置比例：50% 低风险理财产品＋45% 中高风险理财产品＋5% 保障类理财产品。

在我们有了一定的理财基础，慢慢成长为一个理财小能手之后，就可以考虑提高自己的总体收益水平。

我们可以把低风险理财产品的比例降到 50% 左右，把中高风险理财产品的比例提高到 45% 左右，当然，这一比例不是固定不变的，大家可以根据自己的风险承受能力来确定最终的比例，以上比例仅供参考。

我们再来看李某，李某经过两年时间的学习后，投资水平得到了较大提高，总资金攒到了 25 万元，每个月结余不变，还是 3800 元左右。第三年，她的资产配置情况见表 1-4。

表 1-4 李某的资产配置情况（第三年）

类型	资产	金额/元	期限	年化收益率	配置比例
低风险理财产品	银行储蓄存款	60000	5年（1年定期派息）	4.8%	24.0%
		50000	3个月	4%	20.0%
	货币基金	34000	不定期	约2.5%	13.6%
中高风险理财产品	债券基金	40000	长期	预计3%～8%	16.0%
	指数基金	2000（每月定投）	长期（从每月结余扣）	预计5%～15%	—
	股票基金	40000	长期	预计8%～20%	16.0%
	股票	20000	不定期	预计10%～30%	8.0%
保障类理财产品	保险	6000	每年缴费一次	—	2.4%

从上表我们可以看到，李某增加了对股票基金和股票的投资。她对不同风险等级的理财产品做的配置如下：

①低风险理财产品：银行储蓄存款＋货币基金（余额宝），一共14.4万元，占比57.6%，在合理范围内。

货币基金（余额宝）和3个月定期储蓄存款的金额保持不变，5年期储蓄存款增加了1万元。

②中高风险理财产品：债券基金＋定投指数基金＋股票基金＋股票，一共10万元＋每月定投2000元，占比约40%。

股票投资属于试水阶段，只分配2万元做不定期投资。股票基金追求高收益，以后会定投，计划总共投入4万元。指数基金从每月结余中定投2000元，债券基金投资金额增加到4万元。

③保障类理财产品：保费每年不变，还是6000元左右，占比2.4%。

总结一下，李某在投资水平提高后，增加了对股票基金和股票的投资，追求更高的收益，相应地，风险也放大了。但中高风险投资的比例也不宜放太大。

温馨提示：上面提到的几种理财投资产品，如银行储蓄、黄金、债券基金、指数基金、股票基金、股票、保险等，在我们接下来的内容中会详细讲到，大家可以根据自己的需要，重点学习。

我们可以看到，针对不同阶段的投资者，配置方案是有变化的，初入门的小白以稳健理财为主；而有了一定投资能力的投资者，则可以提高自己在权益类资产上的投资比例。

上面只是将资产配置方案做了一个简化处理，大家还可以根据自己的实际情况来拟定配置方案。

总的来说，万变不离其宗，刚开始时，资产配置方案的设计以小心谨慎为主，等到有一定的投资能力和较高的风险承受能力时，再接触风险大一点的投资品种，以提高自己的总体收益。

第二堂课

小白理财1.0：迈出理财投资第一步

国债逆回购，小白也能轻松掌握

很多朋友刚开始学理财时，都很想知道什么产品比较容易上手。

从兼具简单和安全两个特点来选，国债逆回购是比较适合理财小白上手的产品。

1. 什么是国债逆回购？

国债逆回购，是指个人通过国债回购市场把自己的资金借出去，获得固定的利息收益；而回购方，也就是借款人用自己的国债作为抵押获得这笔借款，到期后还本付息。

简单来说，就是你通过国债逆回购操作，把钱借给需要的人，以此获得固定的利息。向你借钱的一般都是财力雄厚的企业，它们用国债这种非常安全的债券来做抵押，一般不会出现还不起债的情况。因此，国债逆回购一般可以看成保本保息的产品。

2. 国债逆回购的特点

（1）保本保息

我们上面提到，国债逆回购的借款人是用国债来做抵押的，而国债是以国家信用背书的，历史上还没出现过国债逆回购无法兑付的情况，并且国债逆回购由上海证券交易所和深圳证券交易所进行监督，安全系数很高。

所以，国债逆回购非常安全，可看作保本保息的产品，害怕投资风险的小白可以用国债逆回购来试试手。

（2）操作方便

国债逆回购操作起来很方便，用手机注册一个证券账户就可以进行操作，现在所有的股票软件都支持国债逆回购操作，不到一分钟就可以完成整个交易，到期后资金会自动回到证券账户里，不需要再做其他操作。

（3）流动性好

国债逆回购属于短期理财，投资期限一般都比较短，分为1天、2天、3天、4天、7天、14天、28天、91天、182天共9个期限18个品种。资金流动比较灵活，我们可以根据自己的需要选择不同期限的品种。

（4）手续费低

国债逆回购的手续费非常低，根据持有天数计算，从 0.1‰～3‰ 不等。比如，1 天期限的品种每 10 万元只要 1 元手续费，182 天期限的品种每 10 万元仅需 30 元手续费，相当于一天不到 0.17 元。

国债逆回购的产品期限及费率见表 2-1。

表 2-1　国债逆回购的产品期限及费率

期限	代码	手续费费率	每 10 万元的手续费
1 天	204001/131810	0.001%	1 元
2 天	204002/131811	0.002%	2 元
3 天	204003/131800	0.003%	3 元
4 天	204004/131809	0.004%	4 元
7 天	204007/131801	0.005%	5 元
14 天	204014/131802	0.010%	10 元
28 天	204028/131803	0.020%	20 元
91 天	204091/131805	0.030%	30 元
182 天	204182/131806	0.030%	30 元

（5）特殊时期收益比较可观

国债逆回购的收益在特殊时期会比较高，如国庆期间、春节前，有时收益率能够高达 10% 甚至 20% 以上。

根据国债逆回购的特点，它适合以下人群进行投资。

①刚入门的投资小白。
②钱放在银行拿活期利息的人。
③做生意需要流动资金的人。
④有短期闲置资金的人。
⑤厌恶风险的人。
⑥股民。

3. 国债逆回购的品种

国债逆回购的品种一共有 18 种，上海证券交易所和深圳证券交易所各有 9 种，按照投资时间的长短来区分，投资期限分为 1 天、2 天、3 天、4 天、7 天、

14天、28天、91天和182天。其中，投资期限为1天、2天、3天、4天、7天的属于短期投资，投资期限为14天、28天、91天和182天的属于中长期投资，这里的投资时间长短是相对而言的。

在起购金额方面，上海证券交易所和深圳证券交易所的购买门槛区别很大。

上海证券交易所门槛比较高，交易金额10万元起步，并按照10万元的整数倍来增加投资数额，比如，只能投资10万元、50万元、120万元等10万元的整数倍金额，不能投资21万元、45万元这样的金额，最高投资额不能超过1000万元。

深圳证券交易所的国债逆回购品种的投资门槛是1000元，并按照1000的整数倍来累加，比如2000元、5000元、80000元等，而且投资额是上不封顶的。

4. 国债逆回购的交易规则

国债逆回购的交易时间和股票一样，只能在开市时间进行交易，即每周一到周五9:30—11:30，13:00—15:30，其他时间是无法进行操作的。

国债逆回购是按照自然日计算利息的，但到账日必须是交易日。

所谓自然日，指每一天；交易日，一般是指非节假日的周一到周五。

国债逆回购到期日当天，我们不需要做任何操作，本金和利息将自动回到证券账户里，我们可以用这笔钱继续购买国债逆回购、股票或基金等，然后在下一个交易日就可以把资金转到银行卡账户。

因此，在T日做了N天的国债逆回购，那么到期日就是T+N日，提现日就是T+N+1日，注意这里的T指的是交易日，N指的是持有国债的天数。

也就是说，假如你是星期一做了1天期的国债逆回购，星期二这笔钱就回到了证券账户里，你可以用这笔钱购买股票或基金，但是不能转到银行卡账户，到了星期三这笔钱才能转到银行卡账户。

如果遇到周末或节假日不开市，到账的日期就要顺延了。比如你在周五购买1天期的国债逆回购，下周一钱才会自动回到你的账户，下周二钱才能转到银行卡账户。

5. 国债逆回购的收益计算

国债逆回购在交易时是不断波动的，所以收益率是变化的。一旦成交，就会按照成交的收益率进行计算。

国债逆回购的计算公式是：

利息收入＝实际占款天数×交易金额×利率÷365

实得收益＝利息收入－本金×手续费费率

如果用10万元做1天期国债逆回购，实际占款天数是1天，利率是2.2%，则收益如下：

利息收入 = 100000 × 2.2% ÷ 365 = 6.03（元），手续费 = 100000 × 0.001% = 1（元）。

计算得出，10万元投资1天，总收益 = 6.03 - 1 = 5.03（元）。

不过，我们不需要记住这个公式，因为很多股票软件会自动把收益算出来，不需要自己计算就能知道有多少利息。

公式里的"实际占款天数"指计息天数，等于资金实际占用天数。

举个例子，周四买入1天期国债逆回购，周五资金到账，到了下周一这笔钱才能取出，实际上这笔钱被占用的天数是从周五到周日这3天，所以计算利息的天数按3天来计算。

因此，周四操作国债逆回购还是比较划算的。同时，我们以华泰证券的App"涨乐财富通"为例，每次交易时看软件显示的计息天数就可以啦（图2-1）。

图2-1　国债理财列表

6. 投资国债逆回购的最佳时间

前面计算国债逆回购时，以收益率2.2%为参考，这是国债逆回购比较常见的收益率。在这种收益率水平下，国债逆回购投资的价值是不高的。

而在某些特殊的时点，国债逆回购的收益率会出现大幅攀升。历史上出现过多次国债逆回购的收益率达到30%以上，甚至达到100%以上的情况。

因此，国债逆回购最显著的特点就是，适合在"正确的时间"买入。

那么，什么时候国债逆回购收益率会上升呢？根据统计，以下时间段国债逆回购的收益率往往会出现显著上涨。

①从一年来看，月末、季末、年中、年终、节前，收益率会飙升。

②从一周来看，周四的利率相对比较高。

③从一天的时段来看，每天开盘后的半小时，是操作的好时机。

图2-2是2016年9月29日深市1天期国债逆回购的收益率分时图。左边的纵坐标对应的是收益率，最高在20%以上，而且由于遇到了国庆节，当天下单1天期的国债逆回购，实际占用天数是10天，可以享受10天的收益。并且，下单后的第二天这笔钱就可以用来购买股票或基金，一点也不耽误使用。

图2-2 深市1天期国债逆回购收益率分时图（2016年9月29日）

假设一个投资者在收益率为20％时下单了1天期的国债逆回购100万元，那么收益＝20％×1000000×10÷365＝5479.5（元），而手续费仅需10元，获利丰厚。

建议做国债逆回购时选择期限短的产品。其中，1天期的国债逆回购交易量最大，因其能获得一个更高的利率，且流动性较好，而期限长的国债逆回购利率则相对低些。

7. 国债逆回购怎么投资？

接下来，我们将进入国债逆回购的实操部分。

投资国债逆回购，有一个最基本的要求，就是有证券账户，也就是所谓的股票账户。

第二堂课
小白理财1.0：迈出理财投资第一步

现在开通证券账户很简单，在手机应用市场输入证券公司的名字，比如华泰证券、广发证券等，就会出现相应的股票软件，下载后根据相应提示去开户就可以了。一般一个工作日就可以完成股票开户。

有了证券账户，就可以开始国债逆回购的实操了。

下面以华泰证券官方App"涨乐财富通"为例，教大家如何做国债逆回购。大家注意操作时间必须是周一到周五的9：30—11：30，13：00—15：30。

①选择"普通交易"，把钱通过"银证转账"转入证券账户，充值过程不需要输入密码，如图2-3所示。

图2-3 国债逆回购操作步骤1

②充值完成后，先选择"普通交易"，然后选择"国债理财"，如图2-4所示。

图2-4 国债逆回购操作步骤2

③在沪深两市的国债逆回购品种页面，选择合适的期限，比如选择 1 天期的国债逆回购产品，进入下单页面，输入金额，点击"下单"，再点击"确定"，就完成交易了，如图 2-5 所示。

图 2-5　国债逆回购操作步骤 3

以上就是国债逆回购的操作全过程，成交后，你的钱就借出去了，到期后钱会自动回到你的证券账户里。

总结一下，操作国债逆回购需要注意以下两点。

①投资期限长的国债逆回购产品性价比不高。

一般情况下，14 天、28 天、91 天、182 天这样长周期的国债逆回购产品收益率不太高，大多低于同期的银行理财产品，性价比不高。最好投资 1 天、2 天、3 天、4 天、7 天期的国债逆回购产品。

②国债逆回购适合在特殊时点进行操作。

国债逆回购平时的收益率主要是在 1% ~ 3% 徘徊，收益率不高，性价比不高。在月末、季末、年末以及节前，正是市场缺钱的时候，国债逆回购的收益率会大幅上升，这时就适合做国债逆回购。

储蓄国债，保本保息的法宝

现在在理财投资市场上，多数产品都不承诺保本保息，而承诺保本保息的产品，基本上利率也低得可怜。有没有一种理财产品，既能保本保息，利率又不太低呢？

答案是有的，比如储蓄国债。

第二堂课
小白理财1.0：迈出理财投资第一步

1. 什么是储蓄国债？

在介绍储蓄国债之前，先介绍一下国债。

国债又称国家公债，是国家以其信用为基础，按照债的一般原则，通过向社会筹集资金所形成的债权债务关系。简单来说，就是国家用自己的信用，向投资者借钱，约定利息，到期后偿还本金。

正因为有国家信用背书，国债几乎不存在违约风险，投资者不用担心会损失本金，所以国债又被称为"金边债券"，是一种保本保息的定期理财产品。

国债一般可以分为两类，一类是储蓄国债，另一类是记账式国债。国债分类结构见图2-6。

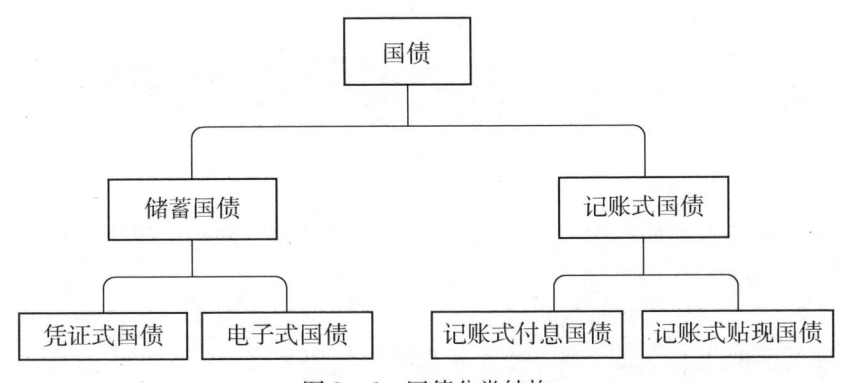

图2-6 国债分类结构

储蓄国债是政府面向个人投资者发行，以吸收个人储蓄资金为目的，满足长期储蓄性投资需求的不可流通记名国债品种。储蓄国债具有保本保息的优点，因此很适合作为小白入门投资的理财产品。

储蓄国债和银行储蓄存款有相似的地方：定期，收益率相近，保本保息。

2. 储蓄国债的分类及其特点

储蓄国债有两种类型：凭证式国债和电子式国债。这两类储蓄国债一般有两种期限，分别是3年期和5年期，利率都是固定的，在3.5%～4.5%之间，一般高于同期银行存款利率。具体利率会根据不同年份的市场利率变动情况而定。

下面分别来说说这两种储蓄国债的特点。

（1）凭证式国债

凭证式国债是指国家以国债收款凭单的形式来作为债权证明而发行的国债，简单地说，你购买了凭证式国债，就会得到一张收款凭证。图2-7是凭证式国债收款凭证票样。

凭证式国债从购买之日起计算利息,可以记名、挂失,虽然不能上市流通,但可以提前兑付。所以,凭证式国债是一种安全、灵活、收益适中的投资选择。

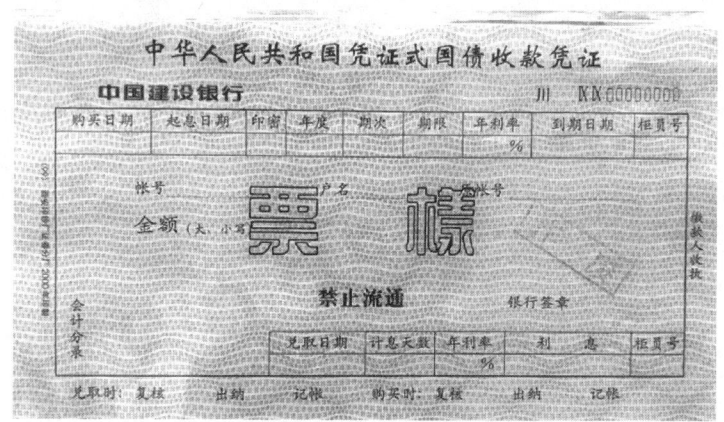

图2-7 凭证式国债收款凭证票样

凭证式国债主要面向个人投资者发行,机构也可以购买,投资门槛较低,最低购买额是100元,购买额要为100元的整数倍。

表2-2是2020年9月发行的凭证式国债信息。从表中可以看到,凭证式国债3年期的票面年利率是3.80%,5年期的票面年利率是3.97%。较于很多银行3年期定期存款还不到3%的利率,储蓄国债的收益率还是比较有优势的。

表2-2 凭证式国债信息(2020年9月发行)

国债类型	凭证式国债
发行时间	2020年9月10—19日
购买门槛	100元起
3年期年利率	3.80%
5年期年利率	3.97%
付息方式	到期后一次性还本付息

(2)电子式国债

电子式国债以电子记账的方式记录国债的购买数额,免去了大家保管纸质债权凭证的麻烦。电子式国债同样不可以流通转让,但可以办理提前兑取或终止投资,比如我们购买了3年期电子式国债,急需用钱时可以提前把钱取出来。

表2-3是2020年8月发行的第一期和第二期储蓄国债（电子式）。第一期储蓄国债（电子式）期限为3年，年利率为3.80%；第二期储蓄国债（电子式）期限为5年，年利率为3.97%。两期国债均为固定利率、固定期限产品，按年付息。

表2-3 电子式国债情况（2020年8月发行）

国债类型	电子式国债
发行时间	2020年8月10—19日
购买门槛	100元起
3年期年利率	3.80%
5年期年利率	3.97%
付息方式	按年付息

我们简单介绍了这两种储蓄国债，大家能看出它们的区别在哪里吗？

3. 凭证式国债和电子式国债的区别

（1）申请购买手续不同

凭证式国债，可以直接去银行柜台购买；电子式国债在第一次购买时要先开立国债账户并指定对应的资金账户，大部分银行支持通过网上银行或手机银行进行购买。

（2）付息方式不同

凭证式国债的付息方式为到期一次性还本付息；电子式国债的付息方式一般是每年付息一次，最后一年支付本金。也就是说，如果你购买了3年期凭证式国债，那么，3年后才能一次性拿回本金和利息。而如果你购买了3年期电子式国债，那么，每年都可以收到利息，一共可以收到3次利息，最后一年拿回本金。

（3）起息日不同

凭证式国债从购买当天开始计算利息，而电子式国债有统一的计息日期。

（4）发行对象不同

凭证式国债的发行对象主要是个人，机构也可认购；电子式国债的发行对象仅限个人，不允许机构购买或持有。

这两种国债的投资期限和收益率是相同的，可以根据你自己的需求进行选择：如果你害怕弄丢收款凭证，可以选择电子式国债；如果你比较在意起息日，可以选择凭证式国债。

不过在这里要提醒大家，提前支取储蓄国债资金，利息就会比原来低很多，如果不满6个月就提前支取，是没有利息的。另外，无论持有期限有多长，提前支取储蓄国债都需按1‰收取手续费。

因此，对于希望投资期限在半年以内的投资者来说，不建议投资储蓄国债。

4. 储蓄国债的发售时间

电子式国债和凭证式国债的发售日期一般都是比较固定的。除了2020年受到新冠肺炎疫情的影响，储蓄国债推迟到9月10日才开始发售外，近几年储蓄国债都是在每年的3月到11月之间发售。具体发售日期都是在10日到19日，节假日也可购买。

如表2-4所示，2019年3月到11月，凭证式国债发行了4期，电子式国债发行了5期。

表2-4　2019年储蓄国债发售时间表

种类	期限	发行日期	付息方式
凭证式国债	3年/5年	3月10日	到期还本付息
电子式国债	3年/5年	4月10日	每年付息一次
凭证式国债	3年/5年	5月10日	到期还本付息
电子式国债	3年/5年	6月10日	每年付息一次
电子式国债	3年/5年	7月10日	每年付息一次
电子式国债	3年/5年	8月10日	每年付息一次
凭证式国债	3年/5年	9月10日	到期还本付息
电子式国债	3年/5年	10月10日	每年付息一次
凭证式国债	3年/5年	11月10日	到期还本付息

而具体购买的时间，大家可以去查询所在银行的交易时间，比如，中国建设银行可购买储蓄国债的时间是发售日的8：30—16：30。

另外，储蓄国债的年利率每年都可能会有变化，如表2-5所示，2019年，3年期储蓄国债的年利率是4.00%，5年期的年利率是4.27%，到了2020年，利率下行，3年期储蓄国债的年利率是3.80%，5年期的年利率是3.97%。

表2-5 2019年国债年利率对比

发行年份	年利率	
	3年期	5年期
2015	4.50%	4.87%
2016	4.00%	4.42%
2017	3.80%	4.17%
2018	4.00%	4.27%
2019	4.00%	4.27%
2020	3.80%	3.97%

5. 如何购买储蓄国债？

凭证式国债只能去银行柜台购买。电子式国债有以下两种购买方式：

（1）柜面办理

大家可持本人有效证件，到相应的银行网点开立债券托管账户，然后就可以办理国债的认购业务。

（2）网上银行或手机银行办理

大家可通过网上银行开立债券托管账户，办好后，通过网上银行在储蓄国债菜单上提交认购申请。现在大部分银行只能通过电脑网页版来开户和购买电子式国债，流程比较复杂。

在2021年5月，中国工商银行、中国邮政储蓄银行、招商银行、江苏银行，在手机银行端口开放电子式国债的购买。如果我们有这四家银行的账户，就可以直接通过手机银行App购买电子国债了。

下面示范一下如何使用招商银行App购买电子式国债，如图2-8所示。

图2-8 使用招商银行App购买电子式国债的流程图

虽然现在只有4家银行在手机银行开放电子式国债购买渠道，但预计未来大部分有资格代售国债的银行都会开通手机银行这个渠道，这将大大地方便我们购买。

第二堂课

小白理财1.0：迈出理财投资第一步

学会打新债，每年多赚几千元

我有个朋友，不会炒股，也没有炒股，但是最近两年，他通过股票账户，赚了几千元，这是怎么回事呢？原来，他掌握了一种新技能——"打新债"，他在2020年打中了22只新债，总收益超过4000元。

近年来，打新债成为许多理财新手必学的一项技能。打新债的成本低、收益高，而且操作简单。

那么，到底什么是打新债呢？打新债是否安全？怎么才能多赚几千元？

1. 什么是打新债？

打新债，是指申购新发行的可转债。

所谓可转债，是指上市公司发行的一种可转换成股票的债券，是上市公司向投资者借钱的一种融资方式。

打新债，简单来说，就是上市公司发行了可转债，并采取类似于抽奖的形式去售卖，投资者想要"中奖"，就要参与申购。配号的号码被抽中了，就叫作中签。

2. 打新债收益有多高？

打新债中签后，相当于我们用100元/张的价格买入10张或20张这只可转债，本金只需要投入1000元或2000元。可转债正式上市交易后，它的价格只要高于100元，我们就赚钱了。

我们统计了一下，2020年以来，可转债上市首日的收益普遍在10%～50%之间。也就是说，假如你中了一签，投入1000元本金，可转债上市当天卖掉，大概率就能赚100～500元，甚至更多。2020年7月，部分可转债上市首日的收益情况见图2-9。

这么高的收益，是不是让人很动心呢？

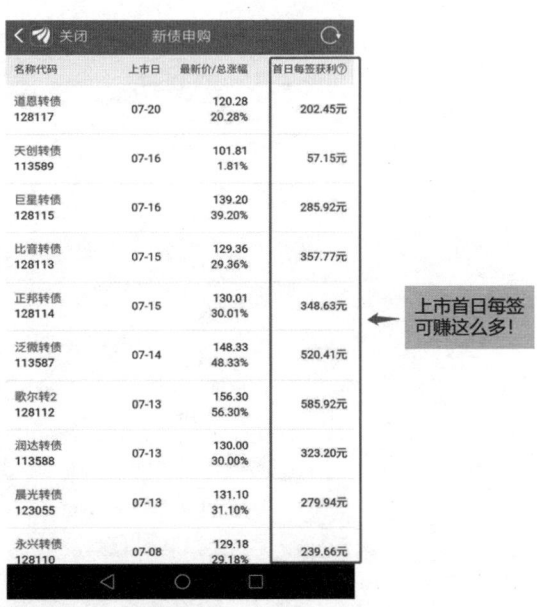

图2-9　2020年7月，部分可转债上市首日的收益情况

其实，打新债中签的概率不小，不少人坚持打新债，平均一个月能中一签！如果我们有几个不同的证券账户，运气好一个月就能中几签，那么加起来一个月就有1000多元的收入。

那么，打新债有什么特点呢？

①打新债收益高。中一签能赚几百元，2020年以来，90%以上的新债上市第一天都能获利，所以就目前来看，打新债可以算是收益颇高的投资。

②打新债不要钱。只要有股票账户，人人都能参与，中签后才交钱。

③打新债门槛低。一般仅需1000元或2000元本金即可。

④打新债操作简单。打开股票软件，1分钟内就能申购成功。

3. 打新债实操

首先我们要有一个证券账户，其次在开市时间，即周一到周五的9：30—11：30和13：00—15：00，进行申购。

在一年的52周中，差不多每周都会有新债发行，大家可以在股票软件的新债日历里查询到一周新债发行计划。

下面以华泰证券的"涨乐财富通"App为例向大家讲解申购新债的流程。

①打开软件，点击导航栏上的"普通交易"并登录账户，在交易页面可以看到"打新神器"一栏，显示"有1只新债可申购"，点击进入下一页，如图2-10所示。

图2-10 申购新债流程1

②在"打新神器"界面，我们可以看到"新债申购"栏，显示"今日发行1只新债"，点击进入下一页，如图2-11所示。

图2-11　申购新债流程2

③在"新债申购"界面可以看到新债的申购列表，申购数量选择"全部"，然后点击"立即申购"，最后点击"确认申购"即可，如图2-12所示。

图2-12　申购新债流程3

4. 申购新债后,如何知道中签结果

我们在打新债后,如何知道自己是不是中签了呢?

如表2-6所示,一般在申购日之后的第一个交易日,将进行配号,这一步不需要我们进行任何操作。在申购日之后的第二个交易日,中签结果出炉,早上我们会收到中签通知。

表2-6 新债申购时间表(以下时间均为交易日期时间)

	申购新债
申购日	沪市的申购时间:9:30—11:30,13:00—15:00
	深市的申购时间:9:15—11:30,13:00—15:00
	申购最小单位:沪市为1手,深市为10张,即1000元起
申购日之后第一个交易日	配号
	沪市:1手=1个号
	深市:10张=1手=1个号
申购日之后第二个交易日	中签结果查询:App或短信通知
	中签缴款:查看个人资金是否足够缴纳新债申购所需资金,可以通过银证转账或适量卖出股票等方式补充资金(16:00为补足中签缴款的最后时间点)
申购日之后第三个交易日	认购成功

比如,张三在星期一申购了一只新债,在星期二进行配号,到了星期三,张三就会知道自己有没有中签。如果中签了,他就要把足够的钱通过"银证转账"转到证券账户里,这样才算认购成功。

如果中签了,一般会有两种方式提醒你:一是我们用来申购可转债的股票软件中的"打新神器"一栏里会有消息提醒,二是股票软件绑定的手机号码也会收到中签短信。华泰证券中签短信通知见图2-13。

第二堂课
小白理财1.0：迈出理财投资第一步

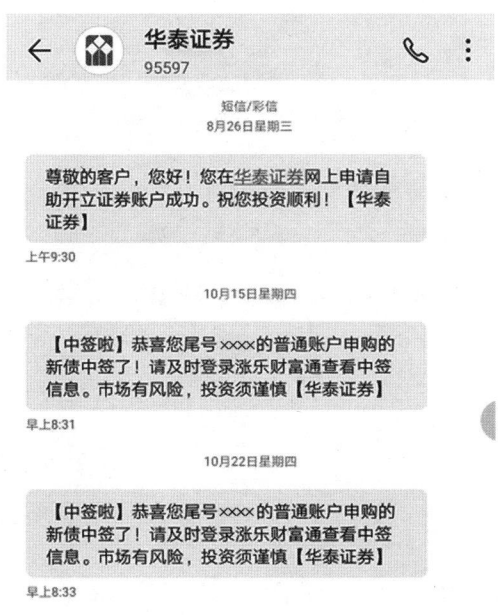

图2-13 华泰证券中签短信通知

如果申购后的第三个工作日没有收到提醒信息，那就说明没有中签。

深市的新债中签一般以"张"为单位，10张是1000元；而沪市的新债中签一般以"手"为单位，中1手是1000元，多数人一般中1000元或2000元。

中签之后，有一点需要注意：我们得保证在当天16：00前中签的证券账户内有足够的可用资金。

例如：小李于2020年10月14日中签南航转债1手，在10月16日早上收到中签通知，小李应该在10月16日16：00前，保证账户内有1000元及以上的可用资金。如果可用资金不足，应及时卖出股票或通过银证转账把钱从绑定的银行卡上转入证券账户中。

在华泰证券的"涨乐财富通"App内，若缴款成功，则页面就会显示"共1000元已全部缴纳"。这时，就不要再点击"我要解冻"或做其他操作了。华泰证券"涨乐财富通"缴款成功界面见图2-14。

图 2-14 华泰证券"涨乐财富通"缴款成功界面

对于一些平时比较忙碌的人来说,为了防止申购后忘记及时缴款,可直接在账户放 2000 元。

在这里需要提醒大家的是,中签后多次没有缴款是会上黑名单的。如果投资者连续 12 个月内累计出现 3 次中签后账户都没有存储足够的钱,那么半年内都不能申购新股、可转债等。

5. 新债什么时候上市?

中签后,大家要留意可转债的上市时间,只有可转债上市了,我们才能把它卖出去。

有时,公布中签后半个月内,可转债就会上市,但也有一些可转债要等一个月才上市。所以,要想知道你中签的可转债什么时候上市,可以查看新债上市计划。如果显示"尚未公布",说明上市时间还没有确定,我们可以定期查看一下。

6. 如何卖出新债?

那么,知道新债上市时间后,又如何卖出新债呢?大家可以在交易时间,在

"交易"→"我的持仓"里,找到要卖出的新债,输入卖出的数量,直接卖出,即完成交易。卖出新债的具体步骤见图 2-15。

图 2-15 卖出新债的具体步骤

大家一定要注意,填写的卖出数量一定是"可卖"数量。一些投资者中了 10 张或 1 手,却填了 100 的数量,如此怎么也卖不出去。

新债上市后,还有一些特点需要大家留意,那就是沪深两市的可转债涨跌幅达到一定的程度,会被停牌,也就是暂停交易一段时间。

上市首日沪深新债涨跌幅达到 20%,将自动触发停牌 30 分钟,涨跌幅达到 30%,自动停牌到 14:57,也就是当天停牌后只有最后 3 分钟可以进行交易。

新债上市后,我们可以在当天卖出,也可以等过一段时间,价格涨上去再卖,因为可转债的交易就像股票,上市后每一分钟都在波动。

不过,还是建议大家开盘就卖掉,因为大部分可转债当天的价格差不多已是最高价了。

7. 如何提高中签概率?

打新债几乎是稳赚不赔的交易,谁都希望能中新债。我们如何才能提高中签概率呢?

（1）顶格申购

我们在填写申购数量时，要选择"全部"，这表示按照最高的额度去申购，也就是顶格申购，这样做能增加中签机会。这好比我们放 100 个球到抽奖箱里去抽奖，肯定比只放 1 个球中奖的机会大一些。

打新债每次最高限额为 100 万元，不用担心如果中了 100 万元该怎么办，一般人能中 10 张就不错了，运气好的话，有时一签能中 20 张，甚至更多。

假设中了 10 张，只需要缴款 1000 元，中了 20 张需要缴款 2000 元。

（2）多个账户一起打新

提高新债中签概率，还有一个常用的好办法，就是让家人和朋友也申请证券账户，使用多个账户一起打新。上文我提到的那个一年中签 22 个新债的朋友，就是用了四个不同的账户来打新，每个账户平均中 5～6 个新债。

不过，不管你个人名下有几个证券账户，对于同一个可转债，有效申购也只有一次。

所以，多个账户是指用多人的身份证注册的账户。大家千万别误解了，以为自己多申请几个不同证券公司的账户就可以提高中签率，这是不可行的。

最简单的办法还是让你的家人和朋友注册账户，然后你用他们的账户和密码登录，坚持打新债，一定能提高中签概率。

（3）有新债就打

打新债虽说并不一定都赚钱，但大多数时候是赚多亏少，就算是亏也亏得很少。

在股市行情好的时候，新债基本上都是赚钱的，一个新债在上市首日卖掉基本能赚 10%，有时甚至能赚 40% 以上。

但是，是不是所有新债都可以闭着眼睛申购呢？其实也不是，市场行情不好的时候也可能会亏钱，比如 2020 年 11 月至 12 月中旬，就出现了不少可转债跌破 100 元发行价的情况，如果我们中签了就会亏钱了。因此在市场行情不好的时候，我们要精挑细选可转债，以质量取胜。部分跌破 100 元发行价的可转债见表 2-7。

第二堂课
小白理财1.0：迈出理财投资第一步

表2-7 部分跌破100元发行价的可转债

债券代码	债券简称	申购日期	正股简称	债现价	转股溢价率	上市时间
123085	万顺转2	2020-12-11 周五	万顺新材	91.56	14.47%	12-28
123082	北陆转债	2020-12-07 周一	北陆药业	99.00	15.38%	12-28
123081	精研转债	2020-12-03 周四	精研科技	98.02	34.87%	12-22
123080	海波转债	2020-12-02 周三	海波重科	94.00	28.27%	12-22
113610	灵康转债	2020-12-01 周二	灵康药业	98.26	3.06%	12-22
113609	永安转债	2020-11-24 周二	永安行	91.18	15.84%	12-23
123077	汉得转债	2020-11-23 周一	汉得信息	97.45	26.63%	12-15

那么，怎样判断一只可转债是不是值得申购呢？只需要查看可转债的两个指标——转股溢价率和债券评级。

如果溢价率在5%以下，且债券评级是AA+、AAA、AAA+的可转债，就可以放心申购。而且溢价率越低的可转债，赚钱的可能性越大，如果溢价率为负数，那就更好啦！

如果溢价率在5%以上，且债券评级是AA-以下，上市后破发的概率比较大，因此不建议申购。

我们如何查看可转债的转股溢价率和债券评级呢？

我们申购新债时，点开某个具体新债的详情页面，就能看到它的转股溢价率和债券评级了。

下面以华泰债券"涨乐财富通"App为例，点开"交易"页面，进入"打新神器"，打开"当日可申购的新债"，点开"新债发行一览"，点击"查看详情"，就能看到可转债的相关信息。

图2-16所示的是隆利科技这只股票要发行的可转债的信息，我们从中可以看到这只可转债的名字以及它的申购日期、转股溢价率、债券评级等关键信息。

其中，这只可转债的转股溢价率是-2.7%，为负数，说明其被低估了，虽然

图2-16 隆利科技新债发行一览

债券评级是 AA-,但因为转股溢价率很低,上市后大概率会上涨,所以还是值得申购的。

不过,这里再次提醒大家,转股溢价率和债券评级两个指标一定是在市场行情不好的时候,而不是任何时候都作为参考。

比如,在 2020 年 11 月前,行情较好,基本上可以申购所有的新债。

以本钢转债为例,其转股溢价率高达 56.21%,债券评级是 AAA 级。转股溢价率非常高,但是上市首日开盘立即卖掉,其实还是能赚钱的。本钢转债分时图见图 2-17。

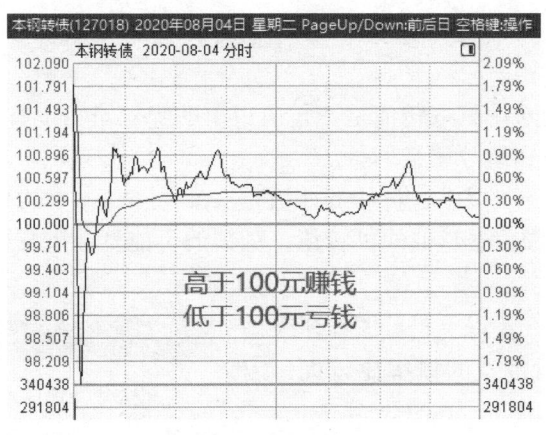

图 2-17 本钢转债分时图

因此,我们一定要注意转股溢价率和债券评级适用的环境。

关于打新债的知识,就讲解到这里,大家可以试着开个证券账户,进行打新债实操,动动手指就能每年多赚几千元。

第三堂课

三

小白理财2.0：寻找稳健的银行理财产品

秒懂银行理财产品

过去几十年,银行理财产品一直是国人投资的主流,很多人的投资启蒙就来自银行理财产品,他们孜孜不倦地研究银行理财产品哪个收益更高、什么时候发售、期限是多长,并在发售当天早早地去银行排队购买。

随着移动互联网的发展,这种去银行柜台购买银行理财产品的景象早已改变,现在在家里动动手指头就能在手机上购买银行理财产品。

那么,什么是银行理财产品?下面我们来快速地了解一下。

1. 什么是银行理财产品?

银行理财产品是商业银行针对特定目标客户群开发设计并销售的资金投资和管理计划。简单来说,就是我们把钱交给银行替我们理财,到期后我们可以获得利息,并拿回本金。

在不少人的印象中,银行理财产品就是一种由银行发行和销售、风险非常低但收益比较高的定期产品。

但在 2018 年 4 月,中国人民银行、中国银行保险监督管理委员会、中国证券监督管理委员会(简称"中国证监会")、国家外汇管理局四部委联合发布了资产管理新规,明确了资产管理业务不得承诺保本保收益,要打破刚性兑付。这意味着,银行理财产品将不能承诺保本保息,产品的设计自然要进行相应的调整。

因此,现在很多银行理财产品已经变成了像基金那样有涨有跌的净值型产品,我们如果没有挑对银行理财产品,也有可能会出现亏损。

通过对不同银行的理财产品进行分析,可将银行理财产品大致分为以下三类:活期类理财产品、定期类理财产品、净值型理财产品。

(1) 活期类理财产品

所谓活期类理财产品,主要是指可以随时转入资金,也可以随时赎回的理财产品。不过,活期类理财产品收益率不太高,大概在 3% 左右,有些大银行的活期类理财产品甚至收益率还不到 2%。这类产品适合短期需要用到钱的投资者,方便随时取用。

图 3-1 所示的是中信银行活期类理财产品详情,七日年化收益率不到 3%,起购金额是 1 万元,最短持有期限是 1 天。

第三堂课

小白理财2.0：寻找稳健的银行理财产品

图3-1 中信银行活期类理财产品详情

（2）定期类理财产品

定期类理财产品，顾名思义就是投资期限固定的理财产品，比如投资期限为182天，就是买入后，要182天后才能取出。定期类理财产品的优点是收益率比活期类理财产品高，但流动性较差，所以更适合短期不需要用到资金的投资者。

图3-2所示的是中信银行定期类理财产品，其中，第一款是定期182天、预期年化收益率为3.7%的产品，起购金额是1万元。

图3-2 中信银行定期类理财产品

49

(3) 净值型理财产品

打破刚兑后，净值型理财产品逐渐成了银行理财产品中的主流品种。

净值型理财产品是指按照份额发行，并定期或不定期披露单位份额净值的理财产品。

净值型理财产品的初始净值设为1，当投资组合有盈利或亏损时，产品净值就会发生变动。比如涨了10%，则其净值为1.1；亏损2%，则其净值为0.98。

由此可见，净值型理财产品不仅不保本，连收益也是未知的，投资者获得的收益与产品净值的变化有关。

净值型理财产品和普通基金也有区别。很多净值型理财产品是定开型产品，这里的定开指的是定期开放。简单来说，净值型理财产品会在某一个特定时期开放购买，其他时间则无法申购和赎回。

比如，你现在买入6个月定开型理财产品后，要想买同样的产品，得等6个月后，它再次开放那天才能买入。

图3-3所示的是中信银行净值型理财产品列表，这些理财产品中都标注有最短持有期限（6个月或12个月），到了开放日可以赎回，不赎回的话就继续持有。

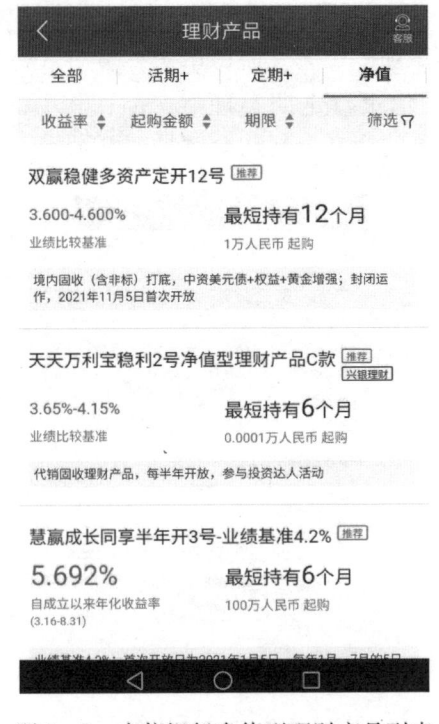

图3-3 中信银行净值型理财产品列表

净值型理财产品上一般都会标明业绩比较基准,许多人误以为是这个产品的年化利率,但实际上业绩比较基准和年化利率不一定相等。

业绩比较基准是根据该产品过往的业绩或本类别所有产品的历史业绩得出的参考值,方便投资者估计收益区间,年化利率可能会高于这个数值,也可能会低于这个数值。大家不用太在意业绩比较基准,否则容易被误导。

以上就是常见的银行理财产品,这些产品可能是银行自家发行的,也可能是代售其他机构或旗下子公司的产品。

2. 银行理财产品的风险等级

应该如何选择银行理财产品呢?这要看你的风险承受能力和银行理财产品的风险等级。

如果你要购买银行理财产品,必须先了解自己的风险承受能力。

商业银行会让投资者做一份风险等级评测,类似于问卷调查,填好相关信息以后,就会得出投资者相应的风险承受能力等级。

银行理财产品也有风险等级评估,以便不同风险承受能力的人进行选择。

如果你在投资过程中一点亏损都不能接受,那么你最好选择银行储蓄存款,它是几乎无风险的投资;如果你是一个比较激进的投资者,就可以投资中高风险的理财产品。

那么,银行对理财产品的风险是怎么进行等级划分的呢?

目前,各大银行对理财产品的风险等级划分并没有统一的规定,不过,大部分银行都将理财产品划分为 5 个等级。

不同银行对理财产品的风险等级采用了不同的标识。据统计,主要有以下几种表达方式:R1 级至 R5 级、1 级至 5 级、PR1 级至 PR5 级等。风险按数字由低到高增加,比如,R1 级风险最低,近似于保本;R5 级风险最高,会有巨额亏损的风险。

表 3-1 列出的是常见的风险等级表达方式,风险由低到高划分为 R1(谨慎型)、R2(稳健型)、R3(平衡型)、R4(进取型)、R5(激进型)五个级别。

表 3-1 银行理财产品常见的风险等级

风险等级	风险水平	说明
R1(谨慎型)	很低	本金风险低,收益低,往往伴随高流动性
R2(稳健型)	较低	不保障本金,预期收益风险低。常见的有结构性存款产品
R3(平衡型)	适中	不保障本金,风险适中,收益适中

续表

风险等级	风险水平	说明
R4（进取型）	较高	不保障本金，产品结构复杂，本金有亏损风险，但收益较高
R5（激进型）	高	不保障本金，产品结构较为复杂，可使用杠杆运作，风险最高，收益也最高

R1 属于谨慎型，风险水平很低，收益也很低，往往是随存随取的类型，流动性比较高。图 3-4 所示的是招商银行一款 R1 低风险理财产品，投资期限是随时申赎，也就是活期类理财产品，七日年化收益率能达到 3%，也是很不错的了。

图 3-4　招商银行一款 R1 低风险理财产品

R2 属于稳健型，风险较低，不保障本金，但是也不容易亏本。它主要投资于债券和货币市场，资金相对安全。图 3-5 所示的是招商银行一款 R2 中低风险理财产品，投资期限是 63 天，业绩比较基准是 3.5%。

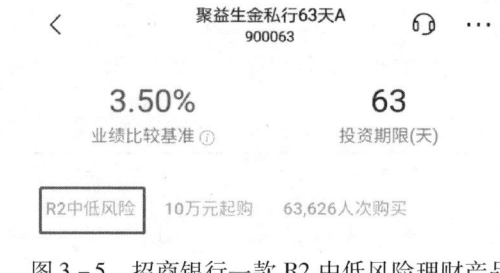

图 3-5　招商银行一款 R2 中低风险理财产品

因此，保守型的投资者可以选择风险评级为 R1 和 R2 的理财产品。

R3 属于平衡型，风险适中，收益适中。图 3-6 所示的是招商银行一款 R3

第三堂课

小白理财2.0：寻找稳健的银行理财产品

中等风险理财产品，一个月可以赎回一次，成立以来年化收益率是5.58%，这是它过去的业绩，不代表将来，更不是实际的年化利率。

图3-6 招商银行一款R3中等风险理财产品

R4属于进取型，风险较高，是不保障本金的理财产品，风险高，收益自然也比较高。图3-7所示的是招商银行一款R4中高风险理财产品，这款产品属于银行代销的基金产品，即招商银行帮基金公司卖的基金产品，这款基金产品近一年收益率达到了56.71%，这也意味着它可能会跌很多，毕竟风险和收益是成比例增加的。

图3-7 招商银行一款R4中高风险理财产品

R5属于激进型，该级别理财产品不保证本金的偿付，本金风险极大，同时收益波动极大。图3-8所示的是招商银行一款R5高风险理财产品，这款产品属于银行代销的分级基金，带有杠杆，涨跌幅度都很大，近一个月的收益率达到了39.86%，风险和收益都很高。

图3-8 招商银行一款R5高风险理财产品

R5 级的理财产品，一般不推荐理财新手购买，因为风险实在太大了，新手做理财投资还是要以稳健为主，不宜购买风险这么高的理财产品。

大家购买理财产品时，要知道自己属于哪种类型的投资者，适合购买什么样的风险等级的产品。

比如，风险评级是 R1 的理财产品很明显风险很低，当然是可以考虑购买的。

有投资者购买了 R3 风险等级的理财产品，结果出现了亏损。因此，大家在买非保本理财产品时，要做好亏损的准备。毕竟产品的风险等级已经告诉我们，它可能会出现亏损。

另外，银行理财产品还会根据风险等级的不同，对购买者的风险类型有严格要求。比如，谨慎型的投资者只能买 R1 风险等级的理财产品，而激进型的投资者就可以购买所有风险等级的理财产品。投资者风险类型对应产品风险情况见表 3-2。

表 3-2　投资者风险类型对应产品风险情况

投资者风险类型	产品风险情况				
	低风险	中低风险	中等风险	中高风险	高风险
激进型	适合	适合	适合	适合	适合
进取型	适合	适合	适合	适合	不适合
平衡型	适合	适合	适合	不适合	不适合
稳健型	适合	适合	不适合	不适合	不适合
谨慎型	适合	不适合	不适合	不适合	不适合

3. 银行卖的不一定都是银行理财产品

很多人以为银行卖的理财产品，都叫作银行理财产品，其实，现在银行的金融业务非常广泛，不仅自己发行产品，还帮其他金融机构卖产品。

比如，银行会卖保险，不过银行卖的保险多数都是理财型的保险，既有保障功能，也有投资收益，不过这种保险性价比低，不建议大家购买。普通人买保险最好还是买消费型保险。所谓消费型保险，就是不返还本金的保险。

银行也帮基金公司卖基金，大家去银行购买理财产品时，有可能会被客户经理推荐购买基金产品，行情好时可能会赚钱，但是行情不好也可能会亏钱。

举个例子：2015 年，李某去某银行打算购买一份理财产品，客户经理向她推荐了分级基金，说这种基金赚钱快，于是在不了解该基金的情况下，李某购买了 8 万元分级基金，结果没多久股市大跌，李某的账户遭受重大损失，8 万元只剩下 3 万多元，为了避免进一步损失，她只好忍痛"割肉"。

从上面这个例子，我们可以知道，在银行也能购买基金，而基金并不是银行理财产品，而是银行代售的投资产品。因此，在银行购买投资产品，并不代表就能不亏损。

除了卖保险和基金产品外，银行还有外汇交易、贵金属交易、原油商品等产品。它更像是一家超市，自己有产品，还帮别的机构卖产品，产品质量自然参差不齐，所以，更需要大家睁大眼睛去甄别。

银行理财产品和市场上其他理财产品相比，并不具有很大的优势。我建议，如果你的资金在百万元以内，可以买一部分银行活期类产品，作为日常的零花钱使用，其余的钱用来购买定投基金、中小银行存款类产品等。

如果你的资金量比较大，有几百万元甚至上千万元，为追求稳妥，倒是可以考虑分散投资在几个不同的银行的理财产品里，因为一般来说，银行对于大客户投资的理财产品，年利率会给得比较高。

总的来说，大家在购买银行理财产品时一定要记住，投资都是有风险的，在购买产品前，一定要对产品有深入的了解，知道它是什么类型的产品，风险等级有多高，投资期限是多久，能够获得多大的收益，自己到底能不能承受此类风险等级的投资。只有做好了充分的准备，理财才能更安心。

银行理财产品该怎么挑？

银行理财产品一直是最受普通投资者青睐的理财方式，因为在我们的印象中，银行理财产品收益稳定、风险低，不用担心本金会出问题。直到中国民生银行 30 亿元"假理财"事件被曝出，大家似乎才意识到，银行理财产品也有"不靠谱"的时候。

2017 年，中国民生银行某支行行长向多名投资者销售了一款保本保息的产品，这款产品利息很高，该行长销售这款产品的理由是"原投资人急于回款，愿意放弃利息，一年期产品原本年化收益率 4.2%，还有半年到期，相当于年化（收益率）8.4% 的回报"。多名投资者出于对银行和这名行长的信任，纷纷大额投资，直到这名行长被公安机关带走调查时，这些投资者才得知，他们此前在该支行购买的理财产品是该行长等人伪造的，涉案总规模高达 30 亿元。

截至 2021 年 6 月底，全国共有 4608 家银行业金融机构，就算只有 100 家有资格发行理财产品，每周发行几款理财产品，每天都有几百款理财产品可以挑选。如何从这么多的理财产品中挑选合适的银行理财产品,满足我们赚钱和保障资金安全的需求呢?

1. 挑选银行理财产品的准备工作

我们在挑选银行理财产品前,要先做好两项准备工作。

(1)确定理财目标

我们要根据自己的资金使用情况去规划理财目标,明确这笔钱投资的目的是什么,要投资多长时间,预期收益是多少。

举个例子,王某手里有 20 万元,她打算 6 个月后用这笔钱去装修房子,在此期间,希望能找到预期年化收益率不低于 3% 的理财产品。那么,这笔钱就属于短期需要用到的钱,要挑选期限不超过 6 个月且年化收益率高于 3% 的理财产品。那么,这个目标就是非常明确的,也很容易找到可以投资的理财产品。

再举个例子,李某手里有 50 万元,她预计 5 年内都用不到这笔钱,希望利用这笔钱投资有 4% 以上的年化收益率的理财产品,那么她可以选择银行长期定期的理财产品,比如 3 年期或 5 年期的理财产品。

(2)确定银行

推荐大家采取就近原则挑选银行,因为我们选择在银行进行理财,往往需要先去银行营业网点开户,所以能在家或公司附近找到银行开户,是最方便不过的事情。如果离银行太远,那么实际业务操作会比较麻烦。

现在去银行开户不需要支付任何费用,我们可以多在几家银行开户,在购买银行理财产品时,进行充分比较,实现收益最大化。

做好了这些准备,我们就可以开始挑选银行理财产品。一款银行理财产品好不好,靠什么判断?怎样才能挑选出优质的理财产品呢?下面我们就来说一说该怎么挑选不同风险等级的产品。

2. 怎么挑选低风险的理财产品?

对于低风险的 R1 级理财产品,我们可以比较放心地挑选。因为它们的风险都是比较低的,有些产品还相当于保本型产品,其主要目的是资金保值。我们挑选低风险的理财产品时要着重看以下两点。

(1)最低收益率和波动空间

不管购买哪种理财产品,都不要只看最高年化收益率。比如有两个 R1 风险等级的产品,投资期限、起投门槛都一样,A 产品的预期收益率是 1.5%~

3.4%，B产品的预期收益率是1.8%～3.3%，大家会怎么选？

肯定有人因为A产品的最高收益率比B产品高了0.1%，而选择A产品，但大家有没有想过，A产品的最低收益率也是比较差的。相对来说，B产品的最高收益率虽然低了一点，但是收益波动比较小，会更加稳定。因此，在R1风险等级的理财产品中，可以选择波动范围更小、更稳健的银行理财产品。

（2）购买时间

由于银行每逢季末或年末都会比较缺钱，因此，银行在季末或年末发行的理财产品往往预期收益率会比平时更高。大家如果想获得更理想的收益，可以在季末或年末时购买理财产品。

3. 怎么挑选中低风险的理财产品？

中低风险的R2/R3级理财产品可能是大多数投资者的选择，也是银行理财产品中数量比较多的产品。这类理财产品大部分投向的是现金、货币基金、质押式回购等资产。

那么，对于中低风险的理财产品，我们应该怎么投资呢？

（1）看清预期收益

风险等级为R2级的理财产品不保证本金的偿付，但风险也不大，收益浮动相对可控。风险等级为R3级的理财产品有一定的亏损风险，收益浮动也更大一些。

部分理财产品只展示了预测的最高年化收益，在选购时，我们要查看产品说明书，分析本金有没有亏损的风险。避免存了几年，再扣除各种手续费，大家可能还要倒贴几百元的情况发生。

如图3-9所示，业绩比较基准是4.30%。有的人可能以为这个收益就是固定的或接近固定的，但实际上收益是浮动的。以以下情景为例，如果最后产品投资出现亏损，加上手续费等其他费用，投资100万元有可能会倒亏2500元。

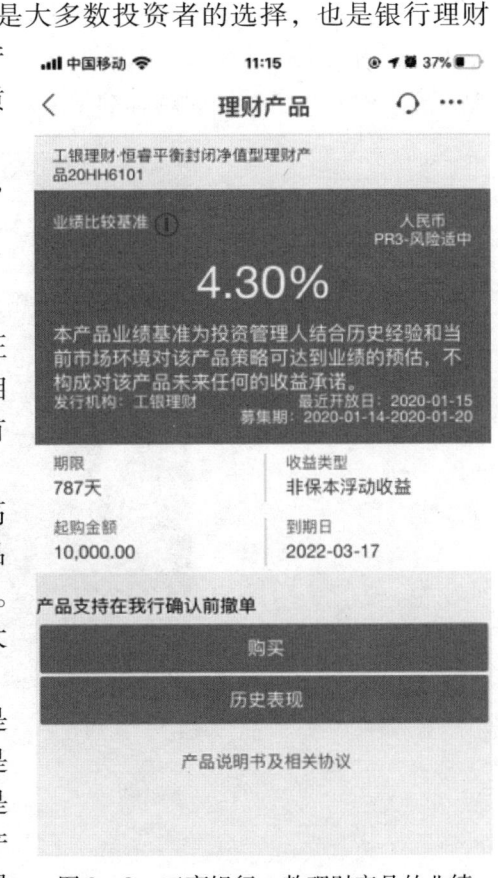

图3-9 工商银行一款理财产品的业绩比较基准

情景：以某客户投资100万元为例，购买时产品净值为1.00元，折算份额为1000000.00份。产品到期时，产品净值为0.9975元，若客户持有的份额依然为1000000.00份（即存续期中未发生提前终止或提前赎回），则工银理财有限公司不收取浮动管理费，扣除托管费、销售手续费、固定管理费后，客户最终收益为：

$$1000000.00 \times (0.9975 - 1.00) = -2500.00（元）$$

总而言之，投资时要看清真实的收益区间，选择你可以承受的风险范围。

（2）看清投资期限

银行理财产品往往都是定期产品，很多净值型产品也是定开型，也就是定期开放购买，其他时间封闭，既不能买入也不能卖出。

所以，在选择这类产品时，一定要看清楚投资期限的约定。图3-10所示的是中信银行一款风险等级为R2级的定开型净值理财产品，每半年开放一次，最短持有期限是6个月，起购金额是1元，业绩比较基准是3.65%～4.15%。

图3-10　中信银行一款风险等级为R2级的定开型净值理财产品

4. 怎么挑选高风险的理财产品？

R4/R5 级的高风险理财产品大多数是净值型理财产品。对于新手和投资小白来说，风险是比较大的。如果想要投资，要注意以下几个方面的事项。

①持有时间。购买 R4/R5 级高风险的理财产品后，需要坚持长期持有，静待亏损转盈利的时候才赎回。

②记录收益变化。高风险的理财产品，每天的行情波动都会比较明显。可能一个月前产品收益看起来还很不错，现在却是亏的，因此，建议大家每周记录收益率，详细记账，以免错过最好的赎回时机或获得更高收益的机会。

除了以上几点外，在投资银行理财产品时，还有以下几点需要注意：

①不要盲目相信别人的推荐和介绍。购买银行理财产品时，最好是在银行官方 App 上购买。

②大部分银行理财产品都是不保本的，预期收益和业绩比较基准都不代表这个产品的实际利率。

③应了解银行销售理财产品的权利，明确认购费、管理费、托管费、赎回费的计算方法、实际收取人和收取时间。

④高收益必然伴随着高风险，但是高风险未必会有高收益。

总的来说，风险等级低于 R3 的银行理财产品相对安全，而风险等级高于 R3 的银行理财产品可能会遇到亏损的风险。对此，大家在投资前就要有相应的心理预期。选择好的银行理财产品，才能为我们的稳健投资打好基础。

年利率 3.5% 以上的银行存款类产品靠谱吗？

大多数银行理财产品不保本也不保证收益，那么，银行还有能保证本金和收益的理财方式吗？

当然有，那就是银行的存款类产品。

有人可能会问，存款利息一般不是挺低的吗？存在银行里跑不赢通货膨胀，买了不就亏了吗？其实不然，那只是因为你没有用对方法，没有享受到银行存款的"高收益"。

实际上，不少中小银行的储蓄存款收益率能达到 3.5% 以上。

1. 越来越受欢迎的中小银行存款类产品

我国目前大大小小的银行有 4000 多家，竞争非常激烈，中小银行由于没有大银行那样的信用背书，不太容易吸引存款，存款压力非常大，它们只能通过提高存款利率来招揽客户。

我们在大银行里很少看到收益率在3.5%以上的存款类产品，而很多中小银行特别是民营银行，它们的存款类产品的年化收益率高于3.5%的真不少。

中小银行的存款类产品还有一个优点，即门槛比较低，不少银行的起投金额只有50元，几乎人人都可以参与，因此，中小银行的储蓄存款类产品受到了越来越多人的青睐。

2. 中小银行的存款类产品安全吗？

中小银行的存款类产品属于一般性存款，最大的特点就是保本保息。2015年，我国推出了存款保险制度，只要你的本金没有超过50万元，几乎没有任何风险。也就是说，假如你存了40万元在这些储蓄存款类产品里，万一有一天中小银行倒闭了，国家也会赔付。

提醒一下，假如你的存款超过50万元，比如有200万元，建议你分别存在几家不同的银行，各家银行的存款总额不要超过50万元。

有人可能会问，存在不同的银行，不是很麻烦吗？是不是要分别到每家银行办理银行卡啊？而且我家附近没有这家银行，怎么办？

其实，在移动互联网时代，买银行存款类产品早就实现了互联网化，足不出户就可以注册电子账户存钱。

此前很多银行的存款类产品可以在第三方平台上购买，比如京东金融、支付宝、腾讯理财通等，但是根据监管政策，第三方平台现在都已经下架了这项业务。大家想要购买这些存款类产品，可以下载手机银行App进行购买。

下面给大家列举几个长期存款类产品年化收益率比较有吸引力的银行，如表3-3所示。

表3-3　年化收益率较高的银行存款类产品

银行名称	存款类产品年利率	期限	投资渠道
新网银行	4%左右	3～5年定期，满期派息	
华通银行	4.125%～4.875%	3～5年定期	
微众银行	4%～4.2%	3～5年大额存单	
蓝海银行	4.125%～4.7%	3～5年定期	手机银行App或微信公众号
华瑞银行	4.5%左右	3～5年定期	
北部湾银行	4%～4.65%	3～5年定期及大额存单	
中关村银行	4.125%～4.875%	3～5年定期	
天津滨海农商银行	4%左右	70～365天结构性存款	

（备注：以上数据会随着银行政策变化而变化）

要购买这些银行的存款类产品，有两种途径。一是下载官方 App，然后按步骤注册、买入即可。二是在微信搜一搜，找到这些银行的微信公众号或小程序，看是否支持购买。

在这里需要提醒大家一点：不同银行的存款类产品是不一样的，有的产品支持灵活存取，但实质上是一个定期产品。虽然它支持灵活存取，但提前支取只能按照活期存款利率计息，而目前活期存款利率才 0.35% 左右。

理财投资一定要付诸实践，才能有进步。动动手指，就能多赚取一份收益。大家只有尽快付诸行动，才能对理财有更深刻的感受。

说到这里，大家可能会担心在互联网平台上购买的存款未来会不会查不到，这个互联网平台要是倒闭了，该怎么办呢？

其实这一点是完全不用担心的，因为你在互联网平台上进行存款操作时，合同是与商业银行签署的，当存款类产品到期后，是由相应的商业银行来为你支付利息与本金的，你只要记得你在哪家银行存有钱就可以了。

如果银行破产了，我们的钱该怎么办？

中国人很爱储蓄，赚了钱都往银行放，觉得银行很安全，钱不会凭空消失或亏损。特别是年纪稍大一些的人，因为不懂投资股票、基金等产品，会把所有存款都放在银行里，理财意识强一点的人可能还会在银行买点理财产品。

但是大家有没有想过，假如银行倒闭了，我们的存款、购买的理财产品应该怎么办呢？

1. 银行会倒闭吗？

银行倒闭并不是什么新鲜事，2019 年 5 月，因为出现了严重的信用风险，包商银行被中国人民银行和中国银行保险监督管理委员会接管。2020 年 8 月 6 日，包商银行提起破产申请，也就是说，以后包商银行就不复存在了，这是中国第一宗真正意义上的银行破产案例。

包商银行的破产，让不少人意识到：原来大而不倒、赚得盆满钵满的银行也存在破产倒闭的可能，没有什么是永远的"刚性兑付"。

而第一家破产的银行，是 1998 年被中国人民银行接管清算的海南发展银行，但由于相关法律缺位，并无破产程序可走，这家银行至今未完成清算。

所以说，银行是真的会倒闭破产的，只是相对于银行的总数量来说，破产银行的数量占比很低。

2. 银行破产了，存款怎么办？

银行破产后，客户存在银行里的钱还能取出来吗？

以包商银行为例，按照中国人民银行披露的信息，包商银行存在巨额的资不抵债缺口，如果没有公共资金的介入，债权人的受偿率将低于60%。也就是说，如果国家不介入，投资者存入银行的100万元，破产清算时可能只能拿回不到60万元。

好在国家没有坐视不管，包商银行被接管，最终由存款保险基金和中国人民银行提供的资金对个人存款和绝大多数机构债权予以全额保障，对大额机构债权提供了平均90%的保障。这意味着，包商银行的个人存款最终得到了全额保障，但是部分大额机构债权人还是承受了10%左右的损失。

因此，虽然出现过银行破产的案例，但是真正让个人储户亏掉本金的情况还没有出现过。

长期以来，我国的金融市场都是以政府信用作为隐性担保，当发生风险事件时，出于维稳等方面的需求，最后通常由政府出面保证刚性兑付，尤其是银行存款，更是保证个人资金100%的安全。

同时，个人存款还受存款保险制度的保护。2015年，我国推出《存款保险条例》，各家银行向保险机构统一缴纳保险费，一旦银行出现危机，保险机构将对存款人提供最高50万元的赔付额。

有了存款保险机制，存款看起来更安全、更有保障，但保障的额度变低了。因为存款保险制度只是有限赔偿，也就是50万元以内的存款包赔，而之前是国家信用无限担保，也就是全额赔。如今，从国家信用切换到保险制度，储户存款的安全性其实是下降了。

3. 银行破产了，银行理财产品怎么办？

由于理财产品不在存款保险制度赔付的范围之内，如果我们在银行购买了理财产品，遇到银行破产，该怎么办呢？

一般来说，分两种情况：

第一种，理财产品是银行发行的，对于银行来说，理财就是"受人之托、代人理财"，我们购买银行发行的理财产品，相当于我们委托银行帮我们投资，投资的亏损或盈利要我们自己承担。即使银行倒闭，由于理财产品的资产并不属于银行所有，而属于所有该产品的持有人所有，因此和银行的关系不大，银行只负责管理运营，赚取管理费。

如果这些产品的流通性强，容易变现，你的本金说不定很快就能拿回来；如果投资的期限比较长，在资产清算过程中遇到资产出现亏损，有可能这个钱就不能完全收回来，因此银行理财产品的风险，其实不在于银行是否倒闭，而在于它本身投资的资产是否安全。

第二种是银行代销的理财产品，即使银行倒闭了，也不会影响这些产品的赎回。假设你在银行购买的是基金，银行只是作为托管方，你的钱并不在银行，而是在基金公司，即使银行破产了，你的钱也不会受到影响。到时候，找到相应的基金公司，就能把钱拿回来。

在银行购买保险产品也是一样，银行是帮保险公司卖保险，即使银行倒闭了，只要保险公司还好好的，你的钱就没事。

总之，如果银行破产了，50万元以内的存款是可以100%兑付的，至于理财产品，就要根据是银行发行的还是代销的来具体情况具体分析。

4. 如何规避银行破产带来的风险

谁都不希望自己存钱的银行出现倒闭破产的情况，毕竟这种小概率事件发生在自己身上，也挺让人郁闷的。因此，我们要努力规避银行破产带来的风险。下面给大家提供几个建议。

（1）在单一银行存款不超过50万元

《存款保险条例》规定，只有低于50万元的存款才可以实现100%兑付，因此，最好的办法就是存在同一个银行的钱不要超过50万元。

（2）把大部分钱放到大银行

如果你觉得把钱分开存到几家银行很麻烦，其实只存到一家大银行也可以。

比如中国农业银行、中国建设银行、中国工商银行等，这些银行都属于"大而不能倒"的银行，国家是不可能让这些银行破产的，因此基本上不会出现存款拿不回来的情况。

（3）分散投资

可以通过分散投资，把钱拿去购买其他平台的理财产品的办法来直接转移风险。

比如，在支付宝上购买基金，那么钱就不会留在银行了；也可以去购买股票，把钱放到股市里，也不用担心银行破产了。

总结：银行可能会出现倒闭破产的情况，但是概率很小。假设银行破产，只要我们的存款不超过50万元都是可以实现100%赔付的，而理财产品则可能会出现无法完全兑付的情况。要规避银行破产带来的风险，可以采用在单一银行存款不超过50万元、把大部分钱放到大银行、分散投资的方法。

第四堂课 四

理财入门：最适合普通人的投资工具——基金

普通人的理财神器——基金

我国现有的理财产品包括银行理财、股票、基金、国债、黄金、房地产、期权、期货、艺术品投资等，品种还是比较丰富的。

对于理财小白来说，自己去选择合适的理财品种还是有点困难的。银行理财产品风险低，但长期收益差；股票收益高但风险很大，股市"7亏2平1赚"的铁律始终牢不可破；房地产投资流动性差，所需成本也高……

投资难就难在，如果只看资金安全性，你往往会错过高收益；如果只看收益，你的血汗钱就可能被人骗走。因此，需要同时考虑风险和收益。

综合考量收益性与安全性，可能只有基金才是最适合普通投资者的投资品种。有很多人认为基金是普通人的"理财神器"。

那么，基金到底"神"在哪里？我总结出以下几点。

1. 分散投资

我们都听过一句话："不要把鸡蛋放到同一个篮子里。"另一句话是："永远不要孤注一掷。"这些都是在告诉大家，要懂得分散投资，才能规避风险。

但人性是贪婪的，面对不断上升的收益，人们往往容易忘记风险的存在。比如在股市行情好时，很多人会把自己所有的钱都拿去买股票，看着不断上涨的账户市值，心里美滋滋的。

但是，这同时存在很高的风险。

行情好时，大多数股票都会上涨，哪怕股票再垃圾，也可能会上涨。一旦我们买到的是垃圾股，这种股票的上涨其实是"虚假繁荣"，都是泡沫，很容易出现泡沫破裂、连续大幅下跌的情况。有些股票甚至可能遇到财务造假、破产等问题，股价跌得一文不值。

比如曾经的乐视网，股价一度高达每股三四百元，结果现在因为公司经营出现问题，已经退市了。试想一下，如果你持有了这样的股票，本金可能就会出现巨大亏损。

如果你投资的是基金，那么这种因为一只股票下跌而导致账户出现大额亏损的情况，其实是可以规避的。

因为基金是同时买入多只股票，比如沪深300指数基金，同时买入了300只流动性强且规模大的股票，哪怕有一两只出现了暴跌，也不会对总体的指数产生大的影响。这就好比投入一颗石子，不会让整个湖的水平面升高。

因此，基金可以达到分散投资、降低投资风险的目的。

2. 品种丰富

经过30多年的发展，我国的基金数量已经超过6000只，覆盖能源、原材料、工业、消费、医药卫生、金融地产、信息技术等多个领域。基金品种如表4-1所示。

可以说，不管你想要买什么资产，都能找到相应的基金品种。比如，你觉得医药行业有发展前景，可以买医药行业相关的基金；你觉得科技行业是未来的方向，可以买科技类基金；你想投资黄金，可以关注黄金基金。

表4-1 基金品种

按行业分类			
高速公路	航天航空	通信行业	环保工程
交运物流	汽车行业	房地产	贵金属
水泥建材	国际贸易	家电行业	包装材料
工程建设	文化传媒	仪器仪表	软件服务
公用事业	材料行业	电子元件	多元金融
电力行业	化工行业	医药制造	金属制品
交运设备	综合行业	造纸印刷	文教休闲
农牧饲渔	机构行业	券商信托	专用设备
煤炭采选	玻璃陶瓷	保险	酿酒行业
食品饮料	园林工程	银行	有色金属
电子信息	医疗行业	木业家具	钢铁行业
按概念分类			
军工	智能机器	5G概念	边缘计算
新材料	在线教育	人工智能	氢能源
基金重仓	医疗器械	增强现实	ETC
生物疫苗	蓝宝石	军民融合	新能源车
锂电池	燃料电池	OLED	云游戏
LED	基因测序	体外诊断	北斗导航
智能电网	国产软件	华为概念	创业成份
无人机	免疫治疗	太阳能	智慧城市

资料来源：东方财富Choice数据。

而从投资的区域来说，经过多年的发展，现在，我国的基金除了投资国内资产，也越来越多地出海投资海外市场，比如现在有跟踪美国、德国、日本、印度、越南等股票市场的QDII-指数型基金，追踪黄金、原油价格的QDII-另类投资型基金，以及QDII-债券型基金等。

可以说，目前的基金种类已经可以满足绝大多数人的基金配置需求。

3. 信息透明

我们所说的基金一般是指公募基金，公募基金由国内的公募基金管理公司发行和管理，是金融产品中受严格监管的品种之一。

对于基金的信息披露，主要分为以下两个方面：

第一，开放式基金每个交易日都要披露一次基金净值，封闭式基金每周披露一次基金净值。定时披露基金净值，其实就是将基金投资的风险透明化，让大家清楚地知道自己资产的波动情况，以便及时采取相应的措施。

第二，基金公司会发布季度总结报告、半年报告和年度报告。在报告中，会披露基金的大量相关信息，包括基金的净值表现、十大重仓股及比例、五大重仓债券及比例、资产配置比例、报告期内的投资策略、各类基金的费用情况、未来市场展望等。

通过这些报告，投资者能清楚地看到基金经理在过去一段时间里是如何管理基金的，以及基金经理的投资决策和风格是怎样的，以便投资者根据这些信息及时调整自己的投资策略。

4. 资金独立托管，安全有保障

投资最重要的事是保住本金，只有在本金安全的情况下，才能进一步追求收益。

投资基金的好处是虽然投资决策全部由基金公司负责，但是基金公司不能私自把你的钱转到他们的账户上，实际上你的钱会托管到相应的银行。

从这一点来看，投资基金的安全性是非常有保障的，你不用担心本金会被骗走。只有基金涨跌才能影响你的本金。

5. 投资门槛低

基金的投资门槛非常低，不同的基金买入的起点金额不同，常见的是100元起步、10元起步，甚至1元起步。

也就是说，手里有几十元钱就可以购买基金，人人都能参与基金投资。

6. 专家理财，省心省力

理财看起来是一件很容易的事情，好像只要花点时间学习一下理财方法，手里有钱就可以开始投资了。

但实际上，投资的门槛又是极高的，如果不了解宏观经济，不了解市场运行的规律，不熟悉各类专业投资工具的特点，就很容易掉进投资陷阱。

而基金公司有十分专业的投资研究团队，还高薪聘用了投资经验丰富的基金经理，甚至有专门负责风险管理的部门，是多个团队在协同作战，这和个人投资者单打独斗是有很大区别的。

投资是一件非常专业的事，而专业的事就要交给专业的人去做。基金投资就是给大家提供一条享受专家理财成果的捷径。

7. 交易便捷，流动性好

在互联网蓬勃发展的今天，我们已经充分感受到了互联网购物的便捷性。有时早上下单，晚上就可以收到包裹。

而基金买卖的速度更快，投资基金已经完全互联网化，一部手机就能搞定所有流程，交易十分便捷。

买一只基金，从输入代码，到点击购买、输入支付密码，不到1分钟就完成了。基金份额的确认需要1～2个工作日，而15：00前买入的基金结算的净值是按照当天来计算的。

基金不仅购买方便，还有比较好的流动性，而流动性主要体现在赎回资金的到账速度上。

一般情况下，货币基金到账时间为1个工作日，1万元以内甚至可以在2小时内到账。债券基金到账时间为1～3个交易日，股票基金和混合基金到账时间为3～4个交易日。另外，海外基金因为中间结算过程复杂，到账时间需要6～7个交易日。

①货币型基金到账时间：T+1。
②股票型基金到账时间：T+1～4。
③债券型基金到账时间：T+1～3。
④QDII 基金到账时间：T+6～7。

同一只基金，在不同的平台，赎回时间会有所不同。一般来说，在基金公司直销购买赎回时间最快，银行、券商等代销机构赎回时间稍慢。现在有很多第三方平台赎回速度也很快，给用户带来很好的体验。

基金买卖的渠道，也越来越丰富，一开始在各大银行的柜台交易，后来发展到银行的网上银行、券商交易软件、支付宝、腾讯理财通、天天基金等平台上交易。

当然,需要说明的是,并不是所有基金都具有交易便捷、流动性好的特性。这几年有越来越多封闭期为 1~3 年的基金,在基金封闭期结束之前是不能提前赎回的。不过部分封闭式基金可以转到场内交易,通过券商系统将基金在场内卖掉,实现资金回收,但交易价格存在不确定性。

总的来说,基金的主要优势是能分散投资、降低风险,而且参与门槛低、投资方便,还有专业团队管理,流动性也不错,不愧是普通人眼里的"理财神器"。

从零开始认识基金,从名字一眼看透基金内涵

从这一节开始,我们进入基金的学习。所谓"磨刀不误砍柴工",我们先把基金的基础知识学好了,才能挑选出好基金,赚到稳定的收益。这一节,我们主要学习基金的定义和分类,从基金的名称了解基金的内涵。

1. 什么是基金?

基金就是通过份额来筹集资金,并将资金用于证券投资。可以理解成我们花钱请基金经理帮我们买卖股票、债券或其他金融产品,我们可以在基金上涨中获得收益,而基金经理赚的是基金管理费。

当然,并不是说我们把钱直接交给基金公司,基金经理就一定能帮我们赚到钱,毕竟没有稳赚不赔的投资,现在有几千只基金,不可能每只基金都赚钱,我们只有练就火眼金睛,才能选出赚钱的基金。

基金的投资对象一般有股票、债券、期权、大宗商品、外汇等。基金公司会根据不同的投资对象,把基金包装成一个个不同的套餐,供投资者选择。

就像在旅行社报团旅游一样,会有 A 套餐——桂林 3 天 2 日游,B 套餐——上海 5 天 4 日游。我们可以根据自己的预算和兴趣来选择。

另外,本书所说的基金,都是公募基金,不包括私募基金。私募基金是私募机构以非公开方式向特定投资者发行的基金。私募基金投资门槛比较高,要 100 万元起步,这不在我们的讨论范围内。

2. 基金的分类

根据投资对象的不同,我们可以将基金分为五个大类:货币基金、债券基金、混合基金、股票基金、另类投资基金。

（1）货币基金

货币基金是指专门投向风险小的货币市场工具的基金，这种基金非常灵活，一般是随存随取或第二天可取，而且收益比较稳定，类似于活期储蓄存款，但是比活期储蓄存款利率高，适合用来存放零花钱和短期可能会用到的钱。

支付宝的余额宝和微信的零钱通本质上都属于货币基金，余额宝里的钱可以直接用来购物、转账，微信零钱通里的钱也能直接用来转账和发红包，非常方便，很多人都会选择将零钱存放在它们这里。

（2）债券基金

债券基金是指80%以上资产投资于债券的基金，风险和收益介于货币基金和混合基金之间。

根据是否只投资于债券，债券基金分为两类：纯债基金和混合债券基金。纯债基金是把100%的资产投资于债券，投资对象主要是国债、金融债和企业债。根据期限，纯债基金一般可分为中长期纯债基金和短期纯债基金。混合债券基金是把80%以上的资产投资于债券，除此之外，其中还可能包含股票、可转债、打新股等投资。

（3）混合基金

混合基金是指可以投资股票也可以投资债券或货币市场的基金，而且投资股票和债券的比例没有严格的限制。这就使得混合基金非常灵活，基金经理可以根据市场的变化调整投资策略。

根据股票、债券投资比例以及投资策略的不同，混合基金又可以分为偏股混合型基金、偏债混合型基金、股债平衡型基金、灵活配置型基金等几种类型（图4-1）。

偏股混合型基金	偏债混合型基金
又可分为股票上限分别为95%和80%的偏股型基金	以债券等固定收益类资产为主，股票投资比例上限为50%
股债平衡型基金	灵活配置型基金
股票和债券投资较为均衡，不以某一类资产为主	股票投资范围包括30%~80%、0%~95%、30%~95%和40%~95%四种

图4-1 四种混合基金类型

混合基金的风险主要取决于股票和债券配置的比例。债券配置多，则风险较低；股票配置比例高，则风险较高。

因此，四种混合基金中，风险较低的是偏债混合型基金，其次是股债平衡型基金，而偏股混合型基金和灵活配置型基金，由于股票仓位配置上限比较高，所以总体上风险高一些。

（4）股票基金

股票基金是指80%以上的资产投资于股票的基金，因为投资股票的比例很高，所以股票基金比前三类基金的风险都要高，但长期收益也最高。

股票基金可以分为稳健型、成长型、激进型和指数型。股票基金可能是我们未来重点要投资的基金类型之一。

（5）另类投资基金

另类投资基金主要投资于传统的股票、债券、货币之外的金融实物市场，如黄金、房地产、大宗商品、证券化资产（如REITs）等。

下面，我们总结一下五类基金的风险收益特性。通常收益与风险是成正比的，潜在收益越高，所面临的风险也越大。

潜在收益从高到低是：另类投资基金＞股票基金＞混合基金＞债券基金＞货币基金。风险从大到小是：另类投资基金＞股票基金＞混合基金＞债券基金＞货币基金。

3. 从名称开始，看透基金的内涵

基金有不同的类别，不同的基金都有自己的名称，就像我们每个人都有名字一样。基金的名称不仅可以体现基金的类型，还能体现基金的收费模式（A类、B类、C类）、投资方向（医药、消费、金融、资源、军工等）、投资风格以及风险大小（低风险、中风险、高风险）。

一般来讲，开放式基金的名称包含三个部分：管理基金的基金公司、投资风格或方向以及基金类型。

基金名称＝基金公司＋投资风格/方向＋基金类型。

比如，图4-2中的"易方达稳健收益债券A"，表示这是易方达基金管理有限公司管理发行的基金，风格属于稳健型，主要投资于债券资产，"A"代表收费方式为前端收费，也就是在申购时扣除手续费。

而图4-2中的"中欧医疗健康混合C"，表示它的管理发行机构是中欧基金管理有限公司，投资于医疗健康方向。"C"代表它的收费方式为不收申购和赎回费，而是按日收取销售服务费。

第四堂课
理财入门：最适合普通人的投资工具——基金

图 4-2 基金名称举例

4. 基金名称的内涵分解

下面我们按照基金名称的三个部分逐一给大家介绍基金名称的特点，首先从"基金公司"说起。

基金的名称里带上基金公司的名字，能方便我们识别管理这只基金的公司。

就像我们上学时穿的校服上都会印着学校的名字，别人一看就知道我们是哪所学校的。人们通常认为，好学校的学生成绩都比较优秀。

对于基金也是如此，越好的基金公司，管理的产品表现有可能越好。

那么，我们先来认识基金公司，看看有哪些名气比较大的基金公司。

（1）基金公司

截至2020年3月19日，我国境内共有149家公募基金公司，其中管理基金总规模排名前十的基金公司如表4-2所示。

表4-2 管理基金总规模排名前十的基金公司

排名	基金公司	成立时间	管理规模/亿元	基金数/只	基金经理数/人
1	天弘基金管理有限公司	2004年11月8日	12741.51	107	26
2	易方达基金管理有限公司	2001年4月17日	7407.73	304	57
3	博时基金管理有限公司	1998年7月13日	6411.37	301	54
4	南方基金管理股份有限公司	1998年3月6日	6238.65	351	54
5	工银瑞信基金管理有限公司	2005年6月21日	5417.03	219	52
6	汇添富基金管理股份有限公司	2005年2月3日	5392.60	235	41
7	华夏基金管理有限公司	1998年4月9日	5367.43	289	54
8	建信基金管理有限责任公司	2005年9月19日	5319.39	178	36
9	嘉实基金管理有限公司	1999年3月25日	5219.41	245	61
10	广发基金管理有限公司	2003年8月5日	5209.69	323	46

从表4-2中可以看出，这10家基金公司不仅管理的基金多，而且管理规模非常大。

那么，基金公司规模越大越好吗？基金公司规模对基金业绩会有什么影响？有研究表明，基金公司的规模越大，所管理的基金业绩越有可能表现良好。同时，规模大的基金公司，在管理规模小的基金时，业绩更好。就好比一个举重冠军，在举重量大的杠铃时都可以轻而易举地打败其他对手，在举重量轻的杠铃时想要取胜，更是易如反掌。

大基金公司管理的基金之所以业绩更好，主要是因为大公司人才多。规模大的基金公司，舍得花大价钱招兵买马，很多知名基金公司的研究团队成员都来自国际知名高校毕业的硕士研究生和博士研究生。因此，团队管理投资基金的水平比规模小的基金公司高，大方向上决策失误的概率比较低。

因此，大家在挑选基金时，可以优先考虑排名前十的基金公司。

（2）投资风格或方向

基金名称中的第二部分是投资风格或方向，一般包括两种类型。

第一种：投资风格，一般为概括性的词语，如图4-3所示的"成长""价值"等，常见于股票基金和混合基金中，主要有以下几种。

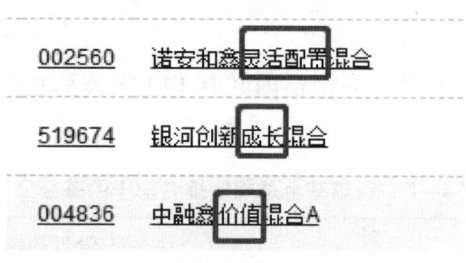

图4-3 投资风格举例

①成长。注重公司的成长性，较少考虑股票的价格，青睐那些稳定成长的行业，如医药、高科技行业等。

②价值。热衷于"低买高卖"的投资策略，寻找并买入那些"物美价廉"的股票，喜欢投资金融、传统工矿业等较为稳定的行业。

③平衡。希望兼顾成长和价值两种风格，其风险和收益介于成长型基金和价值型基金之间。

④灵活配置。根据市场情况，灵活投资于股票、债券及货币市场工具、大宗商品等各类资产，配置比例可以随时调整。

第二种：投资方向，代表投资方向的词很多，如图4-4所示的"食品饮料"等。

图4-4 投资方向举例

以以下类型为例，进行讲解。
①军工。主要投资方向为军工产业相关上市公司股票。
②白酒。主要投资方向为白酒行业相关上市公司股票。
③医疗。主要投资方向为医药、医疗相关业务相关上市公司股票。
④中小盘。多投资于中小盘股票。
⑤红利。主要投资于分红比较稳定、具有一定规模及流动性的上市公司的股票。
⑥量化。通过建立数学模型，用计算机程序发出买卖指令，以获取稳定收益为目的的交易方式。

下面我们再来讲讲基金名称的第三部分——基金类型。

(3) 基金类型

前面我们说过，基金主要分为五类——货币基金、债券基金、混合基金、股票基金和另类投资基金。一般基金的名称类型分为以下五种。

名字带"货币"的：指货币基金。
名字带"债券"的：指债券基金。
名字带"混合"的：指混合基金。
名字带"股票"的：指股票基金。
名字带"指数"的：指指数基金。

指数基金，其实也是一种股票基金。对于指数基金，后面有一节内容专门讲解，这里暂时不展开。

有些细心的同学会发现，基金名称后面还会跟着一些字母，"A""B""C"这三个字母最常出现在基金名称后面，看起来就像基金的小尾巴。那么，这些字母究竟代表什么意思呢？部分基金名称见表4-3。

表4-3 基金名称举例

序号	基金名称	序号	基金名称	序号	基金名称
1	博时黄金 ETF 联接 A	4	NCF 环保 B	7	创金合信医疗保健股票 C
2	创金合信医疗保健股票 A	5	博时黄金 ETF 联接 C	8	汇添富中证精准医疗指数 A
3	招商国证生物医药指数 A	6	前海开源健康 B	9	招商国证生物医药指数 C

一般来说，这些字母代表同一只基金下的不同类型的份额，字母不同，一般代表收费的方式不同。

A 类通常代表前端收费，即申购时直接扣除申购费用，相当于先付钱后吃饭。

B 类通常代表后端收费，即申购时不扣费，到赎回时扣除申购费，相当于先吃饭后付钱。

C 类通常代表一种销售服务费模式，即不收取申购、赎回费，但是会按日收取销售服务费。

基金名称相同，只用了不同的字母作区分，表示它们仍然是同一只基金，由同一个基金经理管理，业绩表现不会有太大区别。图4-5、图4-6所示的是同一只基金的 A 类和 C 类份额。

工银战略新兴产业混合A(006615)

开启净值估算须知

净值估算是按照基金历史定期报告公布的持仓和指数走势预测当天净值，预估数值不代表真实净值

净值估算(20-11-02 11:30)	单位净值（2020-10-30）	累计净值
--	2.2959 0.25%	2.2959
近1月：4.92%	近3月：11.28%	近6月：58.01%
近1年：104.53%	近3年：--	成立来：129.59%
基金类型：混合型｜中高风险	基金规模：1.71亿元（2020-09-30）	基金经理：杜洋等
成 立 日：2019-04-24	管 理 人：工银瑞信基金	基金评级：暂无评级

图4-5 工银战略新兴产业混合 A

第四堂课
理财入门：最适合普通人的投资工具——基金

工银战略新兴产业混合C(006616)

📈 开启净值估算须知

净值估算是按照基金历史定期报告公布的持仓和指数走势预测当天净值，预估数值不代表真实净值

净值估算(20-11-02 11:30)	单位净值（2020-10-30）	累计净值
--	**2.2765** 0.25%	**2.2765**

| 近1月：4.89% | 近3月：11.17% | 近6月：57.70% |
| 近1年：103.68% | 近3年：-- | 成立来：127.65% |

| 基金类型：混合型｜中高风险 | 基金规模：1.75亿元（2020-09-30） | 基金经理：杜洋等 |
| 成立日：2019-04-24 | 管理人：工银瑞信基金 | 基金评级：暂无评级 |

图4-6 工银战略新兴产业混合C

货币基金比较特殊，常见的有A类和B类，主要是用来区分准入门槛的。

A类货币基金的门槛较低，一般100元起投，现在甚至0.01元、1元也可以投资，是十分适合普通大众的投资选择。B类货币基金的门槛较高，申购起点一般为500万元，适合有大量闲钱的人投资。

我们在选择基金时，选哪种收费方式的基金比较好呢？

先来看看A类和B类。

A类基金申购费率一般为1%～1.5%，现在很多平台可以打一折或六折。赎回费率是0.5%，持有时间比较长，可以免除赎回费，比如有的基金持有超过730天可以免除赎回费，有的只要持有超过30天就可以免除赎回费。B类基金申购时不收取申购费，但如果是短期持有，赎回费会非常高，长期持有（比A类时间更长）后，可以免除赎回费。

如果A类基金申购费打一折，那么A类和B类基金在交易费用方面没有太大的差别。有时A类基金会更有优势一点，再加上很多基金都没有B类，因此我们投资时直接选择有折扣的平台去买A类基金就可以了。

那么，C类基金和A类基金相比，哪个更好呢？在有折扣的平台申购A类基金，如果长期投资，申购费率约为0.1%，长期持有可以免除赎回费。C类基金不收取申购费和赎回费，但如果持有不到7天会收取惩罚性的1.5%的赎回费率。另外，C类基金会收取销售服务费率，通常是每年0.2%～0.5%，按照持有时间来收取。

各类基金费率比较见表4-4。

表4-4 各类基金费用比较

费用	A类	B类	C类
申购费	有（随申购金额的增加而减少）	无	无
赎回费	有（随持有期限的增加而减少）	有（随持有期限的增加而减少）	无（持有7天以上免赎回费）
销售服务费	无	无	有（按日计算）

一般来说，如果投资时间不超过1年，购买C类份额基金所需的费用最低；如果投资时间为1年以上，那么选择A类前端收费模式的费用更低；如果投资时间大于5年，可以选择B类收费模式，但是一般B类基金比较少，所以直接选择A类就没错了。

总结一下：如果是通过有折扣优惠的基金平台进行投资，选择A类基金比较合适，而且A类基金更适合做长期投资；做短期投资就选择C类基金，但注意持有时间不要低于7天。

以上就是对基金的名称的拆解，实际上有些基金名称比较复杂，但万变不离其宗，大家只要记住上面这三点就可以了。

大家遇到看不懂的基金名称时，可以在天天基金网或支付宝上输入基金代码或名字，找到产品详情，进行解读。

这一节，我们学习了基金的几个常见分类。根据投资对象的不同，基金一般分为五大类：货币基金、债券基金、混合基金、股票基金和另类投资基金。它们的风险等级依次递增，收益水平也相应增加。我们可以在了解这些基金的特点后，根据自己的风险承受能力和投资目标来选择某一类型的基金。

我们通过拆解基金的名称，识别基金公司、投资风格和方向、基金类型以及不同的收费方式，让大家看到基金的名称就能对基金有个初步的了解。

投资基金有哪些费用？

在投资基金的过程中，很多人往往把精力放在如何获取更高收益上，很少有人留意投资成本。其实在交易过程中产生的申购费、赎回费，以及持有时扣掉的管理费、托管费等，算下来还真的不是一笔小费用。过高的基金交易费用，会在很大程度上蚕食我们的投资回报。

我们投资基金,既要开源,也要学会节流。本节就向大家介绍基金投资费用的构成,让大家初步学习,在基金投资过程中,用尽可能低的成本来获取高收益。

1. 基金费用

一般来说,基金费用可以分为两类:交易费用和运作费用。基金费用构成如图 4-7 所示。

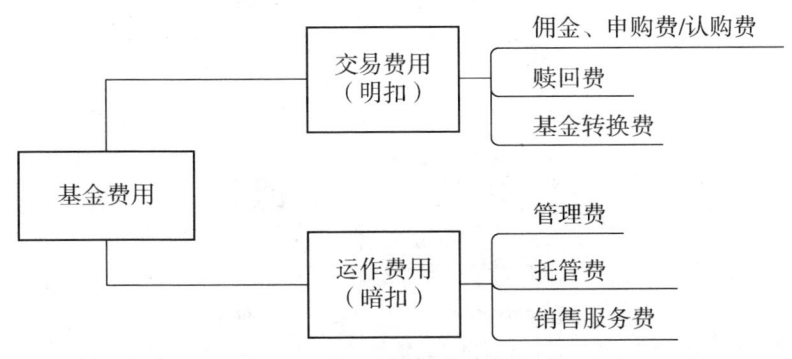

图 4-7 基金费用构成

那么,到底什么是交易费用?什么是运作费用?接下来我们逐一来认识。

(1) 交易费用 (明扣)

基金交易费用,顾名思义,就是我们在买入和卖出基金时所付的费用。

交易费用属于明扣的费用,也就是说,你一眼就能看到被扣了多少钱。交易费用包括佣金、申购费(认购费)、赎回费、基金转换费。这类手续费通常属于一次性费用,仅在基金交易时产生。

①佣金。

按交易场所的不同,基金可以分为场外基金和场内基金两种。场外基金是指不在证券交易所上市交易,而是在基金公司、银行、第三方理财平台等渠道交易的基金。场外基金会收取认购费、申购费和赎回费。而场内基金,是指在证券交易所上市,要用证券账户交易的基金,所以这种基金会收取佣金,而不收取申购费、赎回费等。佣金一般由证券公司确定,常见的佣金费率是1‰到3‰之间。

②认购费。

购买处于募集期间的新基金会产生认购费。也就是说,新的基金即将上市需要募集资金,投资者去认购这个基金,在买入时要交的费用就是认购费。

图4-8所示的是一只新基金的募集详情页,该基金收取1.2%的买入费率。不过,也不是所有基金都收取认购费,现在有些新基金为了吸引投资者购买,会免掉这部分费用。

图4-8 新基金募集详情页

不过,大部分新基金是需要认购费的,而且认购费很少打折,往往比申购费高不少。因此从交易费用的角度来说,买新基金并不划算。

③申购费。

申购费是购买基金时产生的费用,是在基金成立后的存续期内,购买基金份额时向基金管理人支付的手续费。

认购费和申购费有什么区别呢?如图4-9所示,认购费是新基金募集时要交的费用;而申购费是认购期结束之后,基金开放申购时要交的费用。

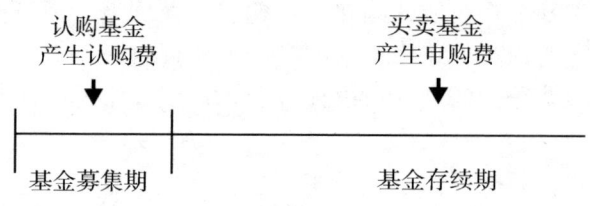

图4-9 认购费和申购费的区别

第四堂课
理财入门：最适合普通人的投资工具——基金

换句话说，买新基金需要花认购费，买"老基金"要花申购费。

每只基金的申购费并不是固定的。一般来说，申购费（认购费）取决于基金类型和购入金额：风险等级越高，费率越高；购入金额越大，费率越低。主动型基金的申购费率通常为1.5%；指数型基金的申购费率通常为1%；混合型基金的申购费率通常也为1%；债券基金的申购费率通常为0.5%；货币基金的申购费率一般为0。

申购费的收取有两种方式：前端收费和后端收费。前端收费，是指在购买开放式基金时就扣掉申购费。后端收费，是指在购买开放式基金时不扣申购费，等到卖出时才扣费的付费方式。

以兴全趋势为例，前端收费按照申购金额来收取申购费，申购金额小于50万元收取1.5%的申购费率，申购金额为50万～100万元收取1%的申购费率，申购金额为100万～1000万元收取0.5%的申购费率，申购金额大于1000万元每笔收取1000元。而后端收费，是按照持有时间来收取申购费，持有时间小于1年收取1.8%的申购费率，持有时间1～2年收取1%的申购费率，持有时间为2～3年收取0.5%的申购费率，持有时间大于3年免收申购费。前端收费和后端收费见表4-5。

表4-5 前端收费和后端收费

收费方式		申购费率
前端收费 [以申购金额（M）为标准]	$M<50$万元	1.50%
	50万元$\leq M<100$万元	1.00%
	100万元$\leq M<1000$万元	0.50%
	$M\geq 1000$万元	每笔1000元
后端收费 [以连续持有期限（T）为标准]	$T\leq 1$年	1.80%
	1年$<T\leq 2$年	1.00%
	2年$<T\leq 3$年	0.50%
	$T>3$年	0.00%

可以说，后端收费是持有时间越长费用越低。如果你打算长期投资一只基金，特别是持有时间大于3年，最好是选择后端收费模式。不过，也不是每只基金都有后端收费模式，实际上，前端收费的方式更常见。

现在很多第三方平台（天天基金网、支付宝等）前端申购费率基本上都能打一折，即便费率最高的主动型基金都只要0.15%。而后端收费中持有时间在2～3年的基金，仍要收取0.5%的申购费，这就比前端收费高多了。因此，我们在购买基金时最好看清楚到底是哪种收费方式。

④赎回费。

赎回费是指我们卖出基金时所支付的费用。赎回费按持有时间来划分费率标准，持有基金的时间越长，赎回费率越低，持有时间超过一定期限则免收赎回费，这也是为了鼓励大家做长线投资。不同持有期限的赎回费率见图4-10。

为了防止一些投资者快进快出进行套利，影响基金平稳运作，基金的卖出规则还规定：持有时间不足7天，基金赎回时会收取不低于1.5%的惩罚性赎回费。

卖出费率

持有期限	费率
0天≤持有天数<7天	1.50%
7天≤持有天数<365天	0.50%
365天≤持有天数<730天	0.20%
730天≤持有天数	0.00%

图4-10 不同持有期限的赎回费率

也就是说，如果你今天买入一只基金，过两天就想卖出去，就会白白亏掉1.5%的赎回费。

所以大家一定要记住，投资基金是一件细水长流的事，不要急功近利，最好不要频繁买卖基金，不然会浪费不少交易费用。

⑤基金转换费。

基金转换费，是指投资者卖掉一只基金的同时，投入全部的钱买入另外一只基金所需要支付的费用。

基金转换有什么好处呢？

基金转换主要是使得资金利用率大大提高。我们卖出基金时，往往需要2~3天钱才能回到账户，才能继续拿这些钱去买其他基金，这样就浪费了几天时间。而有了基金转换功能后，更换基金几乎可以实现无缝对接。

比如，我们本来定投了沪深300指数基金，现在不想持有这只基金，想换为上证50指数基金，那么就可以使用转换的形式，当天就可以转换成功。基金转换操作界面见图4-11。

第四堂课
理财入门：最适合普通人的投资工具——基金

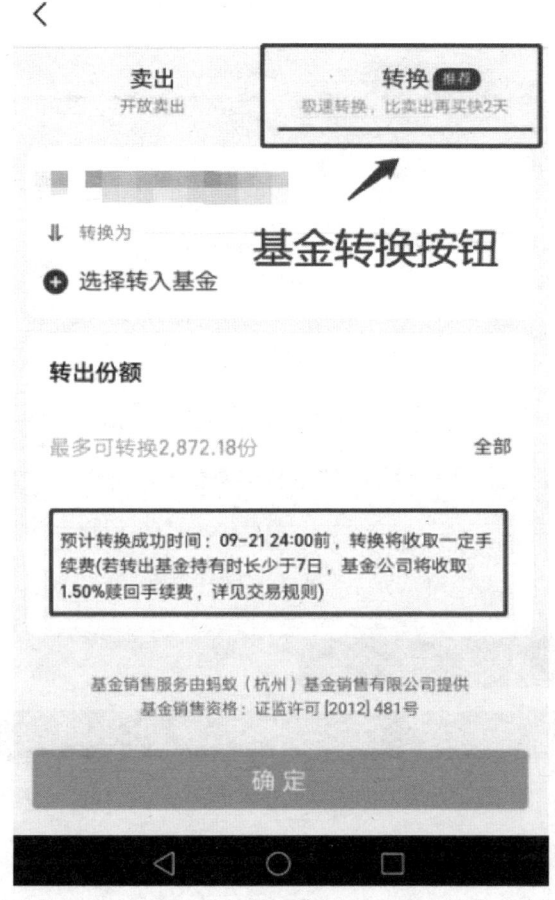

图 4-11　基金转换操作界面

不过，基金转换费用的收取也分两种情况：同一家公司内的基金转换和不同公司之间的基金转换。

A. 同一家公司内的基金转换。

同一家基金公司里的基金进行转换，转换费用由转出基金赎回费、转换补差费两部分构成。

由申购费率低的基金转到申购费率高的基金时，收取申购费差价；由申购费率高的基金转到申购费率低的基金时，不收取差价。

举个例子：假设张三持有一只叫作"中欧医疗健康混合 A"的基金半年了，他现在想要把这只基金转换为同一家公司的基金"中欧时代先锋股票 A"，转换的费率如图 4-12 所示。

83

图4-12 同一家公司内的基金转换

　　基金转换费率＝转出基金赎回费率＋转换补差费率，"中欧医疗健康混合A"的赎回费率是0.5%，两只基金的申购费率都是0.15%，则转换补差费率＝0.15%－0.15%＝0。所以，张三需要支付的基金转换费率为0.5%。

　　B. 不同公司之间的基金转换。

　　那么，如果要转换的基金是其他基金公司的产品，转换费率怎么算呢？

　　此时的基金转换费率＝转出基金赎回费率＋转入基金申购费率。

　　假设，张三持有"中欧医疗健康混合A"半年，现在他想把它转换为另一家基金公司的基金"景顺长城新兴成长混合"，转换的费率如图4-13所示。转出基金赎回费率是0.5%，转入基金申购费率是0.15%，那么，基金转换费率＝转出基金赎回费率＋转入基金申购费率＝0.5%＋0.15%＝0.65%。

第四堂课

理财入门：最适合普通人的投资工具——基金

图4-13 不同公司之间的基金转换

我们可以看到，同一家基金公司的基金转换费用会更低。

（2）运作费用（暗扣）

基金运作费用是指基金日常运营所支出的费用，这类运作费用通常属于持续性费用，会按一定的比例每日从基金资产中计提，我们无法直接感觉到它的存在，所以说是"暗扣"。也就是说，我们每天看到的基金净值，其实都已经扣除了这部分运作费用。运作费用界面见图4-14。

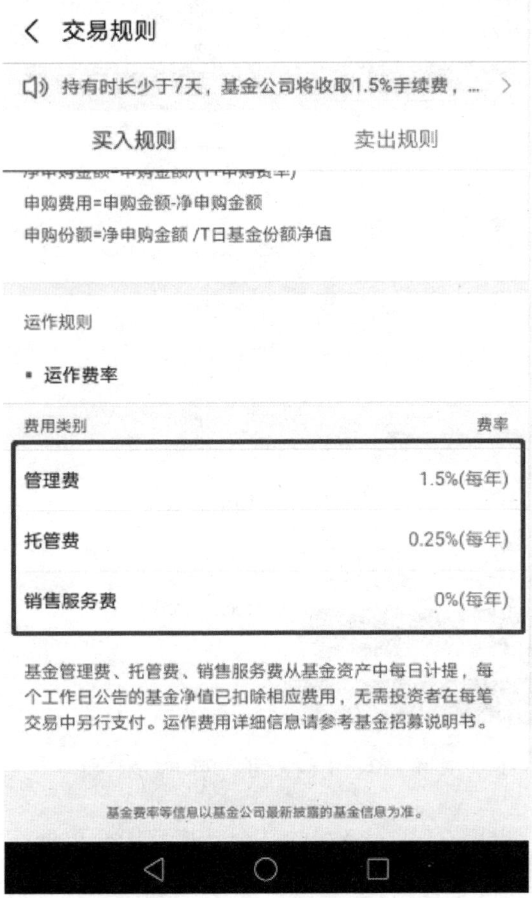

图4-14 运作费用界面

运作费用具体包括管理费、托管费、销售服务费等。接下来,逐一给大家介绍这几项费用。

①管理费。

管理费是支付给基金管理人的报酬,简单来说,就是基金公司帮你管理基金需要收取的费用。

管理费从基金的净资产值中按一定的比例每日计提,是基金管理人的主要收入来源。基金经理的收入主要和基金规模有关,所管理的基金购买的人越多,基金经理的收入就越多。

管理费率一般和基金风险成正比,货币基金管理费率最低,一般在0.15%～0.33%之间;债券基金和被动指数基金管理费率基本在0.3%～0.6%之间;主动型基金管理费率最高,如混合基金和股票基金,管理费率基本为1.5%左右,

第四堂课
理财入门：最适合普通人的投资工具——基金

如果基金规模为100亿元，基金公司一年就能赚1.5亿元。

②托管费。

托管费是付给相应的托管银行，作为保管基金资产的费用。目前，大部分基金的年托管费率为0.1%~0.25%。

③销售服务费。

销售服务费是用来支付销售机构佣金、基金的营销费用以及基金份额持有人服务费等的费用。和业务员帮老板卖货，老板要按比例给业务员算提成，打广告要支付广告费是一样的道理。

通常来说，不收取前端申购费的基金都会收取销售服务费。目前货币基金收取销售服务费，不收取认购费和申购费，如余额宝的销售服务费为0.25%/年。

2. 买卖基金总体费用是多少？

接下来，我们来测算一下，买入、卖出一只混合型基金（混合型基金属于主动型基金，收费一般是所有基金中最高的），大概要花多少钱。

以持有"中欧医疗健康A"基金1年为例，各项费用如表4-6所示。

表4-6 持有"中欧医疗健康A"1年的费用测算

费用名称	费率	备注
申购费	0.15%	打一折
赎回费	0.50%	按持有1年计算
管理费	1.5%	固定
托管费	0.25%	固定
销售服务费	0	不收取
合计	2.40%	—

该基金在支付宝申购时，申购费率打一折，由于买入金额不超过100万元，因此申购费率打完折后为0.15%。持有时间一年，赎回费率是0.5%。交易费用=0.15%+0.5%=0.65%。

该基金的管理费率是1.5%/年，托管费率是0.25%/年，不收销售服务费。运作费用=1.5%+0.25%=1.75%。

那么，持有这只基金一年的成本=交易费用+运作费用=0.65%+1.75%=2.40%，和不少货币基金的七日年化收益率差不多。

从中我们还可以看到，基金中支出最高的费用是运作费，而运作费往往都是固定且不打折的。

3. 购买基金时如何优雅地省钱？

大家明白了基金的收费情况后，接下来向大家讲解在购买基金时，如何优雅地节省成本。

实际上，寻找低费率的交易渠道，是降低购买成本最基础的方法。我们购买基金时有场内渠道和场外渠道两条路径。

（1）场内渠道

"场内"其实就是指证券交易所，包括上海证券交易所、深圳证券交易所。证券交易所除了可以交易股票以外，还可以交易基金和债券。在场内购买基金其实和购买股票大同小异，直接填写基金代码和份额，就可以了。

场内购买基金的优势是交易费低，现在很多券商的佣金费率普遍在1‰～2.5‰，而且不再设置不满5元按照5元计算的收费标准。

假设现在的场内基金购买佣金费率为1‰，那么我买1万元的基金只需要付1元手续费，而且管理费和托管费一般只收6‰。相比我们前面提到的场外主动型基金一年下来超过2%的费用，要划算很多。

一般来说，场内基金适合资金量比较大、喜欢频繁交易的投资者；对于资金量较小、风险承受能力比较低的理财小白而言，场外渠道可能更加适合其投资。

（2）场外渠道

通过场外渠道购买基金，通常有四个大方向可以选择，分别是银行、基金公司、券商和第三方代销平台，在后面的章节中，我们会对这些渠道做更详细的介绍，这里只做简略说明。

首先，由于银行渠道信誉度高，不缺客源，因此在银行买基金，申购费率基本上不打折，比基金公司和第三方代销平台两个渠道的申购费高10倍，赎回到账的速度也慢。

如果在基金公司的官网购买，虽然申购费会比银行更低，但是由于只能买这一家基金公司旗下的基金，可选择的基金数量比较少。

券商渠道可选择的基金数量不多，各家券商的费率打折幅度也不同。

而第三方代销平台，如天天基金网、支付宝、腾讯理财通等，类似于一个"基金超市"，产品多、费率有折扣（申购费大多打一折）、赎回速度快，还能设置定投。

总的来说，频繁交易的投资者适合买场内基金，想要定投基金的理财小白适合买场外基金，买场外基金首选有费率优惠的第三方代销平台。下一节将给大家介绍基金的购买渠道。

第四堂课
理财入门：最适合普通人的投资工具——基金

在哪里买基金靠谱又划算？

很多人对买基金的印象，可能还停留在大妈拿着存折跑银行购买的阶段，其实随着移动互联网的快速发展，我们不出家门，在手机上就能轻而易举地买到基金。

目前，购买基金的渠道有很多，比如基金公司、券商、银行、第三方互联网平台等。各大渠道为了吸引用户，不断推出投资体验更好、优惠费率更低的基金产品。

面对市场上林林总总的基金购买渠道，新手不免犯愁：到底在哪里买安全？在哪里买最方便？在哪里买最划算呢？

1. 购买基金的四大渠道

现在有越来越多的渠道可以买到基金，而销售基金的资格可不是随随便便就能拿到的，要经过国家的批准才可以。取得资格的基金销售机构不多，可以分为直销和代销两种。

直销就是自产自销。直销机构也就是基金公司，不仅发行基金，而且直接卖基金。

不过一只基金动辄几十亿元、上百亿元的募集规模，全靠基金公司来募集是比较吃力的。因此，除了基金公司自己直销以外，还需要其他机构来帮忙，这就诞生了基金代销机构。基金代销机构代理销售基金，就好比一家超市，基金产品就是超市里的商品，投资者可以在基金超市里买卖基金。代销机构从中赚取销售佣金。

截至2021年底，全国具有公募基金代销资格的机构有420家，主力军是商业银行、证券公司和独立基金销售机构。公募基金代销机构分布情况如表4-7所示。

表4-7 公募基金代销机构分布情况表

序号	机构类别	数量/家
1	商业银行	151
2	证券公司	102
3	期货公司	28
4	保险公司	5
5	保险代理公司和保险经纪公司	5
6	证券投资咨询机构	9
7	独立基金销售机构	114
8	公募基金管理公司销售子公司	6

结合表4-7所示内容，我们可以将常见的基金销售机构归为以下四大类：

一是基金公司；二是银行；三是证券公司；四是第三方销售渠道。

2. 四大基金购买渠道的优缺点

很多人刚开始接触基金时，在选择购买渠道方面很犯愁，不知道该怎么选择。其实做出在哪里买基金的选择并不难，就好比选择去哪里买菜，无非看几点：哪家菜品多、哪家更方便、哪家服务好、哪家价格优惠，将这几点一一对应到购买基金的渠道上，即产品丰富度、操作便捷度、使用体验、费率优惠。四大基金购买渠道的优缺点如表4-8所示。

表4-8 四大基金购买渠道优缺点比较

渠道	优点	缺点
基金公司	①交易费用低； ②两只基金相互转换效率最高	①可选产品有限，只卖自家基金； ②对绑定银行卡的限制多
银行	服务相对周到	①交易费用比较高，打折力度小； ②基金数量和种类有限
证券公司	①费率优惠力度大； ②场内基金和场外基金都可购买	①基金数量和种类有限； ②需要开通证券账户
第三方销售渠道	①基金数量和种类丰富； ②购买简单、方便，使用体验比较好； ③费率优惠力度大	赎回基金的时间相对长一点

可以看出，这四个基金购买渠道中，第三方销售渠道的优势比较明显。

①基金种类丰富，就像基金超市，有很多基金可供挑选。
②操作便捷，如使用支付宝、微信等常用的软件购买基金，很方便、可靠。
③操作界面比较清晰，功能划分比较科学，使用起来比较简单。
④购买基金时往往费率有优惠，交易成本也会更低一些。

接下来我们将重点介绍第三方销售渠道。

3. 第三方销售渠道有哪些？

第三方销售渠道比较适合新手操作，因此，推荐大家使用第三方销售渠道来购买基金。

第三方销售渠道基本上可以满足大部分人的基金购买需求。不过,在第三方销售渠道并不能买到市场上所有的基金,如果你想买的基金不在第三方销售平台,最好去该基金指定的销售渠道购买。

目前市场上第三方销售渠道还是比较多的,关注度较高的5家平台是:①天天基金网;②支付宝;③腾讯理财通;④蛋卷基金;⑤且慢基金。

这5家平台中,天天基金网、支付宝、腾讯理财通可以列为同一个类型的基金销售平台,因为它们就像大超市一样,有着丰富的基金产品,所以我把它们划为"基金大卖场"。

而蛋卷基金和且慢基金则主打"基金组合"的懒人投资法,不费脑力,跟着"大V"投资,所以我把蛋卷基金和且慢基金称为"基金便利店"。

(1) 天天基金网 PK 支付宝 PK 腾讯理财通

这三家基金购买平台的优缺点及适合人群如表4-9所示。

表4-9 基金购买平台比较

平台	优点	缺点	适合人群
天天基金网	①基金数量多、种类齐全; ②基金信息齐全、专业,功能丰富,可做基金筛选	信息多,内容比较繁杂	小白、热爱钻研基金投资的投资者
支付宝	①基金数量多、种类齐全; ②使用方便,不用单独开基金账户; ③可用余额或余额宝内资金投资; ④门槛低,10元起投	产品功能入口比较深,产品体验一般	小白、普通基金投资者
腾讯理财通	①直接在微信购买,简单方便; ②门槛低,10元起投; ③可用余额或零钱宝内资金投资	①产品功能入口深; ②基金数量较少	小白、普通基金投资者

从表4-9可以看出,天天基金网是基金投资界的元老,属于信息最齐全的专业基金销售平台,而支付宝属于后来者居上,现在也做得很不错,这两大平台上的基金数量多、品种齐全。相对而言,腾讯理财通则继承了腾讯一贯的克制理念,更像是严选店铺,基金数量不多,总体而言更偏向于稳健。

我们再来看一下天天基金、支付宝、腾讯理财通的基金挑选页面,体会一下它们功能设置的特点。

首先是天天基金网（图4-15），打开它的App，首页就是基金的大类页面，二级页面分类很明确，找基金比较方便、快捷。

图4-15 天天基金网

再来看看支付宝（图4-16），打开支付宝→理财→基金，进入基金挑选页面，入口有点深，不太好找。但优点在于分类比较齐全。

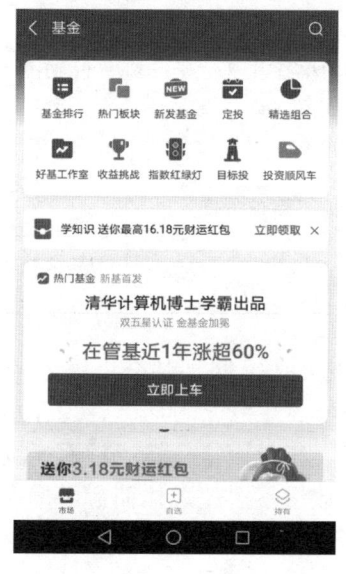

图4-16 支付宝

第四堂课
理财入门：最适合普通人的投资工具——基金

最后是腾讯理财通（图4-17），它的基金入口比较深，登录微信→我→服务→理财通→进阶理财，才能到达基金挑选页面，并且功能设置比较简单。

图4-17 腾讯理财通

总结一下，如果你想深入研究基金，想有更大的基金选择范围，可以选择天天基金；如果你有支付宝账户，平时喜欢在支付宝理财投资，可以选择支付宝投资基金；如果你是微信用户，又不想下载别的软件，对于基金的数量要求不高，可以选择腾讯理财通。

总的来说，这三个渠道，选择其中一两个进行投资就可以了。

(2) 蛋卷基金PK且慢基金

我们再来看看"基金便利店"的蛋卷基金和且慢基金。

①且慢基金。

且慢基金（图4-18）是一个专注于个人理财的服务平台，主打货币三佳、长赢指数投资计划（定投），适合不太懂理财和不想在理财上花心思的投资者。

且慢基金的特色服务如下：

A. 货币三佳。每月挑选市场上三只优质的货币基金，能够持续跑赢市场上80%的货币基金。

B. 策略跟投。且慢里有跟投策略展示，有些经验丰富的投资者会展示自己的投资策略，其他投资者可以跟着他们去买基金。

图4-18　且慢基金

②蛋卷基金。

蛋卷基金（图4-19）是雪球旗下的基金交易平台，主要偏向于"大V"的策略分析。蛋卷基金支持4500多只公募基金的申购和交易，适合不太懂理财、愿意跟投基金达人组合的投资者。

第四堂课

理财入门：最适合普通人的投资工具——基金

蛋卷基金的产品如下：

A. 蛋卷安睡二八平衡组合：80％投资于纯债基金，20％投资于代表大盘的沪深 300 指数基金，每月动态调整持仓，保持 2∶8 的股债比例。

B. 蛋卷斗牛动态平衡组合：根据沪深 300 指数的长期波动率，动态调整股债比例。

图 4-19　蛋卷基金

我们来总结一下这两家平台的主要特点。

且慢基金卖的不是产品，而是帮助投资者树立一种长期投资的理念，规划自己的投资方案，做好资产配置。

蛋卷基金主要偏向于展示"大V"的一些策略分析，构建基金组合或提供策略组合。

刚开始学习基金投资的投资者，可以去蛋卷基金跟着基金达人投资，也可以同时学习且慢基金的投资思维，学习怎么配置四笔钱。

上面我们一共介绍了 5 个购买基金的渠道，大家选择任意一家"基金超市"再搭配一家"基金便利店"的形式，作为学习和投资基金的渠道就可以了。

零钱怎么存？货币基金帮你忙

货币基金是风险最小的一类基金，主要投资于货币市场工具，具有高安全性、高流动性、稳定收益性，具有"准储蓄"的特征。

所以，买货币基金一般不会亏本，但收益也不算高，一般收益率在2%～3%之间。

投资货币基金其实非常简单，也很安全，非常适合用来暂时存放短期需要用到的钱。

市面上的很多理财平台、银行、券商等都推出了活期理财产品，比如招商银行的朝朝盈，中信银行的薪金煲，建设银行的速盈，京东金融的小金库，华泰证券的零钱宝等。

表4-10列出的是一些常见的银行系、证券基金系和第三方支付系的货币基金理财产品。

表4-10 常见的货币基金产品

银行系		证券基金系		第三方支付系	
平台	产品名称	平台	产品名称	平台	产品名称
工商银行	薪金宝	汇添富基金	现金宝	支付宝	余额宝
民生银行	如意宝	天天基金	活期宝	理财通	零钱通
中信银行	薪金煲	长城证券	现金汇	京东金融	小金库
招商银行	朝朝盈	华泰证券	零钱宝	壹钱包	活钱宝

大家是否买过表4-10里的活期产品呢？

如果没有，我给大家分享三个比较好用的活期理财工具，平时大家就可以把一些小钱放在这些工具里，能灵活取用，还能赚利息。这三个工具分别是支付宝的余额宝、腾讯的零钱通、天天基金的活期宝。

1. 余额宝

余额宝是支付宝里的一个活期理财工具。目前，余额宝用户人数已经超过6亿，即有接近一半的中国人都在使用余额宝理财。

那么，大家是否了解过余额宝的前世今生呢？

2013年6月17日，余额宝横空出世，它是一款货币基金，代码为000198，由天弘基金作为基金管理人。

第四堂课
理财入门：最适合普通人的投资工具——基金

由于当时正值"钱荒期"，这个互联网产品刚好在货币市场价格畸高时出现，其七日年化收益率曾经一度高达6%左右。

相当于你存1万元钱进去，一年内如果这个收益率保持不变，你大概能获得600元的收益。

不过，后来余额宝的收益率经历了过山车的走势，从曾经的6%跌到现在的2%左右。2015年1月—2019年1月，余额宝七日年化收益率走势如图4-20所示。余额宝利息虽然不高，但是对于理财小白来说，还是很不错的入门级货币基金。

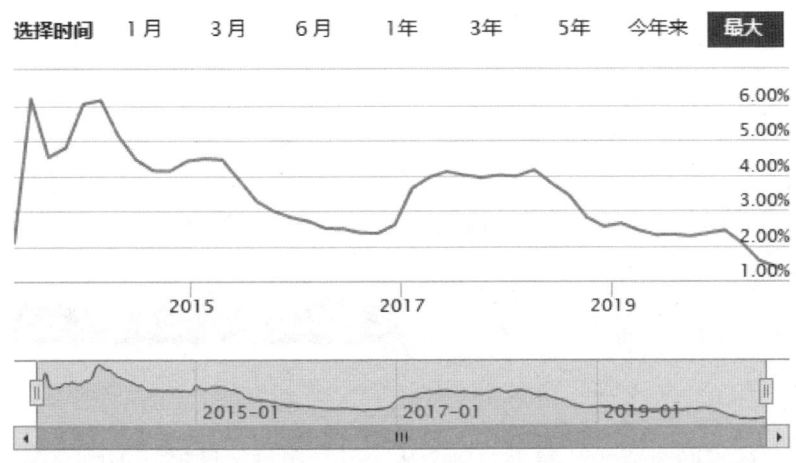

图4-20　余额宝七日年化收益率走势（2015年1月—2019年1月）

那么，余额宝有哪些优势呢？

首先是操作非常简便，只需把银行账户的钱转入余额宝即完成买入；其次是门槛很低，0.01元起步；最后是没有手续费，1万元以内可随存随取，是银行活期储蓄的替代品。

除理财功能外，余额宝中的资金还可直接用于购物、转账、信用卡缴费、生活缴费、乘坐公交车与地铁等消费支付。

那么，我们如何买入余额宝呢？

首先，下载支付宝，注册支付宝账号，按照流程实名认证并绑定银行卡。如果你已经有支付宝可以忽略这一步。

其次，打开支付宝并登录，在支付宝首页找到"余额宝"，进入余额宝后选择"转入"，输入金额和密码就能把你的钱从银行卡转到余额宝。具体步骤如图4-21所示。

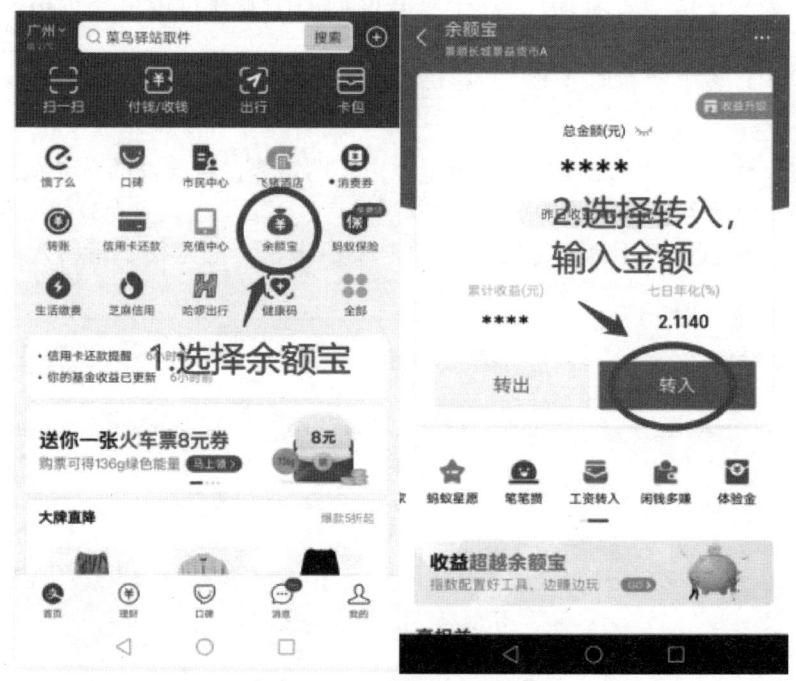

图 4-21 购买余额宝的步骤

购买余额宝的步骤非常简单,对于从来没有用过支付宝的小白来说,主要的难点在于注册支付宝,但只要操作过一次,就能很快上手了。

要想把钱从余额宝转出去,也很方便,找到余额宝页面,点击"转出",按照步骤操作就能把钱转到银行卡里。

余额宝的规定是提现1万元以内2小时内到账,如果提现的额度超过1万元,则要下一个交易日到账。

平时在余额宝存一点钱,方便扫码支付、基金定投扣款、还花呗等。

2. 零钱通

余额宝是支付宝的产品,零钱通则是腾讯理财通的产品,两者可以说是竞争的关系。

零钱通也是一款货币基金,和余额宝一样,具备随存随取、灵活、安全等优点,零钱通中的资金还能用于直接付款、转账和发微信红包。

零钱通的收益和支付宝差不多,大概是2%,存1万元,一年大概有200多元利息收入,即每个月十几元。

零钱通部分货币基金收益如图4-22所示。

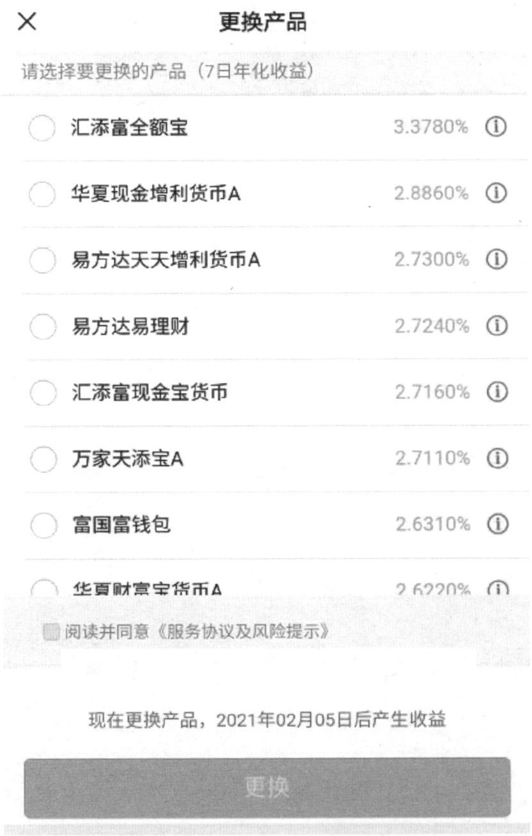

第四堂课

理财入门：最适合普通人的投资工具——基金

图4-22 零钱通货币基金收益图

如果你把1万元存在银行，享受活期存款利率，只能按照0.35%的收益率算，1个月才3元利息。我们不要放过零钱生利息的机会，把零钱放在零钱通，一年下来比放在银行能多赚200多元。

那么，零钱通适合哪些人使用呢？

零钱通适合有微信账号的人使用，在微信账号上绑定银行卡就行了。

微信绑定银行卡的具体操作步骤是：在微信页面点击"我"，进入"服务"页面，点击"钱包"，找到"银行卡"，点击"添加银行卡"就可以了。

那么，如何使用零钱通呢？我们来实操一下。

在微信页面点击"我"，进入"服务"页面，点击"钱包"，如图4-23所示。

图 4-23 零钱通使用步骤 1

找到"零钱通",点击"转入",输入金额,再输入密码,就完成投资了。步骤如图 4-24 所示。

图 4-24 零钱通使用步骤 2

如果想要把钱转出来,也是同样按照上面的步骤进入零钱通页面,点击"转出"就可以了。

大家要注意,别人发微信红包或转账给你,这个钱会存在"零钱"里,而这里是没有任何利息的。你需要手动把钱从"零钱"转到"零钱通"。

3. 活期宝

天天基金是国内基金品种较为丰富的平台。活期宝是天天基金旗下的一款活期产品,里面有几十个货币基金可供选择。平时如果我们使用天天基金来投资基金,当卖出基金时,若有闲置的资金可放到活期宝里赚利息,收益一般在2%以上。

在活期宝中进行投资也很方便,首先,我们要注册天天基金账号并绑定银行卡,然后进入活期宝,选择一个收益高的货币基金,进行充值,即可完成。活期宝界面如图4-25所示。

图4-25 活期宝

上面给大家介绍了三种可以用来存放零钱的活期理财工具。那么,我们到底是选择余额宝、零钱通还是活期宝呢?

其实,大家不需要考虑太多,觉得哪种方式方便存放零钱就用哪个。比如,你只有微信,则可以开通零钱通;如果你也使用支付宝,还可以同时存放在余额宝中。

有人可能会说,它们的收益率存在差异,但其实如果我们只放几千元或一两万元到货币基金里,这几种方式的收益不会相差太多。

比如,我自己在余额宝和零钱通都放了一两万元的零钱,方便基金定投扣款、信用卡还款、给别人转账、发红包、购物等,不用的时候还能生利息,其他的钱则拿去做别的投资,赚更多钱。

因此,大家选择一种方便的方式存放零钱就好了。

4. 买卖货币基金的两个注意事项

(1)遇到节假日,提前两天买入

通常,货币基金是从 T+1 日开始计息,T 是指工作日。同时还有一个关键时间点——15:00。

当日 15:00 前买入,当日才算 T 日。15:00 后买入,下一个工作日才算 T 日。比如,你在周一 15:00 前买入,周二开始有收益。周一 15:00 之后买入,算作周二买入,周三才开始有收益。

这样一来,如果你是在周五或节假日的前一个工作日买入,要过了节假日之后才开始有收益,在节假日期间,钱相当于被锁住了,既不能用,也享受不了节假日期间的收益。

如果你能提前两天买入,如 10 月 1 日到 10 月 7 日是国庆长假,在 9 月 29 日 15:00 前买入,就可以享受整个假期的收益。

因此,买货币基金最好是在周五之前和假期前两日的 15:00 前买入。

(2)遇到节假日,提前两天转出

货币基金有两种提现方式:一是可以选择使用快速取出的方式,一般几分钟就能提现到银行卡,但是限额是 1 万元以内;二是提现的金额超出限额,只能选择普通转出,普通转出是 T+1 日到账,到账日期只能是工作日。

比如,你周五要用 5 万元,最好是在周四 15:00 前转出。如果是周四 15:00 后才转出,那么要到下周一才能到账。

因此,遇到节假日要用到大额资金,一定要提前两天转出。

5. 总结

货币基金有流动性好、风险低的特点,所以可以用来做我们的"零钱包",把小钱和近期要用到的钱放在里面赚点利息。

挑选购买货币基金的渠道只有一个原则，那就是方便。目前，市场上常见的活期理财产品有支付宝的余额宝、微信的零钱通和天天基金的活期宝，大家选择自己使用起来方便的一款就好。

另外，买卖货币基金时有两点需要注意：一是遇到节假日，要提前两天买入；二是遇到节假日需要大额资金，要提前两天转出。

5个维度，选出你的第一只短债基金

从这一节开始，我们将要学习比货币基金风险稍微大一些、潜在收益相对更高一点的基金，那就是债券基金。

债券基金是以债券为主要投资对象的基金。根据中国证监会对基金类别的分类标准，债券基金80%以上的资产投资于债券。

1. 债券基金的分类

我们在投资债券基金之前，需要对债券基金作详细的了解。判断一只债券基金的类别，是投资债券基金的起点。

根据投资范围的不同，债券基金可以分为纯债基金、一级债基、二级债基（表4–11）。

表4–11 债券基金分类

项目	纯债基金	一级债基	二级债基
资产配置	高收益债组合	高收益债组合、可转债、可转股	高收益债组合、权益类工具（如股票）
产品特点	纯债基金	纯债+可转债	一级债基部分+股票
风险特征	低风险	中低风险	中低风险

纯债基金是指将不低于80%的基金资产投资于债券，且完全不参与权益类资产（股票、权证）投资的一种债券基金。按照各类债券的投资比例，纯债基金又分为利率债基金、信用债基金和均衡型基金。

一级债基是指将80%的资金投资于债券市场，可以用最高不超过20%的资金投资股票一级市场和可转债。但目前一级债基已经不能参与股票打新，因此和纯债基金更像。

二级债基是指将80%的资金投资于债券市场，但可以用最高不超过20%的资产通过二级市场来直接参与股票交易。

除投资债券外，一级债基和二级债基还投资部分股票，所以，我们通常也将这二者合称为"混合债券基金"。

因为一级债基和二级债基投资了其他非固定收益类资产，所以风险也相应地增加。三种债券基金的风险从高到低的顺序是：二级债基＞一级债基＞纯债基金。

根据持有债券的平均期限长短，我们又可以将纯债基金分为短债基金和中长债基金。

短债基金专门买到期时间在1年以内的债券。短期债券受利率变化的影响很小，一般年化收益率在3%～5%之间。

中长债基金主要买中长期的债券（一般是1～3年到期或10年以上到期）。这种债券受利率变化的影响很大，因此中长期债券的基金收益率也会高一些，一般年化收益率在5%～8%之间。

2. 债券基金的风险

债券基金的风险比货币基金高一些，但总体来说，收益相对而言还是比较稳定的，特别是中长债基金，长期持有收益一般都会高于货币基金。

但是债券基金和股票一样，也有牛市和熊市。如果持有时间不够长或遇到熊市，就可能会出现亏损。

从中债综合指数走势图（图4-26）中可以看到，债市是有涨有跌的，最近一次债市熊市出现在2016年底，跌了一年多。而自2018年年初以来，债市出现了牛市，不少债券基金有6%～8%的收益。

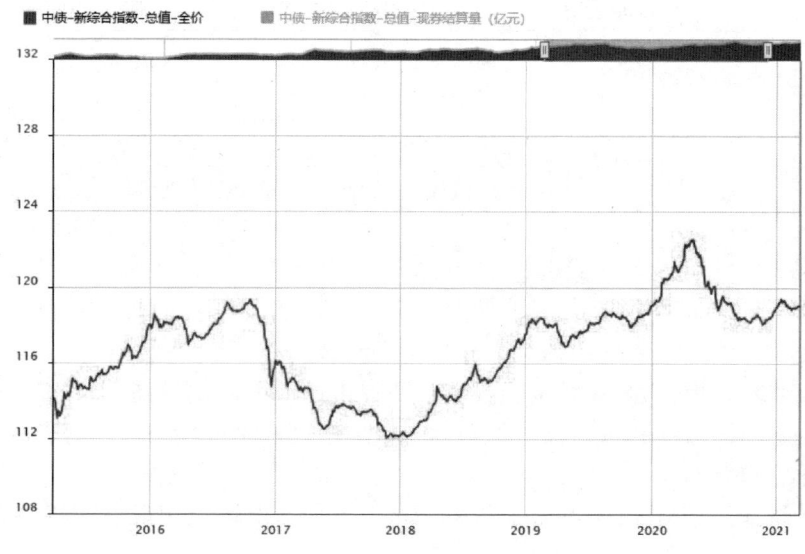

图4-26　中债综合指数走势图

第四堂课
理财入门：最适合普通人的投资工具——基金

试想一下，如果我们在熊市下跌过程中买入债券基金，短期内就可能会出现亏损的情况。比如，2019年债券基金涨得还不错，但2020年债市出现了一波下跌，很多人买的债券基金就亏钱了。

不过从长期来看，债券基金还是比较稳健的投资。由图4-27可知，十几年来，中债综合指数虽然短期内有所下跌，但长期趋势是向上的。

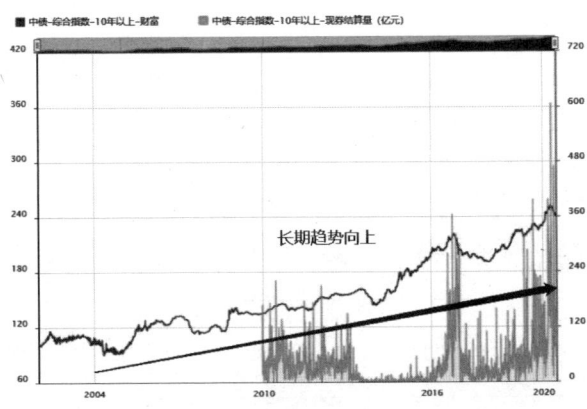

图4-27 中债综合指数长期趋势图

我们再来看一下2010—2020年长期纯债基金指数的表现（图4-28），短期净值也出现了波动，但长期走势稳步向上，比如在2016年的债券熊市中，中长期纯债基金也取得了1.69%的平均收益。

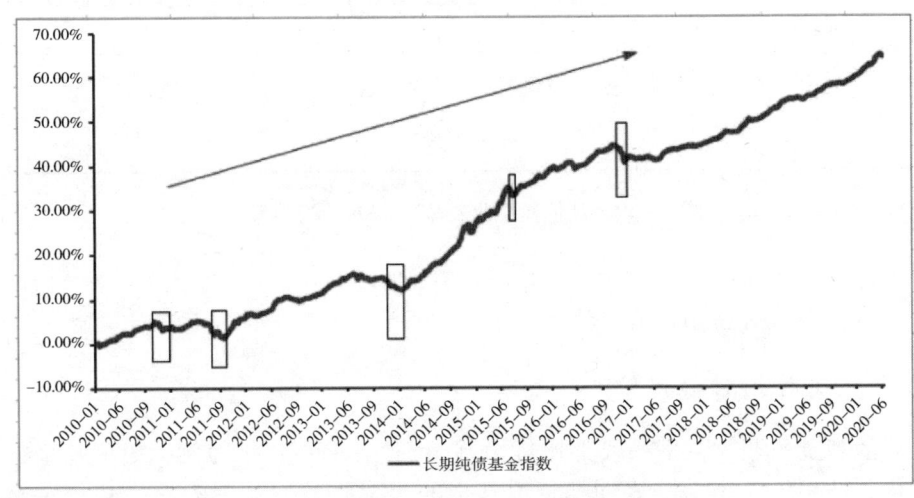

图4-28 2010—2020年长期纯债基金指数表现

资料来源：Wind，2010年1月1日—2020年5月19日。

因此，只要我们耐心持有债券基金，长期下来一般都能赚钱，当然收益高低和我们选择的基金有关。因此，学会选择好的债券基金很重要。

3. 理财小白适合投资哪类债基？

对于理财小白来说，债券基金的类型繁多，哪一类更适合入手呢？我推荐短债基金，原因有两个：一是风险可控，二是收益相对稳定。

（1）风险可控

在这么多债券基金中，短债基金安全性最高，风险仅大于货币基金。

短债基金一般只投资于债券市场，不投资任何股票相关资产，风险比混合债券基金（一级债基和二级债基）要小。

由图4-29可知，纯债基金大部分时间都处于正收益，即使是在2009年、2011年、2013年、2016年和2017年这5年债券"熊市"下，也收获了正回报。

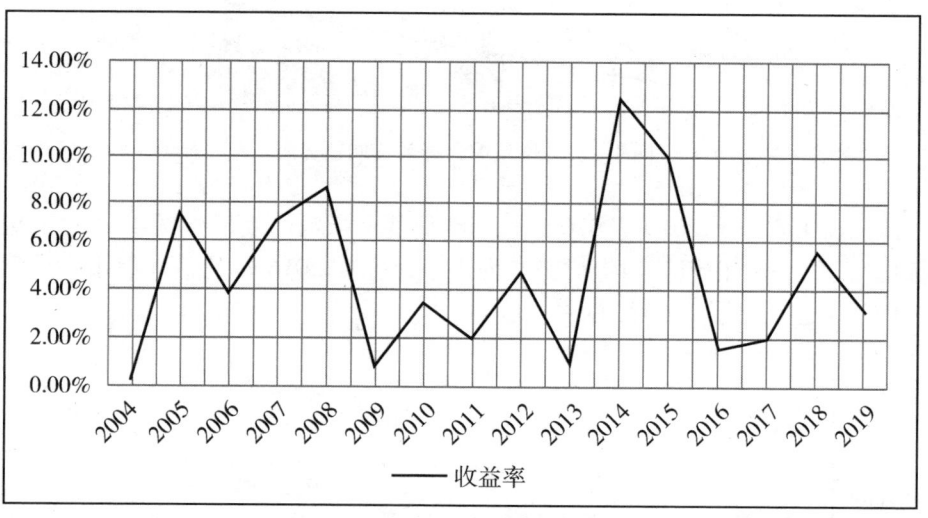

图4-29 纯债基金收益率（2004—2019年）

因此，只要我们买的短债基金品种不是特别差，且持有半年以上，赔钱的可能性很小，整体风险相对可控。

（2）收益相对稳定

短债基金预期收益率一般都比货币基金高。以2020年为例，短债基金的平均年化收益率为4.69%，而同期货币基金的年化收益率才1.71%，短债基金年化收益率大约比货币基金高出2倍。

第四堂课
理财入门：最适合普通人的投资工具——基金

因此，我们认为，短债基金这种"稳中有升"的理财工具，适合大部分理财小白和保守型投资者。

对投资者来说，短债基金借出资金时间相对较短，因此受利率的影响比较小，波动也小，具有流动性强、风险低、收益稳健三大优势，常被人称为货币基金的"替代版""增强版"。

我国市场上成立的第一只超短债券基金是嘉实超短债（070009），图4-30所示的是它在2013—2019年间的年度收益率，可以看到它的表现稳定，其中2014年、2018年的收益率都在5%以上。

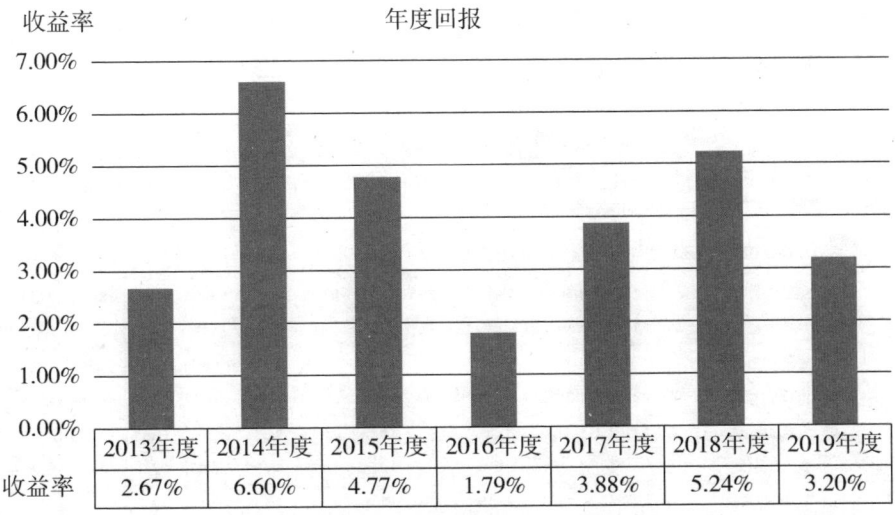

图4-30　嘉实超短债年度收益率（2013—2019年）

因此，投资小白要买债券基金，可以先选择短债基金试手。

4. 实操演练，挑选优质短债基金

短债基金应该如何筛选及购买呢？

在这里，我们以天天基金网为例，向大家讲解如何筛选优质的短债基金。

打开"天天基金网"（https://fund.eastmoney.com/），点击"基金排行"，如图4-31所示。

107

图4-31 在天天基金网筛选优质基金流程1

选择"债券型",再选择"短期纯债",点击"近3年"并按照降序排列,就可以筛选出排名前20的债基了。具体流程如图4-32所示。

序号	基金代码	基金简称	日期	单位净值	累计净值	日增长率	近1周	近1月	近3月	近6月	近1年	近2年	近3年	今年来	成立来
1	003009	中融融泽中短	11-27	1.1578	1.3019	0.01%	0.05%	0.20%	0.52%	-0.28%	3.16%	8.13%	28.48%	2.66%	31.21%
2	003010	中融融泽中短	11-27	1.1516	1.2955	0.01%	0.04%	0.18%	0.46%	-0.40%	2.91%	7.63%	27.73%	2.44%	30.54%
3	000674	中海中短债债	11-27	0.8967	1.1124	0.00%	0.04%	0.14%	0.48%	0.64%	0.90%	1.54%	13.56%	0.49%	9.52%
4	000084	博时安盈债券	11-27	1.2506	1.3128	0.00%	0.04%	-0.25%	0.30%	0.42%	2.71%	6.45%	12.79%	2.31%	32.21%
5	540005	汇丰晋信平稳	11-27	1.1154	1.3326	0.01%	0.06%	0.04%	0.30%	-0.08%	2.58%	6.49%	12.50%	2.19%	36.82%
6	002920	中欧短债债券	11-27	1.0531	1.1511	0.00%	0.04%	-0.02%	0.42%	0.45%	2.68%	6.23%	12.34%	2.30%	15.49%
7	005010	金鹰添瑞中短	11-27	1.0196	1.1276	0.01%	0.07%	-0.05%	0.44%	0.15%	2.72%	6.47%	12.33%	2.29%	13.27%
8	070009	嘉实超短债债	11-27	1.0483	1.5029	0.00%	0.04%	0.06%	0.39%	0.36%	2.27%	5.49%	12.26%	1.93%	63.38%
9	000085	博时安盈债券	11-27	1.2214	1.2762	0.00%	0.03%	-0.28%	0.22%	0.29%	2.40%	5.80%	11.59%	2.03%	28.35%
10	001941	融通通源短融	11-27	1.0719	1.2089	0.00%	0.00%	0.40%	0.29%	2.67%	6.19%	11.59%	2.24%	16.94%	
11	541005	汇丰晋信平稳	11-27	1.1154	1.3267	0.00%	0.03%	0.22%	-0.22%	2.27%	5.82%	11.40%	1.92%	35.79%	
12	002864	广发安泽短债	11-27	1.0621	1.1536	0.00%	0.00%	0.47%	0.29%	2.25%	5.83%	11.39%	1.92%	15.94%	
13	000129	大成景安短融	11-27	1.3036	1.4086	0.01%	0.03%	0.41%	0.54%	2.82%	6.14%	11.38%	2.52%	41.65%	
14	002086	大成景安短融	11-27	1.2857	1.3907	0.01%	0.00%	0.38%	0.48%	2.72%	5.93%	11.07%	2.43%	18.23%	
15	005011	金鹰添瑞中短	11-27	1.0070	1.1140	0.00%	-0.08%	0.33%	-0.07%	2.30%	5.62%	11.00%	1.91%	11.83%	
16	002865	广发安泽短债	11-27	1.0572	1.1468	0.00%	0.05%	0.25%	0.11%	1.90%	5.14%	10.69%	1.59%	15.21%	
17	000394	融通通源短融	11-27	1.0627	1.2737	0.00%	0.02%	0.26%	-0.09%	2.34%	5.59%	10.60%	1.96%	29.45%	
18	000128	大成景安短融	11-27	1.2727	1.3777	0.00%	0.03%	0.34%	0.39%	2.52%	5.53%	10.41%	2.26%	38.48%	
19	519190	万家享中短	11-27	1.0597	1.1117	0.00%	-0.14%	-1.95%	1.16%	3.80%	9.20%	0.80%	11.13%		
20	000503	中信建投易和	11-27	1.1202	1.2792	0.00%	0.16%	-0.29%	0.18%	-0.25%	1.94%	6.08%	9.06%	1.66%	30.43%

图4-32 在天天基金网筛选优质基金流程2

第四堂课
理财入门：最适合普通人的投资工具——基金

然后，我们把这 20 只短债基金纳入备选名单。

接下来，我们主要通过 5 个维度来判定一只短债基金值不值得购买。

（1）看基金规模

我们要选出基金规模在 2 亿元以上的短债基金。点击进入基金产品，在基金的详情页下方，可以看到"基金规模"，比如汇丰晋信平稳增利中短债 A（图 4-33），基金规模是 1.01 亿元，那么这只基金可以从我们的备选名单中剔除。

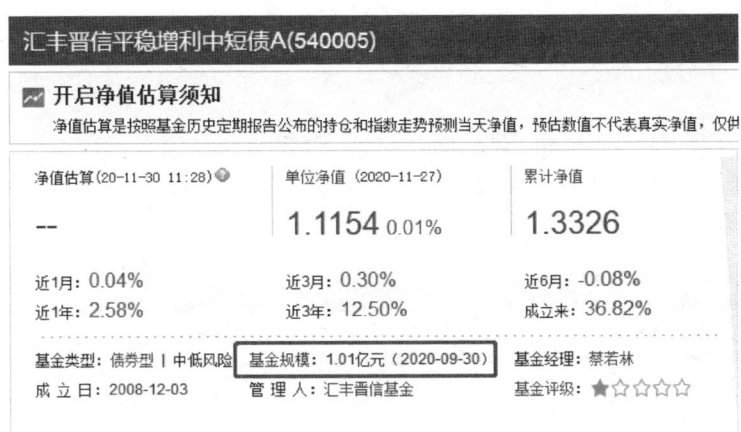

图 4-33　汇丰晋信平稳增利中短债 A 的基金规模

嘉实超短债债券（图 4-34）的基金规模达 87.4 亿元，可以纳入备选。

图 4-34　嘉实超短债债券的基金规模

(2) 看持有人结构

机构持有者是指专业投资者，其选择基金的能力比普通人强，有一定的借鉴意义。机构持有的比例越高越好，超过 10% 就算占比比较高了，同时还要关注机构持有比例的稳定性，如果机构持有的比例突然出现大幅下降，那么可能释放出一个不好的信号。

同时，可以关注内部持有比例。基金公司内部人员知道的信息比普通投资者多，内部持有比例越高，越说明内部人员相信该基金的赚钱能力，往往该基金也越值得投资。

因此，在挑选基金时，机构投资者持有比例和基金公司内部人员持有比例越高越好。

那么，我们如何查看机构投资者持有比例和基金公司内部人员持有比例呢？

我们在点击进入具体基金之后，其详情页上有"持有人结构"选项（图 4-35），点击即可查看。

图 4-35 详情页上的"持有人结构"选项

如图 4-36 中所示的中欧短债债券 A，截至 2020 年 6 月 30 日，机构持有比例占总份额的 94.42%，占比非常高。因此，这只基金也可以纳入备选。

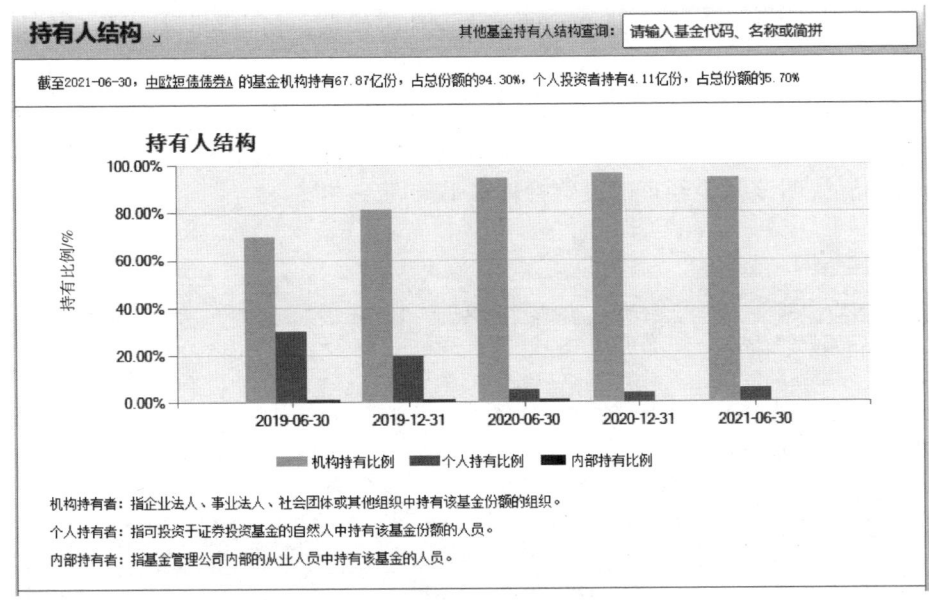

图 4－36　中欧短债债券 A 持有人结构

当然，内部持有比例低或没有也不一定说明该基金不好。内部持有比例是一个辅助判断基金优劣的信息，不是关键信息。

（3）看基金公司的管理规模

我们买东西都喜欢买大品牌，觉得质量有保证，选基金也是如此，最好选择实力雄厚的大公司。债券基金之间的业绩本来差别不大，基金公司整体的实力越强就越具有优势，其更加重视基金管理，应对风险的能力也更强些。

因此，我们可以优先选择博时、易方达、中欧等大基金公司的基金，图 4－37 所示的是债券基金管理规模前十的基金公司，大家可以了解一下。

序号	基金公司	债券型
1	中银基金管理有限公司	2,512.82
2	博时基金管理有限公司	2,012.03
3	易方达基金管理有限公司	1,346.16
4	招商基金管理有限公司	1,336.84
5	工银瑞信基金管理有限公司	1,276.15
6	南方基金管理股份有限公司	1,208.07
7	平安基金管理有限公司	1,080.41
8	广发基金管理有限公司	1,077.40
9	农银汇理基金管理有限公司	1,024.32
10	民生加银基金管理有限公司	1,006.89

图 4－37　债券基金管理规模前十的基金公司

（4）看基金经理的投资管理水平

挑选债券基金，要看基金经理的投资水平和管理能力，基金经理越优秀，基金业绩越好。我们可以通过查看基金经理的介绍，看他/她的

教育背景、从业经历以及管理产品的历史业绩等信息，初步判断基金经理的投资能力。

图 4-38 所示的是某基金经理曾管理过的基金情况，可以比较一下表格中"任职回报"和"同类平均"这两列的数据。任职回报越高越好，同类排名长期在前 1/3，说明该基金经理的投资管理水平较高。

基金代码	基金名称	基金类型	起始时间	截止时间	任职天数	任职回报	同类平均	同类排名
007336	汇安嘉盛纯债债券A	债券型	2020-01-17	至今	2天	0.00%	0.00%	1|2119
007337	汇安嘉盛纯债债券C	债券型	2020-01-17	至今	2天	0.00%	0.00%	1|2119
007611	汇安裕和纯债债券A	债券型	2019-12-14	至今	36天			-|-
007612	汇安裕和纯债债券C	债券型	2019-12-14	至今	36天			-|-
005601	汇安中短债债券A	债券型	2019-09-17	至今	124天	1.59%	2.32%	725|1869
005602	汇安中短债债券C	债券型	2019-09-17	至今	124天	1.50%	2.32%	821|1869
007211	汇安中短债债券E	债券型	2019-09-17	至今	124天	1.59%	2.32%	725|1869
006431	汇安鼎利纯债A	债券型	2019-03-20	至今	305天	0.55%	4.52%	1540|1604
006432	汇安鼎利纯债C	债券型	2019-03-20	至今	305天	0.27%	4.52%	1550|1604
003854	汇安丰华混合A	混合型	2019-01-10	至今	1年又9天	3.40%	36.25%	2691|2750
003855	汇安丰华混合C	混合型	2019-01-10	至今	1年又9天	3.28%	36.25%	2694|2750
006625	汇安嘉鑫纯债债券	债券型	2018-11-26	至今	1年又54天	18.18%	8.07%	90|1378
006519	汇安短债债券A	债券型	2018-11-07	至今	1年又73天	4.83%	8.37%	1041|1367
006520	汇安短债债券C	债券型	2018-11-07	至今	1年又73天	4.56%	8.37%	1118|1367
006521	汇安短债债券E	债券型	2018-11-07	至今	1年又73天	4.82%	8.37%	1043|1367

图 4-38　某基金经理曾管理过的基金情况

（5）看基金的稳定性

基金的稳定性主要从两个方面来看。一是看基金经理的稳定性，是否频繁更换。如果一只基金的基金经理频繁更换，那这只基金可能是有问题的。一般来说，基金经理管理同一只基金的时间越长，稳定性越好。二是看业绩的稳定性，也就是这只基金自成立以来，过往业绩波动大不大。比如有的基金某一年收益特别高，某一年收益又很低，这就属于波动太大，就好比有的学生成绩忽高忽低，不稳定。

我们如何查看基金的稳定性呢？我们可以从业绩走势图来看，图 4-39 所示的博时安盈债券 C 的业绩是一条向上的曲线，总体比较稳定，缺点在于最近一两年收益率比同类均值低。

第四堂课
理财入门：最适合普通人的投资工具——基金

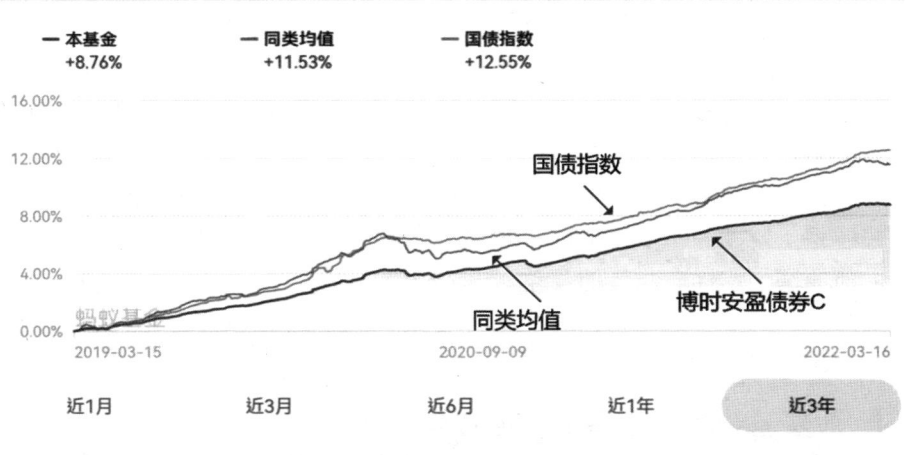

图 4－39　博时安盈债券 C 的业绩走势图

以上就是我们选择短债基金的五大标准，分别是基金规模大于 2 亿元、机构投资者持有比例大于 10%、基金公司管理规模比较大、基金经理投资管理能力比较强、基金稳定性强。

大家可以根据以上标准，挑选出自己的第一只短债基金。选出短债基金后，可以投入小额资金，过一段时间看看收益如何。

选对混合基金与股票基金，获取高收益

每年元旦一过，上一年的基金冠军就会新鲜出炉，有趣的是，每年的基金冠军的类型不是混合基金就是股票基金。

混合基金和股票基金的投资品种能帮大家实现年化收益率 10% 以上，而且总体的投资风险比股票低。

2015 年 12 月 8 日，上证指数收盘于 3470.07 点；5 年后，也就是 2020 年 12 月 8 日，上证指数收盘于 3410.18 点。从以上数据，我们可以看到，这 5 年时间里，作为市场风向标的上证指数不仅没有涨，反而跌了，这说明这段时间大部分股票都是不赚钱的。

但是在这 5 年时间里，权益类基金（股票基金和混合基金）获得了年均 62.17% 的收益，其中，普通股票基金收获了 86.65% 的收益，偏股混合基金收获了 70.88% 的收益。而且总收益率超过 100% 的基金达 298 只，其中有 13 只基

金总收益率超过200%。

权益类基金不仅在平均业绩上"完胜"指数,而且获得正收益的概率也高于股票。从2015年12月8日到2020年12月8日,股价上涨的上市公司达1587家,占比38.69%。而权益类基金中,约有93.3%的基金获得正收益。很明显,买权益类基金比买股票更容易赚到钱。因此,追求高收益但是又不懂股票投资的人,可以尝试投资混合基金和股票基金。

不过,收益高也意味着风险大,权益类基金风险虽然没有股票高,但短期的涨跌幅还是比较大的,不像银行存款类产品那样有相对固定的收益,也不像货币基金、债券基金一样有稳健的收益。

因此,大家要对自己的风险承受能力有所认识,投资这两类基金时,应从小额起步。

1. 股票基金和混合基金的定义与分类

前面我们已经提到了股票基金和混合基金,现在让我们了解一下股票基金和混合基金的定义与分类。

股票基金通常是指基金资产80%以上投资于股票的基金。股票基金可以分为稳健型、成长型、激进型和指数型(图4-40)。

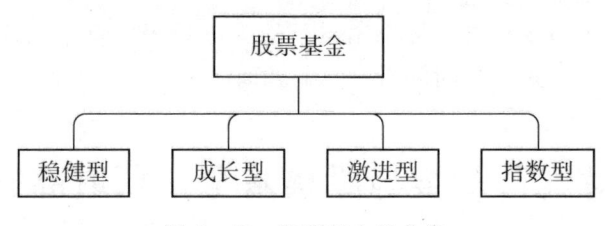

图4-40 股票基金的分类

混合基金是指同时投资于股票、债券和货币市场工具等,没有明确的投资方向的基金。混合基金相对灵活一些,各类资产的投资比例没有严格的限制,基金经理可以根据市场情况调整股票、债券或货币市场工具的占比。

根据资产投资比例及其投资策略,混合基金又可分为偏股型基金、偏债型基金、股债平衡型基金、灵活配置型基金等。

2. 如何区分股票基金和混合基金?

如果说货币基金和银行存款类产品适合保守型投资者,债券基金适合谨慎型和积极型投资者,那么,股票基金和混合基金则适合积极型、进取型和激进型投资者。

我们如何区分这两种基金呢?

一般来说，可以用两种简单的方法进行区分。

(1) 通过基金名称区分

前面我们讲过基金的命名规则，名称中带"股票"的就是股票基金，名称中带"混合"的就是混合基金（图4-41）。因此，通过基金名称去辨别基金类型是比较简单的区分方式。

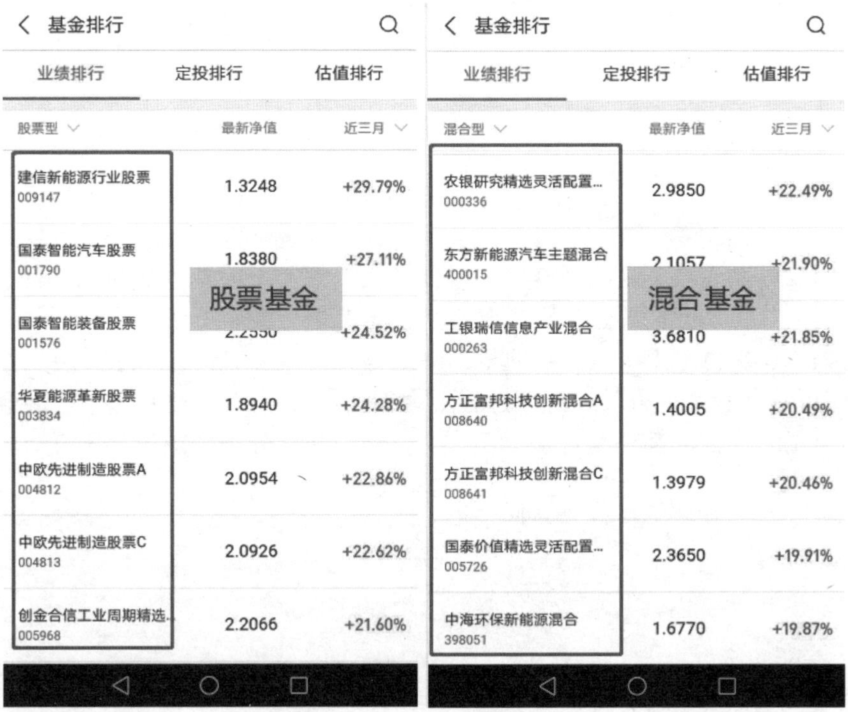

图4-41 股票基金和混合基金

大部分基金都可以通过名称来区分基金类型，但是有些基金无法通过名称区分基金类型，比如"北信瑞丰外延增长"这只基金，我们看其名称无法判断它的基金类型。遇到这种情况该怎么办呢？

我们可以进入基金详情页，通过查看基金详情区分基金的类型。

(2) 通过查询基金详情页区分

我们在基金软件上输入基金代码或基金名称，进入基金详情页，就可以在基金名称下方看到基金的分类标签。如图4-42所示，我们能看到"北信瑞丰外延增长"是混合基金。

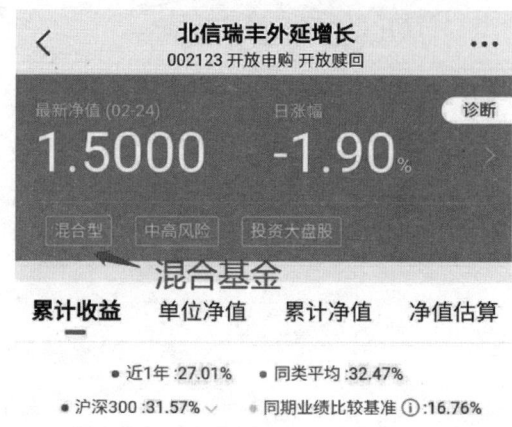

图 4-42　北信瑞丰外延增长基金详情页

我们也可以通过基金购买软件去区分基金类型。一般基金购买软件都会设置具体的基金分类，我们要选择哪类基金，点击哪个分类就好了。

比如，在支付宝上，选择"理财"→"基金"→"基金排行"→"业绩排行"，即可看到基金的分类。想要选择混合型，就在下拉列表中选择"混合型"，界面中出现的就全部都是混合基金了。支付宝的基金分类如图 4-43 所示。

图 4-43　支付宝的基金分类

第四堂课

理财入门：最适合普通人的投资工具——基金

我们也可以在微信中，打开腾讯理财通，点击"我的"→"服务"→"理财通"，就可以看到所有的基金分类了。想要选择哪个类型就点击哪个类型，非常简单。腾讯理财通的基金分类如图4-44所示。

图4-44 腾讯理财通的基金分类

3. 股票基金与混合基金的挑选标准

我们去买海鲜，要经过挑个头、闻气味、看颜色等步骤，才能挑选出最新鲜、口感最好的海鲜。

挑选股票基金和混合基金也有相似的标准，我们可以将挑选的方向归纳为三个：基金经理、过往业绩、基金规模。

（1）选择老牌基金经理

股票基金和混合基金最主要的投资方向是股市，这非常考验基金经理的投资管理能力，包括选股能力、择时能力、风险抵御能力等，一个优秀的基金经理应该同时具备以上优点，才能轻松应对市场上的挑战。

那么，我们该如何判断基金经理的综合能力呢？有一个简单的判断方法，一般来说，资历深的基金经理更好。怎么看资历呢？主要就是看从业年限，从业年限越长越好。

有些人可能会反驳，认为不能一竿子打翻所有从业年限短的基金经理。我们当然不是说从业年限短的基金经理都不行，但管理权益类基金需要实战经验，一轮股市的牛熊转换起码要五六年，没有经历过牛熊转换的基金经理，是很难管理好基金的。

而经历了几轮市场风格轮换的基金经理算是见过大风大浪，经验已经非常丰富了，他们在应对市场风险方面更有经验，能够及时调仓换股，避免更大的损失，也可以在行情好时，选到好股票，让其管理的基金涨得比同类基金和市场快。

因此，在做基金投资时，最好选择老牌的基金经理。

那么，工作年限多长的基金经理比较好呢？对于权益类基金来说，挑选的要求会更严格一点。建议选择从业10年以上的基金经理。

但也并不是说从业时间没有超过10年的基金经理就不行，也有一些优秀的基金经理投资年限没有超过10年，比如葛兰，她管理的几只基金全部实现正收益，特别是中欧医疗健康混合C，自2016年9月29日成立以来收益率超过200%。

我们在选出有较长从业年限的基金经理之后，还得看其管理的其他基金的收益情况。我们可以在基金详情页上的基金经理介绍一栏里，看到基金经理管理过的所有基金的收益率，能更直观地感受基金经理的水平，如果收益率都不错，那就证明这个基金经理的投资水平是可以的。如图4-45所示，我们可以看到基金经理朱少醒管理过的基金表现，他管理过的基金的业绩表现都非常好。

图4-45 基金经理朱少醒管理过的基金的表现（截至2021年7月中旬）

第四堂课

理财入门：最适合普通人的投资工具——基金

（2）基金的历史业绩跑赢同类基金和市场

我们判断一只基金的表现好不好，要看它以前的收益情况怎么样。如果这只基金过去的表现良好，那么它的长期业绩走势就应该好于同类基金的平均值，也就是说，一只好基金长期平均成绩应该高于其他同类基金。

如图4-46所示，点开一只基金的详情页，在业绩走势图中，选择"近1年"的区间，如果该基金的业绩曲线在同类均值和沪深300的曲线之上，说明这只基金在近1年的时间里跑赢了同类基金和大盘。

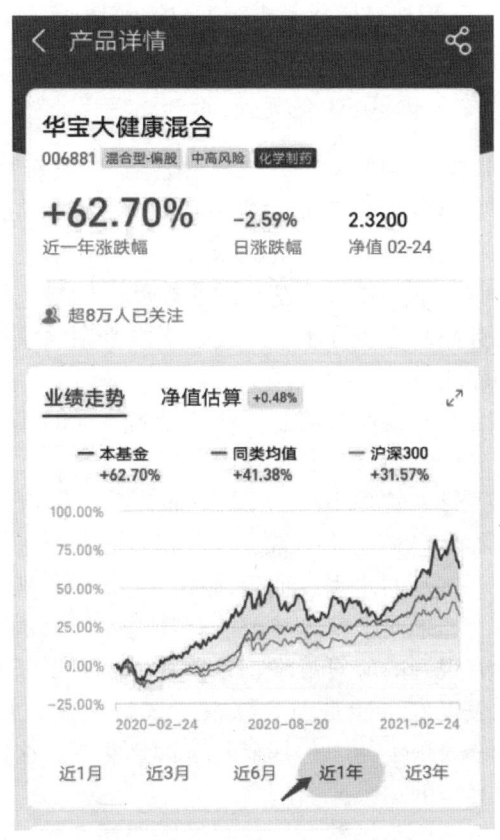

图4-46 华宝大健康混合近1年业绩走势

如果大家想知道更详细的业绩表现，可以到天天基金网上进一步了解。如图4-47所示，在天天基金网的基金详情页上，可以找到"阶段涨幅""季度涨幅""年度涨幅"的具体数据。如果一只基金中长期的业绩表现一直是优秀或良好，涨幅明显超过同类平均收益水平，那它就是一只表现不错的基金。

阶段涨幅	季度涨幅	年度涨幅					截至 2019-11-07		更多>
	近1周	近1月	近3月	近6月	今年来	近1年	近2年	近3年
阶段涨幅	3.29%	8.60%	17.88%	16.47%	43.75%	37.85%	17.52%	89.02%
同类平均	1.49%	3.34%	9.45%	14.51%	28.63%	24.73%	10.34%	19.62%
沪深300	2.70%	4.65%	10.23%	7.29%	32.59%	23.90%	-1.54%	18.93%
同类排名	431|3083	137|3084	429|3041	908|2946	560|2801	542|2749	410|2259	15|1733
四分位排名	优秀	优秀	优秀	良好	优秀	优秀	优秀	优秀

图 4-47 天天基金网的基金详情页

（3）基金规模在 5 亿～80 亿元之间为宜

混合基金或股票基金的规模不宜过大，一般来说，基金规模介于 5 亿～80 亿元之间最佳，最好不要超过 100 亿元。道理很简单，船小好调头，船大难转身。基金规模越大，对基金经理的操作约束就越多，一旦行情出现转变，基金经理如果不能有效转变和适应，下一年这只基金的业绩就会明显下滑。

当然这不能完全责怪基金经理水平不足，毕竟基金规模过大是有约束的，基金经理也只能戴着脚镣跳舞。

很多投资者买基金时，喜欢买前一年业绩排名靠前的几只基金，但是往往会被套牢，其中一个很关键的因素是基金规模暴增。

可能这个基金经理过去管理 10 亿元规模基金时，创造了非常好的收益。银行和证券公司都会推荐客户买他的产品，越来越多的人买了之后，基金规模也不断扩大，最后达到上百亿元的水平。而管理 10 亿元和管理 100 亿元的基金完全不是一个难度等级的，如果这个基金经理没有管理大规模基金的经验，有可能在基金规模暴增之后没有很好的应对策略，导致基金表现不好。

另外，很多基金表现好可能是因为踩在"风口"上，但是第二年风向转变了，所持有的行业股票表现不行了，基金业绩就会变差。这也是有时我们买去年表现优异的基金却被套牢的一个原因。

因此，为了更好地适应市场转变，我们最好选择 5 亿～80 亿元规模的基金，这有可能给我们带来更多的惊喜。

混合基金和股票基金的挑选主要看以上三个标准，这两类基金的挑选方式其实和我们之前讲过的债券基金的挑选方式差不多，差别只在于基金规模的大小选择有所不同。

还有一点要提醒大家，我们挑选基金并不是只看这三个挑选标准就够了，还有其他参考标准。不过，我们在刚接触基金时，可以把这三个标准作为最重要的三点。

鉴于权益类基金的投资有比较大的风险性,在这里和大家再强调一下,一定要根据自己的风险承受能力去投资,不要试图去赚认知范围以外的钱。没有最好的投资,只有最适合自己的投资。

4. 不同风险承受能力的人该怎么买基金?

一般我们在注册购买理财产品前,都会填写一份风险承受能力评测问卷,通过评测结果,我们能知道自己属于哪一类投资者。不同类型的投资者适合的投资品种和投资比例也不同。

(1)保守型投资者

保守型投资者不太适合大量投资权益类基金,建议还是以稳健理财或浮动收益的债券产品为主,可以少量定投被动型指数基金。

从安全性和合理性的角度讲,国内现阶段稳健型理财产品的收益率为1.5%~5%,而浮动收益的纯债型产品的收益率为4%~8%,如一些中短债基金、纯债基金等。

因此,保守型投资者做投资,最好是以固定收益类产品为主,投资债券基金也会有高于货币基金的收益。

(2)稳健型投资者

稳健型投资者偏向于稳健又追求稍高的收益,可以选择混合基金和股票基金中风险相对较小的偏债基金和指数基金,再用小部分仓位配置偏股型基金。

(3)激进型投资者

激进型投资者敢于冒风险追求高收益,建议以权益类基金为主、定投指数型基金为辅。

投资的本质是在风险控制的前提下获得绝对收益。因此,投资权益类基金时,我们需要注意以下几点。

首先,要注意风险控制,不要追涨杀跌和频繁操作,基金不是股票,不适合做短线交易,短线交易费用很高,而且收益往往比较低。

其次,要注意长期投资。投资者赚不到钱的最重要原因是拿不住基金。历史数据显示,持有基金的时间超过三年,赚钱的概率可以达到90%以上。对于普通投资者来说,最好是选择优秀基金经理管理的基金,并坚持长期持有。

最后,如果我们不会选择基金的入场点,最好的方法就是选择定投,关于定投的知识我们后面会讲到。

总的来说，大家一定要结合自身的风险偏好去做资产配置，不要把鸡蛋放在同一个篮子里。坚持长期投资，才能跑赢通货膨胀，实现资产保值增值。

选对人选对"基"，牛人牛基名单精选

有些聪明的朋友可能会发现，前面我们讲过的不同基金的挑选标准，都有一个共同点，就是要注重基金经理的投资水平。

基金经理越厉害，他管理的基金越有可能表现出色，不然也不会有"明星基金经理"一说了。明星基金经理往往因为管理的基金长期表现出色而受人推崇。

一般来说，衡量基金经理的操盘水平，主要看他过去多年管理基金的年均回报率，年均回报率越高，说明这个基金经理的操盘水平越高。如果我们投资他管理的基金，能赚到钱的概率较大。

这一节，我向大家分享那些业绩一直都很不错的基金经理名单，另外给大家罗列出一些近年来表现好的基金，供大家参考。

注意：以下提到的基金仅供参考，不作为投资建议。投资有风险，交易需谨慎。

1. 基金经理"牛人"名单

中国公募基金行业自1998年发展至今，已经过了20余年，发行的基金数量接近10000只，有2000多名基金经理在管理各类基金，这些基金经理水平参差不齐，管理的基金的业绩也有好有差。

我们买基金要想赚钱，就要追随那些优秀的基金经理。

在这20多年间，涌现出不少明星基金经理，让投资者赚得盆满钵满。因此，选择一个优秀的基金经理，就是成功的开始。

我们可以把这些业绩比较好的明星基金经理分成两个梯队：老牌明星基金经理和新晋明星基金经理。

第一梯队：老牌明星基金经理

在表4-12中我们列举了36名明星基金经理，他们之所以被划分为第一梯队，是因为他们都管理过业绩非常牛的基金。比如，富国基金的朱少醒就非常出色，截至2020年12月17日，他管理富国天惠成长混合A（161005）超过15年，总盈利达到1982.79%！回报率相当惊人。

第四堂课
理财入门：最适合普通人的投资工具——基金

表4-12 36名第一梯队基金经理

基金公司	基金经理	基金公司	基金经理
易方达基金	张坤	汇添富基金	王栩
易方达基金	萧楠	汇添富基金	劳杰男
广发基金	傅友兴	汇添富基金	雷鸣
南方基金	史博	交银基金	王崇
南方基金	骆帅	交银基金	何帅
富国基金	朱少醒	华泰柏瑞基金	田汉卿
富国基金	李笑薇	华安基金	杨明
兴全基金	董承非	东方红基金	林鹏
兴全基金	谢治宇	睿远基金	傅鹏博
景顺长城基金	刘彦春	中庚基金	丘栋荣
景顺长城基金	黎海威	嘉实基金	洪流
景顺长城基金	鲍无可	国富基金	赵晓东
景顺长城基金	余广	博时基金	王俊
中欧基金	曹名长	银华基金	李晓星
中欧基金	周蔚文	安信基金	陈一峰
中欧基金	王培	万家基金	莫海波
中欧基金	周应波	华夏基金	蔡向阳
中欧基金	葛兰	泰康资产基金	桂跃强

除了朱少醒之外，其他35名基金经理都有着3年以上突出的业绩，管理过规模在50亿元以上的基金，投资理念成熟、策略清晰、风格稳定，因此，他们管理的基金持续保持优秀的概率较大。

另外，这些基金经理本身也是百里挑一的高学历、高智商人才。据统计，有相当大一部分基金经理毕业于清华大学、北京大学、复旦大学、上海财经大学、中国人民大学这5所国内一流的知名高校。

以上我只是列举了一部分优秀基金经理，还有其他一些业绩也很不错的基金经理没有统计在内。

第二梯队：新晋明星基金经理

第二梯队的基金经理是新晋明星基金经理，一共列举出50名（表4-13），他们在基金投资上同样有着出色的业绩，但他们工作年限还不长，还需要市场进一步验证其更长期限的业绩。

这份名单中，有几名是投资老将，他们之前在私募基金或保险等行业鼎鼎有名，只是在公募基金行业任职时间较短而已，比如朱雀基金的张延鹏等。

表4-13 50名第二梯队基金经理

基金公司	基金经理	基金公司	基金经理
汇添富基金	杨瑨	鹏扬基金	罗成
汇添富基金	郑磊	新华基金	赵强
汇添富基金	胡昕炜	新华基金	栾超
兴全基金	季侃乐	易方达基金	刘武
兴全基金	季文华	易方达基金	祁禾
兴全基金	乔迁	中欧基金	许文星
东证资管	韩冬	中欧基金	刘晨
东证资管	王延飞	安信基金	袁玮
富国基金	王园园	宝盈基金	李进
富国基金	肖威兵	大成基金	刘旭
汇丰晋信基金	是星涛	工银瑞信基金	谭冬寒
汇丰晋信基金	郭敏	光大保德信基金	金昉毅
交银施罗德基金	杨浩	广发基金	王明旭
交银施罗德基金	郭斐	国泰基金	李恒
南方基金	李锦文	华安基金	谢昌旭
南方基金	李振兴	华夏基金	张帆
鹏扬基金	邓彬彬	嘉实基金	常蓁
景顺长城基金	詹成	信达澳银基金	冯明远
农银汇理基金	张峰	银河基金	杨琪
诺安基金	韩冬燕	银华基金	薄官辉
诺德基金	郝旭东	圆信永丰基金	范妍
鹏华基金	陈璇淼	招商基金	付斌
前海开源基金	邱杰	中信保诚基金	吴昊
上投摩根基金	李德辉	中信建设基金	栾江伟
万家基金	高源	朱雀基金	张延鹏

第四堂课

理财入门：最适合普通人的投资工具——基金

如果大家不会选基金，不如从选基金经理开始，参考表4-12、表4-13这两份名单，为自己挑选基金助力。

2. 查看明星基金经理管理的基金

这些基金经理的基金管理能力是怎样体现的呢？这从他们管理的基金业绩就可以看得出来。那么，我们怎么查看他们管理过的基金呢？具体步骤如下：

打开天天基金网，在"基金数据"栏右侧点击"更多"，如图4-48所示。

接着，选择"基金经理"，就能够找到所有的基金经理了。具体步骤如图4-49所示。

图4-48 查看基金经理管理的基金具体步骤1

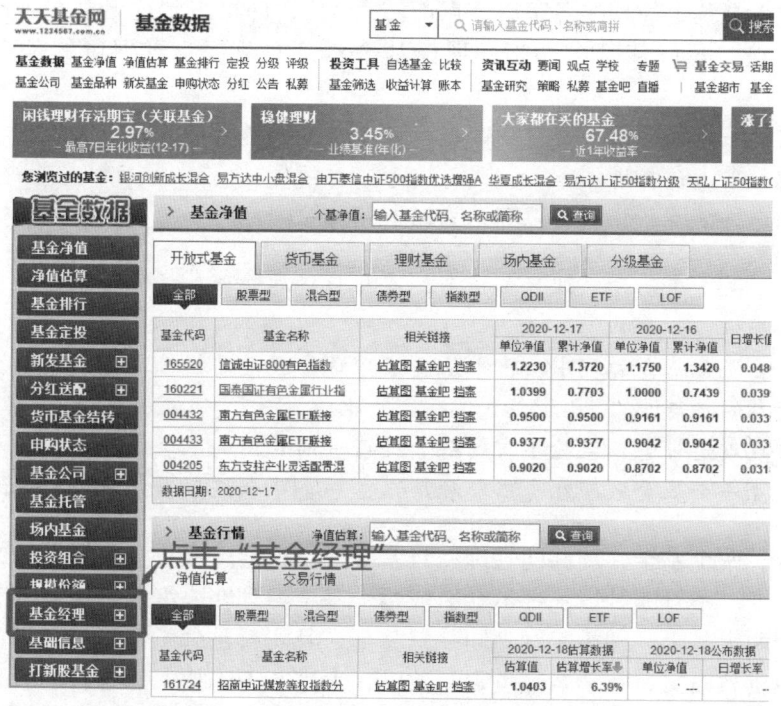

图4-49 查看基金经理管理的基金具体步骤2

在右边的查询框中，输入表 4－12、表 4－13 中基金经理的姓名或简拼，就能找到他们管理的基金了。具体步骤如图 4－50 所示。

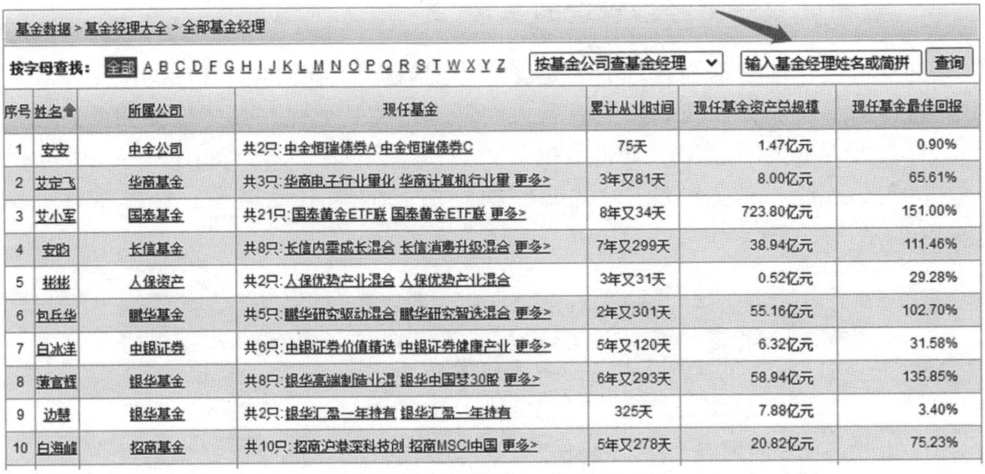
基金数据 > 基金经理大全 > 全部基金经理

按字母查找： 全部 A B C D F G H I J K L M N O P Q R S T W X Y Z　按基金公司查基金经理　输入基金经理姓名或简拼　查询

序号	姓名	所属公司	现任基金	累计从业时间	现任基金资产总规模	现任基金最佳回报
1	安安	中金公司	共2只:中金恒瑞债券A 中金恒瑞债券C	75天	1.47亿元	0.90%
2	艾定飞	华商基金	共3只:华商电子行业量化 华商计算机行业量 更多>	3年又81天	8.00亿元	65.61%
3	艾小军	国泰基金	共21只:国泰黄金ETF联 国泰黄金ETF联 更多>	8年又34天	723.80亿元	151.00%
4	安昀	长信基金	共8只:长信内需成长混合 长信消费升级混合 更多>	7年又299天	38.94亿元	111.46%
5	彬彬	人保资产	共2只:人保优势产业混合 人保优势产业混合	3年又31天	0.52亿元	29.28%
6	包兵华	鹏华基金	共5只:鹏华研究驱动混合 鹏华研究智选混合 更多>	2年又301天	55.16亿元	102.70%
7	白冰洋	中银证券	共6只:中银证券价值精选 中银证券健康产业 更多>	5年又120天	6.32亿元	31.58%
8	薄官辉	银华基金	共8只:银华高端制造业混 银华中国梦30股 更多>	6年又293天	58.94亿元	135.85%
9	边慧	银华基金	共2只:银华汇盈一年持有 银华汇盈一年持有	325天	7.88亿元	3.40%
10	白海峰	招商基金	共10只:招商沪港深科技创 招商MSCI中国 更多>	5年又278天	20.82亿元	75.23%

图 4－50　查看基金经理管理的基金具体步骤 3

在输入某基金经理的名字后，点击“查询”，即可看到这名基金经理的个人介绍、任职期间最佳基金回报、现任基金资产总规模、管理过的基金列表等信息。

这里有一点要注意，有时我们查看某个基金经理管理的基金会发现，有的基金不止他一个人在管理。

出现这种情况，一般可以归结为以下 4 种原因。

①某一个基金经理只是挂名，不参与实际管理，另一个基金经理在实际管理基金。

②混合基金管理中，一个基金经理负责股票的挑选，另一个基金经理负责债券的挑选。

③以老带新，经验丰富的基金经理带新入门的基金经理。

④一个基金经理在走离职程序，另一个基金经理后续将接替他的工作。

那么，两个基金经理共同管理一只基金，会不会造成投资决策上的冲突呢？

实际上，不管哪种情况都不会造成两个基金经理在决策上出现冲突。

因为两个基金经理一起管理同一只基金，其实就是分工合作的关系，好比语文老师负责教语文，数学老师负责教数学，大家互不干扰，而各自的管理水平又会影响基金的业绩。

如果一个基金经理同时管理多只基金，会出现厚此薄彼的情况吗？

第四堂课
理财入门：最适合普通人的投资工具——基金

其实这是不可避免的。想想看，父母养育多个子女，恐怕都难以做到一碗水端平，何况是一个基金经理管理多只基金，对不同的基金投入的精力肯定是有差异的。

多数基金经理都希望能管理好自己的所有基金，但是毕竟精力有限。如果同时和其他基金经理共同管理，又可能存在相互影响的情况。

3. 年化收益率超过16%的"牛基"名单

我们知道，一只基金要一直保持良好的收益是很不容易的。

我们整理了一份"牛基"名单，列出了成立于2016年之前，而且大部分平均年化收益率超过16%的基金，再进一步剔除现任基金经理任职时间不足2年或我们认为基金经理的投资能力无法被证实能够延续的基金，一共精选出30只基金，如表4-14所示。

表4-14 年化收益率超过16%的"牛基"

证券代码	证券简称	基金成立日	任职天数	基金经理	基金规模 2020年报	平均年化收益率
000083	汇添富消费行业	2013-05-03	1874	胡昕炜	176.96亿元	31.42%
001938	中欧时代先锋股票A	2015-11-03	2031	周应波	197.37亿元	29.33%
040035	华安逆向策略	2012-08-16	2169	崔莹	33.57亿元	28.14%
000619	东方红产业升级	2014-06-06	2161	王延飞	61.82亿元	27.74%
519736	交银新成长	2014-05-09	2408	王崇	117.99亿元	27.39%
000595	嘉实泰和	2014-04-04	1903	归凯	72.44亿元	27.19%
000527	南方新优享A	2014-02-26	2190	章晖	67.11亿元	26.21%
160133	南方天元新产业	2014-07-03	2171	蒋秋洁	31.78亿元	25.41%
519732	交银定期支付双息平衡	2013-09-04	2111	杨浩	80.94亿元	25.36%
000577	安信价值精选	2014-04-21	2592	陈一峰	38.57亿元	25.12%
163412	兴全轻资产	2012-04-05	1280	董理	83.64亿元	25.09%
000390	华商优势行业	2013-12-11	1755	周海栋	22.26亿元	24.88%
000011	华夏大盘精选	2004-08-11	1485	陈伟彦	71.38亿元	24.75%
000136	民生加银策略精选A	2013-06-07	2515	陈伟	32.11亿元	24.61%
000529	广发竞争优势A	2014-03-12	2290	苗宇	16.42亿元	23.31%
000362	国泰聚信价值优势A	2013-12-17	2717	程洲	79.25亿元	23.19%
000017	财通可持续发展主题	2013-03-27	1841	夏钦	10.33亿元	22.52%

续表

证券代码	证券简称	基金成立日	任职天数	基金经理	基金规模 2020年报	平均年化收益率
162605	景顺长城鼎益	2005-03-16	2147	刘彦春	136.23亿元	22.44%
161005	富国天惠成长A	2005-11-16	5670	朱少醒	306.81亿元	22.12%
519008	汇添富优势精选	2005-08-25	4128	王栩	32.42亿元	21.32%
161219	国投瑞银新兴产业	2011-12-13	2265	孙文龙	14.07亿元	21.08%
519712	交银施罗德阿尔法核心	2012-08-03	2079	何帅	83.01亿元	20.94%
110011	易方达中小盘	2008-06-19	3162	张坤	401.11亿元	20.86%
163406	兴全合润	2010-04-22	3039	谢治宇	205.98亿元	20.62%
000127	农银汇理行业领先	2013-06-25	2078	张峰	21.02亿元	20.43%
260116	景顺长城核心竞争力A	2011-12-20	3445	余广	32.43亿元	20.26%
377240	上投摩根新兴动力A	2011-07-13	3605	杜猛	56.01亿元	20.17%
100022	富国天瑞强势	2005-04-05	1940	厉叶淼	42.70亿元	20.12%
519069	汇添富价值精选A	2009-01-23	116.72	劳杰男	192.91亿元	19.93%
288002	华夏收入	2005-11-17	23.04	郑煜	27.66亿元	19.90%

数据截至2021年5月23日。

我们能从这张表格看出什么信息呢？

从基金规模来看，规模超过100亿元的有8只基金，其他22只基金规模主要介于10亿～80亿元之间，这也说明，基金规模太大不容易出现"牛基"。

从基金经理来看，任职期限最长的是富国基金管理公司的朱少醒，担任基金经理超过15年，其他基金经理管理同一只基金的时间大部分都超过了5年。这也在一定程度上说明，从业经验丰富、资历深的基金经理会更有优势。

总的来说，上面这些"牛基"代表的是过去的表现，不能代表将来，未来随着基金经理的变更或市场的变化，可能这只基金的表现就没那么好了。

因此，我们需要不断地提高筛选基金的能力，识别基金业绩变化的能力，以便让我们的收益维持稳定持续的增长。

4. 怎么找到最新"牛基"名单？

表4-14中所示的"牛基"名单只能反映这些基金过去的表现，过了一段时间，这份名单又可能会有变化，毕竟市场是不断变化的，基金的表现也会不断变化，所以大家要学会更新"牛基"名单，这也是接下来我要给大家讲的实操内容，如何找到最新"牛基"名单。

第四堂课
理财入门：最适合普通人的投资工具——基金

刚开始进行基金投资的新手，可以参考第三方基金评测机构晨星网的一些数据。晨星网年度基金奖的评选比较专业，会综合考虑风险、回报、长期业绩表现、基金经理能力、团队稳定性等因素。因此，要榜上有名并不容易，比如2020年度基金奖评选一共有2351只基金参与，13只基金进入提名名单，最终只有5只基金获奖，竞争较上年更加激烈。经过晨星网评价筛选后的名单，对投资者有参照价值。

我们以查看2020年度的名单为例。在网页上输入"晨星网"，点击进入官网首页，在首页右下角的方框内，可以直接获得最新的获奖基金名单（图4-51）。

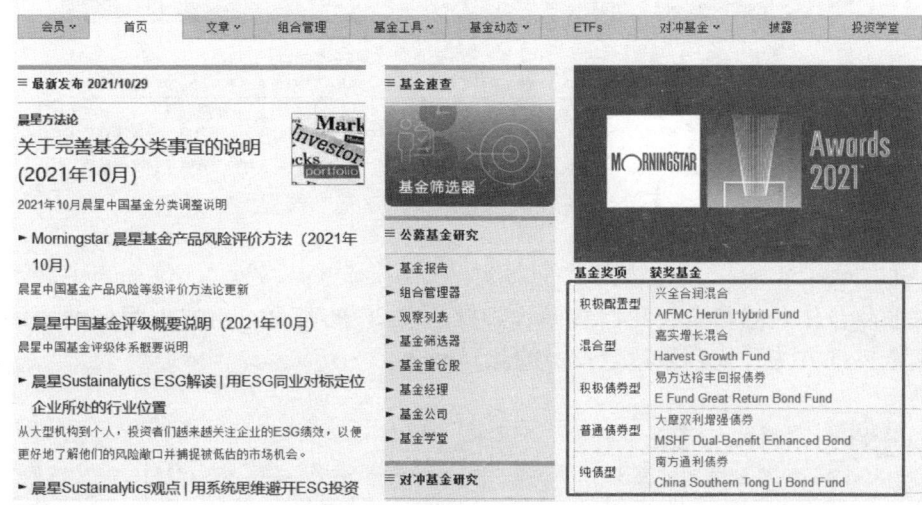

图4-51 晨星网最新获奖基金名单

如图4-52所示，获奖基金名单按照风险等级做了分类，从高到低可以划分为激进配置型、混合型、激进债券型、普通债券型、纯债型。

Morningstar晨星(中国)2020年度基金奖	
基金奖项	获奖
激进配置型	易方达中小盘混合
混合型	南方优选成长混合
激进债券型	博时信用债券
普通债券型	鹏华产业债券
纯债型	富国信用债债券

图4-52 获奖基金按风险等级分类

晨星网的基金奖是每年评选一次，大概在每年 3 月公布上一年度的获奖名单，因此，我们可以在每年 3 月参考一下最新名单。

这份榜单中，从每一类基金中只选出了一只基金，适合有“选择困难症”的投资者，而对于希望多一些选择的投资者来说，选择范围确实少了点。

想要找到更多“牛基”，还可以在网页版的天天基金网中找到“基金排行”，点击打开，如图 4－53 所示。

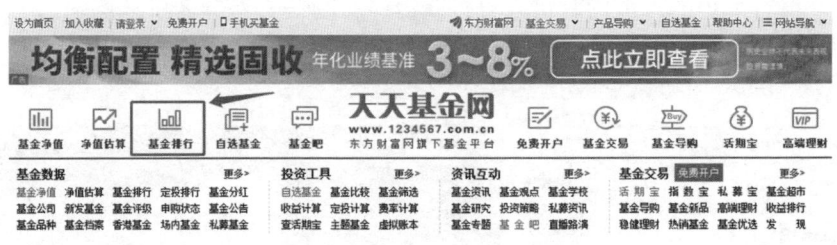

图 4－53　在天天基金网找“牛基”流程 1

如图 4－54 所示，先选择“全部”，然后选择“成立来”，则列表中展示的是按照收益排名的基金，我们选择收益排名前 20 的基金，再根据我们前面讲到的基金挑选方法，找到最适合投资的几只基金。

全部(7380)　股票型(1446)　混合型(3839)　债券型(1916)　指数型(1078)　QDII(179)　LOF(332)　FOF(155)　2020-02-25

比较	序号	基金代码	基金简称	日期	单位净值	累计净值	日增长率	近1周	近1月	近3月	近6月	近1年	近2年	近3年	今年来	成立来	自定义
	1	006401	先锋量化优选	02-24	1.4604	68.2568	-2.35%	-5.54%	-5.56%	9.95%	10.35%	26.81%	---	---	4.25%	6725.68%	27.18%
	2	000011	华夏大盘精选	02-24	20.6700	27.4740	-1.90%	-5.58%	2.27%	8.38%	19.09%	61.23%	93.29%	74.64%	5.24%	4108.66%	63.32%
	3	100020	富国天益价值	02-24	3.1020	6.6083	-5.02%	-14.48%	-3.97%	25.03%	32.31%	85.99%	170.46%	156.57%	5.49%	2700.50%	87.97%
	4	163402	兴全趋势投资	02-24	1.0814	11.5385	-1.87%	-0.88%	-0.31%	11.82%	16.37%	44.07%	93.37%	85.18%	8.04%	2674.15%	43.47%
	5	260104	景顺长城内需	02-24	14.1270	16.0030	-4.57%	-14.31%	-3.76%	18.80%	30.21%	92.73%	181.86%	176.36%	2.18%	2627.59%	93.68%
	6	162605	景顺长城鼎益	02-24	3.3380	6.2790	-4.46%	-14.04%	-3.39%	18.67%	31.12%	99.19%	175.00%	166.32%	1.51%	2400.11%	100.44%
	7	161005	富国天惠成长	02-24	3.8269	6.7249	-2.90%	-7.76%	-1.69%	12.07%	15.68%	51.25%	134.80%	102.04%	5.65%	2175.83%	51.65%
	8	100022	富国天瑞强势	02-24	1.1686	5.9837	-4.20%	-9.57%	-3.41%	17.16%	24.54%	54.36%	165.82%	112.86%	6.17%	2022.61%	54.33%
	9	160505	博时主题行业	02-24	1.9670	6.3810	-2.62%	-8.08%	-3.20%	12.52%	19.81%	32.41%	72.89%	51.97%	7.15%	1998.61%	31.80%
	10	519008	汇添富优势精	02-24	4.4451	9.0663	-4.77%	-13.72%	-10.28%	13.85%	12.59%	55.22%	100.85%	73.88%	4.66%	1989.69%	54.87%
	11	002001	华夏回报混合	02-24	1.9820	5.2810	-2.60%	-10.19%	-1.25%	9.55%	19.73%	53.18%	80.61%	62.37%	-1.14%	1835.52%	53.90%
	12	151001	银河稳健混合	02-24	2.4634	6.2933	-3.41%	-8.40%	-4.36%	3.58%	7.17%	36.17%	114.28%	95.44%	-1.74%	1816.26%	34.92%
	13	040004	华安宝利配置	02-24	1.2650	5.0320	-3.51%	-11.72%	-1.86%	11.69%	9.44%	51.23%	108.25%	100.87%	3.35%	1791.64%	49.82%
	14	260101	景顺长城优选	02-24	3.8903	6.5469	-1.73%	-3.29%	-5.23%	3.77%	14.78%	28.13%	110.14%	84.84%	-3.16%	1731.71%	26.90%
	15	020001	国泰金鹰增长	02-24	1.4134	5.3382	-1.81%	-2.80%	-0.30%	7.16%	1.60%	20.40%	61.20%	39.57%	5.90%	1688.08%	21.29%
	16	070001	嘉实成长收益	02-24	1.9325	5.5658	-3.07%	-11.39%	-7.41%	12.76%	18.83%	45.78%	76.51%	49.17%	0.35%	1599.01%	45.12%
	17	240001	华宝宝康消费	02-24	4.4296	12.3838	-1.49%	-5.54%	-4.31%	6.08%	1.66%	37.39%	104.37%	93.51%	-1.54%	1571.31%	37.33%
	18	163801	中银中国混合	02-24	2.2859	5.3001	-3.12%	-7.97%	-2.35%	9.81%	12.38%	45.64%	115.15%	103.06%	1.44%	1513.52%	44.03%
	19	162203	泰达宏利稳定	02-24	3.0612	5.0012	-3.44%	-9.08%	2.15%	20.06%	35.96%	103.70%	186.79%	149.69%	7.31%	1510.80%	104.90%
	20	160603	鹏华普天收益	02-24	2.6390	5.2820	-3.05%	-11.11%	-7.11%	12.87%	10.00%	57.09%	141.86%	123.30%	1.57%	1495.01%	55.57%

图 4－54　在天天基金网找“牛基”流程 2

5. 总结

选基金实际上就是"选人",我们投资基金前,可以通过选择明星基金经理的方式,快速筛选到"牛基"。我们还可以根据"牛基"名单筛选到合适的基金,也可以通过晨星网的基金奖名单找到"牛基"。最后,我们还可以通过天天基金网,制作一份属于自己的"牛基"名单。

巴菲特力荐的指数基金,到底好在哪儿?

前面我们已经学习了货币基金、债券基金、股票基金和混合基金,现在我们再来学习一种很常见、以后我们也会经常投资的基金,那就是指数基金。

说到指数基金,就不得不提"股神"巴菲特。作为一个靠投资积累了大量财富、曾成为世界首富的人,股票可以说是巴菲特最熟悉的投资品种,但是他有个规矩,从来不推荐股票和基金,唯独指数基金例外,仅1993年到2015年的23年间,他就向别人推荐过不下10次指数基金。

巴菲特说过:"一个什么都不懂的业余投资者,如果去定期投资指数基金,往往能战胜大部分专业投资者。"

为了让更多人看到指数基金的好处,2005年,巴菲特设下一场赌局,赌注是50万美元。应战的基金经理至少选择5只主动型基金,自2008年1月1日起,如果10年后它们的整体表现优于标普500指数基金(标普500指数基金由在美国上市的最有代表性的500家公司的股票组成,这500家公司是美国优秀上市公司的代表),这50万美元就归该基金经理。

赌约发出后,华尔街一片寂静,后来一位名叫泰德·塞德斯的基金经理出来应战,他选择了5只母基金(FOF)作为自己的投资组合。

10年之约到期后,大家猜猜结果如何?没错,巴菲特赢了!

如表4-15,巴菲特选择的指数基金在10年里获得的累计收益高达125.8%,而对手5只精心挑选的基金中,表现最好的那只基金累计收益是87.7%,最差的那只基金的收益仅有2.7%,平均收益远不如巴菲特的指数基金。

表 4-15 （FOF）投资组合 10 年收益率

年份	FOF A	FOF B	FOF C	FOF D	FOF E	标普 500 指数基金
2008	-16.5%	-22.3%	-21.3%	-29.3%	-30.1%	-37.0%
2009	11.3%	14.5%	21.4%	16.5%	16.8%	26.6%
2010	5.9%	6.8%	13.3%	4.9%	11.9%	15.1%
2011	-6.3%	-1.3%	5.9%	-6.3%	-2.8%	2.1%
2012	3.4%	9.6%	5.7%	6.2%	9.1%	16.0%
2013	10.5%	15.2%%	8.8%	14.2%	14.4%	32.3%
2014	4.7%	4.0%	18.9%	0.7%	-2.1%%	13.6%
2015	1.6%	2.5%	5.4%	1.4%	-5.0%	1.4%
2016	-3.2%	1.9%	-1.7%%	2.5%%	4.4%	11.9%
2017	12.2%	10.6%	—	18.0%	21.8%	—
累计收益	2.7%	42.3%	87.7%	2.8%	27.0%	125.8%
年均收益	2.0%	3.6%	6.5%	0.3%	2.4%	8.5%

数据来源：Berkshire Hathaway 2017 年致投资人的信。

因此，我们可以看到，对于很多人来说，投资主动型基金的收益，可能还不如投资指数基金。也就是说，使用各种策略去投资主动型基金，可能还不如跟踪指数波动的指数基金赚钱。

"股神"巴菲特之所以得出指数基金更适合投资的结论，不是空谈，而是通过实践证明得来的。

投资指数基金，从长期来看，赚的就是国家盈利增长或经济增长的收益。如果你相信这个国家有非常好的未来，就去买这个国家的核心指数基金。那么，指数基金是什么？它有什么优点和缺点呢？

1. 指数基金是什么？

要想了解指数基金，我们要先知道指数是什么。指数是用来反映各种市场价格的总体水平及其变动情况的指标。我们要判断一个班级的学生是进步还是退步了，看看他们的考试成绩就知道了。为了更加方便、直观，我们可以将全班学生的成绩编制成一个成绩指数，这个成绩指数的涨跌能够反映全班学生考试成绩的表现。

同样，股市里有几千只股票，怎么知道今天股市的总体情况是涨还是跌呢？用股票指数就能解决这个问题。比如上证指数，反映的是上海证券交易所的所有股票的总体走势，假设今天上证指数上涨了 3%，说明今天股市里大部分的股票都是上涨的。A股市场主要指数如图 4-55 所示。

	代码	名称
1	999999	上证指数
2	399001	深证成指
3	399005	中小板指
4	399006	创业板指
5	399106	深证综指
6	399004	深证100R
7	399007	深证300
8	399008	中小300
9	000016	上证50
10	000010	上证180
11	000009	上证380
12	000300	沪深300
13	000903	中证100
14	000904	中证200
15	000905	中证500

图 4-55 A股市场主要指数

那么，什么是指数基金呢？

指数基金是指以某个指数的成分股为投资对象，通过购买该指数的全部或部分成分股构建投资组合，以追踪标的指数表现的基金产品。

指数和指数基金的关系，可以简单理解为指数是原创，指数基金是模仿者，即指数里有什么成分股，基金经理就照着这份名单买，数量、比例和种类都与之相似，因此指数基金和指数的表现是很相似的。

比如沪深300指数里有300个成分股，基金经理就买入这300个成分股，构成一只沪深300指数基金，那么这只指数基金的走势就与指数的走势同步了，这就是"按葫芦画瓢"。

一个指数往往有几只甚至几十只跟踪它的指数基金，这些指数基金是不同的基金公司发行和管理的，规模、跟踪误差和收益都会有些差别，所以需要投资者进行挑选。

国内第一只指数基金是华安上证180指数增强型证券投资基金，成立于2002年10月。指数基金家族经过近20年的发展，数量越来越多，目前存量已经超过1100只。

那么，指数基金有哪些类别呢？

2. 指数基金的分类

（1）被动型指数基金和增强型指数基金

根据投资策略的不同，指数基金可以分为被动型指数基金和增强型指数基金。

①被动型指数基金。

被动型指数基金也叫作完全复制型指数基金,这种基金力求按照基准指数的成分和比例进行配置,以最大限度地减小跟踪误差为目标。

指数基金的基金经理不能像其他基金的基金经理一样主动增减仓或更换投资标的,他们没有主动投资的权力,只能被动跟踪指数表现,尽最大的努力减少跟踪误差。

如图4-56所示,嘉实沪深300ETF联接A(160706)是一只被动型指数基金,跟踪标的是沪深300指数,跟踪误差为0.08%,也就是说,这只基金的走势和沪深300指数非常接近。

```
嘉实沪深300ETF联接A(160706)

净值估算2020-12-03 11:08        单位净值(2020-12-02)        累计净值
          -0.0055
1.4168 ▼ -0.39%                1.4223 0.01%                3.3436

近1月:6.82%                    近3月:4.12%                 近6月:26.71%
近1年:31.28%                   近3年:30.09%                成立来:471.05%

基金类型:联接基金 | 高风险     基金规模:160.59亿元(2020-09-30)   基金经理:何如等
成 立 日:2005-08-29            管 理 人:嘉实基金              基金评级:暂无评级
跟踪标的:沪深300指数 | 跟踪误差:0.08%
```

图4-56 嘉实沪深300ETF联接A

②增强型指数基金。

增强型指数基金是以指数作为基准,大部分仓位追踪指数,小部分仓位由基金经理主动进行调整,以获得尽可能稳定且高于指数的收益,是一种同时获得市场收益和超额收益的资产组合策略。可以说它兼具了主动型基金和被动型基金的优点。

> 指数增强 = 跟踪指数 + 主动投资

通常情况下,增强型指数基金80%的仓位被动跟踪标的指数,20%的仓位由基金经理支配。

如果把被动型指数基金比作一份午餐,那么,增强型指数基金就是午餐+甜点,甜点属于增强的部分,能让午餐吃起来更加美味。

第四堂课

理财入门：最适合普通人的投资工具——基金

那么，增强型指数基金到底"强"在哪里？

我们先来认识两个概念，一个是贝塔（β）收益，一个是阿尔法（α）收益。贝塔收益是指市场上涨带来的收益；阿尔法收益是指超额收益，也就是超过市场的那部分收益。

追求超额收益是增强型指数基金与指数基金的核心区别。我们可以简单理解：指数基金追求贝塔收益，增强型指数基金追求贝塔收益和阿尔法收益。

$$投资收益 = 阿尔法收益 + （市场平均收益 \times 贝塔系数）$$

很多增强型指数基金的收益比所跟踪的指数基金的收益可能更高，但风险也更大一些。比如指数基金涨5%，而增强型指数基金可能会涨8%，但是下跌的时候，增强型指数基金可能会比指数基金跌得更多一些。

另外，指数基金名称中的"增强"表示它想增强，但想增强不代表一定能变强，增强型指数基金的业绩不一定比一般指数基金更好，这个道理大家一定要明白。不过总体来看，如果要买指数基金，选择增强型指数基金会更好一些。

我们如何区分被动型指数基金和增强型指数基金呢？其实看基金名称就可以了，大多数增强型指数基金的名称中会有"增强"二字，如果没有"增强"二字，一般就是被动型指数基金。

如图4-57所示，泰达宏利沪深300指数增强A（162213）是一只增强型指数基金，跟踪标的是沪深300指数，跟踪误差为0.21%。它的业绩要比图4-56的嘉实沪深300ETF联接A（160706）好不少。

泰达宏利沪深300指数增强A(162213)

净值估算2020-12-03 11:16	单位净值（2020-12-02）	累计净值
2.2275 ▼ -0.0057 / -0.26%	2.2332 0.02%	2.6732
近1月：6.66%	近3月：5.05%	近6月：34.12%
近1年：42.40%	近3年：50.85%	成立来：218.51%
基金类型：股票指数｜高风险	基金规模：3.22亿元（2020-09-30）	基金经理：刘洋
成 立 日：2010-04-23	管 理 人：泰达宏利基金	基金评级：暂无评级
跟踪标的：沪深300指数｜跟踪误差：0.21%		

图4-57　泰达宏利沪深300指数增强A

(2) 宽基指数基金和窄基指数基金

根据跟踪的指数的不同,指数基金可以分为宽基指数基金和窄基指数基金。

①宽基指数基金。

所谓宽基指数,简单来说,就是覆盖股票的范围广泛,不限制投资哪些行业,具有相当代表性的指数。比如上证 50 指数、沪深 300 指数、中证 500 指数、创业板指数、恒生指数、标准普尔 500 指数、纳斯达克 100 指数等。

宽基指数的优点是组合较为分散,股票数量往往超过 50 只,多的甚至超过 1000 只,风险得到有效分散,不会受到单一行业的太大影响。

常见的宽基指数有以下几种:

沪深 300 指数:样本选择标准为沪深两市 300 家规模大、经营状况良好、流动性好的公司的股票,且公司最近一年无重大违法违规事件,财务报告无重大问题。比如贵州茅台、中国工商银行、中国石油之类的股票就是沪深 300 的成分股。

国内几乎每家大型基金公司都开发了跟踪沪深 300 指数的基金,如工银沪深 300 指数 A、博时沪深 300 指数 A、广发沪深 300ETF 联接 A 等。我们在天天基金网上的搜索框中输入"沪深 300",能找到很多跟踪沪深 300 指数的基金。部分跟踪沪深 300 指数的基金如图 4-58 所示。

代码	名称	简拼	类型
050002	博时沪深300指数A	BSHS300ZSA	基金
160706	嘉实沪深300ETF联接	JSHS300ETFLJ	基金
000311	景顺长城沪深300指数增	JSCCHS300ZSZ	基金
510300	华泰柏瑞沪深300ETF	HTBRHS300ETF	基金
110020	易方达沪深300ETF联	YFDHS300ETFL	基金
100038	富国沪深300指数增强A	FGHS300ZSZQA	基金
163407	兴全沪深300指数(LOF)A	XQHS300ZSLOF	基金
020011	国泰沪深300指数A	GTHS300ZSA	基金
519300	大成沪深300指数A	DCHS300ZSA	基金
481009	工银沪深300指数A	GYHS300ZSA	基金

图 4-58 部分跟踪沪深 300 指数的基金

第四堂课

理财入门：最适合普通人的投资工具——基金

上证 50 指数：由上海证券交易所里规模最大、成交最活跃、最具有代表性的 50 只股票组成，成分股就是从沪深 300 中挑选出总市值靠前的 50 家沪市的股票，因此上证 50 指数反映的是大盘股的情况。

很多基金公司都开发了上证 50 指数基金，如博时上证 50ETF 联接 A、天弘上证 50 指数 A、易方达上证 50 增强 A 等。部分上证 50 指数基金如图 4-59 所示。

代码	名称	简拼	类型
110003	易方达上证50增强A	YFDSZ50ZQA	基金
510050	华夏上证50ETF	HXSZ50ETF	基金
001051	华夏上证50ETF联接A	HXSZ50ETFLJA	基金
501050	华夏上证50AH优选指数	HXSZ50AHYXZS	基金
001549	天弘上证50指数C	THSZ50ZSC	基金
001548	天弘上证50指数A	THSZ50ZSA	基金
004746	易方达上证50增强C	YFDSZ50ZQC	基金
001237	博时上证50ETF联接A	BSSZ50ETFLJA	基金
399001	中海上证50指数增强	ZHSZ50ZSZQ	基金

图 4-59 部分上证 50 指数基金

中证 500 指数：中证 500 指数是在剔除沪深 300 指数成分股及总市值排名前 300 的股票之后，再选取总市值排名靠前的 500 只股票，即由总市值排名 301～800 的公司股票组成。

中证 500 指数是中小市值股票的代表，反映 A 股市场中有潜力的一批成长型企业的情况。对应的指数基金如图 4-60 所示，有建信中证南方中证 500ETF 联接、500 指数增强 A 等。

代码	名称	简拼	类型
510500	南方中证500ETF	NFZZ500ETF	基金
160119	南方中证500ETF联接	NFZZ500ETFLJ	基金
510510	广发中证500ETF	GFZZ500ETF	基金
000478	建信中证500指数增强A	JXZZ500ZSZQA	基金
001052	华夏中证500ETF联接	HXZZ500ETFLJ	基金
003318	景顺中证500行业中性低	JSZZ500HYZXD	基金
162711	广发中证500ETF联接	GFZZ500ETFLJ	基金

图 4-60 部分中证 500 指数基金

②窄基指数基金。

窄基指数基金是针对某一行业、某一领域专门推出的指数基金，又分为行业指数基金和主题指数基金。这一类指数基金的风格非常鲜明，让人一看基金名称就知道它的投资方向。

行业指数基金是跟踪某一行业指数作为标的，专门投资该行业股票的指数基金，如消费指数基金、地产指数基金、证券指数基金、医药指数基金、银行指数基金等。

如图4-61所示的招商中证白酒指数（LOF）（161725），看其名称就能知道该基金投资的主要是白酒行业的股票，另外看一下股票持仓也能知道，这只基金主要投资酒类股。

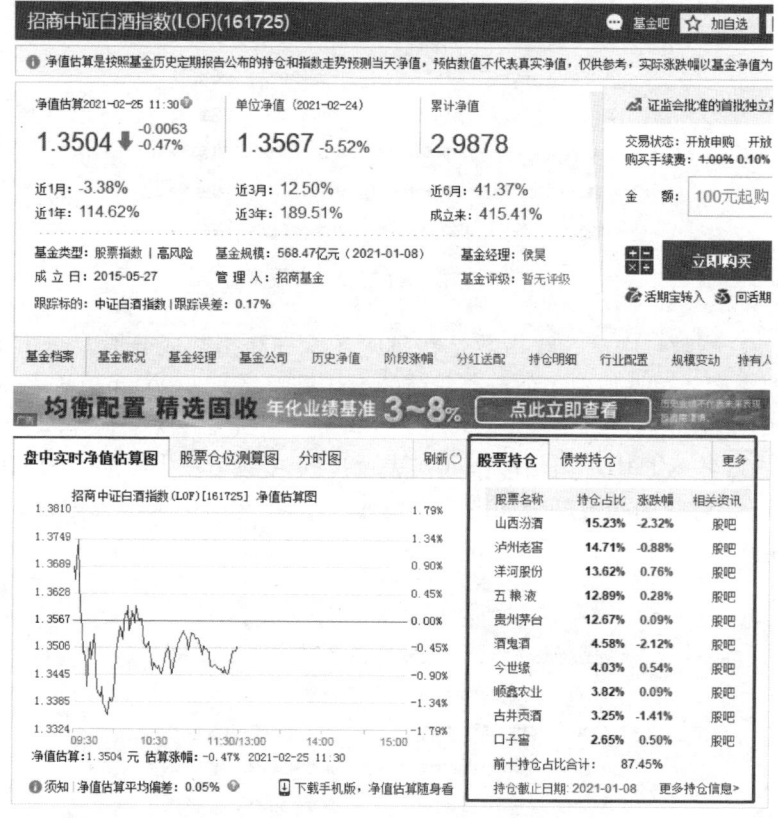

图4-61 招商中证白酒指数分级基金股票持仓

主题指数基金是投资标的限定为某一类主题的指数基金，如养老指数基金、"一带一路"指数基金、军民融合指数基金等。如图4-62所示的广发养老指数A（000968），主要投资于中证养老产业指数的成分股、备选成分股。

第四堂课
理财入门：最适合普通人的投资工具——基金

图4-62　广发养老指数A股票持仓

　　窄基指数持有的股票集中度较高，以追逐市场热点为核心策略，相应的收益和风险也比较高。而宽基指数，由于持有的股票比较分散，数量也比较多，所以总体风险会小一点，不会因为一个行业、一家公司出现"黑天鹅事件"而受到巨大影响，但相应的收益也会低一点。

　　从长期来看，龙头宽基指数基金的投资复合年化收益率大概在8%～12%之间，属于比较稳健的配置方式。

　　行业指数基金的优势在于弹性大，如果选择的行业发展有周期性，就需要择时买入，以期复合年化收益率超过15%。

　　建议刚开始学习投资的新手，先从较易投资的宽基指数基金着手。

　　为什么巴菲特会推崇指数基金？指数基金到底有什么优点呢？

3. 指数基金的优点

　　指数基金的优点非常多，我们可以把这些优点总结为以下四点。

（1）分散风险

指数基金会买入几十只甚至几百只股票，极大地分散了个股的风险。

比如沪深300指数基金中，有一只成分股突然出现利空消息，股价出现暴跌，但由于这只基金同时买了其他299只股票，因此这一只股票的暴跌不会使得这只基金出现大的亏损。

因此，买指数基金就能通过买入多只股票来分散个股的投资风险。

（2）能"永葆青春"

指数的成分股会随着市场的变化进行调整，一般会把表现好的股票纳入，把表现变差的股票剔出去，因此指数能够像源头活水一样保持活力和生机。

只要股市还存在，那么指数就能一直存在，而跟踪它的基金，只要不被清盘，也同样能够和指数"生死与共""永葆青春"。

（3）长期趋势向上

指数里的成分股对标的上市公司，每年都在赚钱，业绩增长了，一般股价就会上涨，不断地推动指数上涨，而跟踪指数的基金自然也能上涨。

如图4-63所示的用来考量上海证券交易所平均股价的指标——上证综合股价指数，虽然短期有涨跌起伏，但是总的趋势是向上的。由此可见，坚持长期定投指数基金一般都能赚钱。

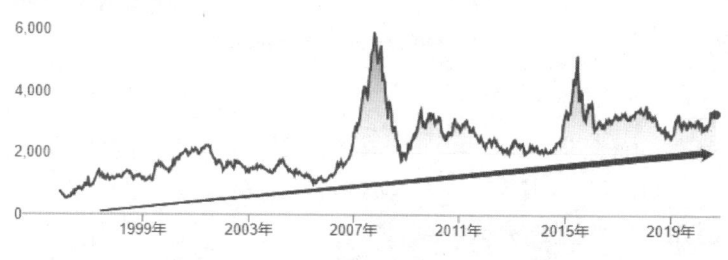

图4-63　上证综合股价指数走势图

（4）交易成本低

买卖基金过程中存在一笔"隐形"的费用，那就是管理费和托管费（即运作费）。对于这笔费用的收取，主动型基金（混合基金、股票基金等）和指数基金存在比较大的差异。

主动型基金的运作费率每年大概是1.75%，而指数基金的运作费率每年大概为0.2%～1.2%。其中，增强型指数基金一般比被动型指数基金更高一些；

窄基指数基金比宽基指数基金更高一些。

如表 4-16 所示，以易方达沪深 300 ETF 联接 A 基金为例，其运作费率已经低至 0.2%。

表 4-16 基金的管理费率和托管费率

序号	费率名称	数值
1	管理费率	0.15%（每年）
2	托管费率	0.05%（每年）

可以看到，被动型指数基金的运作费用总体上来说还是比主动型基金的费用低不少的。

4. 指数基金的缺点

任何金融产品都不可能是完美的，指数基金也有缺点。

（1）无法规避系统性风险

股票型指数基金本质上是股票基金，且长期保持 95% 左右的高仓位运作，因此波动很大，无法规避系统性风险，会跟着股票市场行情上涨或下跌。

（2）存在跟踪误差

虽然指数基金是跟踪和复制指数走势，但如果基金经理在复制过程中存在比较大的偏差，或没有及时对跟踪指数进行调整，再加上有一定的交易费用，经常会存在一定程度的跟踪误差。被动型指数基金跟踪误差越小越好。

（3）规模控制难度大

一些指数基金的规模较小，一方面影响指数跟踪效果，另一方面如果规模太小，会存在被清盘的风险。（清盘就是基金把钱结算给基民后就再也不存在了。）

（4）没有机会获得超额收益

采用完全复制策略的指数基金，涨跌幅和它跟踪的指数基本同步，无法获得高于市场的超额收益。增强型指数基金可能会获得超额收益，但也可能没有得到增强反而跑输指数。

因此，我们如果选择指数基金来投资，就不要在意一时涨跌，不要看到短期亏钱就觉得指数基金不值得投资，指数基金的投资是一项长期的计划。

虽然指数基金有缺点，但是优点也很明显，长期定投平均收益率在 10% 以上也并不是一件难事。我们应该有选择性地投资适合我们的指数基金,这样才能收获好的收益。

5个挑选标准,找到适合自己的指数基金

上一节中,我们认识了"股神"巴菲特最推崇的指数基金,对于新手来说,选择指数基金作为自己的第一个定投基金,会是一个不错的选择。

选择指数就好比是选择赛道,选对了赛道,才能跑得更快、更远。所以,选对指数,我们就成功了一半。

指数有各种各样的分类,有宽基指数、行业指数、主题指数等。最适合新手投资的是哪种呢?答案是宽基指数。

行业指数、主题指数基金的挑选比较复杂,需要我们对投资市场有深入的了解,还得去研究某个行业、某个主题的前景好不好,这需要有一定的专业水平。因此对刚入门的投资者来说,掌握起来难度比较大,而买宽基指数会简单很多。市场上有一个说法:"买宽基指数就相当于买国运。"只要你相信国家经济走势长期是向上的,那么投资宽基指数基金,长期收益也不会太差。接下来,我们就重点讲解宽基指数。

1. 宽基指数有哪些?

根据宽基指数的定义,A股的上证50指数、沪深300指数、中证500指数、基本面50指数、创业板指数、红利指数,港股的恒生指数、H股指数,美股的标普500、纳斯达克100等都属于宽基指数。常用的宽基指数如图4-64所示。

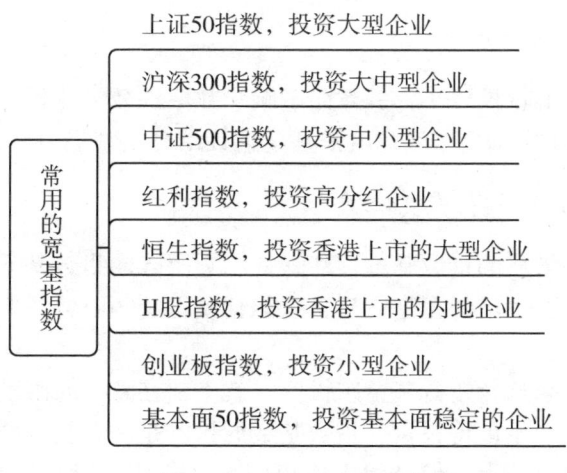

图4-64 常用的宽基指数

第四堂课

理财入门：最适合普通人的投资工具——基金

宽基指数的典型代表是沪深300指数和上证50指数。沪深300指数由沪深两市市值大、流动性强的前300只股票组成。

上证50指数由沪市中规模最大、成交最活跃的前50只股票组成。图4-67所示的是上证50指数的50只成分股。

品种代码	品种名称	品种代码	品种名称	品种代码	品种名称
600000	浦发银行	600690	海尔智家	601336	新华保险
600009	上海机场	600703	三安光电	601398	工商银行
600016	民生银行	600745	闻泰科技	601601	中国太保
600028	中国石化	600837	海通证券	601628	中国人寿
600030	中信证券	600887	伊利股份	601658	邮储银行
600031	三一重工	601012	隆基股份	601668	中国建筑
600036	招商银行	601066	中信建投	601688	华泰证券
600048	保利地产	601088	中国神华	601816	京沪高铁
600050	中国联通	601138	工业富联	601818	光大银行
600104	上汽集团	601166	兴业银行	601857	中国石油
600196	复星医药	601186	中国铁建	601888	中国中免
600276	恒瑞医药	601211	国泰君安	601988	中国银行
600309	万华化学	601236	红塔证券	601989	中国重工
600519	贵州茅台	601288	农业银行	603160	汇顶科技
600547	山东黄金	601318	中国平安	603259	药明康德
600585	海螺水泥	601319	中国人保	603993	洛阳钼业
600588	用友网络	601328	交通银行		

图4-65 上证50指数的成分股

宽基指数的成分股选择的原则，是不看重它来自哪个行业，而更看重它的市值是多少、活不活跃、排名靠不靠前。而且，宽基指数通常还会对股票进行定期的优胜劣汰。指数一般每一年或每半年对成分股进行一次"更新换代"，把好的股票加进来，剔除不好的股票。

以沪深300指数为例，里面包含排名靠前的300只股票，假设上半年这300只股票里有五六只表现不好，排名一落千丈，掉到了300名之后，那么在下半年，沪深300指数就会把这五六只股票剔除。定期进行优胜劣汰，可以保证沪深300指数里的都是排名靠前的股票。

换言之，无论哪个行业发展不好、哪个公司发展不好，都不会对沪深300指数的整体业绩有太大的影响。历史数据也表明，过去十几年来，投资沪深300指数的年化收益率长期在12%以上；过去5年，沪深300指数的年化收益率也明显高于其他指数。

因此，从长期来看，宽基指数和追踪宽基指数的基金，它们的走势肯定是向上的。

小结一下，如果我们是新手，对于市场研究得不深的话，那么认准宽基指数来买就对了。

2. 指数基金怎么找？

一个指数对应的基金非常多，如果我们想要投资某个宽基指数，要怎么操作呢？

我们在购买基金的平台直接搜索指数名称，就会出来对应的基金。

下面以沪深 300 为例，示范在腾讯理财通怎样搜索到它对应的指数基金。

首先依次点开微信首页"我的"→"服务"→"理财通"→"进阶理财"，进入图 4-66 所示的界面。

图 4-66　腾讯理财通沪深 300 指数基金搜索界面 1

然后点击上方的搜索框，输入"沪深 300"进行搜索（图 4-67），界面显示 16 只与沪深 300 相关的指数基金，这是不同的基金公司发行的指数基金，跟踪的都是沪深 300 的走势。同理，在其他平台基金界面的搜索框中输入指数名称，也可以搜索出相应的基金。

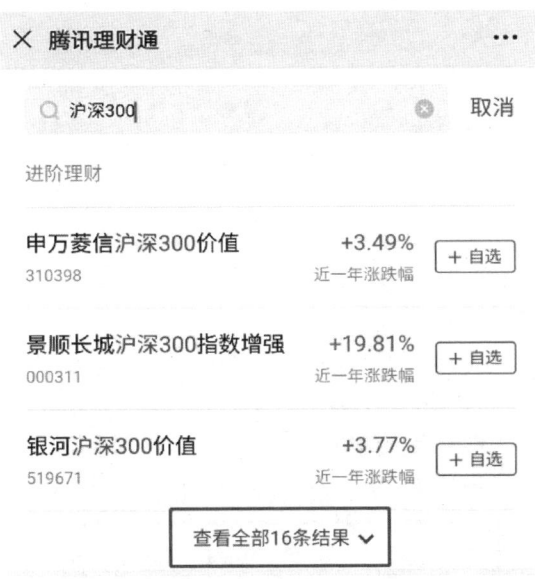

图 4-67　腾讯理财通沪深 300 指数基金搜索界面 2

通过上面的步骤，我们就能找到一个指数所对应的大部分基金的列表。接下来，还需要进一步筛选。

3. 指数基金挑选的五个标准

指数基金的挑选，要遵循五个标准。

（1）看规模：规模 5 亿元以上，越大越好

不同的指数基金，规模从几百万元到上百亿元都有，相差很大。对于定投而言，我们要选择规模大的基金，而且越大越好。规模大的基金收取的交易费用会更低；而规模太小的基金，被清盘的风险高，抵御市场风险能力弱，也就不宜长期持有。

如图 4-68 所示，以腾讯理财通为例查看基金规模，首先在腾讯理财通中点开其中一只基金，在基金详情页面，往下拉，滑至底部可以看到"基金档案"这一栏。

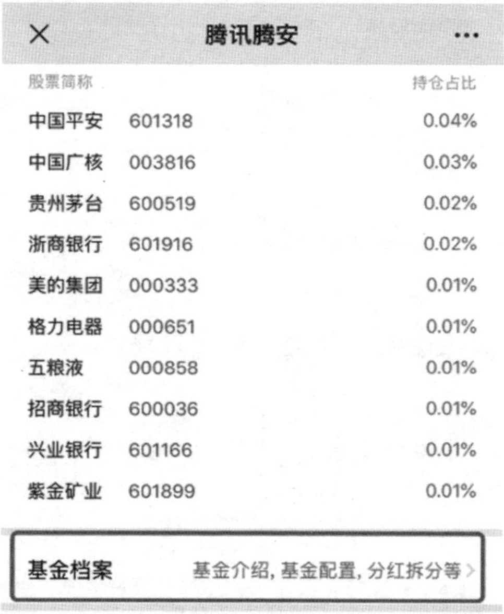
腾讯腾安
股票简称
持仓占比
中国平安 601318 0.04%
中国广核 003816 0.03%
贵州茅台 600519 0.02%
浙商银行 601916 0.02%
美的集团 000333 0.01%
格力电器 000651 0.01%
五粮液 000858 0.01%
招商银行 600036 0.01%
兴业银行 601166 0.01%
紫金矿业 601899 0.01%
基金档案
基金介绍，基金配置，分红拆分等

图 4－68　在腾讯理财通查看基金规模流程 1

然后点击进入“基金档案”页面，在“基金介绍”一栏有关于基金规模的内容（图 4－69）。腾讯腾安的基金规模为 36.94 亿元，超过了 5 亿元，可以纳入备选。

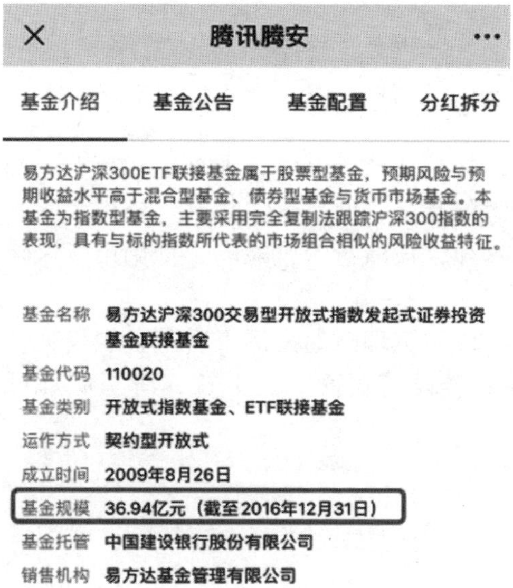
腾讯腾安
基金介绍
基金公告
基金配置
分红拆分
易方达沪深300ETF联接基金属于股票型基金，预期风险与预期收益水平高于混合型基金、债券型基金与货币市场基金。本基金为指数型基金，主要采用完全复制法跟踪沪深300指数的表现，具有与标的指数所代表的市场组合相似的风险收益特征。
基金名称 易方达沪深300交易型开放式指数发起式证券投资基金联接基金
基金代码 110020
基金类别 开放式指数基金、ETF联接基金
运作方式 契约型开放式
成立时间 2009年8月26日
基金规模 36.94亿元（截至2016年12月31日）
基金托管 中国建设银行股份有限公司
销售机构 易方达基金管理有限公司

图 4－69　在腾讯理财通查看基金规模流程 2

（2）看成立时间：成立时间至少在3年以上

指数基金适合长期持有，因此要选比较成熟的基金，最好选择成立时间3年以上的基金。

我们在基金介绍页面可以找到基金的成立时间。如图4-70所示，腾讯腾安的"基金介绍"页面中显示，这只基金的成立时间是2009年8月26日，该基金成立有10多年了，符合我们的选择标准。

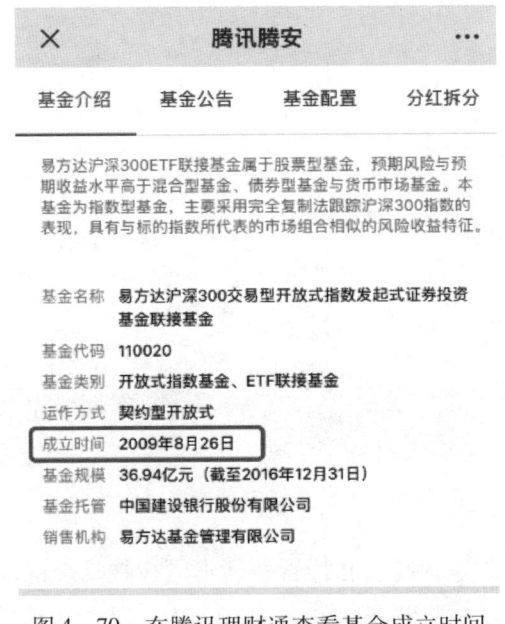

图4-70 在腾讯理财通查看基金成立时间

（3）看业绩排名：中长期业绩排名越靠前越好，最好排名为前1/3

挑选基金最重要的原则是能赚钱，所以还得看它的过往业绩表现，尤其是中长期业绩表现，最近1～3年以上的业绩都要进行比较。

怎样的业绩才算好呢？一般来说，起码得超过平均水平，最好是到近1～3年的业绩都稳定排在前30%，那就是比较优秀的基金了。

（4）看费率：费率越低越好

费率是指我们买卖基金以及持有基金过程中涉及的买入费、管理费、服务费、卖出费等各项费用，当然费率越低越好。基金的费率怎么查看呢？如图4-71所示，以腾讯理财通查看基金的费率为例。我们先点击基金名称，然后往下拉，直至"买入规则""取出规则",我们可以比较各项费用,选择费率低点的基金。

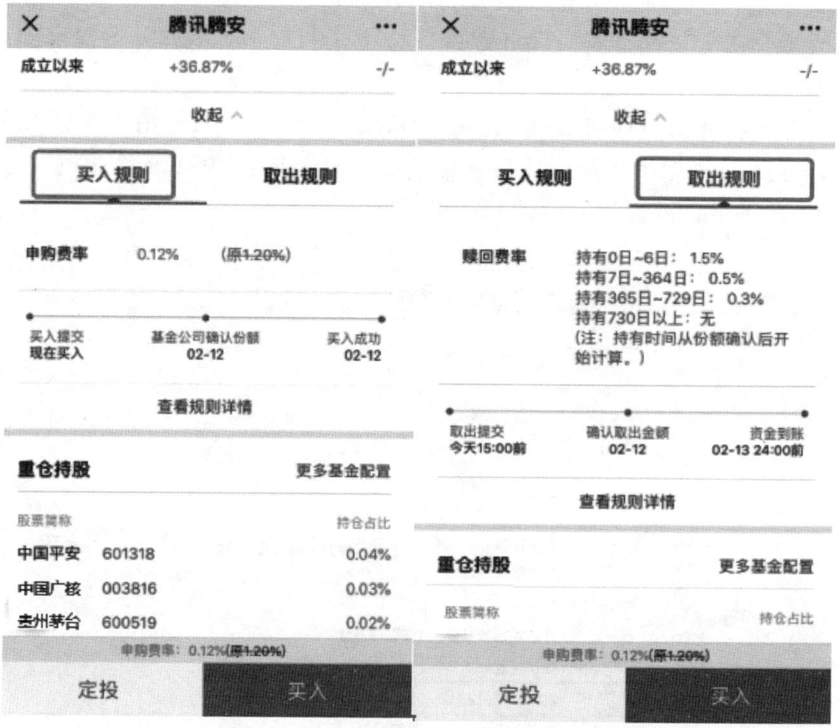

图 4-71　在腾讯理财通查看基金的费率

另外,我们还要关注管理费和托管费,不同指数基金这部分费用的差别还是不小的。我们前面讲过指数基金的运作费率为 0.2%~1.2%,同等情况下,能选择费率低的就不要选择高的。

(5) 看跟踪误差:跟踪误差越小越好,一般不要超过 1%

跟踪误差小,就说明跟得紧贴,基金经理管理基金的能力比较强;跟踪误差大,就说明跟得不如意。再直白一点,跟踪误差的大小会影响基金的收益,误差越小越好,建议不要超过 1%。

怎么查看跟踪误差呢?在腾讯理财通中,我们点击基金的名称,在"基金档案"的"基金公告"里可以找到,但是入口较深,不容易找。在天天基金网上查找比较容易。

我们先打开天天基金网,然后在搜索框输入基金名称,点击"搜索"进入基金的介绍页面,就会看到基金的跟踪标的和跟踪误差。如图 4-72 所示,基金的跟踪标的是沪深 300 指数,跟踪误差是 0.21%。

第四堂课

理财入门：最适合普通人的投资工具——基金

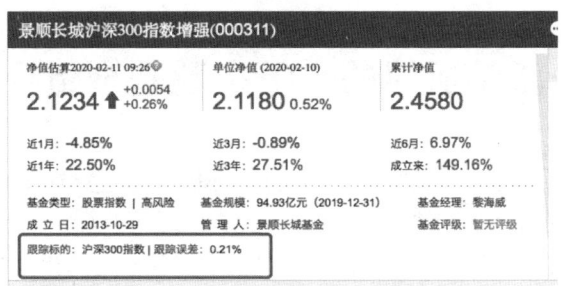

图 4－72　在天天基金网查看跟踪误差 1

我们点击网页中的"跟踪误差"，还可以看到更多信息。如图 4－73 所示，除了列出基金的跟踪误差是 0.21% 之外，还列出同类平均跟踪误差是 0.90%，简单来说，该基金的跟踪误差比同类平均的跟踪误差要小，说明其跟踪水平比平均水平要好。

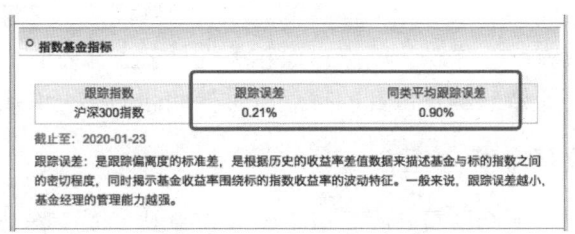

图 4－73　在天天基金网查看跟踪误差 2

以上就是指数基金的五个挑选标准。我们来总结一下，选优质的宽基指数基金分以下两步。

第一步，选指数。建议新手先选择宽基指数，比如沪深 300 指数、中证 500 指数、上证 50 指数、创业板指数。

第二步，选基金。有以下五个挑选标准：

①规模要求 5 亿元以上，越大越好。
②成立时间至少在 3 年以上。
③中长期业绩排名越靠前越好，最好排名为前 1/3。
④费率越低越好。
⑤跟踪误差越小越好，一般不要超过 1%。

虽然挑选指数基金的标准有很多，但是并不复杂，对于新手来说比较容易入手。大家可以根据这些方法，去基金平台挑选一两只宽基指数，作为自己的投资对象。

新手适用的 3 组指数基金组合

上一节，我们学习了挑选指数基金的五个标准，这一节教大家怎么选择多只指数基金来做指数基金的组合。

我们为什么要做指数基金的投资组合呢？因为不同的指数对应的板块和概念不一样，涨跌幅也是不同的。比如同一时间段，有的基金是上涨的，有的基金是下跌的，如果我们正好买到的都是下跌的基金，整体资金的压力就会比较大，自己心里也会很慌。

因此，为了规避风险，基金也要进行分散投资，通过组合投资来进一步降低风险。

我们衡量一个基金组合做得好不好，非常关键的因素就是相关性。相关性指的是两个投资品之间的关系。相关性高就意味着涨跌同步，你涨我也涨、你跌我也跌，或是你涨我就跌、你跌我就涨；而相关性低就意味着它们的涨跌之间没有太大的关系。我们要做的基金组合的特点就是彼此间的相关度比较低。

1. 3 组指数基金黄金组合

指数基金的组合怎么做最好呢？以下给大家总结了 3 个指数基金组合，大家可以参考一下。

组合 1：沪深 300 + 深证 100

第一个指数基金组合是"沪深 300 + 深证 100"。沪深 300 集合了沪市、深市两个市场规模最大、交易最活跃的 300 只股票；而深证 100 由深市规模最大、交易最活跃的 100 只股票组成，代表了深市的核心优质资产，从历史业绩来看，也是很优秀的。2003—2020 年，深证 100 涨幅达 332.96%，远超同期的包含深市所有股票的上证综指（涨幅 121.44%）。

沪深 300 和深证 100 组合有两个优势，一是行业集中度不高，能对冲指数的风险；二是这两个指数长期趋势都是向上的，前景不错，具有比较高的投资价值。

你可能会有疑问，沪深 300 兼顾沪市、深市靠前的股票，深证 100 是深市里靠前的股票，这样搭配起来，不也会有重合吗？确实会有部分重合，但是我们测算过，这两个指数之间的相关性是比较低的。并且，我们搭配组合讲究相关性低，但并不表示相关性为 0，或者往相反的方向走。

事实上，如果将沪深 300 和深证 100 组合在一起，它们各自的优势将会进一步放大。因为沪深300中包含的买得最多的前10只股票里，金融股占比就超过了30%，沪市股票市值占比更大。而深证100指数都是深市股票，波动性更大、成长性更强，这意味着它更适合长期定投。

因此，"沪深300+深证100"这个指数组合，进可攻退可守，可以更好地适应各类市场环境，很适合大家定投。

"沪深300+中证500"和"上证50+中证500"这两个组合，主要是围绕上证50、沪深300和中证500这三个指数来组成的。

我们先来看看这三个指数的关系。如图4-74所示，上证50和沪深300是包含关系，而它们均与中证500没有任何关联。

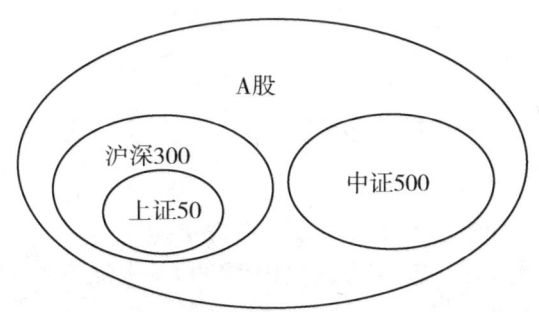

图4-74 上证50、沪深300、中证500之间的关系

表4-17所示的是上证50、沪深300和中证500指数基金2009—2020年的涨跌幅，从中可以发现，有多个年份的涨跌差距很大。其中上证50和沪深300的涨跌幅比较相近，而中证500和这两者的涨跌幅差距就很大了，说明上证50和沪深300正相关性比较大，不适合用来做投资组合，而中证500和这两者的相关性不算大，比较适合和这两者之一来做投资组合。

表4-17 上证50、沪深300和中证500指数基金收益率对比（2009—2020年）

年份	上证50	沪深300	中证500
2009	84.40%	96.71%	131.27%
2010	-22.57%	-12.51%	10.07%
2011	-18.19%	-25.01%	-33.83%
2012	14.84%	7.55%	0.28%
2013	-15.23%	-7.65%	16.89%
2014	63.93%	54.66%	39.01%
2015	-6.23%	5.58%	43.12%

续表

年份	上证50	沪深300	中证500
2016	-5.53%	-11.28%	-17.78%
2017	25.08%	21.78%	-0.20%
2018	-19.83%	-25.31%	-33.23%
2019	33.58%	36.07%	21.29%
2020	18.85%	27.21%	20.87%
平均年化收益率	8.05%	8.56%	9.52%

因此，我们可以组成"沪深300+中证500"与"上证50+中证500"两个组合，相当于"大盘股+小盘股"的模式。

组合2：沪深300+中证500

中证500兼顾沪市和深市的股票，由沪深300之后的500只规模市值都比较大的中小盘股组成，行业范围更大，波动性也更强。

我们将两个指数放在一起，构成"沪深300+中证500"组合，这个组合里就包含了沪市和深市里市值最大、交易最活跃的800只股票。这样一来，这个组合的所有股票没有重合，为互补关系，基本上代表了中国股市的走势，很稳健，只要中国经济是持续向上的，它们的收益就不会太差。

组合3：上证50+中证500

上证50是精华版的沪深300，总的来说，上证50比沪深300的波动更大一些，所以使用上证50来替代沪深300，和中证500组成一个投资组合也是很不错的做法。

新手要定投做指数基金组合，可以在"沪深300+深证100"或"沪深300+中证500"或"上证50+中证500"这三个组合中任选一组。

2. 解答投资指数基金组合的常见问题

在选定组合之后，根据以往的经验，大家还是会有些疑问，我梳理了2个典型的问题，为大家简单解答一下。

问题1：选了指数组合之后，应该买多少只基金？

答：我们刚开始做定投，选择2只基金就好了。比如，你想投"沪深300+中证500"这个组合，那就选一只追踪沪深300的基金和一只追踪中证500的基金。按月或按周来定投，将钱平分到两只基金上，例如每次可定投的钱是 2000 元，那就每只基金各投 1000 元。

问题 2：除了推荐的组合之外，我有看好的其他指数基金，可以买吗？

答：有些基础好而且资金量大的投资者，可能打算定投其他指数基金，但是建议还是以这两组主流组合为基础，再根据个人偏好进行添加。

比如你特别看好一只行业指数，可以形成"沪深 300 + 深证 100 + 行业指数"或"沪深 300 + 中证 500 + 行业指数"这样的组合。数量上，保持整个组合维持在 3～5 只基金，不需要太多，因为太多可能顾不上，我们优中选优即可。

具体要添加的是一只行业基金，还是一只主题基金，或是其他的宽基基金，这是需要大家结合自身实际情况来调整的，没有标准答案。

如果没有什么具体的投资思路，那么建议大家还是老老实实先投"沪深 300 + 深证 100"或"沪深 300 + 中证 500"或"上证 50 + 中证 500"，等投资经验更丰富了，再来调整投资策略也不迟。

像股票一样波动的 ETF 基金，到底怎么投？

多数基金我们都可以在支付宝、天天基金等第三方平台买到，但是有一种基金只能在股票软件上进行交易，这种基金就是 ETF 基金。

ETF 基金一直是投资界的热门话题，备受市场追捧。对于很多小白投资者来说，ETF 基金似乎遥不可及，无从入手。那么，什么是 ETF 基金？它有什么优势？如何选择优质的 ETF 基金呢？这一节，我们来详细介绍 ETF 基金。

1. ETF 基金是什么？

ETF 基金也称为"交易型开放式指数基金"，是一种指数投资工具，通过复制标的指数来构建跟踪指数变化的组合证券，使得投资者通过买卖一种产品就实现了一揽子证券的交易。

举个例子，市场上有个指数叫沪深 300，这个指数中有 300 个成分股，基金经理照着这个成分股列表，买入了这 300 只股票，建立了一个叫作沪深 300ETF 的基金，这只 ETF 基金的走势和沪深 300 指数非常相似。如果投资者想要购买这只基金的话，则要在证券公司开个证券账户购买。

为什么这种基金只能用证券账户购买呢？因为 ETF 基金是一种场内基金。所谓"场"，是指交易所。场内基金就是指只能在证券交易所投资的基金，也就是用证券账户才能买卖的基金，它的买卖和股票很像，涨跌也很类似。而场外基金就是在银行、券商、第三方销售渠道能买到的基金。

因此，ETF 基金有两个特点：第一，它是一种指数基金；第二，它像股票一样，只能用证券账户购买。

根据投资标的的不同，可以将 ETF 基金进行分类，最常见的 ETF 基金类别有指数 ETF、行业 ETF、债券 ETF、商品 ETF 等。

指数 ETF：跟踪特定的指数，例如沪深 300ETF、创业板 50ETF 等。

行业 ETF：投资于特定的行业，例如白酒行业、金融行业、消费行业等。

债券 ETF：投资于债券的基金，我国的债券 ETF 总体规模不大，成交量一般，但是它的特点是免手续费，零成本交易。

商品 ETF：在我国一般特指黄金 ETF，它的特点是手续费很低，交易灵活，支持 T+0，门槛低。

2. ETF 基金的优势

ETF 基金的优势主要有以下 4 个。

（1）是投资股市最简单的方式

沪深两市有 4000 多只股票，想要挑选出一只称心如意的股票是很困难的。

如果我们看好某个行业的发展，却为选哪只股票犯难，这时可以考虑购买 ETF 基金，这也是分享股市上涨红利最简单粗暴的方式。比如，我们觉得消费和医药行业很有前景，但是又不懂如何选股票，那么就可以去购买对应的消费 ETF 基金和医药 ETF 基金，也一样可以享受行业发展带来的红利，同时免去选股的烦恼。

（2）能分散风险

做股票投资，最怕"踩雷"，一旦选股不慎，碰上"黑天鹅"，股票出现连续跌停，亏损就非常严重了。而 ETF 作为场内的指数基金，是一篮子股票的组合，大大降低了投资个股的"踩雷"风险，更适合做长期投资。

（3）交易费用低廉

在支付宝等场外渠道购买的基金，一般要收取申购费或赎回费，另外还有较高的管理费和托管费。

ETF 基金的费用结构就简单多了，ETF 基金和股票一样，是收取佣金的。一般来说，现在很多券商的佣金都在 0.25‰ 以内，有的券商收取的佣金甚至低至 0.1‰，而且可以免 5 元，也就是佣金不够 5 元不会像股票那样按照 5 元计算。这样算起来，买入 10000 元 ETF 基金，只需要花 1 元。

如果是场外的指数基金，申购费率打完一折也要1.5‰，也就是买10000元场外基金，至少要花15元，比ETF基金的买入费用高很多。

另外，多数ETF基金大概每年只需要6‰的运作费率。而场外指数基金的运作费率在6‰～12‰是最常见的。因此，总体来看，投资ETF基金的费用是非常低的。

（4）投资灵活，流动性好

ETF基金实行T+1交易，也就是说，今天买入明天就可以卖出，不像场外基金那样，持有时间低于7天卖出要收取1.5%的"罚息"。另外，还有少数ETF基金甚至可以实现T+0交易，如黄金ETF和投资国外中概股的基金，可以当天买当天卖。

ETF基金的交易和股票几乎没有差别，一天交易四个小时，走势也和股票很相似，可以查看实时的净值波动情况，而场外基金一天只有一个净值报价。

总体而言，ETF基金的交易是非常灵活的，流动性和股票一样好。

3. ETF基金的投资规则

接下来，我们说说ETF基金买卖的交易规则。
①投资渠道：开通证券账户，使用股票软件交易。
②交易时间：周一至周五9：30—11：30和13：00—15：00。
③交易方式：在交易时间通过证券账户下单。
④交易单位：100份起投。
⑤涨跌幅限制：主板的涨跌幅限制为10%，创业板实行注册制后涨跌幅限制为20%，如果是各种板块混合，那么需要依据个股的权重来判断。

4. 新手如何挑选ETF基金？

ETF基金的挑选其实和指数基金的挑选比较类似，但是可以剔除基金费率，因为ETF基金的费用低。各类基金的运作费用其实都差不多，所以可以忽略其影响。挑选ETF基金的诀窍，总结起来，主要有以下三点。

（1）标的指数的价值

ETF基金的收益与标的指数密不可分，因此，挑选ETF基金要先看标的指数的投资价值，主要看标的指数的区间涨跌幅以及行业前景，区间涨幅越大，行业前景越好，越有投资价值。

如果我们要购买行业基金，还得先分析一下这些ETF基金追随的标的是哪些行业，持有的重仓股是哪些。

如果我们要购买宽基指数，可以根据行情判断现阶段哪些宽基指数比较值得投资。

（2）跟踪误差越小越好

一般来说，跟踪误差越小，精确度越高，收益的估值就会越准确，投资误差则越小。因此，在同等情况下，我们要优先选择跟踪误差小的 ETF 基金。

（3）规模越大越好

挑选基金时，最好选择规模大于 1 亿元的基金，因为 ETF 基金像股票一样，交易时价格实时波动，大规模的基金流动性会比较好。

就像市场中的人流量越大，越容易卖出商品一样，买场内基金也是规模大一些更好。如果规模太小，一是可能会被清盘，二是可能你想卖却没有人接盘。

有没有什么比较好的工具可供挑选 ETF 基金呢？

有一个专门投资 ETF 的软件——ETF 组合宝，它是雪球旗下的一款 ETF 基金投资软件。这个软件的好处是集中了市场上几乎所有的 ETF 基金，分类也比较清晰，包括宽基、行业、主题、策略、跨境等 ETF 基金类型，挑选对比 ETF 基金非常便捷。另外，新手还可以在这个软件中进行 ETF 基金的模拟组合（图 4-75）。

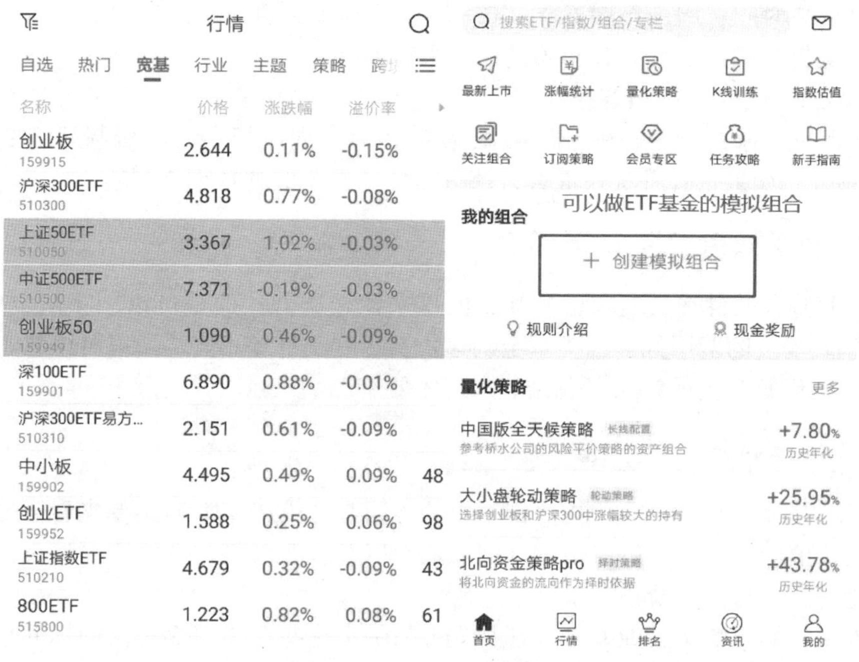

图 4-75　ETF 基金模拟组合

第四堂课
理财入门：最适合普通人的投资工具——基金

挑选 ETF 基金时，我们可以从 ETF 组合宝中选择，选好基金后，登录证券账户进行购买。

表 4-18 列出一些交易较为活跃、规模较大的 ETF 基金。提示：以下基金仅供参考，不作为投资建议，投资有风险，交易须谨慎。

表 4-18 部分 ETF 基金

类别	名称	代码
宽基指数	沪深 300ETF	510300
	上证 50ETF	510500
	中证 500ETF	510500
	深成指 ETF	159903
	创业板 50ETF	159949
	科创 50ETF	588000
	深 100ETF	159901
行业、主题基金	证券 ETF	512880
	人工智能 ETF	161631
	医药 ETF	512010
	生物医药 ETF	512290
	芯片 ETF	159995
	消费 50ETF	515650
	科技 50ETF	515750
	军工 ETF	512660
	酒 ETF	512690
	中概互联 ETF	513050
国债类	国债 ETF	511010
	招商双债	161716
大宗商品	黄金 ETF	518880
	白银 ETF	161226
	华宝油气 ETF	162411
美股指数	博时标普 500ETF	513500
	国泰纳斯达克 100ETF	513100
	华夏恒生 ETF	159920
	广发纳斯达克 100ETF	159941

介绍完 ETF 基金，我们再来扩展一些知识。

5. 什么是 ETF 联接基金？

ETF 联接基金是基金公司开发的一种比较"接地气"的基金品种。因为 ETF 基金需要注册股票账户后才能进行投资，而且不支持自动定投设置，所以基金公司就开发了 ETF 联接基金，方便大家在场外购买，并进行定投。

简单来说，ETF 联接基金相当于 ETF 基金的"跟屁虫"，它复制了 ETF 基金的走势，买入的是 ETF 基金。

ETF 基金和 ETF 联接基金的本质区别（图 4-76）：ETF 基金是为了复制指数而买入相关股票；ETF 联接基金则是为了复制 ETF 基金的走势，买入了 ETF 基金。ETF 基金买的是股票，ETF 联接基金买的是基金。ETF 联接基金相当于间接买入股票。

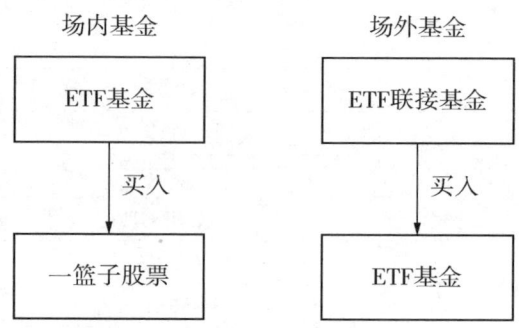

图 4-76　ETF 基金和 ETF 联接基金的区别

很多基金公司成立 ETF 基金时，也会成立对应的 ETF 联接基金。比如华安创业板 50ETF（159949），相应的联接基金是华安创业板 50ETF 联接 A（160422）。

6. 场内基金和场外基金的区别

ETF 基金是场内基金，ETF 联接基金是场外基金。那么，场内基金和场外基金有什么区别呢？

总的来说，场内基金和场外基金主要有以下三个区别。

（1）是否需要用证券账户购买

我们必须拥有股票账户，才能像买股票一样，去买相应的场内基金。比如封闭式基金、ETF 基金、LOF 基金等场内基金只能在场内购买。

场外是指股票市场以外的市场，比如银行，天天基金网、支付宝的蚂蚁财富、且慢等第三方销售渠道。我们通过这些渠道买到的基金，如货币基金、债券基金、指数基金等，都是场外基金。

（2）交易费用不同

表4-19清晰地反映了场内基金和场外基金的交易费用的区别。

表4-19 场外基金和场内基金交易费用的区别

基金类型	申购费	赎回费	管理费	托管费
场外基金	费率一般为1%～1.5%，可打1～6折甚至免费	费率随着持有时间的增加而降低。①持有天数<7天，费率1.5%；②7天≤持有天数<30天，费率0.75%	费率一般为0.5%～1.5%，每天公布净值时扣除	费率一般为0.1%～0.25%，每天公布净值时扣除
场内基金	取消单笔最低5元限制，按实际佣金费计算	取消单笔最低5元限制，按实际佣金费计算	费率一般为0.5%，每天公布净值时扣除	费率一般为0.1%，每天公布净值时扣除

场外基金的交易费用因基金类型和持有时间的不同而不同，有申购费和赎回费。股票基金申购费比较高，货币基金一般不需要申购费；基金持有时间越长，赎回费一般越低。

而场内基金的交易费用中，申购费和赎回费是按照实际佣金费用扣除的。比如佣金费率是0.2‰，那么每次买卖就按照这个费率去扣费，和股票交易的扣费方式相似。

因此，无论是买场内基金还是场外基金，我都建议大家不要频繁买卖，因为持有时间短一般都会产生比较高的赎回费，这是我们要付出的成本。

（3）价格变动不同

场内基金和场外基金的第三个区别是价格的变动不同。

场内基金的净值一般是每10秒变动一次，就像股票那样，每天在交易时间里涨涨跌跌，我们随时都可以查看基金不同时段的表现。如图4-77所示，这是一只场内基金一天内的走势图。

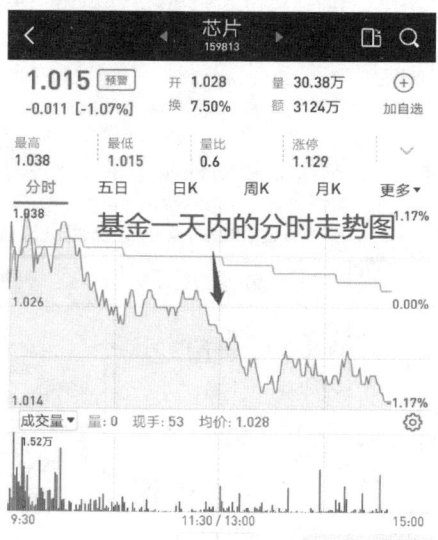

图4-77 某场内基金一天走势图

场外基金的净值是一天公布一次，每天只有一个价格，不像场内基金那样每个时刻价格都在波动。一般来说，场外基金的净值是在晚上八九点公布的，如果你想看自己的基金今天是涨还是跌，需要在净值公布以后才能知道。

图4-78是一只场外基金近一个月的业绩走势图，净值于每个交易日内公布一次。

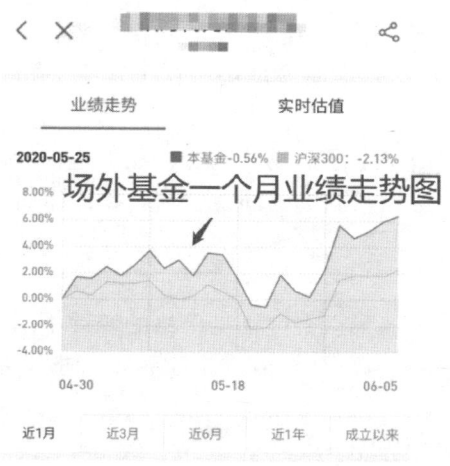

图4-78 某场外基金近一个月的业绩走势图

第四堂课
理财入门：最适合普通人的投资工具——基金

我们很清楚地看到场内基金和场外基金的第三个区别就是，场内基金可以看到每个交易日里各个时段的净值变动，而场外基金在每个交易日只有一个净值。

因此，买场外基金的投资者，不需要每天都盯在盘前看自己买的基金是涨还是跌；而如果买的是场内基金，可能就会时不时打开股票软件看看基金的表现，这样就可能导致我们频繁买卖场内基金。灵活是场内基金的"双刃剑"，运用得当才能让我们赚到钱。

总的来说，场内基金需要有证券账户才能投资，优点是可以分散风险，而且交易费用低，但不能自动定投，必须手动买入，比较像股票投资。因此，场内基金比较适合有一定交易水平的投资者。

新手必学的懒人投资法——基金定投

前面我们学习了几类基金的挑选标准和挑选方法，解决了"买什么"的问题，现在我们要解决"如何买"的问题。

基金定投就是解决"如何买"问题的一种很好的方法。接下来，我们从什么是基金定投、基金定投的优势、谁最适合做基金定投等七个方面介绍基金定投。

1. 什么是基金定投？

基金定投是一种简单的基金投资方式，即在固定时间用固定金额投资固定的基金。这里涉及三个固定因素：时间、金额、基金。

举个例子：小明打算定投一只基金A，设置的定投时间是每周三，定投的金额为300元。定投设置完成后，交易系统就会在以后的每周三自动扣取绑定的银行卡里的300元去购买基金A。

在这里，基金A是固定的基金，每周三是固定的定投时间，300元是固定的定投金额。

2. 基金定投的优势

基金定投有什么优势呢？可以总结为以下四点。

（1）不需要费力择时

我们投资基金时，最怕的是一次性买在最高位，想要解套要等到猴年马月。但是通过基金定投的方式，可以不断地平摊持有成本。哪怕是买在了基金的最高位，长期持有都很少会出现亏损，而且回本和赚钱的速度也会比一次性买入快得多。

所以,基金定投的第一个优势是不需要费力择时,随时都可以开启定投。

(2) 门槛低,相当于强制储蓄

基金定投的第二个优势是门槛低,不少基金起投门槛是10元、100元,手里就算只有几十元,也能做定投。

基金定投,是将钱分多次多笔投入,所以单笔投入的金额不会很高,对于投资者来说,短期的投资压力较小,相比单次大额投入,更容易坚持,无形之中帮助投资者积累了一笔财富。可以说,基金定投可以帮助我们强制储蓄,改掉爱"剁手"的坏习惯。

(3) 情绪管理更加容易

我们在投资时,情绪常常受到行情的影响。很多人会因为基金暴涨而兴奋不已,也会因为基金暴跌而郁郁寡欢。但如果采取定投的方式购买基金,那么跟随行情涨跌而起伏的情绪就不太容易出现。因为基金定投给人的感觉是"长期的投资",认为短期的波动是正常的。

可以说,基金定投的第三个优势是能够抑制我们患得患失的情绪,让我们改掉追涨杀跌、频繁操作的坏习惯,能在长期的投资中获取良好的收益。

(4) 可以平摊成本,快速回本和赚钱

基金定投的第四个优势是在下跌时平摊成本,在上涨时快速回本和赚钱。

如果我们在高位购买了基金,基金跌了还继续定投,那么成本会被摊低。一旦行情出现反弹,回本的速度就会很快,如果行情继续上涨,就能很快盈利。

3. 谁最适合做基金定投?

基金定投的办法既简单又实用,优势也很明显。那么,哪些人适合做基金定投呢?

(1) 懒人

如果你是一个懒人,懒得学习,懒得研究,懒得动手,但是又想通过理财赚钱,那么,基金定投就很适合你。

毕竟除了第一次定投时动一次手,后面的第 N 次定投,你都不用管,系统会帮你在设置好的时间里自动买入基金。

（2）忙人

如果你是一个日理万机的高管，或是一个忙于"996"的"工作狂"，或是一个从早忙到晚的全职妈妈，那么，基金定投也很适合你。

基金定投的好处就是不用花太多时间去管理，只需要设置好定投，就可以"一劳永逸"了。

（3）理财新手

如果你是一个理财新手，对于理财投资一头雾水，害怕投资被人骗，又担心理财"踩坑"，那么，基金定投也很适合你。因为你不需要纠结在什么地方买入基金，也不用害怕有重大损失。而且，从长期来看，选对了基金，定投大概率会赚钱。

（4）希望财富增值的人

基金定投作为一种友好的投资方式，在长期的坚持下，能够帮助我们实现财富的保值增值，很适合希望财富增值的人。

4. 神奇的定投"微笑曲线"

很多人投资时都希望在最低点买入，在最高点卖出，这样可以获得最大的盈利。但是在实际操作中，没有一个人能做得到。华尔街流传着这样的说法："要在市场中准确地踩点入市，比在空中接住一把飞刀更难。"

大多数专业人士都无法准确寻找时机，更不要说普通投资者了。但定投可以帮助我们解决这个难题。因为不管你在哪个位置买入，只要这只基金长期趋势向上，你坚持定投就能赚钱，甚至不需要等到价格回到原来的位置。定投盈亏平衡点远低于定投起始点。

为什么会这样呢？因为基金投资中定投曲线可能呈"微笑曲线"。

我们先来做一道简单的数学题：小明每月1日定投1万元基金A，但他的运气比较差，一买入这只基金就开始下跌，基金净值从1.00元一直跌到0.50元，后来又慢慢涨回到1.00元。也就是说，基金A先是跌了6个月，随后又涨了6个月，回到了原来的位置（这是假设情况，实际情况没这么简单，但思路是相似的）。

现在我们来计算一下，基金下跌后，反弹到哪里的时候，小明开始赚钱。

可能很多人以为是要涨回原来1.00元的位置才能回本，但实际上并不是这样的。因为小明在定投的过程中，成本是在不断摊低的，因此不需要涨到原来的位置，小明就可以回本。基金投资"微笑曲线"如图4-79所示。

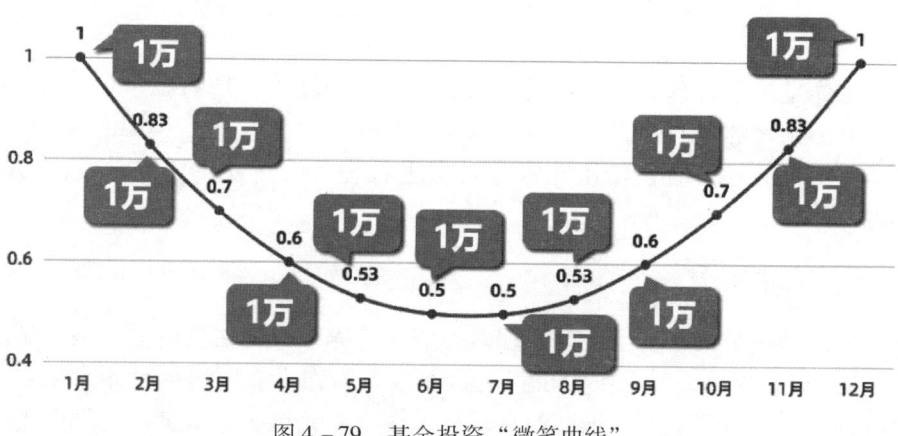

图4-79 基金投资"微笑曲线"

表4-20所示的是小明定投详情。小明在定投到第10个月时,也就是基金净值回到0.70元时,就已经赚了13.18%。净值回到原来的位置,也就是1.00元时,这只基金已经赚了53.11%。所以我们说,只要基金长期趋势向上,坚持定投就能赚钱。

表4-20 定投运算表格

定投期数	定投金额/元	价格(净值/元)	数量(份额)	累计数量(份额)	持仓市值/元	累计成本/元	收益率
1	10000	1.00	10000	10000	10000	10000	0.00%
2	10000	0.83	12048	22048	18300	20000	-8.50%
3	10000	0.70	14286	36334	25434	30000	-15.22%
4	10000	0.60	16667	53001	31800	40000	-20.50%
5	10000	0.53	18868	71869	38090	50000	-23.82%
6	10000	0.50	20000	91869	45934	60000	-23.44%
7	10000	0.50	20000	111869	55934	70000	-20.09%
8	10000	0.53	18868	130737	69290	80000	-13.39%
9	10000	0.60	16667	147404	88442	90000	-1.73%
10	10000	0.70	14266	161670	113182	10000	13.18%
11	10000	0.83	12048	173718	144202	110000	31.09%
12	10000	1.00	10000	183718	183737	120000	53.11%

这种高位买入后出现先跌后涨的走势，因为其形状像微笑的嘴型，被称为"微笑曲线"。形成这种曲线的原因，主要是基金在下跌时，平均买入成本会不断下降，等到市场筑底回升之后，不用回到原来成本的位置就可以盈利了，形象地体现了"微笑曲线"的特点（图4-80）。

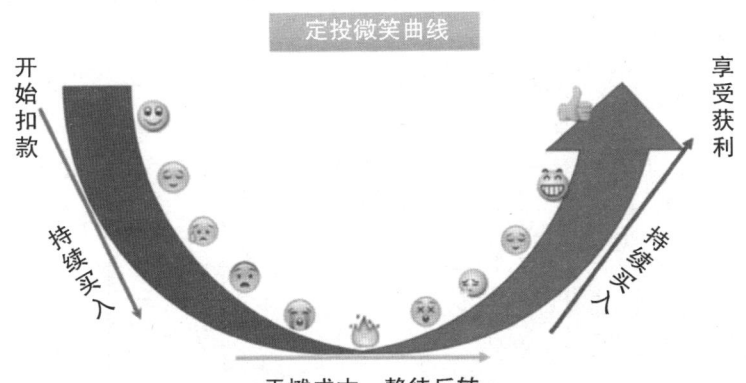

图4-80 "微笑曲线"的特点

我们再来举个现实中的例子。如表4-21所示，小王在2018年1月1日设置了每月1日定投1000元招商深证100指数A（217016），到2019年4月15日赎回时，假设申购费率为0.15%，运作费不计。

起投点是1.454，但是投完就开始下跌，到了2019年3月1日，净值为1.265元，仅回到起始买入点87%的位置，就已经盈利了4.7%，到了2019年4月1日，净值为1.3954元，为起始买入点的96%时，已经盈利14.51%。

表4-21 2018年1月1日至2019年4月15日，定投招商深证100指数A收益情况

定投日期	单位净值/元	定投金额/元	购买份额	累计数量	持仓市值/元	累计本金/元	收益率
2018-01-02 星期二	1.454	1000	686.73	686.73	998.51	1000	-0.15%
2018-02-01 星期四	1.45	1000	688.62	1375.35	1994.26	2000	-0.29%
2018-03-01 星期四	1.434	1000	696.31	2071.66	2970.76	3000	-0.97%
2018-04-02 星期一	1.391	1000	717.83	2789.49	3880.18	4000	-3.00%

续表

定投日期	单位净值/元	定投金额/元	购买份额	累计数量	持仓市值/元	累计本金/元	收益率
2018-05-02 星期三	1.321	1000	755.87	3545.36	4683.42	5000	-6.33%
2018-06-01 星期五	1.333	1000	749.06	4294.42	5724.46	6000	-4.59%
2018-07-02 星期一	1.213	1000	823.17	5117.59	6207.64	7000	-11.32%
2018-08-01 星期三	1.1934	1000	836.69	5954.28	7105.84	8000	-11.18%
2018-09-03 星期一	1.1264	1000	886.45	6840.73	7705.40	9000	-14.38%
2018-10-08 星期一	1.0816	1000	923.17	7763.90	8397.43	10000	-16.03%
2018-11-01 星期四	1.0277	1000	971.59	8735.49	8977.46	11000	-18.39%
2018-12-03 星期一	1.0808	1000	923.85	9659.34	10439.81	12000	-13.00%
2019-01-02 星期三	0.9682	1000	1031.3	10690.64	10350.68	13000	-20.38%
2019-02-01 星期五	1.0685	1000	934.49	11625.13	12421.45	14000	-11.28%
2019-03-01 星期五	1.265	1000	789.33	12414.46	15704.29	15000	4.70%
2019-04-01 星期一	1.3954	1000	715.57	13130.03	18321.64	16000	14.51%

由此可见，微笑曲线的魅力在于，哪怕在高点买入，在坚持定投的情况下，成本也会被不断摊低，等行情反弹时，不用反弹回原来的位置就能回本；如果能反弹到原来的位置，则能赚更多钱。定投的买入点、回本点、赚钱点如图4-81所示。

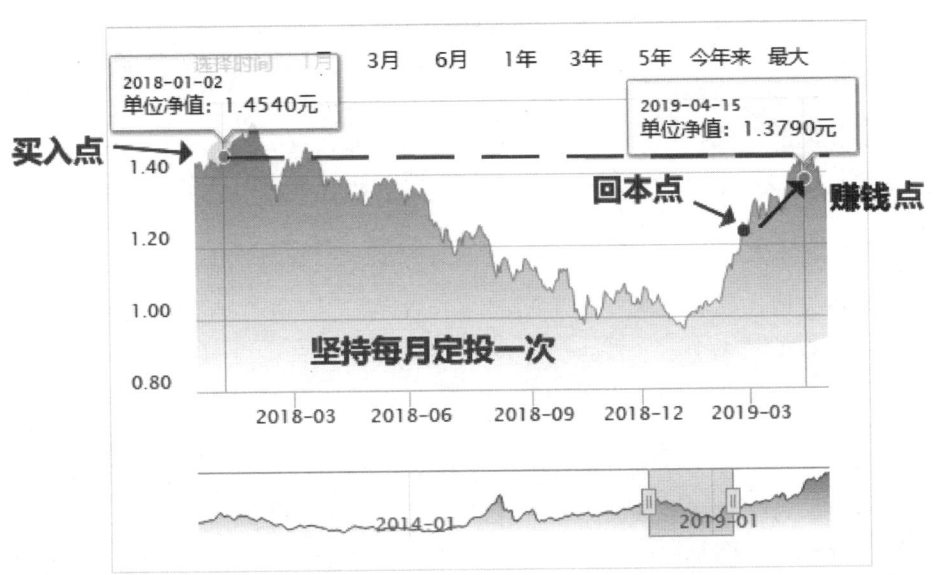

图4-81 定投的买入点、回本点和赚钱点

不过,并不是所有的定投曲线都是"微笑曲线",可能会有很多变形。定投曲线是否呈现"微笑曲线",往往和你开始定投的点位以及基金的走势有关。如果我们是从基金的低点开始定投的,基金此后一路上涨,那么定投曲线可能就是一条斜向上的曲线。如果我们是从基金高位买入的,而基金一直下跌,始终没有办法回到成本附近,那么定投曲线也不是一条"微笑曲线",而可能是一条斜向下的曲线。

因此,我们在定投时,选择基金很重要,我们定投的基金要跌得下去且涨得回来,这样长期定投才能赚到钱。

5. 怎么做定投策略?

领略了"微笑曲线"的魅力后,我们接下来要解决以下三个问题。

(1) 定投时间怎么选?

定投的时间到底是选择按月投资还是按周投资呢?如果是按月投资,每个月哪一天投资比较好?如果是按周投资,周几投资比较好呢?

从历史统计数据来看,其实选择哪一天投资对最终的收益率影响并不大,所以我们并不需要费心费力去寻找一个"合适的时间"。因为定投是一个长期的投资策略,时间可能长达一两年,甚至三五年。每月固定时间定投,这个月可能买在高位,下个月则可能买在低位,是很随机的,也是无法预测的。

因此，我们没必要去猜测哪一天定投是"良辰吉时"，也不用管到底是按月投资还是按周投资好，因为差别都不大。我们只要根据自己的资金情况和定投计划去设置定投就好，时间长了，我们的成本自然会被摊平。

如果我们非要选择一个明确的时间去定投，那么发工资的第二天就是一个不错的选择，因为定投可以帮我们快速分配工资，防止自己乱花钱。

（2）定投金额设多少？

定投多少钱比较合适呢？这个问题因人而异，因为每个人的收入结构都不太一样，理财的策略也不太一样，所以没有标准答案。

但不管怎样，我们用来定投的钱，一定不是短期需要用到的钱，更不能是借来的钱。

我们可以按照收入比例去配置，这笔钱拿出来定投基金，既不会影响正常生活，也不会因为临时需要钱而不得不把基金卖掉。

举个例子：小梅是一个都市白领，每个月到手收入8000元，每月支出5000元，每月能攒3000元。这3000元虽然是闲钱，但不能全部用来定投基金，以防有意外支出，所以小梅打算每个月定投2000元指数基金，留1000元买货币基金或短期的银行储蓄存款产品。

（3）定投要投多久？

我们常说，定投是长期投资，通过"多次下注"来均摊成本。因此，坚持定投一只基金的时长不能太短，否则就无法充分有效地利用市场下跌来摊低成本。

不过，定投的周期也不能设得太长，主要原因有两点。第一，多数人无法忍受过长的投资周期，最终临时放弃导致颗粒无收。这一点主要和心态有关。所以，我们需要设一个"看得见的终点"来鼓励自己，比如，我们可以设置赚20%就卖掉的计划。第二，定投时间太长对提升收益没有必然帮助。要想通过定投获得理想收益，并不是单纯地投入时间越多越好，而是要在卖出这至关重要的一环做好功课。

因为定投的份额都是以不同价格买入累计的，因此卖出的时机决定了最终的收益率。而中国的股市一向"牛短熊长"，牛市可能持续一两年时间，而熊市能持续三五年以上，所以定投也要结合市场状况及时做获利了结操作。

如图4-82所示的沪深300走势图，长期趋势虽然向上，但是中间涨跌起伏很大，如果有了较大收益不止盈，可能又亏回去了。

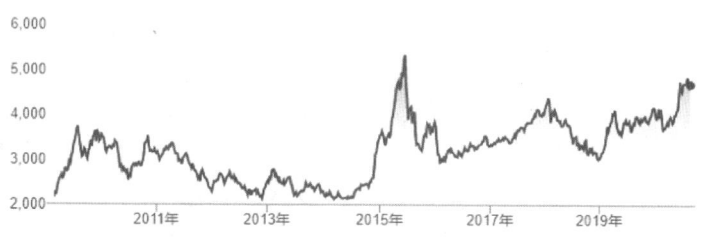

图 4-82　沪深 300 走势图（2011—2019 年）

因此，定投周期不能太短，也不能太长。那么，到底怎样才是适中的呢？大量基金经过专业测算后，得出了一个可以向普通投资者给出的建议：一只基金的定投周期设在 2～5 年比较合适。

当然，这和你入场的位置也有关系。如果你运气好，正好在 2015 年初定投基金，到了 2015 年 6 月可能都翻倍了；如果你继续持有到 2017 年，收益率只会大大减少。因此，我们一定要学会见机行事，后面的章节会介绍定投的止盈方法，帮我们更好地决策什么时候卖出基金。

6. 什么基金适合定投？

基金的种类有很多，如货币基金、债券基金、混合基金、股票基金等，不是所有基金都适合定投的，到底哪一种类型的基金适合用来定投呢？

首先，货币基金、纯债基金不适合用来定投，因为它们的波动很小，收益比较稳定，一次性买入更划算，没有必要做定投。

一般来讲，定投最好选择那些波动较大的基金，比如指数基金以及混合基金和股票基金等主动管理的偏股型基金。

因为这些类型的基金波动往往会比较大，在同样的条件下，当市场下跌时，定投波动大的基金，所获得的基金份额也就更多，一旦市场反弹，所获得的收益也就更多。

适合定投和不适合定投的基金类型如图 4-83 所示。

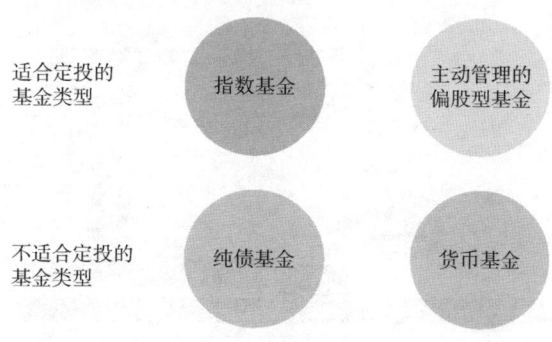

图 4-83　适合定投和不适合定投的基金类型

7. 如何设置定投？

在设置定投的实操环节，以招商深证 100 指数 A（217016）为例，给大家示范如何在支付宝上定投基金。（注：该基金只作为举例，不作为投资推荐。）

登录支付宝后，先点击页面最下方的"理财"，进入"理财"页面后，点击右上角的搜索框，输入代码"217016"，再选择相应的基金，如图 4–84 所示。

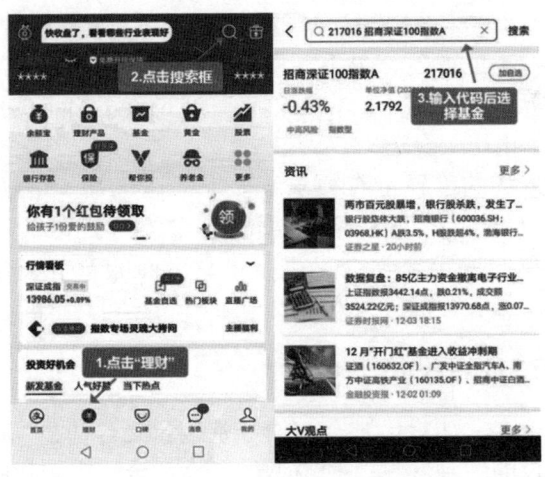

图 4–84　在支付宝上设置定投基金操作步骤 1

找到这只基金后，进入产品详情页面。点击"定投"，输入定投金额，选择付款方式和定投周期，点击"确定"后，在弹出的框中输入密码，即可完成定投交易。具体操作步骤如图 4–85 所示。

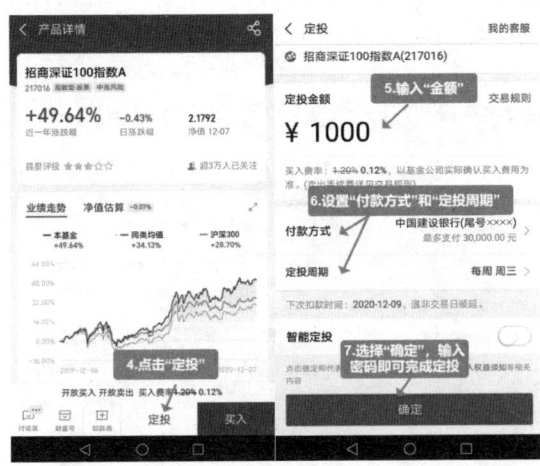

图 4–85　在支付宝上设置定投基金操作步骤 2

总结一下，我们在这一节学习了基金定投的知识，基金定投是在固定的时间买入相同金额的同一只基金。基金定投有四个优势：第一，不需要费力择时；第二，门槛低，相当于强制储蓄；第三，情绪管理更加容易；第四，可以平摊成本，快速回本和赚钱。

基金定投中"微笑曲线"的特点是，哪怕我们在基金最高点买入，只要坚持定投，一旦基金反弹到一定高度，我们就能回本，如果能回到初始点，我们就能赚不少钱。

定投的周期上，不需要执着于每月定投还是每周定投，也不用在意是周一投资还是周三投资，长期下来，收益差距不会太大。定投的金额需要根据实际情况来确定，而且必须是用闲钱来投资；定投期限一般是 2～5 年，也可以通过设置盈利目标来卖出基金。总的来说，定投基金需要有耐心，只要基金的长期趋势向上，我们就能赚钱。

基金如何止盈？3 种方法帮你忙

不管是一次性买入基金还是定投基金，并不是持有时间越长，收益率越高。

从投资一只基金开始，我们就要思考，在什么情况下这只基金应该止盈，也就是把基金卖掉。这一节，我们解决的是"如何卖"的问题。下面为大家介绍 3 种基金止盈的方法。

1. 目标止盈法

目标止盈法就是自己预设一个收益目标，达到了目标，就卖出基金，把收益"落袋为安"。目标止盈法如图 4-86 所示。

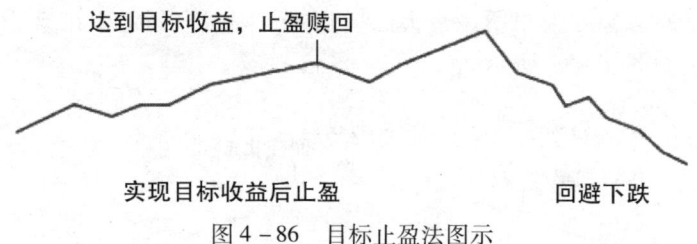

图 4-86　目标止盈法图示

比如，小明给自己设置的收益目标是盈利 10%，他从 2019 年 8 月开始定投了一只沪深 300 指数基金，到了 2020 年 7 月，已经盈利了 11%，超过了盈利目标，于是他就把这只基金卖掉了。

这个例子中，小明就是运用了目标止盈法卖出基金。目标止盈法是一种最简单的止盈方法，也是投资者常用的止盈方法。

这种止盈方法看起来简单，但是如果目标设置高了就会导致基金卖不出去，目标设置低了又会错过日后的上涨行情。所以，盈利目标设置多少比较合适，还是蛮让人头疼的，这也是投资过程中比较考验投资者心态的事情。

一般来说，除非遇到了大牛市，否则目标收益率设置得越高，达到目标所需的时间就越长。所以，大家可以根据资金的使用情况来确定目标收益率。

比如，你定投的钱是打算未来两年给孩子上大学的钱，那么，你的盈利目标可以设置得低一点，比如10％或20％。如果你这笔钱是很久都用不到的，那么可以把盈利目标设置得高一点，比如50％甚至70％以上。当然，盈利目标的设置也和你选择的基金有关，如果你定投的基金历史上的涨幅都很少超过50％，那么就没必要设置那么高的盈利目标。

此外，还可以先制订一个目标年化收益率，再乘定投的时间得出止盈目标。所谓年化收益率，就是每年你想获得的收益率。

比如，你准备定投2年，每年想获得7％～15％的收益率。那么换算一下，2年的累计收益率就是15％～30％，如此止盈目标就可以设置为15％～30％。

2. 最大回撤止盈法

在实际操作中，我们往往会碰到这种情况，已经达到了盈利目标，但或许还能再往上涨点，要不要再等等呢？

对于保守型和稳健型的投资者，我们建议及时止盈，将收益换成真金白银。而对于激进型的投资者，我们推荐使用最大回撤止盈法。

最大回撤止盈法是指设定一个目标收益率和一个最大回撤阈值，达到了目标收益率后，只要出现最大回撤阈值，则触发基金赎回。最大回撤止盈法最好的应用场景是在牛市中，当定投收益率超过止盈信号线后，我们要每日监测基金净值的回撤，一旦回撤幅度大于所设最大回撤阈值，则清仓锁定牛市定投的收益。最大回撤止盈法如图4-87所示。

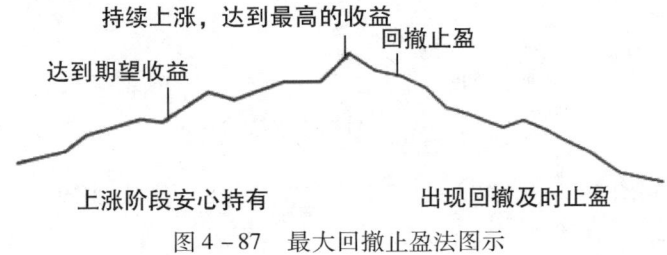

图4-87　最大回撤止盈法图示

这里的"最大回撤"，指的就是一段时间内基金的"最大跌幅"。

第四堂课

理财入门：最适合普通人的投资工具——基金

我们可以想象一下，基金就像在大海里航行的船，在遇到大风浪时，稳定性越好越不容易翻船。平稳的船才能航行得更远。因此，在收益率同等的情况下，基金的回撤率越小越好。

那么，最大回撤阈值设置为多少比较好呢？

我们来分析几组数据，看看沪深300、中证500和创业板指在使用最大回撤止盈法时，设置不同的回撤值对总体收益的影响。

假定止盈信号线是50%，设定的三个最大回撤阈值分别是5%、10%、15%。

选取区间为2007年初至2015年末，每周五定投1000元。定投收益率超过50%，一旦触发最大回撤阈值时，之前定投的金额全部止盈卖出。

第一轮止盈后，还会继续定投下去，一直到2015年末，如果其间定投收益率又超过50%，且触发了最大回撤阈值时，又可以继续赎回，如此往复，看看结果如何。

表4-22所示的是沪深300在不同最大回撤阈值下，所获得的年化收益率表现，可以看到，当最大回撤阈值为5%时，年化收益率最高，为12.61%。而没有设置最大回撤阈值时，年化收益率才3.17%。

表4-22 沪深300设置不同回撤值的收益对比

最大回撤阈值	投资轮数	累计收益率	年化收益率
5%	2	159.39%	12.61%
10%	2	145.32%	11.63%
15%	2	122.14%	10.27%
无	1	31.12%	3.17%

数据来源：Wind。统计时间：2007年1月1日—2015年12月31日。

表4-23所示的是中证500在不同最大回撤阈值下，所获得的年化收益率表现。当最大回撤阈值为10%时，年化收益率最高，为22.60%；当最大回撤阈值为5%时，年化收益率为21.45%。二者收益差距不是很大。

表4-23 中证500设置不同回撤值的收益对比

最大回撤阈值	投资轮数	累计收益率	年化收益率
5%	3	376.17%	21.45%
10%	3	426.87%	22.60%
15%	3	309.52%	18.80%
无	1	102.20%	8.45%

数据来源：Wind。统计时间：2007年1月1日—2015年12月31日。

表4-24所示的是创业板指数在不同最大回撤阈值下的收益情况。创业板的数据是从2013年开始,持续5年时间。可以看到,当设置最大回撤阈值为10%时,年化收益率最高,为51.51%。而没有设置最大回撤阈值时,年化收益率才1.75%。

表4-24 创业板指数设置不同回撤值的收益对比

最大回撤阈值	投资轮数	累计收益率	年化收益率
5%	1	91.96%	34.60%
10%	1	166.72%	51.51%
15%	1	152.29%	47.89%
无	1	8.74%	1.75%

数据来源:Wind。统计时间:2013年1月1日—2017年12月31日。

因此,我们可以看出,沪深300、中证500、创业板指数最大回撤阈值设置在5%~10%之间,总体收益比较高。而且,设置了最大回撤阈值比不设置最大回撤阈值的年化收益率要高很多。

不过我们需要注意的是,最大回撤止盈法适用于牛市,不适用于熊市和震荡市,牛市中基金往往都涨得比较多,几个月里翻倍也是有可能的。所以,采用最大回撤止盈法,就可以锁住我们的利润,同时也能追求更高的利润。

最大回撤止盈法也有缺点,因为我们难以判断市场到底会继续涨还是见顶回落,如果这只是基金上涨的"半山腰",遇到了一次大回撤就卖掉了,可能会损失不少收益。很多人认为,如果卖掉的基金继续上涨,那么成本太高了,就不愿意继续买入了。

而如果设置的目标止盈线太高,比如50%,但是基金最高涨了40%就下跌了,我们也会错过一个不错的收益。

总的来说,新手可以先使用目标止盈法练手,等到经验丰富之后,再运用最大回撤止盈法赢得更多收益。

3. 估值止盈法

第三种基金止盈法是估值止盈法,即在基金高估时卖出基金。

大家可以直接利用市面上现有的估值工具对指数进行估值,比如微信上的"且慢指数估值"小程序。如图4-88所示,打开小程序后,就能进入指数估值主页了。我们主要看的是估值百分位和颜色,百分位越低,则估值越低。百分位越高,则估值越高,此时可以卖出基金。

第四堂课
理财入门：最适合普通人的投资工具——基金

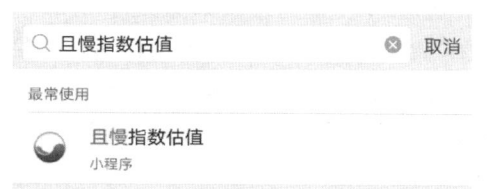

图4-88 用且慢指数估值小程序进行估值止盈

从颜色来区分估值：

绿色表示估值比较低，有投资价值。
黄色表示估值适中，可以观望。
红色表示估值比较高，谨慎投资。

那么，是不是看到红色高估值的指数，我们就可以赶紧卖掉呢？

其实大部分情况下是可以这么做的，因为估值过高的话，迟早都会通过下跌来回归正常估值，因此对于高估值的基金，可以及时止盈或减少投入。且慢指数估值如图4-89所示。

指数名称	PE/PB	百分位	最高	最低	ROE
标普红利 CSPSADRP.CI	8.64*	12.37%	25.57	7.60	12.87%
中证银行 399986.CSI	5.54	25.30%	8.29	4.46	11.56%
中证红利 000922.CSI	10.04	33.62%	22.97	8.11	11.51%
中证500 000905.SH	33.24	54.45%	85.42	18.93	6.56%
中证军工 399967.SZ	71.27	36.46%	249.38	52.26	5.40%
中证1000 000852.SH	51.73	51.28%	144.82	23.81	5.38%
中小板指 399005.SZ	35.94	73.11%	67.62	17.17	12.06%
中证环保 000827.SH	37.99	77.36%	76.19	18.47	8.82%
上证50 000016.SH	11.33	91.41%	14.88	6.48	10.56%
中证100 000903.SH	12.77	90.39%	16.57	7.08	11.01%
恒生指数 HSI.HI	14.27	99.76%	14.46	7.34	8.45%
沪深300 000300.SH	15.24	90.13%	21.84	8.90	10.77%
恒生国企 HSCEI.HI	11.61	100.00%	11.61	5.55	10.23%
深证成指					

图4-89 且慢指数估值

不过通过估值法来止盈的缺点是，假如遇到了牛市，估值水平是不断提高的，我们一旦看到估值高了就卖出，很可能就会错过后面巨大的涨幅。

因此，估值止盈法相对粗糙，不如目标止盈法和最大回撤止盈法那么具体。初学者可以选择目标止盈法练手，有一定投资能力的投资者可以选择最大回撤止盈法和估值止盈法卖出基金。

手里的基金亏钱了，怎么办？

基金不一定一买入就赚钱，有时遇到低迷的行情，也可能会持续亏损，那么，当基金亏钱的时候，我们应该怎么办呢？要不要止损呢？

结论：①定投的基金一般不需要止损；②一次性买入的基金，要具体情况具体分析。

1. 定投的基金亏了，怎么办？

首先我们解释一下为什么定投的基金一般不需要止损。

刚开始做基金定投出现亏损并不是什么稀奇的事情，哪怕一开始定投的基金出现了亏损，但是只要长期趋势向上，坚持长期定投，一般都能赚到钱。当然，这里凸显了选择基金的重要性，必须选择能跌也能涨的基金，比如宽基指数的长期趋势就是向上的，如果定投的是宽基指数，那就没必要止损，坚持定投就好了。

定投是一个长期的过程，不要持有两三个月就卖掉。一方面，短期定投收益不会太高，还不如买货币基金；另一方面，手续费也不便宜，基金持有时间短于7天，还要交1.5％的赎回费。

那么，定投的基金亏损了，应该怎么办？

总的来说，面对亏损的基金，我们应采取以下三种对策。

（1）耐心持有

对于质地比较好的基金，可以耐心持有，不要改变定投计划，坚持"佛系"定投，直到你能获得正的收益为止，也可以采用我们前一节讲到的基金止盈法来止盈。

（2）暂停定投计划

如果大盘出现崩盘式下跌的情形，比如2015年6月，股市出现连续暴跌，遇到这种情况，对于那些本来就涨了很多的基金来说，应该止盈。

第四堂课
理财入门：最适合普通人的投资工具——基金

而已经亏损的基金，如果担心亏损进一步加大，可以暂停定投一段时间，等跌了一段时间后，大盘企稳了，再重新开启定投或一次性多买入几笔。

那么，如何修改定投计划呢？

以支付宝上的定投计划修改为例。如图4-90所示，先找到基金的持仓，再进行设置。其他软件操作思路与此相似。

图4-90 在支付宝上改变定投计划

177

（3）补仓

如图4-91所示，如果上证指数在3000点以下，那么对于很多基金来说，下跌的过程其实是加大定投或增加一次性买入金额的好时机。越是跌的时候越买基金，成本就会快速被摊低，一到反弹的时候，回本就非常快。

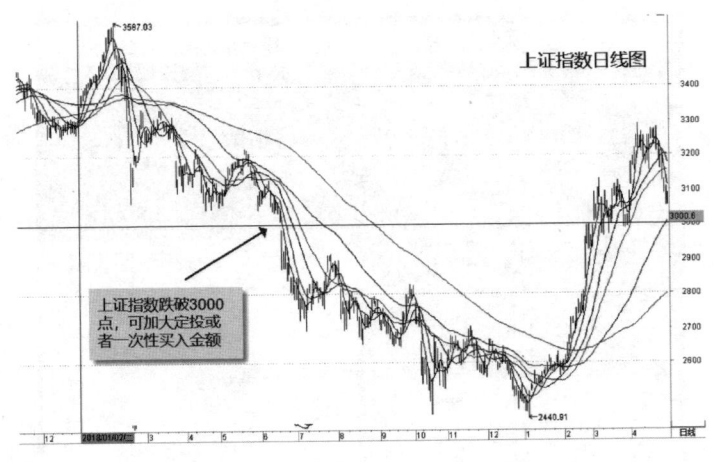

图4-91　上证指数跌破3000点走势图

如图4-92所示的是兴全社会责任混合（340007）2016—2020年的走势图，我们可以看到，在2018年初到2019年1月，这只基金其实是下跌趋势，而到了2020年12月，这只基金的净值创了新高。

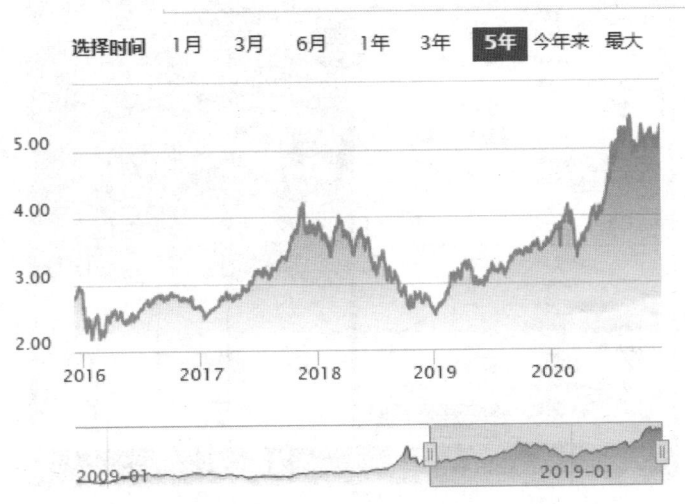

图4-92　兴全社会责任混合5年走势图（2016—2020年）

第四堂课
理财入门：最适合普通人的投资工具——基金

如表 4-25 所示，假设你设置从 2018 年 1 月 2 日开始每月定投 1000 元，到了 2019 年 1 月 2 日，你的亏损最高会达到 20.91%，而且截至 2019 年 6 月 3 日亏损的时间持续了一年半，如果在 2019 年 1 月 2 日选择卖出，那么就亏大了。因为如果你继续定投，到了 2020 年 9 月 1 日，你的收益率最高会达到 59.91%。

表 4-25 每月定投 1000 元兴全社会责任混合的收益率
（2018 年 1 月 2 日—2020 年 11 月 2 日）

定投日期	单位净值	定投金额/元	购买份额	累计数量	持仓市值/元	累计本金/元	收益率
2018-01-02 星期二	3.797	1000	262.97	262.97	998.49709	1000	-0.15%
2018-02-01 星期四	3.54	1000	282.06	545.03	1929.4062	2000	-3.5%
2018-03-01 星期四	3.8475	1000	259.69	804.72	3094.1484	3000	3.14%
2018-04-02 星期一	3.766	1000	265.14	1069.86	4029.0928	4000	0.73%
2018-05-02 星期三	3.495	1000	285.69	1355.55	4737.6473	5000	-5.25%
2018-06-01 星期五	3.491	1000	286.02	1641.57	5730.7209	6000	-4.9%
2018-07-02 星期一	3.216	1000	310.48	1952.05	6277.7928	7000	-10.32%
2018-08-01 星期三	3.265	1000	305.82	2257.87	7371.9456	8000	-7.85%
2018-09-03 星期一	3.05	1000	327.38	2585.25	7885.0125	9000	-12.39%
2018-10-08 星期一	2.812	1000	355.09	2940.34	8268.2361	10000	-17.32%
2018-11-01 星期四	2.729	1000	365.89	3306.23	9022.7017	11000	-17.98%
2018-12-03 星期一	2.828	1000	353.06	3659.29	10348.529	12000	-13.76%
2019-01-02 星期三	**2.537**	**1000**	**393.56**	**4052.85**	**10282.182**	**13000**	**-20.91%**

续表

定投日期	单位净值	定投金额/元	购买份额	累计数量	持仓市值/元	累计本金/元	收益率
2019-02-01 星期五	2.79	1000	357.37	4410.22	12322.266	14000	-11.98%
2019-03-01 星期五	3.107	1000	321.37	4731.59	14701.174	15000	-1.99%
2019-04-01 星期一	3.276	1000	304.79	5036.38	16499.312	16000	3.12%
2019-05-06 星期一	3.023	1000	330.30	5366.68	16223.595	17000	-4.57%
2019-06-03 星期一	3.017	1000	330.96	5697.64	17189.01	18000	-4.5%
2019-07-01 星期一	3.28	1000	304.42	6002.06	19686.888	19000	3.62%
2019-08-01 星期四	3.212	1000	310.87	6312.93	20277.26	20000	1.39%
2019-09-02 星期一	3.401	1000	293.59	6606.52	22468.911	21000	6.99%
2019-10-08 星期二	3.414	1000	292.47	6899.99	23553.288	22000	7.06%
2019-11-01 星期五	3.517	1000	283.91	7182.90	25262.4	23000	9.84%
2019-12-02 星期一	3.477	1000	287.17	7470.07	25973.572	24000	8.22%
2020-01-02 星期四	3.74	1000	266.98	7737.05	28936.717	25000	15.75%
2020-02-03 星期一	3.521	1000	283.58	8020.63	28240.779	26000	8.62%
2020-03-02 星期一	4	1000	249.63	8270.26	33081.2	27000	22.52%
2020-04-01 星期三	3.558	1000	280.64	8550.90	30424.245	28000	8.66%
2020-05-06 星期三	3.972	1000	251.39	8802.29	34962.855	29000	20.56%

续表

定投日期	单位净值	定投金额/元	购买份额	累计数量	持仓市值/元	累计本金/元	收益率
2020-06-01 星期一	4.128	1000	241.89	9044.18	37334.54	30000	24.45%
2020-07-01 星期三	4.556	1000	219.16	9263.34	42203.959	31000	36.14%
2020-08-03 星期一	5.276	1000	189.25	9452.59	49872.076	32000	55.85%
2020-09-01 星期二	**5.477**	**1000**	**182.31**	**9634.90**	**52770.566**	**33000**	**59.91%**
2020-10-09 星期五	5.14	1000	194.26	9829.16	50522.088	34000	48.59%
2020-11-02 星期一	5.152	1000	193.81	10022.97	51638.548	35000	47.54%

数据来源：Wind。统计时间：2018年1月1日—2020年11月2日。

我们可以看到，大盘在下跌时，特别是跌破3000点时，往往就是优质基金加仓之时，前文所述的是坚持定投的获利情况，如果你在下跌过程中大买几笔，那么后面反弹的时候能赚得更多。

总的来说，定投的基金一般是不需要止损的，特别是优质的基金，坚持一段时间，一般都能达到我们的盈利目标。

2. 一次性买入的基金亏了，怎么办？

一次性买入基金是指集中一笔资金买入基金，如果成交的位置比较低，那么行情好时会获得比基金定投更高的收益；而如果不小心买在了高点，行情下跌时就会出现比基金定投更大的亏损。

如果我们一次性买入的基金出现了亏损，该怎么办呢？

这种情况会稍微复杂一点，因为一次性买入不像定投那样可以通过不断买入平摊成本。一次性买入投入的金额可能比较大，所以一旦遇到亏损的情况，就会让人更难受。但万变不离其宗，我们主要关注的是持有的基金到底是不是好基金！前面我们介绍过挑选基金的方法，大家可以套用。

如果不符合好基金的标准，继续持有可能会继续扩大亏损，在这种情况下，是需要止损的。

如果符合好基金的标准，我们再来看这只基金买入时所处的位置。如果我们买在了历史最高位，那么，有两种办法可以处理这笔投资：

第一,假如这笔钱短期内要用,那么可以先止损;

第二,假如这笔钱短期内用不上,那么就继续持有,并且在基金出现进一步下跌后,通过定投的方式逐步摊低成本。

因此,对于基金亏损时要不要止损的问题,我们要分情况来看。定投的基金一般是不需要止损的,可以通过不断定投来摊低成本,等行情反弹就能很快回本了。如果是一次性买入的基金,那么就需要判断该基金到底是不是好基金。如果是好基金,且这笔钱不着急用,可以继续持有或通过定投的方式平摊成本;如果是质地不好的基金,可以选择止损离场。

基金的"智能定投"功能,要不要用?

很多人一开始定投基金,选择的都是普通定投。但是,我们也会发现在天天基金、支付宝或微信等平台上购买基金时,有"智能定投"这个功能。支付宝的智能定投选择页面如图4-93所示。那么,智能定投和普通定投有什么不同呢?

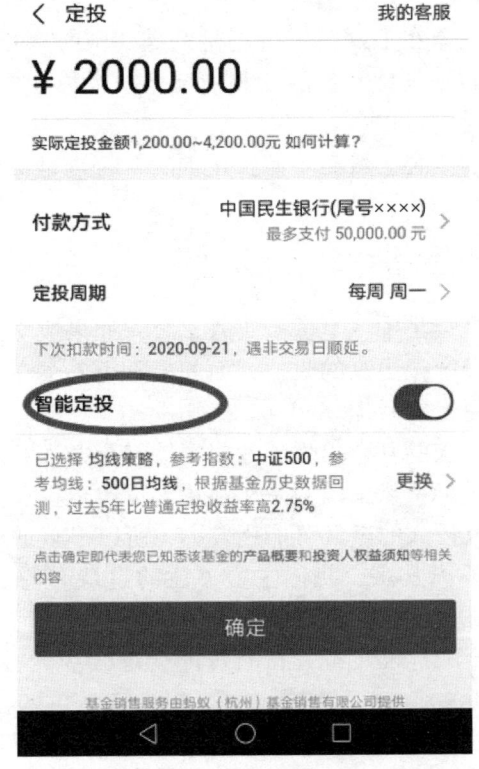

图4-93 支付宝的智能定投选择页面

第四堂课
理财入门：最适合普通人的投资工具——基金

一般来说，普通定投就是定时定额买入同一只基金，没有设置自动止盈的策略。而智能定投则是一种可以自动改变买入金额并设定止盈目标的策略，也就是说，智能定投不仅帮我们投资，还帮我们卖基金，如此看来确实挺"智能"的。

现在大部分基金平台都有智能定投功能，我们到底要不要用呢？以下以天天基金、支付宝和腾讯理财通为例，先了解它们的智能定投有什么特点，再决定应该如何使用，要不要使用。

1. 天天基金

天天基金的智能定投分三种，分别是目标止盈定投、移动止盈定投和慧定投。

（1）目标止盈定投

目标止盈定投运用的就是前面说过的目标止盈法，我们先设定一个目标收益率，达到了目标收益率以后系统会自动赎回完成止盈，帮我们锁定收益。

比如，我们设置的目标位是20%，那么一旦基金收益率达到了20%，系统就会自动帮我们卖出，避免我们因忙于工作而忘记了止盈，以致错失了卖出的时机。在天天基金网上设置目标止盈定投如图4-94所示。

图4-94 在天天基金网上设置目标止盈定投

（2）移动止盈定投

移动止盈定投运用的就是前面说过的最大回撤止盈法。我们要先设定一个预期收益率和最大回撤阈值。达到预期收益率后，若继续上涨则继续持有，若触及最大回撤阈值则赎回，锁定收益。如果没有达到预期收益率却出现了回撤，也不会触发止盈。

比如，我们设置45%的目标持仓收益率，移动止盈回撤比例是10%，那么一旦达到了45%，系统的止盈机制就随时准备着被触发，如果继续上涨则不止盈。假设基金收益率达到了65%后，又跌回到55%，则触发了10%的最大回撤阈值，那么系统就会帮我们赎回基金，保住收益。

（3）慧定投

慧定投是通过低估多投，摊薄成本，达到目标以后，若继续上涨则继续持有，若回撤则及时止盈。这看起来和移动止盈定投有点类似。两者的不同点在于，慧定投的定投金额不是固定的，而是根据行情变化而变化的。这样的好处就是在低位时多买，反弹时就能赚得更多了。因此，慧定投是在移动定投的基础上，增加了低估多投的功能，让定投变得更加"智能"。

比如，我们设置最高投入2倍，目标持仓收益率为40%，移动止盈回撤比例为10%。假设定投金额是1000元，一旦基金跌到系统设置的低估区域，定投金额可能就会增加到2000元。如果行情上涨到55%，然后又下跌了10%，那么系统就会帮我们及时止盈，保证我们的收益。

以上三种定投方法各有特色，满足了不同人的不同需求。那么支付宝和腾讯理财通的智能定投又是怎样的呢？

2. 支付宝和腾讯理财通

支付宝和腾讯理财通上的智能定投功能，只有一种选择，其特点是"高位少买，低位多买"，相当于天天基金"慧定投"的升级版。

慧定投的策略是低估才多买，如果是高估就维持定投计划不变，但是支付宝和腾讯理财通上的智能定投策略是"低估多买，高估少买"。

如图4-95所示的是支付宝上的智能定投策略，可以用中证500、沪深300或创业板指数中的任意一个作为参考，默认是以指数收盘价的500日平均值作为折转点。

第四堂课
理财入门：最适合普通人的投资工具——基金

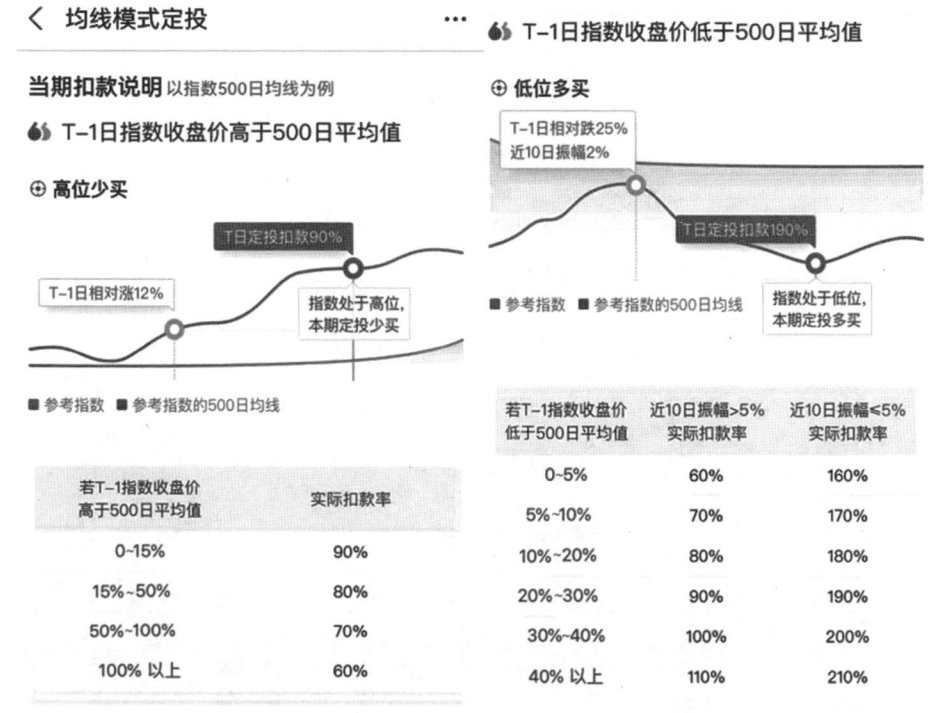

图4-95 支付宝上的智能定投策略

如果我们参考的是沪深300的走势，那么，如果前一个交易日沪深300的收盘价高于过去500个交易日的平均值，说明现在这只基金位置可能有点高了，那么这只基金就要少买点。

按照支付宝的扣款说明，如果高于过去500日平均值的0～15%，说明现在位置比较高，那么只扣定投金额的90%。位置越高，定投的金额就越少。反过来，如果前一个交易日沪深300的收盘价低于500日平均值，说明现在处于"相对低估"的状态，扣款值就会上升。如果沪深300的收盘价低于500日平均值的30%～40%，那么该基金扣款额为定投金额的200%。

腾讯理财通的智能定投策略和支付宝差不多，都是先设置一个基准定投金额，然后实施"高位少买，低位多买"的策略。如图4-96所示，设置1000元的基准投资金额，处于市盈率低位时，则买多一点，如2000元；若涨到了市盈率高位，则少投入一点，如500元。

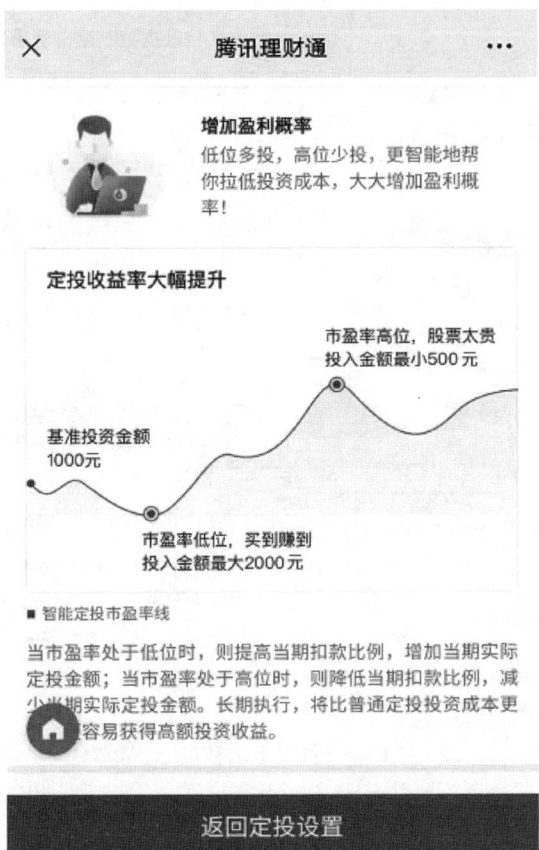

图4-96 腾讯理财通上的智能定投策略

以上,我们了解了天天基金、支付宝和腾讯理财通这三个平台的智能定投功能,那么,我们要不要选择智能定投呢?

根据历史数据测算,"低点多投"和"高点少投"能让定投效果更好。也就是说,在同样的定投标的和定投时间下,智能定投收益率优于普通定投。

智能定投优于普通定投的结论是建立在"低点时加大定投金额"这一基础之上的。在实际操作中,很多投资者在看到定投出现亏损时已经十分不淡定,很想要赎回基金,更别说要继续增加投资金额了。

因此,并不是所有人都适合使用智能定投。选择智能定投也是有条件的:一是你每一个扣款周期都有足够的钱来应对可能会增加的定投金额;二是你能够不被行情影响,不随便更改定投计划。

因此,如果你刚刚接触定投,建议选择普通定投。如果你认为自己能克服基金下跌的恐惧,有能力在低点大力加码定投,智能定投或许是一个更好的选择。

总的来说，如果我们选择定投基金，就要坚持下去，这样才能尝到时间带来的蜜糖。

基金分红有什么用？要怎么选？

在投资基金的过程中，我们有时会收到基金公司发来的分红通知，告知我们基金何时分红，分红多少，如果我们需要修改分红方式，需要在哪个时间前去修改等。

很多人可能比较纳闷，这是什么意思呢？分红有什么用？要怎么修改分红方式？这一节我们就来讨论这几个问题。

1. 什么是基金分红？

基金分红是指基金将收益的一部分派发给基金投资人，这部分收益是基金单位净值的一部分。

大多数人一听到分红，还以为会凭空多出来一些钱。这种想法是不对的。你并不会凭空多出一些钱，也根本不会通过基金分红赚到一毛钱。那么，基金具体是怎么分红的呢？

举个例子：小明持有 500 份基金，净值是 1.5 元，总资产是 $1.5 \times 500 = 750$（元），现在基金公司打算每 1 份基金分红 0.1 元，那么，分到小明手里的钱就是 $0.1 \times 500 = 50$（元），持有的净值会降低，变成了 1.4 元，则小明持有的基金资产是 $1.4 \times 500 = 700$（元）。小明分红得到的钱是 50 元加上基金资产 700 元，仍然是 750 元。

由此，我们可以看出，分红前后总资产其实没有变。相当于把我们左口袋的钱装到了右口袋。搞来搞去，还是我们自己的钱。

再换个角度思考，基金分红其实就是提前帮我们卖掉一部分基金，如果我们的基金赚钱了就相当于帮我们止盈了一部分基金，如果我们的基金亏钱了就相当于割肉止损了。因此选择分红的方式很重要。

2. 基金为什么会分红？

既然基金分红看起来没让投资者赚到一毛钱，那么基金为什么会分红呢？

首先，基金分红的前提是这只基金本身是赚钱的，如果基金的业绩很差且一直不赚钱，是不可能进行分红的。如果基金有分红，特别是经常分红，说明这只基金的业绩大概率不会太差。

对于基金公司来说，进行分红有以下几个好处。

（1）降低单位净值

很多投资者对高净值基金有"恐高心理"，认为净值太高容易下跌，所以不敢买高净值的基金。于是，基金公司就很聪明地通过分红的方式，让基金净值降下来，把自己变得更"便宜"，这样就会有更多人买他家的基金，基金规模变大了，它可以收到更多的管理费用。

（2）营销噱头

基金要赚钱了才能分红，不明真相的投资者很容易从"分红"联想到"好事情"发生，会更倾向于购买这样的基金。

同时，基金公司也可以通过分红来告诉投资者：我管理的基金业绩不错，你们快来买呀。

（3）调整投资策略

分红是将部分收益变成现金派发给投资者，相当于让投资者赎回部分基金，同时让基金经理在不违反规定的情况下实施减仓。尤其是在牛市高点，基金经理通过分红的方式来进行减仓，同时帮助投资者"落袋为安"，尽量减少股灾带来的损失。

这样看起来，分红还是有正面意义的。不过从总体来看，基金分红只能算是一个中性事件。

3. 选择哪种分红方式好？

基金的分红方式有两种，一种是现金分红，另一种是分红再投资。

现金分红让我们直接获得现金回报，钱能及时回到我们的现金账户里，相当于帮我们止盈或止损。

分红再投资是将所得的现金红利重新买入基金，相当于增加了基金份额。分红再投资的优势是免收手续费，用分红的钱再买入本基金时，不需要交申购费用。这样，交易费用就省了一点。同时，分红再投资还可以发挥复利的效应，增加收益。

那么，我们应该如何选择分红方式呢？一般情况下，在基金被低估或涨得不多时，可以选择分红再投资，这样可以增加我们的基金份额；在基金大涨或被高估的情况下，可以选择现金分红，这样收益可以及时"落袋为安"。

4. 如何修改分红方式？

一般在买入基金时，分红方式是默认的，如果我们要修改分红方式，要如何

第四堂课
理财入门：最适合普通人的投资工具——基金

操作呢？

一般要到你原先购买基金的渠道进行修改。如果你是在天天基金购买的，就到天天基金修改分红方式；如果你是在支付宝购买的，就到支付宝修改分红方式。

我们以支付宝为例讲解分红方式的修改步骤。

如图4-97所示，登录支付宝，点击"理财"→"基金"→"持有"，找到要修改分红方式的基金，在基金详情页中找到分红方式，进行修改即可。

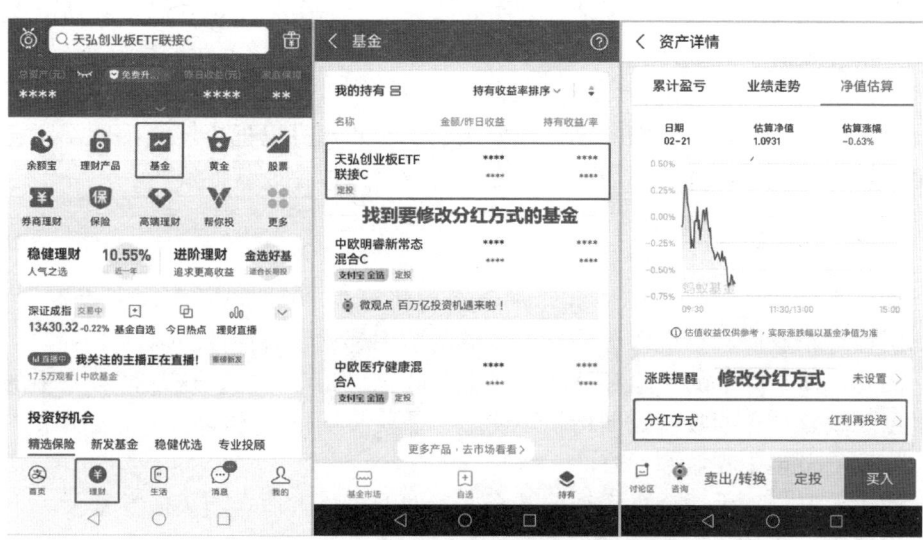

图4-97 在支付宝上修改分红方式

在其他平台上修改现金分红的方式也是类似的，操作也很简单。

一般情况下，分红方式修改后，第二个交易日才能生效，所以如果要修改分红方式，一定要在规定时间前修改好。

总结篇：学会投资基金，更安稳地赚钱

这一节，我们将对前面学习的基金板块的知识要点做个总结，带大家一起回顾基金课程的精华，帮大家再次梳理一下基金投资的重点。

1. 基金

基金是把投资者的钱收集到一起，交给基金经理去投资。基金经理把钱拿去投资银行存款、债券、股票、黄金、房地产等资产。

基金包括货币基金、债券基金、混合基金、股票基金等,我们逐一来回顾一下。

(1) 货币基金

货币基金主要投资的是银行协议存款、国债、央行票据等安全性非常高的资产,我们所知道的余额宝、零钱通、活期宝都是货币基金。

现在很多人已经拿货币基金来代替银行活期存款。货币基金的优点是比银行活期存款收益高,而且非常灵活,几乎是零风险。而美中不足的是,在所有基金中,货币基金的收益最低。

货币基金年化收益率:$1.5\% \sim 3\%$。

货币基金适合作为我们的零钱包使用,平时我们可以把小钱、闲钱、紧急备用金放进去,也适合理财小白或极度保守的投资人群存放其他资产。

(2) 债券基金

债券基金就是买一篮子债券,基金经理将至少80%的资金拿去投资债券,例如国债、企业债、金融债等,这些债券的信用都比较有保证,风险不大。

因此,债券基金的风险和波动比较低,收益也相对稳定,这是债券基金的主要优点。缺点是它的收益短期增幅不明显,需要长期持有才能慢慢显现出来。

债券基金年化收益率:$3\% \sim 8\%$。

适用人群:新手适合买入纯债基金,稳健型投资者适合购买债券基金。

挑选要点(这里专指纯债债券基金):

①机构投资者的比例为$30\% \sim 60\%$。
②成立时间在3年以上。
③选择实力强的基金经理,其管理的基金长期在同类排名中排前30%。
④优先选择天弘、汇添富、华安、南方、嘉实等大基金公司。

(3) 混合基金和股票基金

混合基金是将资金投资货币、债券、股票等资产,而股票基金则将80%以上的资金都投资于股票。

它们的优点是收益高,缺点是风险比较高。当股市处于上涨行情时,混合基金和股票基金基本都会上涨;而在熊市时,绝大部分也都会亏损。

年化收益率:混合基金大致在$8\% \sim 30\%$,股票基金大致在$10\% \sim 30\%$(普通基金水平)。

适合人群:稳健型与激进型的投资者。

挑选要点：

①老牌基金经理优于新晋基金经理，优先选择从业 10 年以上的基金经理。

②基金规模为 5 亿～80 亿元。

③基金近 1 年、近 2 年、近 3 年等中长期表现起码要能跑赢同类平均水平和市场，最好在同类排名的前 30%。

上述四类基金的风险与收益排序是：货币基金＜债券基金＜混合基金＜股票基金。新手可以结合自身的风险承受能力、资金情况，尝试配置这几类基金，构建自己的基金投资组合。

2. 指数基金

指数基金是股票基金中的一种。指数基金一般是买一篮子股票，它的长期走势不会受到个股的影响，主要取决于整个金融市场、国家经济的走向。而缺点就是指数基金的短期波动会很大，一旦投资了指数基金，很考验我们的毅力与耐心，需要我们长期持有。

年化收益率：长期持有的情况下，年化收益率能达 10% 以上。

适合人群：几乎适合所有投资者，保守型投资者可以少量配置指数基金来提升投资收益，稳健型投资者可以主要配置指数基金来实现资产稳健增值，激进型投资者可以配置部分指数基金来平衡已有的高风险投资产品。

挑选要点：

①投资单只指数基金，首选沪深 300、中证 500、上证 50、创业板指数等宽基指数。

②基金规模越大越好，至少 5 亿元以上。

③成立时间至少在 3 年以上。

④中长期业绩排名越靠前越好，最好排名前 1/3。

⑤费率越低越好。

⑥跟踪误差越小越好，一般不要超过 1%。

我们在构建指数基金组合时，可以在"沪深 300 + 深证 100"或"沪深 300 + 中证 500"或"上证 50 + 中证 500"中任选一组。

3. ETF 基金

ETF 基金是一种指数投资工具，通过复制标的指数来构建跟踪指数变化的组合证券，使得投资者通过买卖一种产品就实现了一篮子证券的交易。

ETF 基金的两个特点：①它是一种指数基金；②它与股票一样，只能通过证券账户购买。

ETF 基金的四个优势：①它是投资股市最简单的方式；②能很好地分散风险；③交易费用低廉；④投资灵活，流动性好。

挑选 ETF 基金的三个标准：①标的指数的价值；②跟踪误差越小越好；③规模越大越好，最好选择规模大于 1 亿元的基金。

4. 基金定投

基金定投是一种简单的基金投资方式，即在固定时间用固定金额投资固定的基金。这里涉及三个固定因素：时间、金额、基金。

定投有什么优势呢？可以总结为以下四点：①不需要费力择时；②门槛低，相当于强制储蓄；③情绪管理更加容易；④可以平摊成本，快速回本和赚钱。

基金定投不需要择时也能赚钱的原因在于定投曲线可能是"微笑曲线"。而"微笑曲线"的魅力在于，哪怕在高点买入，在坚持定投的情况下，成本也能被不断摊低，等行情反弹时，不用反弹回原来的位置就能回本；如果能反弹到原来的位置，则能赚更多的钱。

定投周期选择，按月投资或按周投资都可以，选择哪一天以哪一种形式定投差别不是太大，最重要的还是基金的质地。基金定投金额要根据我们的实际情况去设置，一定要用闲钱投资。基金定投期限可以根据收益确定，也可以按照 2～5 年这个区间来设定。

在定投的基金选择方面，货币基金、纯债基金不适合用来定投，最好选择那些波动较大的基金，比如指数基金或混合基金、股票基金等主动管理的偏股型基金。

5. 基金止盈的方法

基金止盈的方法分为三种：

（1）目标止盈法

目标止盈法是指自己预设一个收益目标，达到了目标就卖出基金，让收益"落袋为安"。

（2）最大回撤止盈法

最大回撤止盈法是指设定一个目标收益率和一个最大回撤阈值，达到了目标收益率以上后，只要出现最大回撤阈值，则触发基金赎回。

（3）估值止盈法

估值止盈法，也就是在基金高估时卖出基金。

6. 亏损基金处理

基金亏损时，定投基金和一次性投入的处理方式不同。定投基金一般不需要止损。一次性投入要根据基金的好坏来判断，如果是好基金，这笔钱不着急用，则可以继续持有或通过定投的方式平摊成本。如果是不好的基金，则可以选择止损离场。

7. 投资基金需要注意什么？

最后，再来和大家讲讲投资基金需要注意的一些事情。

①要使用闲钱来投资，最好是6个月以上都用不到的钱。
②新手最好先采用定投的方式投资基金。
③不要太在意基金每天的涨跌，做好长期投资的打算。

第五堂课 五

理财进阶：从极简的股票投资说起

新手入门,要花多少钱买股票?

从这节开始,我们将学习股票的基础知识和投资诀窍,股票是整个课程体系中难度最大的内容,也是最有价值的内容之一,大家能够把这部分内容学懂、学透,对于以后投资任何产品都是有帮助的。

投资股市的风险比购买国债、银行理财产品高得多,因为股市的波动频率和幅度更大,既有可能一天上涨10%,也有可能一天下跌10%,甚至创业板和科创板一天可以涨跌20%。但高风险也意味着高收益,尽管有人在股市里亏了钱,可也有人通过投资股票实现了财富大幅增值,甚至有极少数人通过投资股票实现了财务自由。

1. 什么是股票?

股票是股份公司发行的所有权凭证,是股份公司为筹集资金而发行给各个股东作为持股凭证并借以取得股息和红利的一种有价证券。每只股票的背后都有一家上市公司,每股股票都代表股东对企业拥有一个基本单位的所有权。

对于上市公司来说,股票是借钱来发展公司的一种方式;而对于大多数股民来说,股票就相当于一件商品,通过低价买入,高价卖出,赚取差价和股息分红。

举个例子:小明和小赵各投资50万元合开了一家餐馆,各占50%的股份。餐馆发展越来越好,不断扩张规模,没过几年,就在世界各地开了很多家分店,招了几千名员工。但是这时他们发现规模扩张太快,钱不够花了,怎么办呢?于是小明和小赵选择上市,向社会上的股民借钱来继续发展业务。他们向中国证监会申请上市,很快获得通过。不久他们的餐馆就上市了,有了股票名称和代码。股民可以在股市购买这只股票来赚取差价和分红。

2. 股票的分类

(1) 根据上市地区分类

根据上市地区的不同,股票可以分为:

①A股。A股也称为人民币普通股票、流通股、社会公众股、普通股,是指那些在中国内地注册、在中国内地上市的普通股票,以人民币认购和交易。

②B股。B股也称为人民币特种股票,是指那些在中国内地注册、在中国内地上市的特种股票,以人民币标明面值,只能用外币认购和交易。

③H 股。H 股是指在中国内地注册、在中国香港上市的股票。
④N 股。N 股是指在中国内地注册、在纽约（New York）上市的股票。
⑤S 股。S 股是指在中国内地注册、在新加坡（Singapore）上市的股票。

（2）根据业绩情况分类

根据业绩情况，股票可分为：
①ST 股。ST 股是指境内上市公司连续两年亏损，被进行特别处理的股票。
②垃圾股。垃圾股是指经营出现亏损或违规的公司的股票。
③绩优股。绩优股是指经营业绩很好的公司的股票。
④蓝筹股。在股票市场上，那些在其所属行业内占有支配性地位、业绩优良、成交活跃、红利优厚的大公司股票被称为蓝筹股。

当然，还有我们常听说的白马股。白马股指的是那些长期业绩优秀、回报率高并具有较高投资价值的股票。

2. 要用多少钱来投资股票？

新手入门，比较关心的一个问题是，到底用多少钱来炒股比较合适。

很多人刚开始投资股票时可能会这么想：先投点小钱练练手，试试水，如果能赚到钱再加大投入。这个思路看起来没什么问题，大家一开始确实也可以这么做。但具体来看，大家应该用多少钱投资股票才比较合理呢？

在回答这个问题之前，我们先讲一下投资股票的门槛。本书所说的股票一般是指 A 股，这也是普通投资者可以交易的股票。

A 股以手为交易单位，1 手就是 100 股。投资股票最低起点为 1 手（100 股），交易数量超过 100 股则必须是 100 股的整数倍，比如你可以买入 800 股、1000 股这样的数量，但 250 股、371 股之类的数量是没办法买入的。

截至 2020 年 12 月，沪深两市股价在 10 元以下的股票有 2000 多只，占比超过 50%。如果我们只买 100 股，那么只要花几百元钱就可以了，门槛看起来并不高。

那么，我们适合花多少钱去买股票呢？"80 投资法"可以帮助我们计算出最高可以投资股票等高风险资产的比例。

即最高投资比例 =（80 - 年龄）的百分比。

比如张三今年 30 岁，有 10 万元闲钱，那么运用"80 投资法"计算，（80 - 30）×100% = 50%，他最多能投资 50% 的闲钱到股市里，也就是他最多能投资 5 万元买股票，再多风险就太大了。

上例中所说的 50% 是最高投资比例，并不是说我们就应该用那么多钱去投资股票。大家可以按照自身对风险的偏好调整比例。比如，张三可以只用 20% 的闲钱投资股票，20% 的闲钱投资基金，10% 的闲钱投资债券，这样就大大地分散了风险。

需要注意的是,我们说股票投资的门槛是几百元,并不是让大家去买便宜的股票,一只股票值不值得投资,不能只看价格,比如大牛股贵州茅台在200元/股时,有人觉得它太贵了,但是这只股票后来突破了2000元/股。

所以,我们在投资股票时一定要多方面考虑股票的潜力,不要看到股票价格很低就买了。

3. 哪些钱不能用来投资股票?

我们投资股票时一定要用闲钱。所谓"闲钱",是指除了家庭消费资金和家庭风险防范资金之外剩余的钱,这笔钱有可能我们三五年也用不上,哪怕亏了也不会影响家庭的正常生活。用闲钱投资股票,是铁一样的纪律,大家一定要切记。

下面这几类方式,大家一定不要使用!这些钱都不能用来投资股票。

(1) 信用卡套现

在市场行情火热时,有些股民就想加大本金去搏一搏,于是利用信用卡几十天的免息期,从信用卡里套钱出来炒股,想着等赚了钱再还上。但股市千变万化,谁也不敢保证钱投进去了就一定能赚钱。一旦遇到市场行情突然反转,股票就有可能被套牢,到了还款日只能割肉还钱给银行。如果亏损太多还不上信用卡,还会影响个人征信,真可谓是"偷鸡不成蚀把米"。

(2) 抵押贷款

有一些股民抵押房子或车子向银行申请贷款,并把这些钱都拿来炒股,这种行为也很危险。一方面,监管政策明令禁止贷款资金流入股市,一旦借银行的钱炒股被银行追踪到,银行将马上追回款项,而且以后再想办理抵押贷款会很困难;另一方面,借钱炒股,无疑是火中取栗,一旦股市发生暴跌,还不上银行的钱,就会造成逾期并被记入征信记录。这种做法也是得不偿失。

(3) 融资加杠杆

"加杠杆"是一种以小博大的方式,投资者只需要一小部分本金,就可以借几倍于本金的资金去炒股。比如,我们以10000元作为保证金,向别人借了30000元,那么杠杆倍数就是4倍。如果股票跌了8%,那么真实亏损就会超过32%。

比如2020年11月,一年涨了4倍的大牛股仁东控股出现连续下跌,短短十几个交易日,就让一年的涨幅化为乌有。仁东控股日线图如图5-1所示。

第五堂课
理财进阶：从极简的股票投资说起

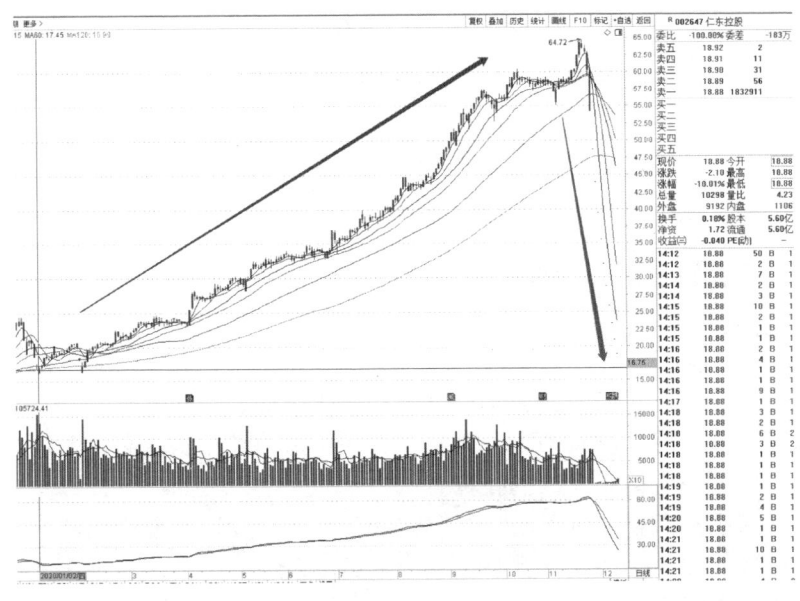

图 5-1　仁东控股日线图

如图 5-2 所示，在东方财富股吧，有投资人痛诉自己融资已经爆仓，还欠了券商 200 万元。这就是加杠杆炒股的恐怖之处，不仅会亏光本金，甚至还可能倒亏钱。

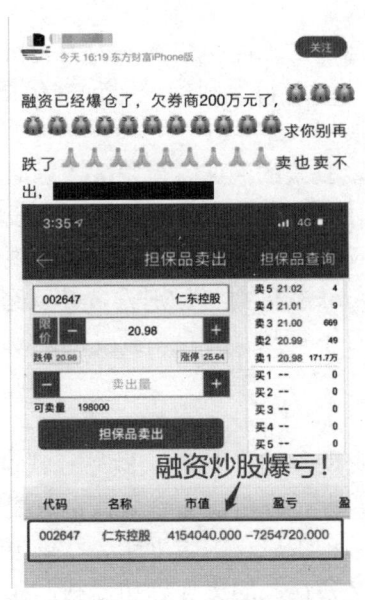

图 5-2　融资爆仓后投资人的痛诉

199

巴菲特说过:"短期内股票能跌多少是不可预测的,即使只是借一点点钱,投资者的神经也会变得异常脆弱,从而影响判断。"他告诫投资者,永远不要用借来的钱买股票。

在这里再次提醒大家,投资一定要用闲钱,一定不要借钱炒股!切记!

4. 投资股票,要有哪些好心态?

入市前,我们要做好哪些心理准备?

(1) 树立投资信心

在投资的时候,我们要有充足的信心,才能在市场长久生存。当你对持有的股票有足够多的了解,对它的行业背景、近几年来的经营状况和财务状况如数家珍的时候,你就一定会对自己的投资有信心。

每一个新手都需要通过不断学习和实践,来建立投资股票的信心。只有深入研究分析股票,你才会在实际交易过程中,做出合理的决策,在该买入时果断买入,该卖出时果断卖出。

(2) 不盲目跟随,保持理性

股市中常常会出现"羊群效应",在股市下跌时,大家都想卖掉手里的股票;在股市大涨时,又会蜂拥进入股市。这是一种盲从心理,带来的危害就是使得股票出现暴涨暴跌的情况。

实际上,在股市出现连续大跌时,很多人因为害怕进一步损失而离场,但这时恰恰可能就是买入股票的好时机。因为此时许多优质股票也会跟随大盘下跌,这时候可以买到便宜的优质股。

而在股市大涨时,许多股票的泡沫吹得很大,随时可能会破灭,这时候就应该止盈离场。但是股民们往往只看到股票继续上涨,没意识到潜在的风险,反而继续加大仓位,结果行情反转下跌,这些人就可能出现巨大的亏损。

巴菲特曾说过:"别人恐慌我贪婪,别人贪婪我恐慌。"这句话的意思就是投资往往是反人性的,只有不盲从,有自己独立的判断,才能获得良好的收益。

(3) 做好亏损准备

每个人在开始学习投资股票时,就应该做好亏钱的准备。为什么这样说呢?因为在股市中风险和收益并存,你可能会亏大钱也可能赚到大钱。

如果你抱着暴富的心态来炒股,则很可能会亏得更快。因此,我们不要抱着一夜暴富的心态去炒股,这会让我们更加急功近利,在频繁买卖中迷失自我,最后以惨痛的亏损离场。

第五堂课
理财进阶：从极简的股票投资说起

股市本身就是残酷的"竞技场"，遵循"七亏二平一赚"的法则。许多人刚开始学习炒股都是亏多赚少，需要在市场中交够学费，才能深谙市场交易的秘诀。所以，我们只有以正确的心态面对亏损才能做好投资。亏损是投资的一部分，短期的亏损和盈利都不用太在意，只有长久的盈利才是根本。

那么，当亏损发生时，我们应该怎么办呢？

首先，我们要在观念上认同亏损的存在，而不是在亏损之后逃避。没有人能做到买入股票后就能马上盈利，市场是永远处于波动之中的，即使单边的牛市赔钱的也大有人在。

特别是做短线，亏损的概率就更大了，因为短线波动频率更多，操作次数也更多，成本自然也就更高。而做长线会降低亏损的概率，因为相对短期而言，股价长期的高估和低估更容易判断。我们不需要在意短期的波动，只需要判断在大致的价格区间内股价属于低估还是高估。在价格低估的时候买入，亏损的概率自然就会大大降低。

在投资时具有以上好心态，你在心理建设上就比大部分新手都要强了。

股票投资真是一件很有趣的事情，你会在股票的世界里发现一个全新的自己。人性中贪婪和恐惧的一面，都会在投资股票的过程中展露无遗。你愿意在股市中发现另一个自己吗？那就和我一起进入股票的世界吧。

投资股票，不可不知的交易规则

炒股就像是玩游戏，而在我们玩游戏之前，最重要的是什么？先要注册一个游戏账号，了解游戏规则，然后在玩游戏的过程中还要充值买装备，不断提高自己的水平，才能在升级打怪中变得更强。

投资股票也一样，我们要注册证券账户，了解股票的交易规则，学会股票的买卖，才能为后续的投资打下坚实的基础。

1. 开通证券账户

开通证券账户是我们学习投资股票的第一步操作，有了证券账户，我们才能离股票投资更近。一般来说，现在开户有两种方式：线下开户和线上开户。

（1）线下开户

线下开户就是去证券营业厅开户，这种方式比较适合家庭住址或者工作地离证券公司近的投资者，并且持有第一代身份证、身份证号码只有15位的投资者，也只能在线下营业厅开户。

我们可以选择线下营业网点比较多的证券公司，如华泰证券、国泰君安证券、海通证券、广发证券、安信证券等老牌券商。在地图上直接搜索"证券公司"，就能找到离你最近的证券营业网点。

我们去证券营业网点开户需要携带身份证和银行卡。同时，我们还需要带上手机，接收验证码进行信息验证。

我们在确定了要开户的证券公司后，在工作日证券营业部的营业时间（9：00—17：00）内申请开户，一般能在半小时内完成。

（2）线上开户

第二种开户方式是使用手机进行线上开户。这种开户方式非常简单和方便，只要准备好身份证和银行卡就可以在任何时间申请开户。

开户前，先确定要开哪家证券公司的账户，然后在手机上的"应用市场"搜索相应的证券公司的名称，下载相应的软件就可以注册开户了。

在微信的"搜一搜"里，输入关键词"证券开户"，就能看到很多关于证券开户的文章，里面暗藏低佣金费率的开户渠道，我们可以挑选佣金费率低、名气也比较大的券商进行开户。

我们按照开户步骤注册完成后，一般第二个交易日就能收到开户成功的短信，接着下载相应的证券App，用客户号和密码登录，登录后通过银证转账就能买卖股票了，买卖股票的操作在后面的章节会讲到，接下来我们再来了解一下股票的交易费用和交易规则相关的知识。

2. 股票交易的三大费用

目前股票交易常见的费用主要有3种：印花税、过户费和交易佣金。其中，印花税和过户费都是固定的，由国家收取，只有交易佣金是证券公司收取的，所以佣金费率可以"讲价"，其他费用是不能讲价的。

（1）印花税

印花税是直接交给国家的税收，只有在卖出股票的时候收取，印花税的税率为交易金额的0.1%，这笔费用是股票交易费用中的大头。

（2）过户费

过户费是指成交之后，过户所需要的费用。过户费由证券登记结算公司收取，为成交金额的0.002%。买入和卖出都要收取过户费，沪深两市均收取，这笔费用实际上占交易费用的比重还是很低的。

（3）交易佣金

交易佣金是证券公司收取的交易费用。我们每次买入和卖出股票都要支付这笔费用，为"双向收费"。

由于现在证券行业的竞争非常激烈，很多证券公司的交易佣金都已经降低到0.01%～0.03%之间，其中，单笔佣金不足5元的，一般还是要按5元计算。所以，我们频繁买卖股票是不划算的，比如说我们买100股农业银行股票才花300多元钱，但是一买一卖手续费都要花10多元钱，交易费用就非常高了，所以特别不建议大家频繁买卖股票。

以上的三种交易费用是主流的费用，大部分证券公司只收取这三类费用，但不排除一些证券公司会额外收取其他费用，比如规费、证管费或者证券交易经手费等，因此，我们在开户前最好问清楚交易的费用有哪些，这样才能最大程度降低交易成本。

3. 股票的交易时间

股票交易实行"双休制"和"四小时制"。

双休制是指股票交易时间从周一到周五，周末和法定节假日不交易。

四小时制是指股票一天的交易时间只有4小时。交易时间为9：30—11：30和13：00—15：00。

交易时间虽然是从9：30开始，但从9：15开始，股票价格就开始有了波动，这是什么原因呢？

因为股票有集合竞价阶段，什么是集合竞价呢？它是指对一段时间内接收的买卖申报一次性集中撮合的竞价方式，集合竞价是为了产生股票的开盘价。

目前沪市和深市都有集合竞价，一般是9：15—9：25，其中9：15—9：20是可以撤单的，撤单是指撤销你委托证券公司发布的挂单。9：20—9：25不能撤单，你如果在这时候买卖股票，是无法撤销挂单的。深市在下午的最后3分钟（14：57—15：00）还有集合竞价，集合竞价的价格就是收盘价。

4. 股票的交易规则

接下来我们还需要了解和股票密切相关的几个交易规则和概念。

（1）股票的交易单位

股票的最低买入数量是100股，也就是我们常说的1手，如果一只股票的价格是10元/股，我们要买1手，则需要1000元。如果我们想要多买一些这只股票，那购买的数量就必须是100股的整数倍；如果输入非整数，那么是无法成交的。

如果我们有非整数数量的股票，也就是常说的"零股"，在卖出时，要一次性卖掉零散的数量。比如我们有 251 股某只股票，可以把它分两次卖出，一次 100 股，一次 151 股，但不可以把 251 股拆分成 120 股和 131 股，这 51 股必须作为整体卖出。

大家可能好奇，为什么买入不能是非整数数量，而卖出的时候会有非整数呢？这主要是因为股票有分红送股、配股等特点，股票送股或配股会导致我们持有的股票数量出现"不规则"的变动。比如，某只股票每 10 股送 3 股，如果我们原来有 100 股，配完股后我们就有 130 股了，不过，配股不会增加我们的总资产。

（2）股票的买卖规则

股票交易首先遵循"价格优先"原则，其次是"时间优先"。

"价格优先"的意思是在买入的时候，谁出价高，谁先成交；而在卖出的时候，谁出价低谁先成交。举个例子：张三和李四去买鸡蛋，张三出 5 元，李四出 6 元，李四出的价格更高，所以，李四先买到鸡蛋。

"时间优先"指的是如果大家出的价格都一样，那么谁先挂单谁先成交。还是以买鸡蛋为例，张三和李四出价都是 6 元，但是张三比李四早一点出价，那么张三就先成交。

这里要和大家解释一下，什么是委托，什么是挂单。

委托和挂单其实是一个意思，指大家把要买卖的股票、愿意出的价格和要买卖的数量输入软件中。交易所根据大家提交的需求帮大家匹配股票的数量和价格。

只要我们在规定时间提交了合理的委托，交易所就会接受我们的委托，但交易不一定成功，只有买卖双方匹配成功，交易才算完成。但没成交前，我们可以随时反悔，撤回委托。

（3）委托价格

我们在软件上买卖股票，常见的委托方式有两种：一是市价委托，二是限价委托。市价委托是指委托交易所帮我们用当前的价格成交，而限价委托就是按我们自己设定好的价格成交。用限价方式买入股票如图 5-3 所示。

图 5-3 用限价委托方式买入股票

比如现在市面上的苹果卖 8 元左右一斤,我们选择市价委托,是指选择按现在的市场价买,由于行情实时波动,所以成交的价格有可能是 8.1 元,也有可能是 7.9 元。如果我们提交了一个订单,要求等苹果跌到 7 元的时候买 5 斤,这就是限价委托。

两种委托方式各有各的好处,市价委托成交最快,但成本可能不确定,适用于快速上涨过程中的股票。而限价委托恰好相反,成本相对确定,但要是价格定得不好,有时候很难成交,需要对行情有很好的判断。至于要选择限价委托还是市价委托,要根据具体的操作情况去确定,没有好坏之分。

(4) 股票涨跌幅

A股市场区别于其他地方股市的一点在于，股市有涨跌幅制度。涨跌幅限制最直接的作用是对市场一天之内的暴涨暴跌进行抑制，预防短期市场风险。另外，涨跌幅限制也具有一定程度的助涨助跌作用，同时也容易受到大资金的控制。

沪深两市主板、中小板的股票目前实行的是10%的涨跌幅制度，也就是一天里，股票的价格相较上一交易日收盘价的涨跌幅度不得超过10%。

目前，涨跌幅限制的设置存在另外三种特殊的情况：一是沪深主板、中小板的股票上市第一天涨跌幅限制是44%；二是沪深主板被ST或者*ST的股票涨跌幅限制是5%；三是科创板和创业板首次公开发行上市的股票，上市后的前5个交易日不设价格涨跌幅限制，上市5日以后涨跌幅比例为20%，哪怕是被ST或者*ST的股票涨跌幅限制也是20%。

另外，已经涨停的股票是买不了的，已经跌停的股票也卖不出去。道理很简单，涨停的股票第二天可能继续大涨，因此它刚涨停后一般就没什么人卖，都等着第二天继续涨，没人卖自然你就买不到；而跌停的股票，第二天继续大跌的可能性很大，大家都想赶快卖出去，但没有人愿意接这个"烫手山芋"，因此跌停股票当天一般是卖不出去的。

(5) 股票"T+1"交易制度

股票的"T+1"交易制度是指今天买入的股票，第二个交易日才能卖出，当天是不能卖掉的。这个制度的产生是为了减少短线投机倒把的行为，稳定市场秩序。而美股和港股市场实行的是"T+0"交易制度，即当天买入可以当天卖出。

另外，股票卖出当天回到账户里的钱，需要第二个交易日才能转到银行卡账户，也就是说，如果我们第一天把钱拿去买股票，第二天卖出去，第三天这个钱才能提现到银行卡账户，所以这里也需要大家注意一下股市里的资金的使用情况。

上面我们介绍了最基础也是最重要的一些股票交易的规则和知识，这些知识点其实并不难理解，只要我们参与几次股票的投资，就能很好地掌握它们。

第五堂课
理财进阶：从极简的股票投资说起

初识 A 股结构，认清十大券商

1990 年，上海证券交易所和深圳证券交易所先后成立，标志着我国股票市场正式形成。我们习惯上把上海证券交易所简称为"上海证券交易所"，上海的股票市场简称为"沪市"；深圳证券交易所简称为"深圳证券交易所"，深圳的股票市场简称为"深市"。

大中型公司比较倾向于选择在上海证券交易所上市，中小型公司倾向于选择在深圳证券交易所上市。因此，上海证券交易所以大盘股为主，而深圳证券交易所则以中小盘股为主，截至 2020 年 12 月，沪深两市总共有约 4000 只股票。

我们要想了解股市的结构，先要了解我国 A 股证券市场的结构。

1. A 股证券市场结构

目前，A 股证券市场主要由上海证券交易所和深圳证券交易所主导，北京证券交易所是国家新设立的内地第三家证券交易所，由于门槛比较高，不适合小白投资，因此我们在这里不具体展开讲北京证券交易所，上海证券交易所的结构主要可以分为沪市主板和科创板，深圳证券交易所则可以分为深市主板和创业板。A 股证券市场结构如图 5-4 所示。

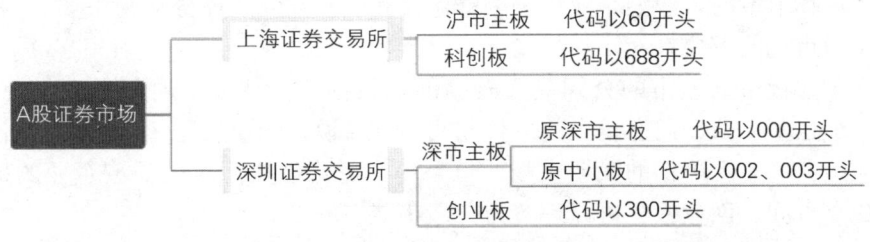

图 5-4　A 股证券市场结构

（1）沪市证券结构

沪市主板市场是传统意义上的证券市场，于 1990 年成立。

主板市场是我国证券发行、上市及交易的主要场所，主板市场上市企业多为大型成熟企业，具有较大的资本规模以及稳定的盈利能力，比如银行、石油、保险等行业一般都是在沪深主板上市。普通投资者最常交易的股票，就是主板市场的股票。

2019 年，上海证券交易所迎来了一个新成员——科创板，科创板的定位符合国家战略，面向具有核心技术、良好发展前景的企业，上市的标准比较多样化，只要符合标准，亏损、红筹、同股不同权的企业都有机会上市。

要想交易科创板的股票，投资人需要符合下列要求：开通前20个交易日证券账户及资金账户内的资产日均不低于人民币50万元，并且有2年证券交易经验。科创板股票竞价交易实行价格涨跌幅限制，涨跌幅比例为20%，首次公开发行上市的股票，上市后的前5个交易日不设价格涨跌幅限制。

（2）深市证券结构

2021年2月，中国证监会同意批复深圳证券交易所主板、中小板合并，但是其发行上市、投资者适当性要求等规则均保持不变。2021年4月6日，深圳证券交易所主板和中小板正式合并，两板合并后，整个深市主板市场规模变得更大。数据显示，截至2021年4月2日，主板、中小板上市公司合计超过1470家，占A股上市公司总数约35%，总市值超过23万亿元。

原深市主板和沪市主板一样，成立于1990年，也是我国证券发行、上市及交易的主要场所。

原中小板设立于2004年，是深圳证券交易所为了鼓励自主创新，而专门设置的中小型公司聚集板块，板块内公司普遍具有收入增长快、盈利能力强的特点，而且股票流动性好，交易活跃。

创业板设立于2009年，是与主板市场不同的一类证券市场，专为暂时无法在主板市场上市的创业型企业提供融资途径和成长空间的证券交易市场。创业板是对主板市场的重要补充。

在创业板市场上市的公司具有较高的成长性，往往成立时间较短、规模较小，业绩也不突出，但有很大的成长空间。可以说，创业板是一个门槛相对比较低、风险大、监管严格的股票市场，也是一个孵化创业型、成长型企业的摇篮。根据成立时间，创业板也可以理解为"股市老三"。

要获得创业板交易权限的个人投资者须满足两个条件：一是申请前20个交易日日均账户净资产≥人民币10万元，二是证券交易经验≥24个月。2020年8月24日起，创业板日涨跌幅限制从此前的10%放宽至20%。首次公开发行上市的股票，上市后的前5个交易日不设价格涨跌幅限制。

原深市主板和原中小板合并后，深市自此开启主板与创业板各有侧重、相互补充的发展格局。

沪深主板、中小板、创业板、科创板俗称"场内市场"，这些板块的股票都是在上海证券交易所和深圳证券交易所上市，通过证券账户就可以买卖。

那么，我们如何区分不同板块的股票呢？

其实只要看股票代码就可以了，每只股票都会有一个六位数字的代码，一个

第五堂课
理财进阶：从极简的股票投资说起

代码对应一只股票，在买卖股票的时候，输入代码找股票是最简便的方式之一。

深圳证券交易所：以"00"开头的是深市主板股票，以"300"开头的是创业板股票，如图 5-5 所示。

	代码	名称	•	涨幅/%	现价	涨跌/%	
1	002001	新和成	R	-2.07	30.80	-0.65	深市主板
2	002002	鸿达兴业	R	-3.30	4.10	-0.14	

	代码	名称	•	涨幅/%	现价	涨跌/%	
1	300001	特锐德	R	-2.47	18.16	-0.46	创业板
2	300002	神州泰岳	R	-1.95	6.02	-0.12	

图 5-5 深市主板和创业板股票代码

上海证券交易所：以"60"开头的是沪市主板股票，以"688"开头的是科创板股票，如图 5-6 所示。

	代码	名称	•	涨幅/%	现价	涨跌/%	
1	600000	浦发银行	R	-1.42	9.70	-0.14	沪市主板
2	600004	白云机场	R	-3.05	13.98	-0.44	

	代码	名称	•	涨幅/%	现价	涨跌/%	
1	688001	华兴源创	K	-1.13	40.08	-0.46	科创板
2	688002	睿创微纳	K	-0.33	83.72	-0.28	

图 5-6 沪市主板和科创板股票代码

图 5-5、图 5-6 分别代表了深市、沪市股票代码的类型，而且每个截图中的股票都属于这个板块中比较早上市的股票，所以代码的后两位表示非常有规律，都是按照阿拉伯数字从小到大排列的。

学习了上面的内容，相信大家已经对交易市场和股票代码有了初步的了解。下面再来介绍一下我们投资股票最常接触的机构——证券公司。

2. 认识十大证券公司

证券公司是指专门经营证券业务的公司，经常被称为"券商"，可以承销发行、自营买卖或自营兼代理买卖证券。

券商一般可以接受投资人委托、代为买卖证券，不过这种形式现在不是很常见，比较常见的是以包销或者承销的形式帮助发行人发售证券。且其中近 50 家券商也上市了，如中信证券，股票代码是 600030。

我们想要买卖股票，必须先在券商注册证券账户，然后下载它们的股票软件来进行交易。

券商具有证券交易所的会员资格,截至2021年年底,上海证券交易所有122个会员,其中营业部数量最多的10家分别是中国银河证券、方正证券、安信证券、国泰君安证券、中泰证券、海通证券、中信建投证券、广发证券、长江证券和华泰证券(图5-7)。这10家券商占据了接近30%的市场份额。大家去开户的时候,可以优先选择这些大的券商。

会员营业部数量排名 截止日期:2021年06月

会员名称	营业部数量	市场份额%
中国银河证券股份有限公司	502	4.25
方正证券股份有限公司	373	3.16
安信证券股份有限公司	368	3.11
国泰君安证券股份有限公司	360	3.05
中泰证券股份有限公司	324	2.74
海通证券股份有限公司	306	2.59
中信建投证券股份有限公司	296	2.51
广发证券股份有限公司	290	2.45
长江证券股份有限公司	275	2.33
华泰证券股份有限公司	270	2.29

图5-7 上海证券交易所营业部数量最多的10家券商

图片来源:上海证券交易所。

大家想查看更多的会员信息,可以在浏览器中搜索"上海证券交易所",进入"首页"→"数据"→"其他数据"→"会员统计数据"→"会员列表"。

那么,券商是怎么赚投资者钱的呢?

券商主要通过经纪佣金来赚投资者的钱,我们在买卖股票或者场内基金的时候,都需要交一笔费率为3‰左右的交易佣金。同时,券商还可以依靠信用佣金、投行业务、信用利息、自营收益、资管收入等获得收益。

总的来说,经纪佣金这块业务的占比不低,所以我们就会看到熊市的时候,股市非常低迷,成交量很低,券商赚到的钱就很少,很多业务经理都只能靠基本工资维持生计,但是到了牛市,市场活跃,成交量很大,券商赚得盆满钵满,业务经理可能一年就把过去几年没赚到的钱赚了回来。

投资者要降低交易成本,最好就是找一家佣金费率低的证券公司开户,像现在有些券商的佣金费率低至0.013%左右,相比十多年前的0.3%,节省了95%的费用。

第五堂课
理财进阶：从极简的股票投资说起

选择一家费率低的券商开户非常重要，如果你已经开过户，可以打电话查询一下目前的费率是多少，如果高于3‰，则已经高于行业平均水平，可以要求证券公司下调费率。

关于股市的资本结构和券商的知识，我们就介绍到这里。

揭开七大市场指数真面目，轻松掌握股市走向

股市里有几千只股票，每天的涨跌情况都不一样，用什么方法可以看懂当天的股市总体运行情况呢？

最简单的方法就是看市场的指数表现。一般来说，如果市场指数大跌，大部分股票也会大跌；而市场指数大涨，大部分股票也会大涨。常见的股票指数有上证指数、深证成指、沪深300、上证50、中证500等。如果想要了解股市大势，看懂当日市场总体走势，就必须认识这些指数，这一节，我们就来学习七大市场指数。

1. 七大市场指数

（1）上证指数（代码：000001）

首先，来认识一下上证指数，我们经常在新闻报道中看到这样的描述："今天，沪指收于3000点。"这里的沪指指的就是上证指数，也可以把它叫作大盘指数，它是以上海证券交易所所有的股票作为标的计算得出的数据。

上证指数自1991年7月15日起开始实时发布，基日定为1990年12月19日，基日指数定为100点。自发布以来，上证指数多数时候在2000～3500点之间震荡。

股票指数有什么用呢？

上证指数可以用来反映整个市场的总体表现情况。如果上证指数某一天上涨5%，基本可以推测当天大部分股票都出现了上涨，甚至会有几百只股票涨停；如果上证指数当天下跌3%，那么也可以推断当天大部分股票是下跌的。通过指数的涨跌，我们就能很快看出当天市场的表现。

从上证指数的走势图（图5-8）可以看到，1990—2020年，上证指数总体呈现上涨趋势，但是中间波动幅度很大。如2007年上证指数最高上涨到6124点附近，不久后最低下跌到1700点附近，到了2015年最高上涨到5174点附近，然后又下跌到2500点附近，牛市熊市非常分明。

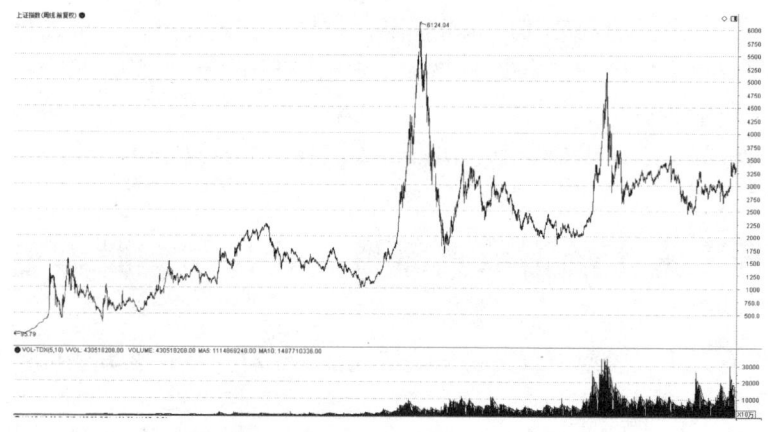

图 5-8 上证指数上市以来走势图（1990—2020 年）

（2）深证成指（代码：399001）

深证成指是深圳证券交易所的主要股票指数，它一开始是选了 40 只有代表性的股票作为计算参考，后来才把样本增加到 500 只股票，这样才能更充分地反映深市的总体运行情况。深证成指以 1994 年 7 月 20 日为基期，基点为 1000 点。

平时，我们会看到上证指数被使用的频率要比深证成指高得多，一方面，因为沪市的市值规模更大、更有影响力；另一方面，由于用上证指数代表股市总体情况已经成为习惯，即使后来出现了能更好地反映中国股票市场的指数，这种使用习惯还是一直被沿用了下来。

从深证成指的走势图（图 5-9），可以看出其走势和上证指数很像，不过由于代表的市场不同，所以涨跌幅有差异。

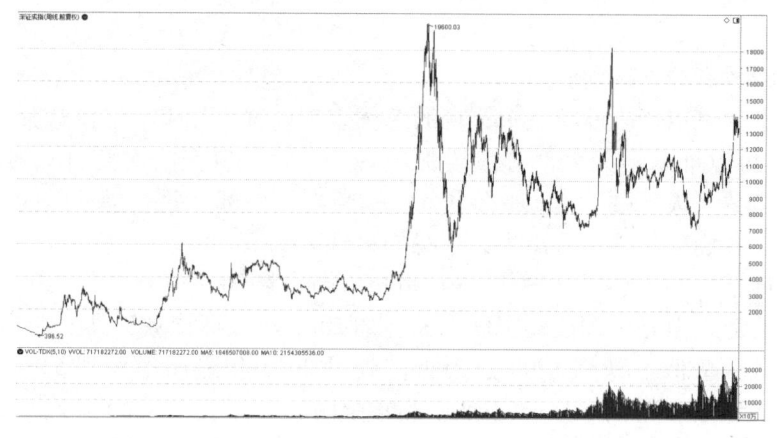

图 5-9 深证成指上市以来走势图（1991—2020 年）

(3) 科创 50（代码：000688）

科创板 50 成分指数由上海证券交易所科创板中市值大、流动性好的 50 只股票组成，反映最具市场代表性的一批科创企业的整体表现。

(4) 创业板指（代码：399006）

创业板指数是从创业板股票中选取 100 只组成样本股编制而成的指数，以反映创业板市场层次的运行情况。

创业板指是比较重要的股票指数，通常在股票收盘分析中，可看到它的身影。

上面我们一共介绍了四个重要的指数——上证指数、深证成指、科创 50 和创业板指，它们共同构成反映深圳证券交易所上市股票运行情况的核心指数。

下面介绍三个经常能在基金投资中看到的指数，学习它们有利于帮助我们理解指数基金的内容。

(5) 沪深 300（代码：399300）

沪深 300 由沪深两市中市值大、流动性好的最具代表性的 300 只股票组成，覆盖了大部分流通市值，成分股为市场中代表性好、流动性高、交易活跃的主流投资股票，能够反映市场主流投资的收益情况。

现在市场中的股票指数，无论是综合指数，还是成分股指数，只是分别代表了两个市场各自的行情走势，都不具备准确地反映沪深两个市场整体走势的能力。上证指数"失真"广为人诟病，而沪深 300 指数则是反映沪深两个市场整体走势的"晴雨表"。

沪深 300 指数样本选自沪深两个证券市场，覆盖了市场大部分的流通市值，因此，沪深 300 是一个能更好地反映整个中国股票市场总体表现的指数。

沪深 300 不仅能够作为投资业绩的评价标准，还能为指数化投资和指数衍生产品创新提供基础条件，我们经常看到许多基金的比较基准就是沪深 300 指数。

(6) 上证 50（代码：000016）

上证 50 由沪市中规模大、流动性好的最具代表性的 50 只股票组成，该指数可以反映上海证券市场最具影响力的一批龙头企业的股票价格表现，是蓝筹股的典型代表。

上证 50 指数自 2004 年 1 月 2 日起正式发布，其目标是建立一个成交活跃、规模较大、主要作为衍生金融工具基础的投资指数。

（7）中证500（代码：399905）

中证500是剔除沪深300指数成分股及总市值排名前300的股票后，由总市值排名靠前的500只股票组成，综合反映了A股中小型公司市值的股票价格表现。

简单来说，沪深300和上证50代表的是大盘股的表现，中证500代表的是中小盘股的表现。因此，如果我们要了解股市中不同风格股票的表现，可以通过查看这三个指数去判断。

以上七个股票指数就是我们在买卖股票、基金中，经常会使用到的指数，不再详细说明这些指数的含义和计算方式等。

2. 如何用指数看行情？

下面我们通过三个例子来讲解如何根据上证指数涨跌幅读懂市场的情况。

（1）上证指数大涨

2020年7月6日，上证指数大涨5.71%（图5-10），其他指数也出现了大幅上涨（深证指数涨4.09%，创业板指数涨2.72%），这个涨幅在股市里比较少见，我们看指数涨幅就可以断定，当天90%以上的股票都是上涨，而且上百只股票会出现涨停。

图5-10　上证指数日线图1

而实际收盘情况是怎么样的呢？查看收盘点评可看到当天沪深两市所有交易个股涨跌比为3620∶211，也就是超过94.49%的股票上涨，有约210只非ST股及非新股涨停。

（2）上证指数大跌

2020年7月16日，上证指数大跌4.5%（图5-11），其他指数也出现了大幅下跌（深证指数跌5.37%，创业板指数跌5.93%），这个跌幅在股市也不多见，所以是不是也可以断定，当天大部分股票都会下跌，甚至出现上百只股票跌停呢？

图5-11 上证指数日线图2

实际收盘情况是两市有超过3500只股票下跌，也就是超过90%的股票都下跌了，而且有365只股票跌幅在9%以上。

（3）上证指数微涨

2020年8月4日，上证指数微涨0.11%（图5-12），而其他三大指数（深证成指、中小板指和创业板指）都小幅下跌。一涨三跌，这说明什么问题呢？

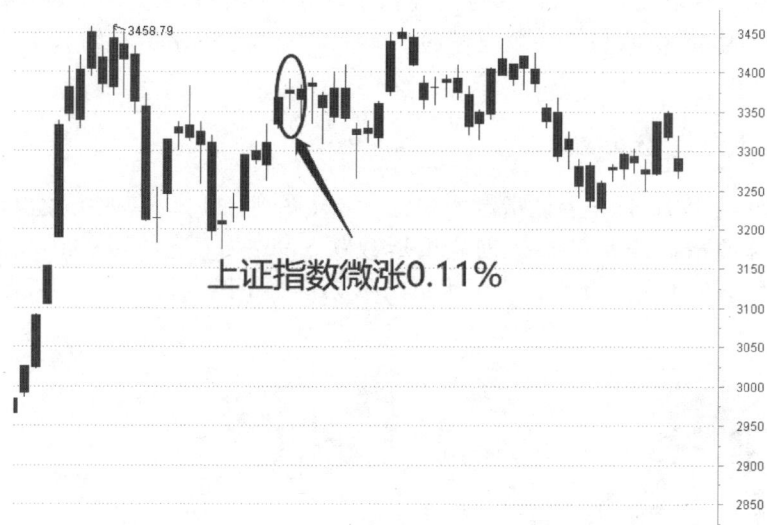

图 5 – 12　上证指数日线图 3

这说明上证指数的权重个股在上涨,而中小盘股在下跌,意味着可能只是权重股在护盘,让大盘维持不跌,但中小盘股其实可能已经跌得一塌糊涂了。

什么是权重股呢?权重股指的是总股本巨大的上市公司股票。它的股票总数占股票市场股票总数的比重越大,权重就越大,权重股的涨跌对股票指数的影响也就越大,比如银行股、保险股、石油股等。

在指数上涨过程中,我们最不希望出现大盘权重股出来护盘的情况。一般来说,出现这样的情况意味着行情进入比较胶着或者不太理想的状态,需要大盘股出来护盘,这时候大部分中小盘股可能都是下跌的。但大盘股出来护盘的行情往往只能持续半天或者一天。

3. 如何在股票盘面看关键指标?

首先,我们要看懂盘面,最好使用电脑股票软件。市面上的股票软件很多,大家可以在通达信、同花顺和东方财富中任选一个,下载、安装在电脑上。如果大家不方便操作电脑,也可以在手机应用市场下载相应的软件。

我们在电脑浏览器中找到"通达信"官方网站,点开软件下载页面,选择图 5 – 13 所示框起来的版本下载并安装。

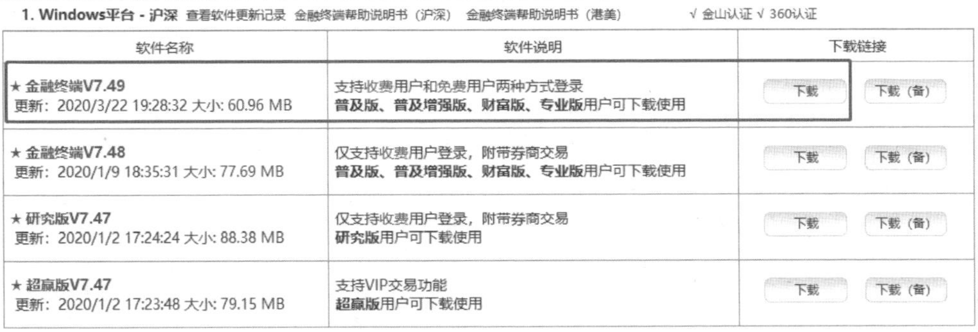

1. Windows平台 - 沪深 查看软件更新记录 金融终端帮助说明书（沪深） 金融终端帮助说明书（港美） √ 金山认证 √ 360认证

软件名称	软件说明	下载链接	
★ 金融终端V7.49 更新：2020/3/22 19:28:32 大小: 60.96 MB	支持收费用户和免费用户两种方式登录 普及版、普及增强版、财富版、专业版用户可下载使用	下载	下载（备）
★ 金融终端V7.48 更新：2020/1/9 18:35:31 大小: 77.69 MB	仅支持收费用户登录，附带券商交易 普及版、普及增强版、财富版、专业版用户可下载使用	下载	下载（备）
★ 研究版V7.47 更新：2020/1/2 17:24:24 大小: 88.38 MB	仅支持收费用户登录，附带券商交易 研究版用户可下载使用	下载	下载（备）
★ 超赢版V7.47 更新：2020/1/2 17:23:48 大小: 79.15 MB	支持VIP交易功能 超赢版用户可下载使用	下载	下载（备）

图 5 – 13 通达信官网软件下载页面

安装完成后，打开软件，选择“免费精选行情登录”后，再点击“登录”就可以了，不需要输入登录用户和密码。通达信金融终端登录页面如图 5 – 14 所示。

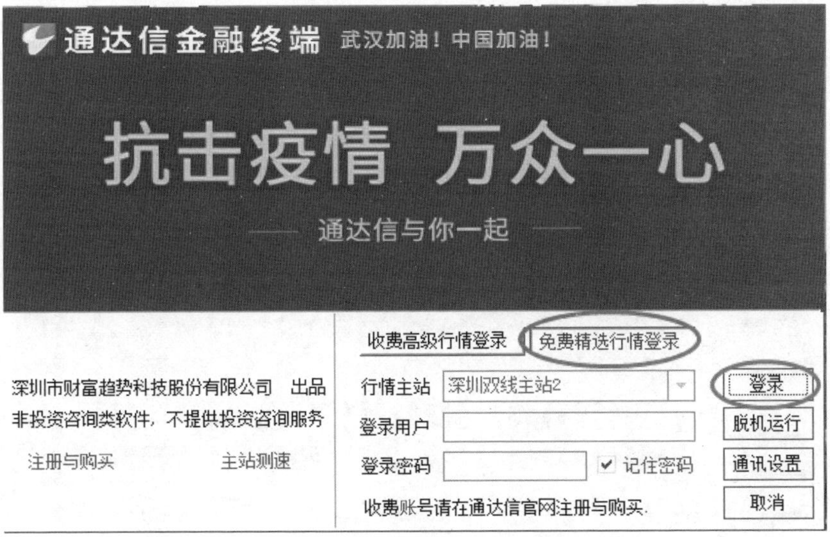

图 5 – 14 通达信金融终端登录页面

进入盘面后，一般首页就是所有沪深 A 股的列表（图 5 – 15），滚动鼠标可以上下翻动股票列表。双击单只股票，就能进入个股的走势图界面。

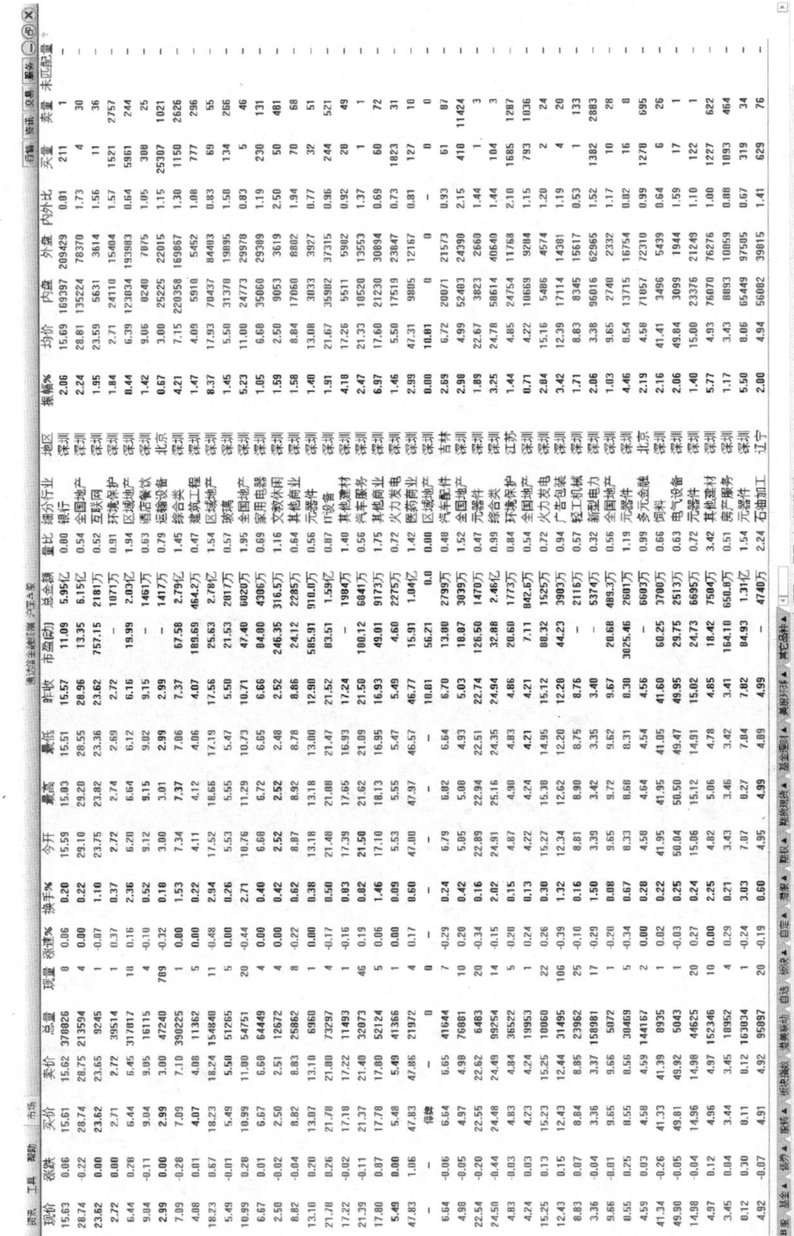

图 5-15 沪深A股股票列表

第五堂课
理财进阶：从极简的股票投资说起

在盘面左下方有个"分类"，点击后会出现一个菜单栏，选择"沪深主要指数"（图5–16），则上证指数、深证成指、沪深300等指数都出现在一个列表里。查看这些指数的表现，我们就可以快速了解今天大盘的情况。

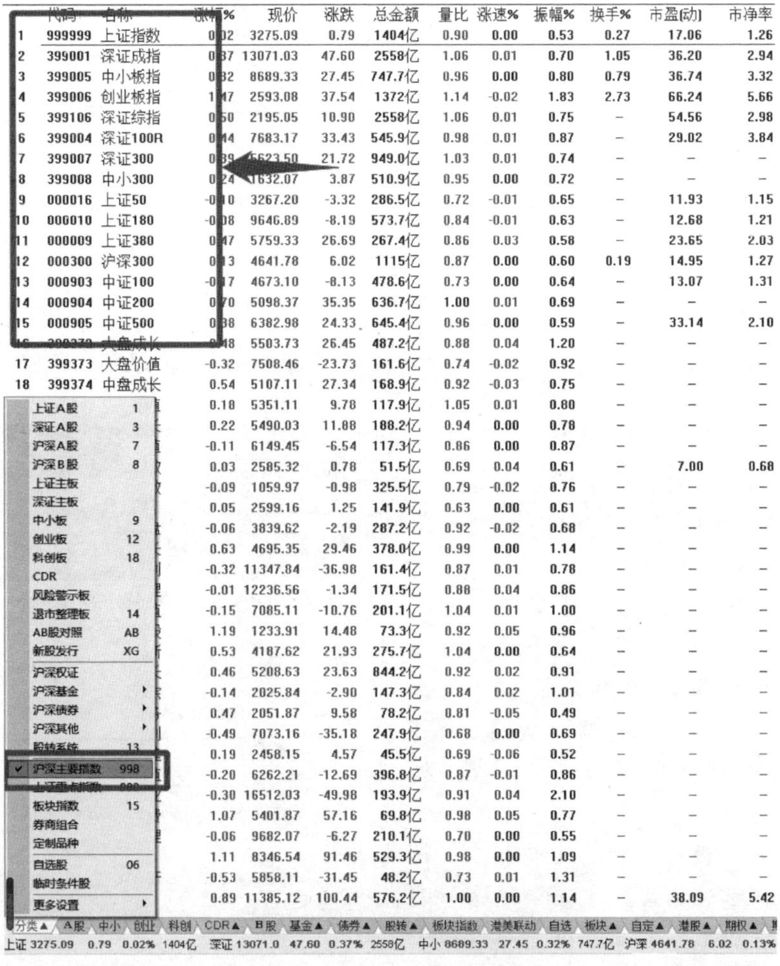

图5–16 沪深主要指数列表

我们还可以通过指数的代码和首字母进行查找。上证指数的代码是999999，我们就可以在键盘上输入这串数字来找到它。

如图5–17所示，我们可以通过在通达信键盘精灵上输入首字母的方式查找上证指数，输入上证指数的首字母"SZZS"后，按"Enter"键，即可查找到上证指数。同理输入"SZCZ"后，按"Enter"键，会显示出一系列深证指数，选择"深证成指"，然后按"Enter"键即可进入这个指数的盘面。

图 5-17　用通达信键盘精灵查看指数盘面

图 5-16 所示盘面的"分类"菜单栏中，还列出如沪深 A 股、上证 A 股、深证 A 股、上证主板、中小板等股票列表，大家可以慢慢了解。

如何使用手机找这些指数呢？

其实也很简单，我们先下载一个股票软件，比如华泰证券的"涨乐财富通"。打开软件后，进入"行情"页面（图 5-18），就能看到上证指数、深证成指和创业板指的走势。

以上就是查看指数的几种方式，相信大家能很快学会看盘。大家学完这节内容后，可以通过下载股票软件学习查看股票指数。在每个交易日都可以看看它们的走势，用以指导我们的交易。

图 5-18　涨乐财富通的"行情"页面

第五堂课
理财进阶：从极简的股票投资说起

搞懂股票板块划分，热点一目了然

在股市里，人们会对股票进行分类，把不同的股票划分到不同的板块里面。这节我们就来学习股票板块的划分、划分股票板块的好处以及如何找到股票板块。

1. 股票板块的划分

股票板块是指具有某一些相似特征的股票集合。同一个板块中的股票，一定有某些相似的特征，比如，招商银行、中国银行、中国民生银行都属于银行业，所以它们都属于银行板块；贵州茅台、五粮液、酒鬼酒则属于酿酒行业。

常见的板块可划分为行业板块、概念板块、地区板块等。现在很多股票软件为了方便大家了解行情和筛选股票，会编制更多个性化的板块。

比如，同花顺的炒股软件就有5种板块划分方式；通达信炒股软件则把板块分为6类，分别是行业板块、概念板块、地区板块、风格板块、指数板块、证监会行业板块。不同板块里更细的分类名称和成分股并非一成不变，而是会随着市场发生变动。

那么，为什么会划分那么多板块呢？

因为，每只股票都有不同的特征，可以被划分到多个板块中。把具有同一特征的股票集合在一个列表，就能方便我们根据不同的特征去筛选股票。

打个比方，红苹果、香蕉、柠檬、草莓、水晶葡萄、西瓜都是水果，于是它们都可以被划分到水果板块，这是按照它们的属性来划分。

如果按照颜色来划分，香蕉和柠檬可以被划分到黄色水果板块，草莓和红苹果可以被划分到红色水果板块，西瓜和水晶葡萄可以被划分到绿色水果板块。

如果按照味道来划分，我们可以在甜味水果板块找到红苹果、香蕉和西瓜，在酸味水果板块找到柠檬。

因此，我们根据板块就能快速找到具有同一特征的某类股票了。但同一只股票根据不同的特征，也可以有很多种划分方式，这怎么理解呢？

我们举个简单的例子，三七互娱（002555）这只股票，主营业务涵盖游戏、在线教育等，属于互联网板块，这是它最主要的板块分类，但是它不仅属于这个板块，还属于养老产业、基金重仓、虚拟现实、在线教育、沪深300、大盘、送转等板块（图5-19）。

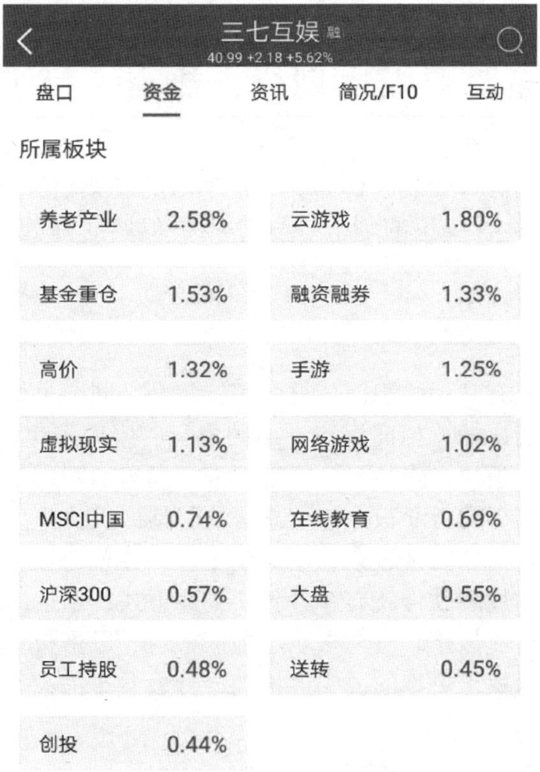
三七互娱 融
40.99 +2.18 +5.62%
盘口
资金
资讯
简况/F10
互动
所属板块
养老产业 2.58%
云游戏 1.80%
基金重仓 1.53%
融资融券 1.33%
高价 1.32%
手游 1.25%
虚拟现实 1.13%
网络游戏 1.02%
MSCI中国 0.74%
在线教育 0.69%
沪深300 0.57%
大盘 0.55%
员工持股 0.48%
送转 0.45%
创投 0.44%

图 5－19　三七互娱的所属板块

2. 划分股票板块有什么好处?

将股票划分板块，主要有两个好处:

第一，我们通过查看每天板块的涨跌幅榜，可以了解现在市场的热点是什么，在追逐什么样的热门概念。比如新冠肺炎疫情蔓延时期，口罩防护概念板块表现强劲，这从板块的涨幅榜就能看得出来。

第二，方便我们筛选同一类型股票里表现强势的股票。因为具有某类特点的股票往往会同涨同跌，但同一个板块的股票表现有强有弱，我们看板块列表排序就能很快知道哪只股票表现最强势，买这些表现强势的股票，可以获取更高的收益。

比如，2020 年 7 月的一波反弹行情中，证券板块率先启动，作为证券板块龙头的光大证券在不到一个月内涨了约 182％（图 5－20）。如果投资者能意识到这只股票是龙头股，并在它上涨几个交易日就及时买入，就能享受这只龙头股持续带来的收益了。

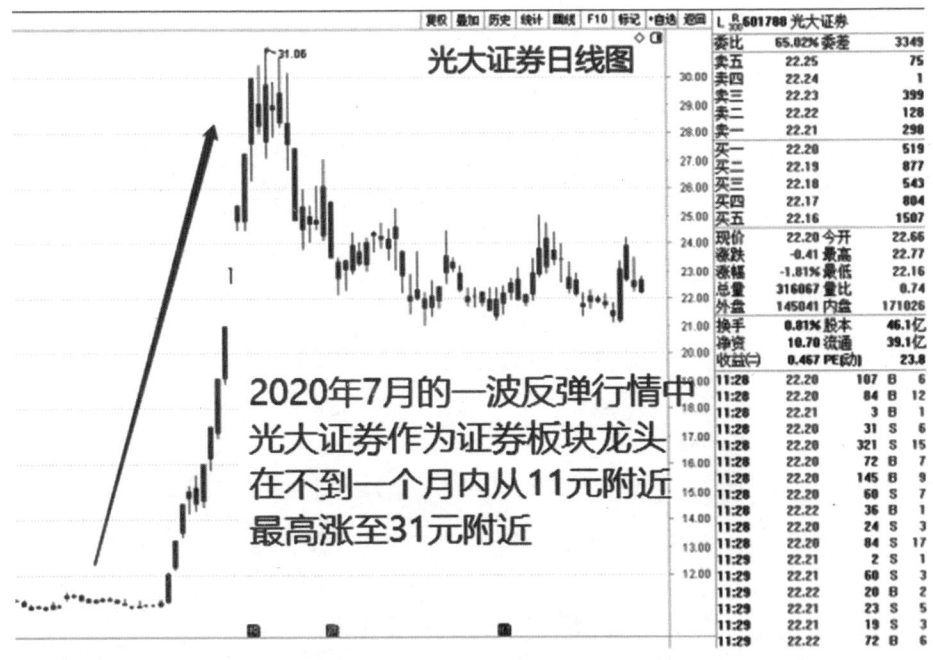

图 5–20　光大证券日线图

由于看板块找热点投资股票的方法非常直接，所以，很多炒短线的股民，也特别喜欢通过看板块涨跌幅榜去挑选股票。

3. 如何找到股票板块？

我们通过通达信炒股软件来向大家讲解如何找到股票板块。打开通达信炒股软件，在最下方的导航栏中点击"板块"一栏。其将板块划分为六类，分别是证监会行业板块、概念板块、风格板块、指数板块、地区板块和行业板块。

证监会行业板块（图 5–21），是股票发行时，中国证监会为股票划分的板块。证监会行业板块的分类比较细，比如会把电子制造业分成电子元器件制造业、日用电子器具制造业、其他电子设备制造业三类，所以证监会行业板块中的细分类别一共有 92 个。

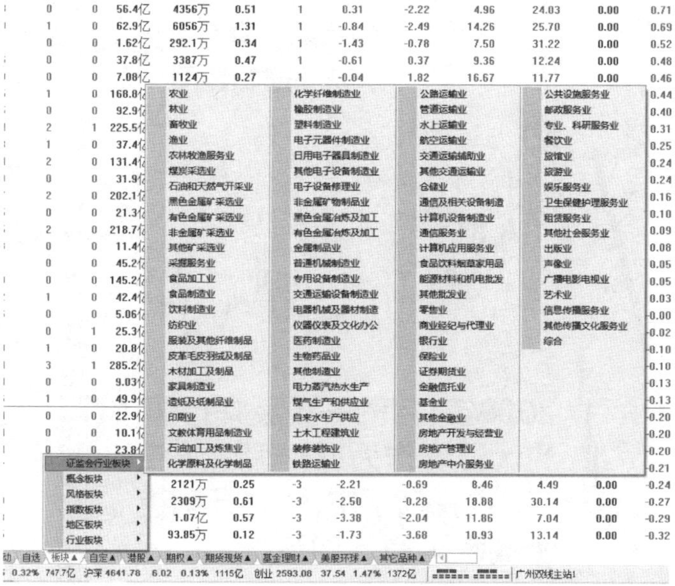

图 5-21 证监会行业板块

行业板块（图 5-22），相较于证监会行业板块，是大行业，也是最常见的分类，在通达信上分为 56 大类。不同软件中行业板块分类总数有所不同，但大体上是相似的，比如一般都会有银行、保险、电力、石油、化工、券商、医药、互联网等多个大的行业分类。

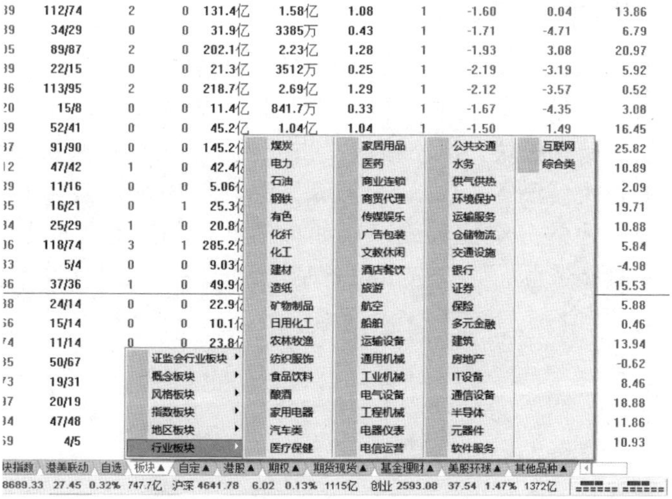

图 5-22 行业板块

第五堂课
理财进阶：从极简的股票投资说起

概念板块（图5-23），是指具有某种特别内涵的股票分类。举个例子，猪肉概念板块中，只要是与养猪和卖猪有相关性的上市公司，如卖饲料、卖兽药的公司，都属于这个概念，都归入猪肉概念的板块列表里。

因为概念是阶段性的，所以概念板块的总体数量也会变化，而且这个板块划分出的概念比较详细，数量也比较多。

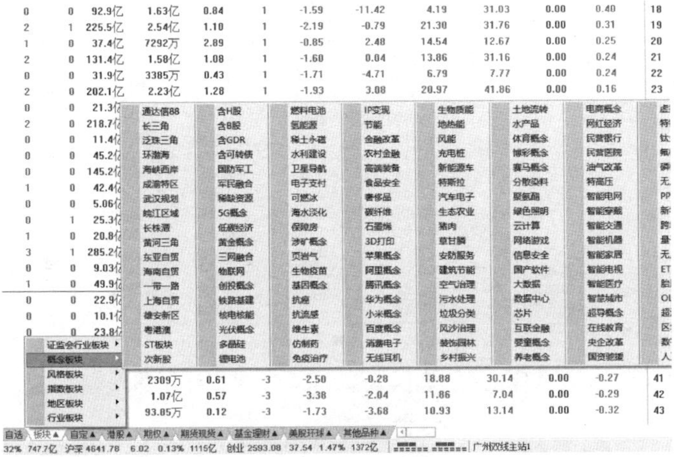

图5-23 概念板块

风格板块（图5-24），是将有相同特性或者类似表现的股票归为一类。比如，昨日涨停的股票归为一类，破发行价的股票归为一类，行业龙头归为一类……这个分类非常直观，大家可以根据这个板块划分快速筛选目标股票。

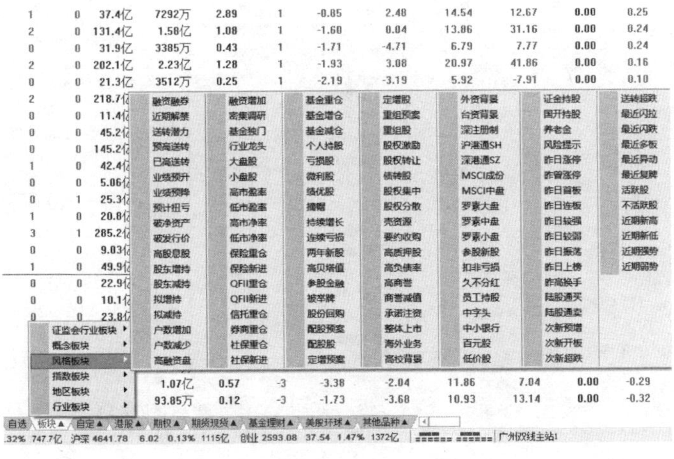

图5-24 风格板块

指数板块（图5-25），可以理解为计算股票价格指数时所选用的成分股的集合。比如沪深300指数板块里面，包含300只成分股。所以，我们要想知道指数包含哪些成分股，也可以通过指数板块快速找到。

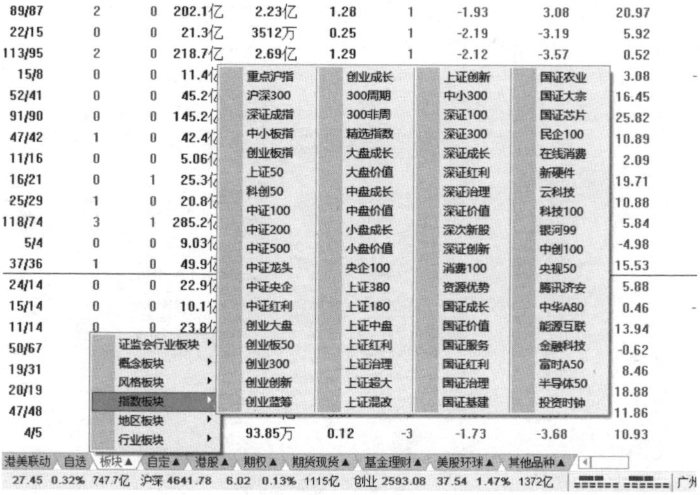

图5-25 指数板块

地区板块（图5-26），就是对上市公司所处的地区进行分类，如山东板块、广东板块、北京板块等。

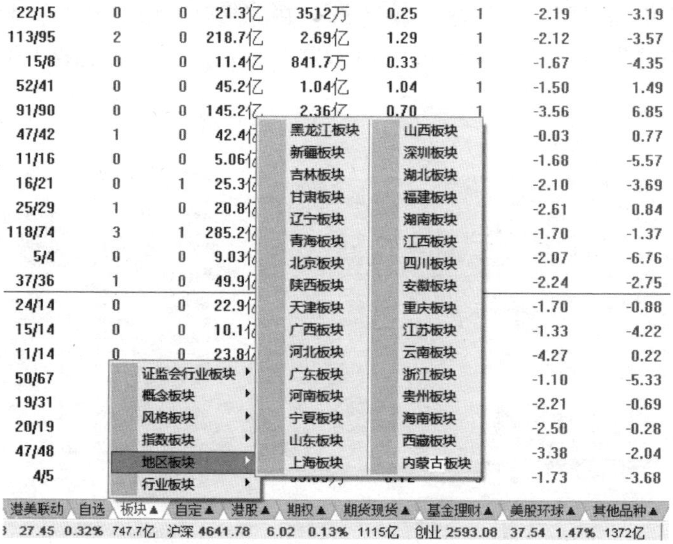

图5-26 地区板块

往往国家对某个地区有重大利好政策时,这个地区的股票会集体上涨,比如规划雄安新区时,北京、河北、天津的板块上涨;海南发展旅游业的时候,海南的板块上涨。

总结一下,这一节主要介绍了股票板块的划分特点,带大家认识了主流的股票软件上的板块划分,相信大家学完后,会对股票板块有更深刻的了解,为后面学习新的内容做好铺垫。

股市捕鱼法之鱼塘篇:找到好行业

学完股票的基础知识,我们这节开始学习选股的方法。

选股票就像撒网捕鱼,我们想找到收益稳定的好股票,就是捕捉经济价值高、营养丰富的大鱼,在这个过程中,最重要的事情是什么?

我认为主要有四点:①找到有很多大鱼的鱼塘;②有效的捕鱼方法;③适时捕鱼;④适当捕鱼。

股市中行业庞杂,就像一个个大小不一的鱼塘中,股票就像鱼塘里种类繁多的鱼儿。一个好行业,就是养着很多大鱼的鱼塘,在这样的鱼塘中,我们才有可能捕捞到肥美的大鱼。一个只有小鱼小虾的鱼塘,我们费再大的力气,也不可能捕捉到大鱼。

所以,选股票,首先就要挑选有很多牛股的行业,也就是找到有很多大鱼的鱼塘。那么,什么样的鱼塘可以优先选择呢?

1. 优先选择有三类鱼的鱼塘

(1) 有稀缺性的大鱼

有的鱼塘里养着比较稀有的鱼,所谓"物以稀为贵",这种鱼往往会成为市场追逐的对象。

在股市里,上市公司生产的产品越是稀缺,越有竞争力,也越容易受到资本的追捧,它的股价就会长期趋势向上。

最典型的例子就是白酒行业里的贵州茅台(贵州茅台月线图如图5-27所示),它从上市到现在已经涨了两三百倍,是目前A股里价格最高的股票,为什么它会涨这么多呢?

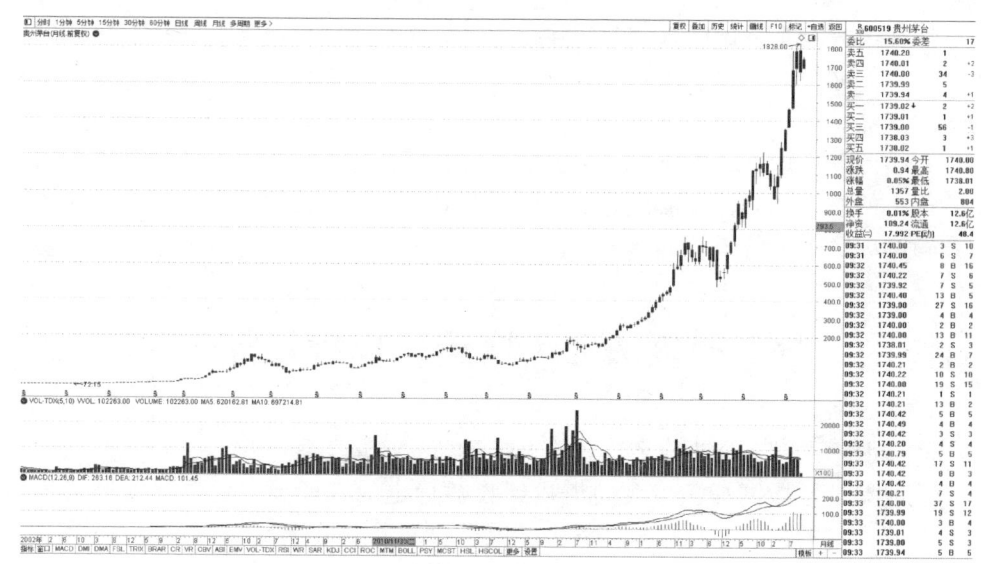

图 5-27 贵州茅台月线图

最主要的原因是贵州茅台生产的白酒具有稀缺性，全国只有贵州的茅台镇能生产茅台酒，茅台酒的酿造与产地、气候环境以及微生物菌群密不可分，只有在茅台镇赤水河的一段河谷，就地取水，就地挖坑，就地制曲才能酿出正宗的茅台酒。而且茅台酒酿造工艺复杂，包括八次发酵、九次蒸煮、七次取酒，一年只能酿一个批次，还要经过3～5年的窖藏才可以获得比较好的口感。

现在市面上，年份越久的茅台，越有收藏价值和升值潜力，也越受人追捧。正因为贵州茅台具有得天独厚的天然优势，再加上大众对它具有很高的品牌认可度，所以茅台酒根本就不愁卖。

贵州茅台的净利润率每年都能保持稳定的增长，公司股价长期趋势向上就是水到渠成的事情了。

除了贵州茅台之外，白酒行业中五粮液、山西汾酒等，也都拥有非常稳定的业绩，因此，这些股票的价格也一直有上升的趋势。

据此，我们可以认为白酒行业是一个好鱼塘，里面有很多大鱼可捕捞，类似的行业还有奢侈品、专利药、互联网科技、半导体、新能源汽车等行业。

（2）有竞争能力强的大鱼

有的鱼塘里鱼非常多，处于供过于求的状态，所以，价格就很便宜。而有的鱼塘竞争虽然很激烈，但是会产生几条竞争能力比较强的大鱼。因此，我们要选择虽然竞争激烈，但是有几条"龙头霸主"的鱼塘。

第五堂课
理财进阶：从极简的股票投资说起

在股市里，行业竞争对手多，生产的商品往往供过于求，导致卖不出好价格，利润也不高，很难出现有竞争能力的企业，这样的板块也就很难出现优秀的股票，比如服装家纺行业。

服装家纺行业属于亿万级别的行业。服装家纺市场规模很大，但是行业竞争太大，国内有无数家大大小小的服装厂，却没有一家有绝对竞争优势的企业，这样也就很难出现持续赚钱的股票。

近些年来，随着电子商务的发展，服装家纺行业受到非常大的负面影响，倒闭的实体店越来越多，比如曾经风靡全国，开店5000多家的美特斯邦威，这几年正面临大面积的裁员关店，还有拉夏贝尔、森马服饰等比较有名气的服装品牌也因业绩不如人意，股价一路走低。

市场的规模就像1块蛋糕，2个人分和100个人分，是完全不同的概念，越少人分蛋糕，就可以分得越多，太多人分了，每个人都只能得到一点点，整个市场的份额被分散得太厉害了，谁都吃不饱。

因此，我们要选蛋糕分量大，且只有几家龙头企业的行业，最典型的莫过于家电行业。家电行业有两大巨头，一个是格力集团，一个是美的集团。

格力电器在空调领域有非常大的市场份额，品牌认可度也很高，因此格力电器长期保持着竞争优势，业绩也比较稳定，所以股价长期向上。

美的集团在家电的品类上更加丰富，总体营业收入也更高，利润率更加稳定，前景相对比较好，因此美的集团股价长期趋势也是向上的。美的集团月线图如图5-28所示。

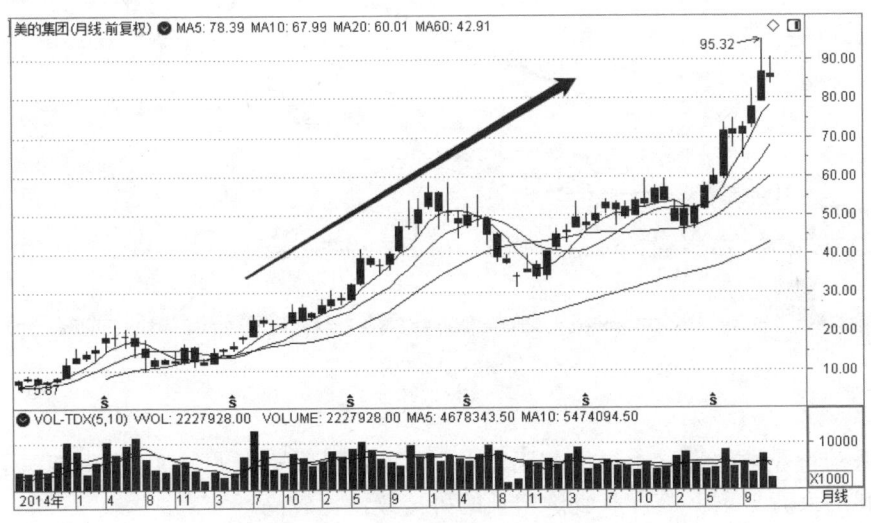

图5-28 美的集团月线图

因此，我们要选有前景、最好有一定的技术壁垒的行业，这个行业里还要有几家业绩增长稳定、行业竞争能力强的龙头企业。

(3) 有天生体型庞大的鱼

有的鱼塘里，拥有"底子好"的鱼，这类鱼处于食物链上层，自身生存能力很强，很容易就能长成大鱼。

在股市里，有些行业的上市公司就好比这种鱼，不管环境如何变化，对它的影响都不会太大，有时候反而在逆境中愈发强大。

消费品、医疗保健等行业就属于"天生底子好"的行业，这些行业不会因为经济周期的变化，而出现业绩大幅度下滑的情况，甚至业绩可能会逆周期上涨。

举个例子，不管经济是繁荣还是萎靡，消费行业里的调味品的业绩都不会受到太大的影响，所以，调味品的市场需求一直都比较稳定，而且调味品行业的龙头企业海天味业的股价从上市以来就稳步上涨。海天味业月线图如图 5-29 所示。

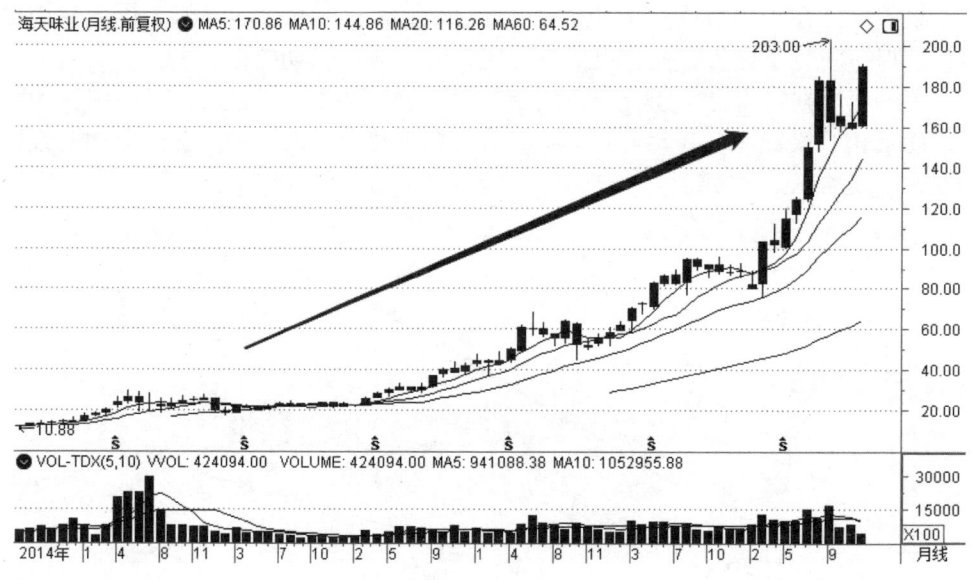

图 5-29　海天味业月线图

医药行业被称为"永远的朝阳产业"，属于弱周期行业，尤其是在我国人口老龄化的大背景下，该行业股价增长的可持续性比较高。

医药行业也是很容易出大鱼的鱼塘。比如龙头股恒瑞医药，这几年涨势就非常好。恒瑞医药月线图如图 5-30 所示。

图 5-30　恒瑞医药月线图

我们来总结一下哪些行业是具有比较多大鱼的鱼塘：

①消费行业。具有长期投资价值的资产必须能跟随社会的发展，随着中国未来经济增长更多依赖消费且消费升级是一个持续的过程，消费行业景气度高。因此，可以关注家电行业、酿酒行业、食品行业等行业中的龙头股。

②生物医药、医疗保健等行业。中国人口老龄化及更多人关注自身健康带来了医疗服务的旺盛需求，目前，中国医药及服务发展水平总体较低，发展空间大，龙头企业潜力无限。

③高新科技行业。高新科技行业是知识密集、技术密集的行业，主要包括信息技术、生物技术、新材料技术三大领域。中国经济发展的转型升级离不开科技，科技也是未来社会进步的重要推动力，可以重点关注该行业中的龙头股。

④高端制造业。高端制造业是工业化发展的高级阶段，是具有高技术含量和高附加值的产业。其包括智能制造设备、智能物流装备、高端环保设备、5G、半导体、AI、新材料、新能源、军工装备等领域。

2. 避开三类鱼塘

捕鱼时，我们要选择那些有大鱼的鱼塘，也要主动避开那些经常出现小鱼、病鱼甚至死鱼的鱼塘。

我们做投资时也会面临各种各样的选择，要想在多个选择中做出正确选择，既要知道怎么判断什么是好的，还要知道什么是不好的，这样才能防止"踩坑"。

投资时选择行业，也要注意避开那些从商业模式来说相对较差的行业。

这里要注意，所谓差是相对的，并不是绝对的。每个行业的存在都会有其商业价值，但是不同行业出现好公司的概率是不同的。我们这里讨论的就是那些商业模式相对较差的行业，这样的行业我们要尽量避免。

综合比较来看，要尽量避免高投入、高负债、高耗能的"三高"型企业。这三个因素往往制约着行业的高成长。

（1）高投入

如果一种鱼需要花费很多金钱和物力去养殖，成本肯定很高，那么利润就会大大降低。就像需要投入大量财力、物力的企业，也比较难出大牛股。

那么，哪些行业属于高投入行业呢？

比如钢铁、汽车、航空、高铁、高速公路、机场、港口、采矿等行业。这些行业中的企业在创建时，就是一个巨型的"吞金兽"，要投入的资金少则几亿元，多则上百亿元。高投入行业最大的问题是它从投入到回本要花很长时间，从回本到盈利也要花很长时间，而且业绩还不太稳定。

同时，这些行业又多数属于重装备型，要不断地更新和维修设备，且为了维持再生产，它们的资本性开支又很大。这些行业的成本就好像一座大山一样，钱不容易赚，而且想象空间也很有限。

就钢铁行业来说，建设前期需要投入大量的资金，但是成本回收得很慢，这几年需求下滑，又要去库存、去产能，运营压力非常大。因此，现在钢铁行业中多数个股都处于下跌周期中，而钢铁指数也长期处于低位中。钢铁板块指数月线图如图5-31所示。

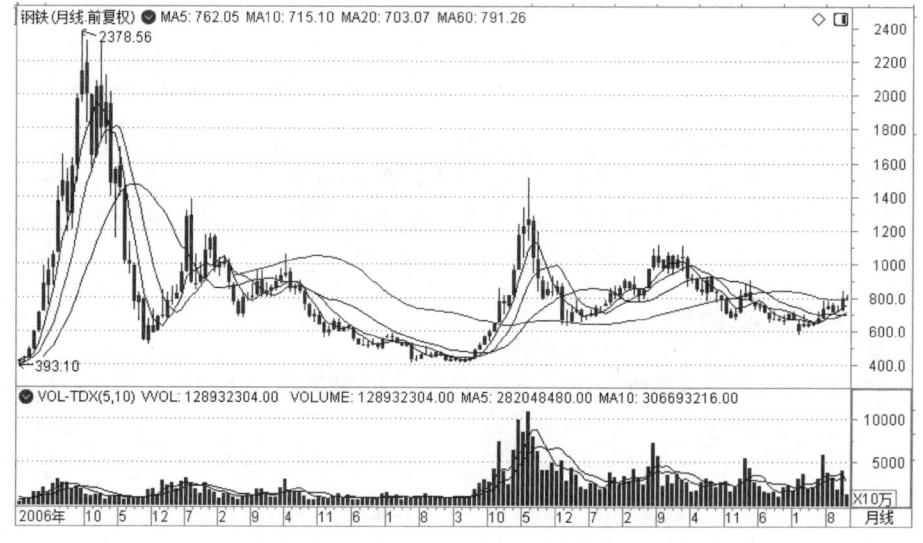

图5-31 钢铁板块指数月线图

所以，我们在挑选行业的时候，要规避高投入的行业。

(2) 高负债

如果一条鱼身上绑着一块大石头，不仅可能游不动，还可能早早夭折。企业也是一样，如果债务缠身或者现金流太少，也容易"发育不良"。

那么，高负债的行业又有哪些呢？

高负债代表行业是银行业，很多人认为银行靠着存贷款的利息差，就可以轻松赚钱，怎么会是高负债呢？因为我们存在银行的钱，都算是银行的负债。

高负债意味着高风险，银行的负债高了，一旦在同一个时间，大家都纷纷去银行把所有钱都取出来，银行可能一时半会拿不出那么多钱，就会出现挤兑的风险。当然了，中国的银行业出现挤兑的情况不多，而且有国家做信用背书，问题不是特别大。

高负债行业往往很难出大牛股，多数银行看起来很赚钱，而实际上我们投资银行股的话，性价比不是很高，甚至持有几年后还亏损的情况都很常见，只有个别银行股值得投资。

通常买银行股的人都是将它们作为打新债的门票，毕竟银行股还是比较稳定的，很少大涨，也很少大跌，也有人买银行股吃利息分红，但通过买银行股获得超额收益是比较困难的。

因此，投资股票想要赚到更高的收益，我们也要规避高负债的行业。如果你只是想赚取稳定的分红，或将其作为打新债的门票，倒是可以考虑下银行股里面的高分红股。

(3) 高耗能

一条鱼能量消耗太多，就不容易变成肥美的大鱼；一家企业如果耗能太多，也不容易成长为一家有前景、有活力的企业。所以，我们要规避那些高耗能的行业。

那么，哪些是高耗能行业呢？

高耗能行业是指在生产过程中耗费大量能源的行业，主要是化工业、非金属矿物制品业、黑色金属冶炼及压延加工业、石油加工炼焦及核燃料加工业等。这些行业需要消耗很多的能源，污染也比较严重，生产和治理的成本都很高，所以，高额盈利的预期就很低。这些行业不仅很难出大牛股，甚至经常出垃圾股。

如图 5-32 所示的是煤炭指数的走势图，可以看到十几年来这个板块还是没怎么涨。如果要在这个板块找牛股，是非常费劲的。

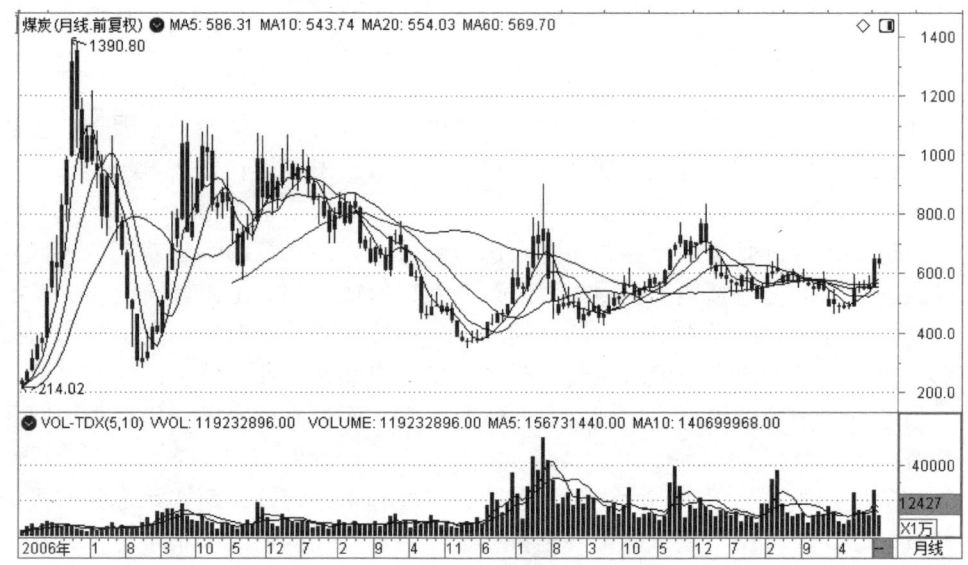

图 5-32 煤炭指数月线图

因此，我们要避开这类行业的股票，选择一个好赛道才是硬道理。

上述"三高"企业，主要特点就是缺乏现金流。现金流是支撑企业长期、长远发展的重要因素，一家企业不能没有可流动的钱。

比如，京东这么多年来都是亏损，但是它不仅没有破产，反而发展得越来越大，原因就在于它有正的现金流在支撑。

如果你已经在投资股票，并且已经被套牢，你需要确认一下你买的这些股票是不是属于"三高"企业。如果是的话，可以考虑卖掉，换一些有前景的行业的股票。

总结一下，我们投资的时候，要选择投资潜力大的行业。与其在一个很少有大鱼的鱼塘里找大鱼，不如去可能有很多大鱼的鱼塘里捕捞。

好鱼塘往往有稀缺性、竞争能力强、天生基因好的大鱼，在这样的行业里找到好股票的机会更多，赚到钱的机会更多；高投入、高负债、高耗能这三类鱼塘中虽然也有大鱼，但是数量少，捕捞大鱼的概率要低很多，所以我们要避免在具有这些特征的行业中选股。

股市捕鱼法之鱼类篇：认识股票分类

我们知道哪些鱼塘有肥美的大鱼后，还要知道这些鱼都是什么种类。股市捕鱼也需要认识股票的分类。

股票根据自身特性的不同，会有不同的标签和分类。常见的股票类型有概念股、成长股、成熟股、周期股。下面我们一一来认识它们。

1. 概念股

概念股是指具有某种特别内涵的股票，通常被用来做炒作的题材，成为股市的热点。概念股一般是随着某一个概念而起，产品可能都没出现，只是未来想象力巨大，所以短期内受到资本追捧。

2020年5月28日，李克强总理在全国"两会"答记者问时点赞"地摊经济"，一时间"地摊经济"火遍大江南北，广百股份、小商品城、浙江永强以及一些商业百货类的股票突然就作为地摊经济概念股火了起来，出现了一波上涨热潮。地摊经济指数日线图如图5-33所示。

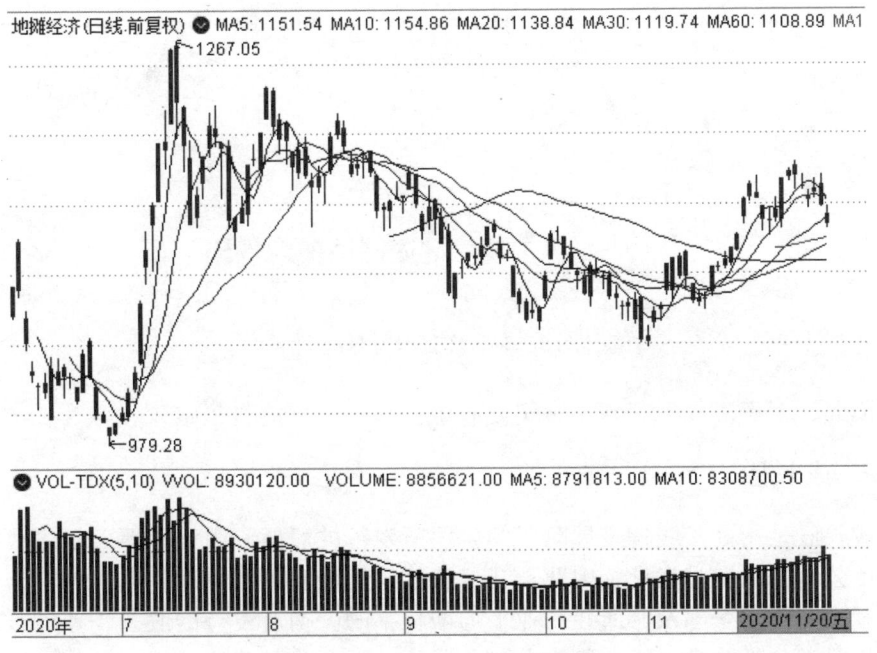

图5-33 地摊经济指数日线图

由于推动概念股上涨的主要因素是市场的跟风和追捧,而不是股票基本面发生了很大的变化,所以概念股也会随着热点的冷却而回归到原来的状态。概念股犹如一阵风,来得快,去得也快,风险非常大,建议新手不要乱投资概念股。

举个例子,地摊经济的概念刚提出时,广百股份(002187)是地摊概念龙头股,在短短的一个多月时间里出现了近2倍的上涨,但是随着这个概念热度的慢慢消退,这只股票的价格在之后的两个多月内几近腰斩。如果你在高点时跟风买入了这只股票,没有及时卖出,恐怕就要损失惨重了。广百股份日线图如图5-34所示。

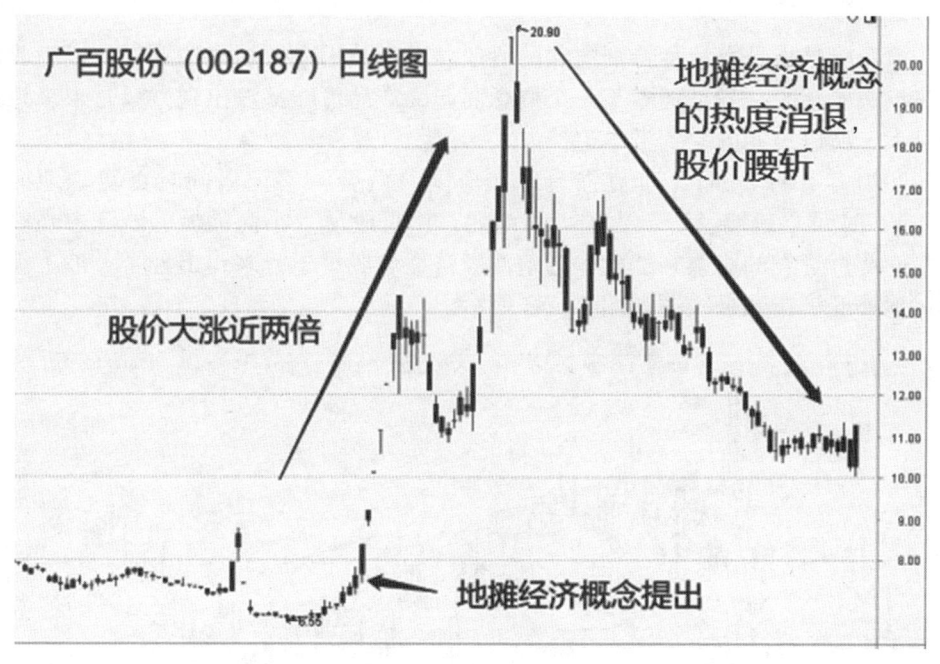

图5-34 广百股份日线图

因此,对于概念股,新手一定要有敬畏心理,不能盲目跟风。

2. 成长股

成长股是指处于飞速发展阶段的公司所发行的股票。由于股票前景主要取决于上市公司的境况与发展,因此,只有那些销售额和盈利额都在迅速增加,其增长幅度大大快于全国及其所在行业平均增长率的公司所发行的股票,才能被认为是成长股。A股的成长股主要集中在大消费、医药、医疗、传媒、科技、信息通信等领域。

第五堂课
理财进阶：从极简的股票投资说起

一般来说，我们持有的股票能不能赚钱，取决于三个因素：持有期间公司净利润的增长、买入和卖出时估值（PE）的变化、持有期间收到的公司现金分红。公司的长期成长性决定了一笔长期投资总收益率的高低。从长期来看，股票的估值变化，在通过较长时间的平摊后，对总收益率的影响会越来越低。但是，我们长期持有净利润能实现稳定增长的企业股票，可以获取越来越丰厚的回报。因此，假如你持有一只成长股，时间越长，获得的回报可能就越大。

成长股的风险在于"极大不确定性"。如果中小型公司在快速发展时，遇到一些不可预知的"黑天鹅事件"，成长能力无法持续或丧失，那么，你买入它的股票并长期持有也可能会出现重大损失。

比如，老板电器（002508）从2010年11月23日上市到2018年1月15日股价处于巅峰52元附近（前复权），7年多时间，其间股价上涨了八九倍。但在2018年2月27日，老板电器迎来了股价的拐点。当天，公司发布2017年业绩快报和2018年一季度业绩预报，由于业绩不及预期，股价随即跌停，次日继续跌停。随后的9个月内股价腰斩，跌回了两年前的水平。老板电器月线图如图5-35所示。

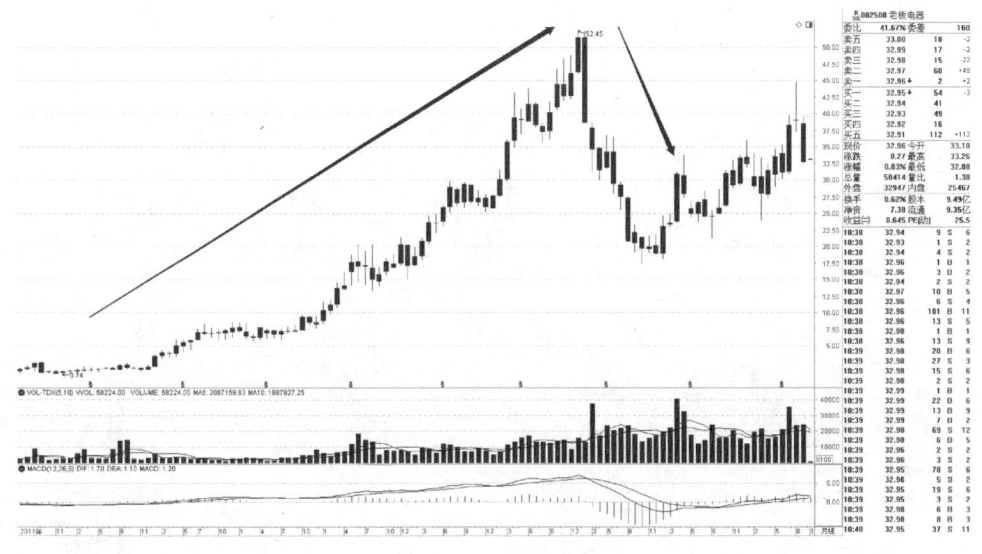

图5-35　老板电器月线图

这像不像一个被老师和家长寄予厚望、经常考100分的学霸突然考了80分？虽然80分也很优秀，但对于一直考满分的学霸来说就是严重退步了。

不过，即使老板电器出现了业绩下滑，导致股价腰斩，但长期趋势还是向上的。到2020年，老板电器已经收复了大部分的跌幅。

成长股具有高风险和高收益的特点,但是从总体上来说,风险会比被炒作的概念股要低一些。

3. 成熟股

成熟股和成长股是两个相对的概念。成熟股是指企业所处行业基本已经步入行业顶峰,每年的增速在10%左右,行业格局也已经稳定,典型的就是空调和汽车行业。成熟股往往具有现金流充足、企业盈利能够保持稳健增长的特点。在市场风险较大时,由于其业绩确定性更高,而受到抱团资金的青睐,比如这两年的消费股。

在成熟股中,一些长期绩优、回报率高并具有较高投资价值的股票也常常被称为"白马股"。多数白马股的特点是股价长期稳定向上,所以其比较受价值投资者的欢迎。不过投资白马股也有一定的风险,其企业可能会出现经营问题或发生"黑天鹅事件"。

比如,*ST康得曾经是市值近千亿元的白马股,但在2019年被坐实出现115亿元的财务造假,股价一路下跌,2021年被强制退市。2011—2016年,*ST康得月线图如图5-36所示。

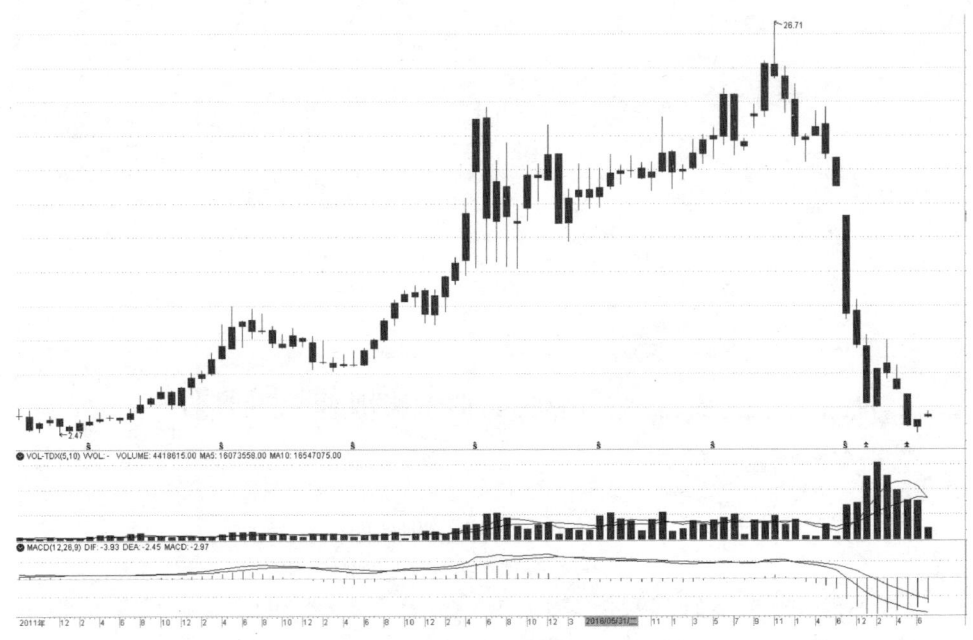

图5-36　2011—2016年*ST康得月线图

因此，投资白马股也有可能存在"踩雷"的风险，不过白马股出现"爆雷"的情况还是小概率事件，大部分白马股都值得我们关注。对于新手来说，买业绩平稳的白马股风险会低很多。

4. 周期股

有些公司的经营状态具有明显的"周期"，业绩往往随着经济周期而上下起伏，公司经营会出现明显的波峰和波谷。一般在经济繁荣时，公司的业绩大幅增长；在经济不景气时，公司的业绩大幅下滑，甚至出现亏损。这反映到股价上，则是股价出现大起大落式的波动，呈现出明显的周期性规律。这种类型的公司发行的股票就是周期股。

周期股具体可以分为三类：第一类是作为工业基础原材料的大宗商品，如原油、有色金属、钢铁、化工、煤炭、水泥等；第二类是航运业，如远洋运输、港口等；第三类是非生活必需品行业，如汽车、房地产等。

正是周期型公司在波峰和波谷间业绩大幅波动的特点，才使周期型行业股票具备了成为阶段性多倍股的可能。比如，2017年石墨烯涨价，石墨烯龙头股方大炭素（600516）短时间内出现了五倍左右的涨幅。不过，随着行业周期的转变，石墨烯价格回落，方大炭素的股价也出现了连续下跌。方大炭素月线图如图5-37所示。

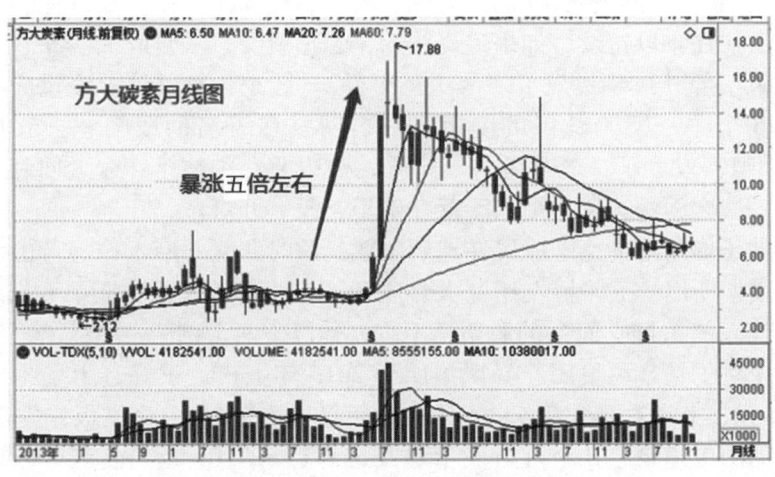

图5-37 方大炭素月线图

想在周期股上赚钱，就要跟着它的周期走，我们主要抓住以下两点：

①投资周期型公司的时点非常重要，要在行业低谷时投资、行业繁荣期退出。对行业周期的把握，是建立在对行业足够了解的基础上，这就需要投资者对

行业进行长期跟踪研究。

②不要买业绩太差的公司的股票。如果某类周期性行业公司在行业低谷期业绩很差，出现破产的可能性很大，一旦买到这类公司的股票，可能都撑不到下次繁荣期。所以，一定要注意，周期股也要看业绩，起码要买行业龙头股。

一般来说，周期股不太适合长期持有，可以阶段性参与。要把握投资的机会，除了要详细了解公司和行业之外，重点还要把握宏观经济的节奏。

总结一下，在上述四种股票类型中，对于价值投资者和新手来说，成长股和成熟股中的白马股是投资的首选；周期股比较适合在行业周期好时投资；而概念股由于多数属于短期的炒作，风险比较大，不建议新手投资。

股市捕鱼法之捕鱼方法一：ROE 选股

找好了目标鱼塘，也认识了鱼的种类，接下来我们要掌握捕鱼的方式。如果捕鱼的方法不得当，再努力也会徒劳无功。只有掌握了捕鱼的方法和技巧，才会事半功倍。

1. 好股票有什么特点？

一只股票的走势要想长期保持上涨，就要有业绩做支撑，没有业绩支撑却暴涨的股票，往往难以持续，如果追高买入，恐怕就要"关灯吃面"了。

2011 年，重庆啤酒爆发了"黑天鹅事件"，股票连续跌停。在重庆啤酒经历了连续第 6 个"一字"跌停的晚上，一名网友在著名的股吧——东方财富的"重庆啤酒吧"发表了一篇题为《一边吃，一边哭》的帖子：今天回到家，煮了点面吃，一边吃面一边哭，泪水滴落在碗里，没有开灯。

这篇帖子形象地描绘了股民在遇到股票暴跌时悲哀、麻木、痛苦的画面，让人感同身受。所以，后来网友用"关灯吃面"来形容股民投资股票亏损的心情。

其实让人"关灯吃面"的股票还不少，如以下两个例子：

第一个例子是暴风集团。暴风集团于 2015 年上市，正好赶上了牛市，发行价是 7.14 元，上市首日大涨 43.98％，此后经历连续 29 个涨停板，创造了 A 股连续涨停的历史纪录，几个月后股价触及最高点 327.01 元。上市这么短的时间里，最高价较发行价涨了近 45 倍，因此，暴风集团的股票也被称为 2015 年 A 股十大"牛股"之首。

但是，2019 年 7 月，暴风集团创始人冯鑫因涉嫌犯罪被逮捕，公司经营状况一步步恶化，到了 2020 年下半年，暴风集团变成了"暴风退"，股价也跌到了不足 1 元，2020 年 11 月，这只股票在 A 股摘牌退市。这印证了巴菲特的名言：

第五堂课
理财进阶：从极简的股票投资说起

"当大潮退去，才知道谁在裸泳。"

第二个例子是乐视网。乐视网的股票曾经一年涨了六七倍，最高涨到接近200元。后来，它的创始人贾跃亭成了人尽皆知还不上债的"老赖"，股价也下跌至不到2元，如今乐视网已经退市，当时的1000多亿市值蒸发，所有投资者的钱也都不复存在了。

因此，买业绩出问题的股票，很容易"踩坑"。

那些长期绩优、回报率高并具有较高投资价值的好股票，如贵州茅台，股价长期趋势向上。如果在贵州茅台上市时购买了这只股票并一直持有到现在，1万元就能变成200多万元，这样的收益率是不是很惊人呢？

所以，我们要找的好股票，其实就是长期业绩稳定增长的股票。

2. ROE 选股法

如何找到业绩好的股票呢？一个常用的选股指标是净资产收益率（ROE）。净资产收益率是净利润与股东权益的百分比，可以理解为股东投入的资金的回报率。这个指标值越高，说明投资带来的收益越高，公司越能赚钱。

巴菲特说过，如果只能用一个指标来选股，那他只看净资产收益率。

那么，我们如何利用这个指标来选股呢？

一般来说，连续多年净资产收益率在15%～30%的公司，是非常优秀的上市公司。投资时先筛选出连续5年净资产收益率高于20%的股票，这样选到好股票的概率更高。

i问财是一个智能投顾工具，可以帮助我们快速筛选出具有某类特征的股票。我们可以通过在网页中搜索找到该网站（图5-38）。

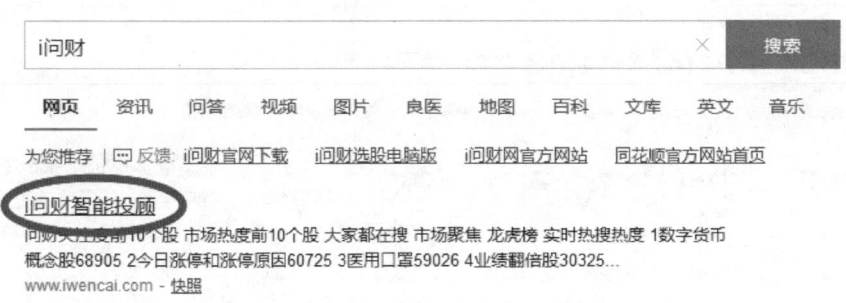

图5-38 在网页中搜索"i问财"

如图5-39所示，进入i问财官网后，点击搜索框左边的三角符号，展开更多筛选条件，如技术面、行情面、基本面和财务面。

图 5-39　在 i 问财网站设置筛选条件

接着,我们在搜索框中输入"连续 5 年 ROE＞20％"后就可以看到具有这种特性的股票了。如图 5-40 所示,该网站帮我们找到了 128 只符合条件的股票。

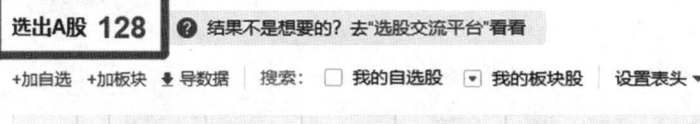

图 5-40　根据筛选条件选出符合条件的股票(部分)

100多只股票符合连续5年ROE大于20％的条件,看起来都很优秀。但如果我们只用ROE来选股,可能会"踩坑",因为ROE的表现是滞后的,公司基本面的变化远远快于ROE的变化。如果依据过往和当下公司的ROE的优秀表现,判断这是一家值得投资的公司,期望得到不错的投资回报,可能会事与愿违。

ROE可以用来在事后解释现象,但并不具有在事前预测投资回报的能力。所以,根据净资产收益率做筛选只是选股的第一步,它可以帮助我们从量化角度选出好股票的大致范围。

要找到未来能继续上涨的股票,我们还要结合营业收入和净利润增长、资产负债率、总资产周转率、销售毛利率、现金流量等指标来综合确定,这就更加专业和复杂了。

对于新手来说,财务分析的学习难度很大,本书作为入门级别的理财书籍,不会涉及太多财务方面的内容。

股市捕鱼法之捕鱼方法二:分红选股

巴菲特有一句名言:"买股票就是买公司。"我们买入股票,其实就是买上市公司的股权,都希望这家上市公司赚钱。

上市公司赚钱后,往往都会在年底把赚到的钱分给股东,这就是"现金分红"。分红越多,说明公司赚钱能力越强,我们投资这些公司的股票,一般问题也不大。

我们可以把高分红的公司作为选股的依据。那么,如何分辨高分红的公司呢?一般有两个指标:股息率和分红率。

1. 股息率

股息率是一年的总派息额与当时市价的比例,即股息与股票价格之间的比率。股息率的计算公式:股息率 =(股息÷股价)×100％。股息率是你买入股票后,一年内能收到多少分红的衡量指标,股息率越高分红就越多。

比如你买入了一只股票,其股息率为4％,这意味着你买入1万元这只股票,一年内能收到400元股息。

不过这个分红并不是额外给你的,而是从你原本的市值里折算出来的,看起来分红并不会造成总市值的任何变化,但是长期投资高分红的股票,其收益一般会比买银行储蓄存款的收益高。

根据统计数据对比,高股息率的公司主要来自金融、钢铁、食品、物流、煤炭等行业。像银行、地产等传统的高股息板块，具备较强的分红确定性，只要买得足够便宜，就能获得不错的收益。

因此，通过高股息率筛选出来的股票，可能更偏向于"平庸"的类型，大牛股不多，股价可能不会在短时间内出现大幅上涨，而是缓慢地波动，具有较好的防御特征，所以更加适合相对保守的投资者。

2. 分红率

那么，什么是分红率呢？分红率＝分红金额÷净利润。即分红金额越多，分红率越高。分红率也是越高越好。

比如，企业有 10 亿元净利润，其中 3 亿元用于分红，则分红率为 30％。分红率是衡量大股东是否慷慨、是否愿意和中小股东分享企业发展红利的一个指标。

在股市里有一些分红明星，如大牛股贵州茅台，分红就比较慷慨。

由表 5-1 可知，贵州茅台 2016 年的分红数额是每 10 股派发现金红利 67.87 元（含税）；2019 年的分红数额是每 10 股派发现金红利 170.25 元（含税），是 2016 年的 2.5 倍，年复合增长率高达 35％。

表 5-1 2013—2020 年贵州茅台股票分红情况

分红日期	分红方案	方案进度	股权登记日	除权派息日	每股收益/元
2020 年 6 月 30 日	不分配不转增	董事会预案	——	——	17.99
2019 年 12 月 31 日	10 派 170.25 元（含税）	实施方案	2020 年 6 月 23 日	2020 年 6 月 24 日	32.80
2019 年 6 月 30 日	不分配不转增	董事会预案			15.88
2018 年 12 月 31 日	10 派 145.39 元（含税）	实施方案	2019 年 6 月 27 日	2019 年 6 月 28 日	28.02
2018 年 6 月 30 日	不分配不转增	董事会预案			12.55
2017 年 12 月 31 日	10 派 109.99 元（含税）	实施方案	2018 年 6 月 14 日	2018 年 6 月 15 日	21.56
2017 年 6 月 30 日	不分配不转增	董事会预案	——	——	8.96
2016 年 12 月 31 日	10 派 67.87 元（含税）	实施方案	2017 年 7 月 6 日	2017 年 7 月 7 日	13.31

续表

分红日期	分红方案	方案进度	股权登记日	除权派息日	每股收益/元
2016年6月30日	不分配不转增	董事会预案	—	—	7.01
2015年12月31日	10派61.71元（含税）	实施方案	2016年6月30日	2016年7月1日	12.34
2015年6月30日	不分配不转增	董事会预案	—	—	6.91
2014年12月31日	10送1股派43.74元（含税）	实施方案	2015年7月16日	2015年7月17日	13.44
2014年6月30日	不分配不转增	董事会预案	—	—	6.33
2013年12月31日	10送1股派43.74元（含税）	实施方案	2014年6月24日	2014年6月25日	14.58
2013年6月30日	不分配不转增	董事会预案	—	—	6.98

贵州茅台分红预案之所以那么"壕"，很重要的原因是近年来其公司业绩保持大幅增长态势。同时，贵州茅台的股价也在"步步高升"。可见贵州茅台的投资者不仅能获得不错的分红，还能享受股价上涨带来的超额收益。

数据显示，截至2020年4月30日，2019年年报每10股拟派现金额在10元以上的个股有79只，贵州茅台以每10股派发现金红利170.25元（含税）排名第一，吉比特以每10股派发现金红利50元（含税）紧随其后，上市不到3个月的公牛集团以每10股派发现金红利38元（含税）位居第三。

可见，牛股分红也是不吝啬的。

那么，我们怎么根据这两个指标具体选股呢？

进入i问财官网首页，输入筛选条件"过去3年股息率大于3.5%、过去3年分红率大于30%"，点击搜索，显示符合条件的股票，一共有38只，如图5-41所示。

> 过去3年股息率大于3.5%、过去3年分红率大于30%

i问财

条件说明 添加条件

根据您的输入，i问财通过精准语义解析和关键词匹配，得出相应的条件说明如下：

过去3年的股息率(股票获利率)>3.5%(48个)　　过去3年的股利支付率>30%(1129个)

选出股票 38　+加自选　+加板块　↓导数据 NEW

序号	股票代码	股票简称	现价(元)	涨跌幅(%)	股息率(股票获利率)(%) ?			股利支付率(%) ?
					2019.12.31	2018.12.31	2017.12.31	2016.12.31-2019.06.30
1	601088	中国神华	16.58	1.53	6.9	4.9	14.76	40.28
2	600028	中国石化	3.89	0.00	6.07	8.32	8.16	44.39
3	601566	九牧王	12.50	-0.48	5.68	7.55	7.04	135.14
4	002601	龙蟒佰利	23.97	0.04	4.87	6.13	6.55	46.71
5	600376	首开股份	6.80	0.29	5.02	5.56	6.46	60.42
6	600873	梅花生物	5.29	0.38	5.83	7.82	6.4	88.24
7	601003	柳钢股份	4.54	-0.87	7.96	9.13	6.27	39.16
8	000429	粤高速A	6.77	-0.29	5.11	6.7	6.24	64.62
9	600236	桂冠电力	4.78	2.58	3.89	4.45	5.74	30.38
10	600104	上汽集团	19.29	0.42	3.69	4.72	5.71	56.84
11	600019	宝钢股份	4.95	0.61	4.88	7.7	5.25	38.18
12	601006	大秦铁路	6.38	0.63	5.85	5.83	5.18	52.08
13	601225	陕西煤业	8.73	0.93	4	4.44	5.12	39.29
14	600395	盘江股份	6.07	1.50	6.55	7.98	5.09	203.39

图5-41　使用i问财工具筛选符合股息率和分红率条件的股票（部分）

按照以上方法，我们可以挑选出一些在过去几年里稳定实施高分红的企业，每年都分红派息至少证明这些企业的盈利能力比较稳定。这些高分红的股票可以作为我们股票组合的一部分。关于股票组合，后面的章节会讲到。

不过，这些高分红的企业的股票，往往都是盘子比较大的股票，也就是说，很可能涨跌幅都不会特别大。所以，如果你是一个追求高收益的股民，可以少量配置这类股票，既可以用来做打新债的门票，还能获得分红的收益。

股市捕鱼法之捕鱼方法三：条件选股

股市捕鱼的第三种方法是通过"条件选股"功能选股，这是老股民常用的一种选股方法。这个功能在多数股票软件上都有，我们可以通过在软件上设置相应的筛选条件去挑选相应的股票，也可以在软件上编辑要查找的股票特征来筛选

第五堂课
理财进阶：从极简的股票投资说起

符合条件的股票。通过"条件选股"，可以大大缩小我们选股的范围。

比如，我们要找到最近三个月创出新高的股票，那么通过"条件选股"功能选择"近三个月创出历史新高"这个条件，就能筛选出一批符合条件的股票。

那么，具体如何使用这个工具呢？

如图 5-42 所示，打开通达信软件，在左上角的菜单栏里依次点击"功能"→"选股器"→"条件选股"，进入条件选股的界面。

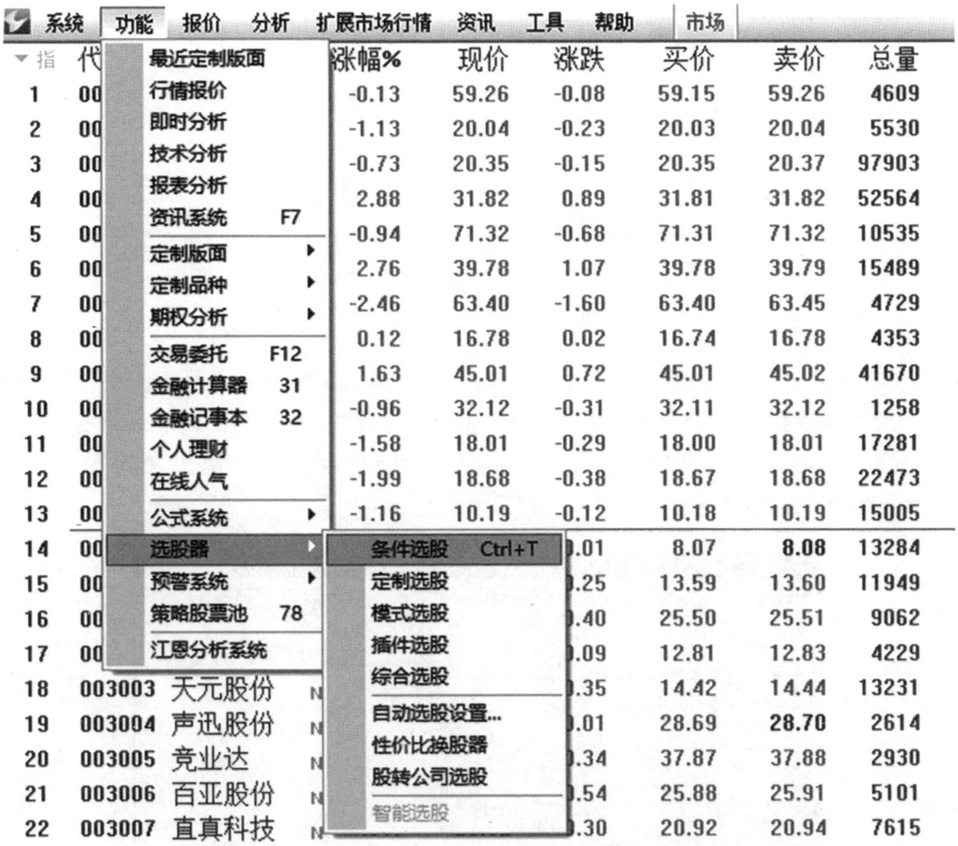

图 5-42 使用通达信"条件选股"功能筛选符合条件的股票

如图 5-43 所示，进入"条件选股"功能界面。"条件选股公式"下拉菜单中，有近日创历史新高、近日创历史新低、连涨数天等公式。设置的选股条件越多，选出来的股票数量就越少。

图5-43 "条件选股"功能界面中的选股公式

如图5-44所示,以选择最近20天内创历史新高的股票为例,设置相应的参数,加入条件,并执行选股。在执行选股的过程中,需要加载很多数据,我们耐心等待几分钟,就能得到符合这个条件的股票列表。有时选出来的股票很多,我们可以同时设置其他一些条件,来缩小选股范围。

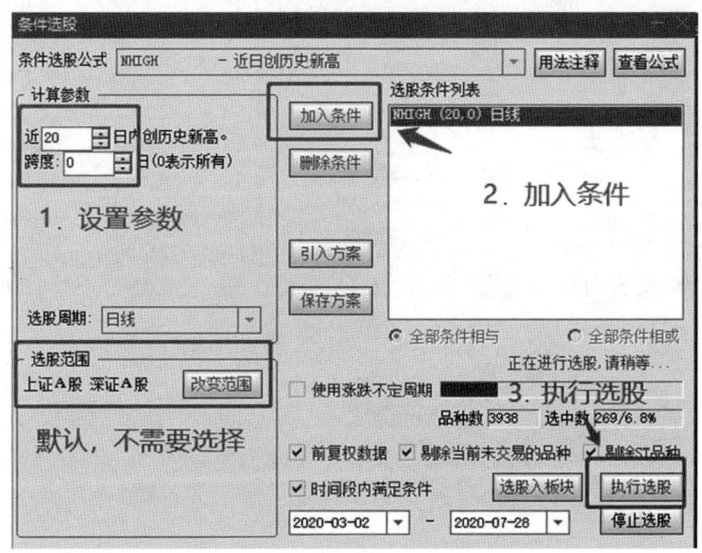

图5-44 设置参数,加入条件,执行选股

第五堂课
理财进阶：从极简的股票投资说起

选出一组股票后，如果不做其他操作，这些股票就进入了临时条件股板块，如图5-45所示。

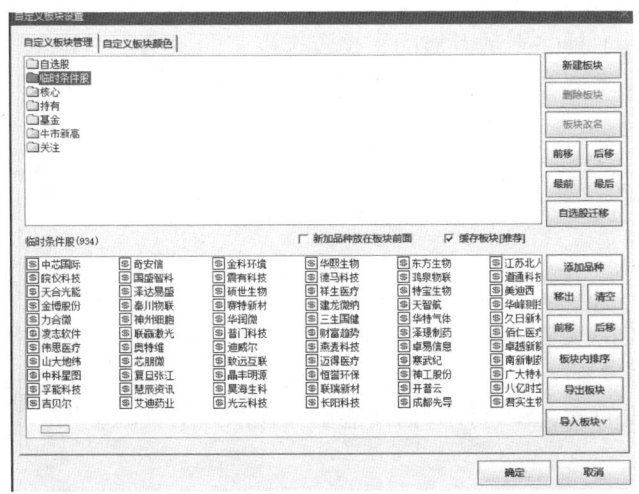

图5-45　选出的一组股票进入临时条件股板块

我们也可以点击"选股入板块"，新建一个板块，把选出来的股票引入这个板块里，以便我们下次直接查看。

比如，先新建一个叫作"牛市新高"的板块，再把刚刚选出的股票导入这个板块中。下次我们打开股票软件，在通达信软件最下方的"自定"一栏中，就能找到"牛市新高"板块（图5-46）了。

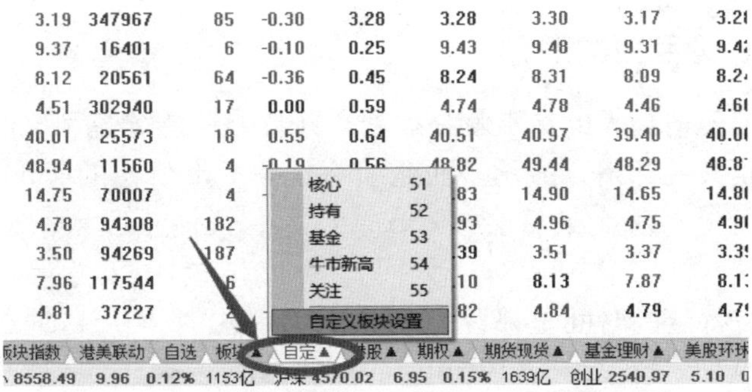

图5-46　自定义"牛市新高"板块

使用"条件选股"功能，可以快速地缩小选股的范围，从数千只股票中筛选出一两百只甚至十几只符合条件的股票。我们可以根据自己的要求，试着利用这个功能去选择自己想要投资的股票。

249

我们使用选股工具要注意两点：

第一，可以同时添加几个不同的条件选股，这样能更大程度地缩小选股的范围。如果没有同时符合这些条件的股票，那就需要把要求降低或减少。

第二，选股工具并不是万能的，投资选出来的股票不一定就能获得收益。股票能不能赚钱还需要考虑股票所处的行业、股票的财务状况、股价所处的位置、股票的估值等因素。

"条件选股"工具和"i问财"选股工具一样，都属于股票初筛的工具，选出来的股票需要进一步通过基本面、技术面等分析来进行筛选，最终选择几只合适的股票买入持有。

"条件选股"工具的操作看起来不难，但是要运用好需要花费一定的时间琢磨，特别是里面的选股公式涉及一些比较专业的术语，如蜻蜓点水、早晨之星等，让人摸不着头脑。所以，我们在运用这个工具时，还需要通过网络工具搜索其中的选股公式的含义，这样我们才能更快地掌握工具的使用。

股市捕鱼法之捕鱼方法四：排除法选股

我们使用筛选工具选股票，往往会选出几十只甚至上百只股票，数量确实太多了，有没有其他办法进一步缩小范围呢？

在这里，给大家推荐"排除法"，通过排除具有某类不好特征的股票，快速筛选出好的股票。那么，我们一般要排除哪类股票呢？下面给大家介绍五类不要买的股票。

1. 业绩出现亏损的股票

优质的上市公司最大的特点就是盈利，并且能够持续盈利，股价也是长期向上的，任何时候买入都是合适的。而业绩不佳的上市公司的股价不仅很难上涨，还可能不断创新低，甚至最后会被退市。所以，我们买股票，首先要选盈利的公司。

上市公司在特定的时间里都会公布季报和年报，我们可以通过这些财务报告了解上市公司的业绩情况。先打开相应股票的盘面走势图，然后找到个股的财务数据，就能查看公司是否亏损。

哪些股票属于业绩亏损股呢？一个简单的评判标准：最近一个会计年度扣除非经常性损益后的净利润为负值，也就是"扣非净利润"是负数。

如图5-47所示的是ST南风（000737）的股票界面，点击界面上方的"F10"。

第五堂课
理财进阶：从极简的股票投资说起

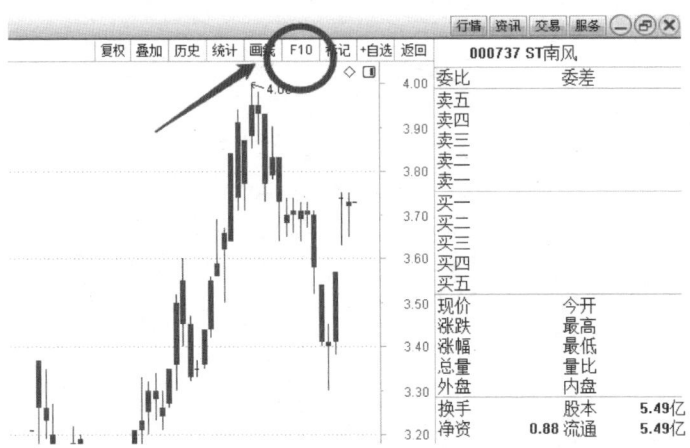

图 5-47　ST 南风的股票界面

如图 5-48 所示，进入新页面后，选择"财务分析"，然后找到最近一个周期里的"扣非净利润"，如果数值前面有负号，就说明这是一只业绩亏损的股票。

财务指标	2020-09-30	2020-06-30	2020-03-31	2019-12-31
审计意见	未经审计	未经审计	未经审计	无保留意见
归母净利（未调整：万元）	9944.00	9383.36	8608.19	-4856.91
归母净利（调整后：万元）	9944.00	9383.36	8608.19	-4856.91
净利润增长率（%）	4598.14	1355.85	1854.22	-118.19
扣非净利润（万元）	-1350.36	-1802.92	-2000.36	-6535.50
营业总收（未调整：万元）	83209.68	53989.23	23868.18	121465.44
营业总收（调整后：万元）	83209.68	53989.23	23868.18	121465.44
总营收同比增长率（%）	-10.04	-6.55	2.42	-33.53
加权净资产收益率（%）	22.19	21.08	19.53	-11.45
资产负债比率（%）	56.43	56.94	57.97	74.72
净利润现金含量（%）	-12.33	-9.22	-38.09	-18.90
基本每股收益（元）	0.1812	0.1710	0.1569	-0.0885
每股收益-扣除（元）	-0.0246	-0.0329	-0.0365	-0.1191
每股收益-摊薄（元）	0.1812	0.1710	0.1569	-0.0885
每股资本公积金（元）	1.8095	1.8095	1.8095	1.8095
每股未分配利润（元）	-2.1880	-2.1902	-2.2044	-2.3612
每股净资产（元）	0.8879	0.8777	0.8636	0.7067
每股经营现金流量（元）	-0.0220	-0.0160	-0.0600	0.0170

图 5-48　ST 南风的扣非净利润为负

如果是业绩出现亏损的公司，哪怕它的股价正处在上升趋势也不建议买入。

一个简单识别股票业绩好坏的方法：财务分析中"主要财务指标"一栏中的财务数据带的负号越少越好。如图 5-49 所示，唯一 A 股上市老字号醋业公司恒顺醋业（600305）的"主要财务指标"列表中，所有数据都没有带负号，说明这只股票的业绩还是比较好的。

而一旦看到带了很多负号的业绩报表的股票,我们就要远离它,比如上面提到的 ST 南风(000737)。

财务指标	2021-09-30	2021-06-30	2021-03-31	2020-12-31
审计意见	未经审计	未经审计	未经审计	无保留意见
归属母公司净利润(万元)	13464.99	12744.30	7887.42	31477.21
净利润增长率(%)	-41.73	-14.62	3.89	-3.01
扣非净利润(万)	11289.64	11525.71	6932.30	28497.30
营业总收入(万元)	135939.03	103524.47	51729.39	201430.99
总营收同比增长率(%)	-6.37	8.59	10.98	9.94
加权净资产收益率(%)	5.63	5.18	3.24	13.52
资产负债比率(%)	21.54	22.64	21.18	22.97
净利润现金含量(%)	79.80	131.89	44.24	115.68
基本每股收益(元)	0.1346	0.1271	0.0786	0.3138
每股收益-扣除(元)	0.1126	0.1149	0.0691	0.2841
每股收益-摊薄(元)	0.1343	0.1271	0.0786	0.3138
每股资本公积金(元)	0.0471	0.0506	0.0511	0.0511
每股未分配利润(元)	1.1255	1.2737	1.2253	1.1467
每股净资产(元)	2.1901	2.4655	2.4669	2.3883
每股经营现金流量(元)	0.1070	0.1680	0.0350	0.3630

图 5-49 恒顺醋业的"主要财务指标"列表

不过,上面这种方法更适合新手在入门阶段快速学习。我们研究股票基本面并不是这么简单的事情,想要了解一家公司的经营情况、财务数据等重要信息,还需要进行深入研究,这就属于非常专业的事情了。

2. 流通股本太大的股票

流通股本太大的股票最好不要买,主要是因为这种股票不容易涨。

什么是流通股本?它是指股票能在二级市场进行交易的流通量。二级市场是指我们普通投资者可以参与投资的市场。

股票发行时,发行总数叫作总股本,流通股本可能只是其中的一部分,比如某家公司发行了 20 亿股,而流通股本只有 15 亿股,那么就有 5 亿股无法在二级市场交易。好比张三有 50 斤苹果,他只拿了 40 斤去卖,剩下的 10 斤自己留着,那么只有 40 斤苹果是可以流通交易的,另外 10 斤苹果我们是买不到的。

一般来说,流通股本小的股票,股价更容易被拉升,就像把水分别倒进 10 升和 1 升的杯子,1 升的杯子更容易被倒满。比如,工商银行(601398)的流通股本是 2696 亿股(图 5-50),属于超级大盘股,想要把它拉到涨停,需要非常多的资金，市场主流资金都不喜欢买这样的股票，因此，这种股票日常涨跌幅都不大，持有这种股票的好处是稳定，但是对提高收益没什么用处。

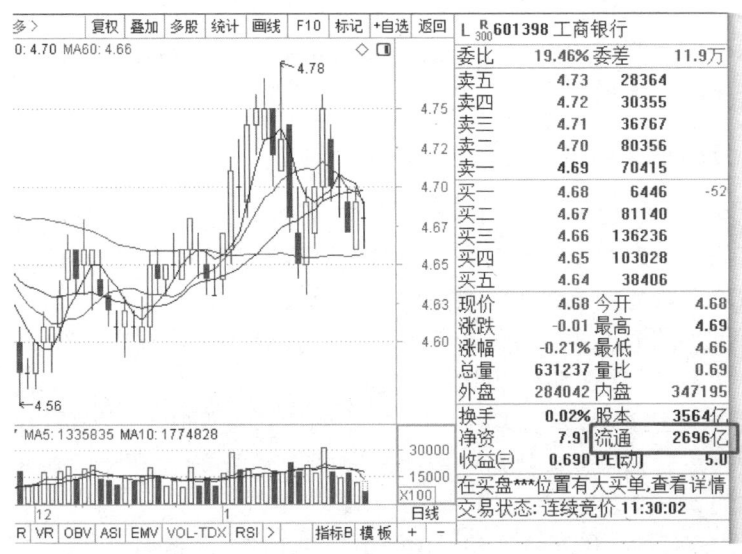

图 5-50　工商银行的流通股本

而很多刚上市的次新股，由于盘子很小，容易被资金操控，所以涨跌的弹性很大。比如次新股爱美客（300896）上市时的流通股本仅 2601 万股（图 5-51），所以日内涨跌幅很大，股价在一年内就涨了三四倍。

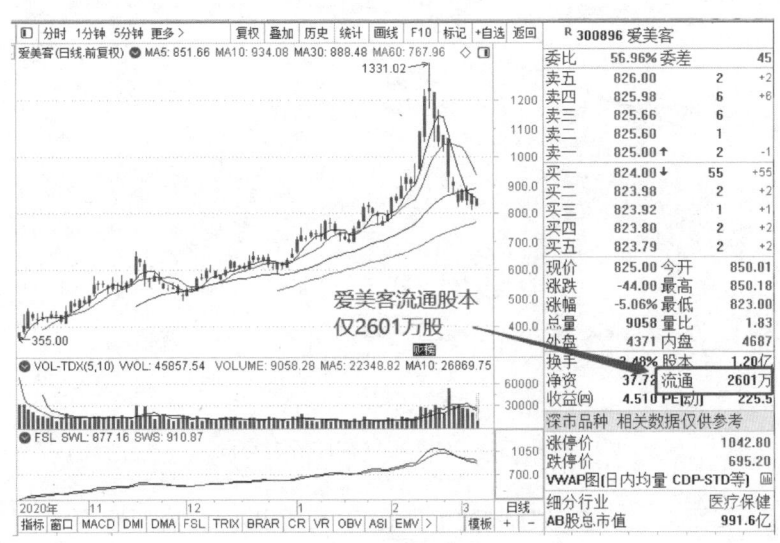

图 5-51　次新股爱美客的流通股本

如果我们想买到长期趋势向上、平均年化收益率超过 10% 的股票,就不要买流通盘太大的股票。那么我们选择流通股本多大的股票比较好呢?

如果是做短线投资,最好是选择流通股本在 5 亿～30 亿之间的股票,这种规模的股票短时间内涨幅可能会比较可观;如果是做长线投资,可以把流通股本的区间放大一点,但最好不要高于 70 亿。

3. 流通市值太小的股票

流通股本太大的股票不建议投资,同时,流通市值太小的股票也不建议投资。

流通市值是指在某个特定时间内当时可交易的流通股本乘当时股价得出的流通股票总价值。为什么不要买流通市值太小的股票?

因为市值小的股票,很容易被大资金操纵,成为"庄股"。这几年一直被人诟病的"杀猪盘",往往都是以市值小的股票为诱饵。

2020 年 6 月到 12 月,有 10 多只市值小的股票被人盯上,先是拉高后吸引散户入局接盘,然后猛砸盘,让这些股票短时间内暴跌 20% 以上。2020 年仁东控股走势图如图 5-52 所示。

比如,仁东控股(002647)盘子比较小,一年涨了 3 倍多,这其实是一只"被庄家盯上的股票",对于庄股来说,拉高出货是其最终目的,其股价在崩盘前都表现较好,但基本面难以匹配股价走势。果不其然,被大股东"抛弃"后,仁东控股在不到一个月内暴跌了 75% 以上。2020 年仁东控股走势图如图 5-52 所示。

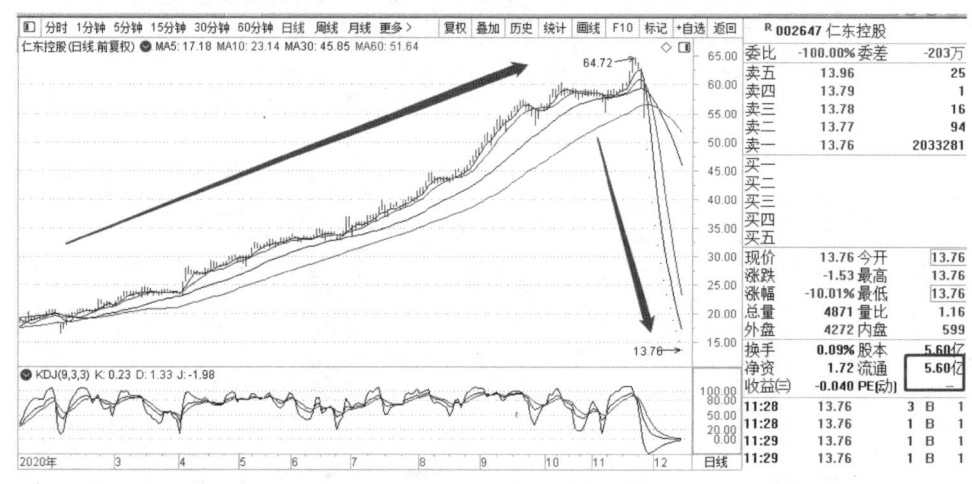

图 5-52　2020 年仁东控股走势图

由表 5-2 可知,大多数庄股的市值在 30 亿元以内,流通股本也很小,多数没有超过 5 亿元。

表 5-2 2020 年的庄股情况

股票名称	下跌起始日	其间最大下跌幅度	上市时间	12 月 10 日流通市值/亿元	流通股本/股
盛洋科技	6 月 3 日	-54.06%	2015 年 4 月 23 日	27.81	2.3 亿
济民制药	6 月 11 日	-36.25%	2015 年 2 月 17 日	132.96	3.2 亿
合力科技	6 月 24 日	-19.59%	2017 年 12 月 4 日	13.80	1.57 亿
松霖科技	8 月 21 日	-35.78%	2019 年 8 月 26 日	7.32	4480 万
中源家居	8 月 26 日	-30.37%	2018 年 2 月 8 日	4.82	2000 万
泰嘉股份	8 月 27 日	-24.88%	2017 年 1 月 20 日	17.16	2.1 亿
嘉美包装	9 月 9 日	-47.12%	2019 年 12 月 2 日	28.50	4.44 亿
路畅科技	9 月 11 日	-30.36%	2016 年 10 月 12 日	8.00	3456 万
珠江实业	9 月 28 日	-27.78%	1993 年 10 月 28 日	27.13	8.53 亿
嘉友国际	10 月 14 日	-27.24%	2018 年 2 月 6 日	12.73	5488 万
仁东控股	11 月 25 日	-71.76%	2011 年 12 月 28 日	95.14	5.6 亿
朗博科技	11 月 30 日	-58.46%	2017 年 12 月 29 日	9.17	3400 万

所以，我们在买股票时，最好不要选择流通市值低于 30 亿元、流通股本低于 1 亿的股票。这样能大大避免买到庄股，避免误入"杀猪盘"。

4. 股价太低的股票

很多股民喜欢买价格低的股票，认为低价有上涨的空间，花钱还少，而那些高价的股票，已经涨到一定程度，更容易下跌。

但实际上股票就是一种商品，所谓"一分钱一分货"，便宜往往没什么好货。

好股票往往遵循"强者恒强"的定律，它可能不是股票市场里最贵的，但也绝对不属于最便宜的那 10%。因为好股票一旦下跌，一定会有人抢着买，所以，它不会跌得太多。

相反，那些垃圾股，因为不受机构喜欢，市场大资金不会流入，只有散户购买，股价往往无法持续上涨，相反在下跌时，会跌得更多，所以，才会成为便宜的股票。

低价股就像地摊货，品质一般不会太好，没有人会把地摊货当作宝贝去收藏。我们买股票也是一样，没必要持有太"廉价"的股票。

那么，什么样的价格算是股价太低呢？

不管在什么时候，只要是股价排名在后 10% 的股票，一律不要考虑，把它们从你的目标中划掉就对了。

假设现在市场上有4000多只股票，那么就有400多只低价股可以被排除在外，尤其是那些股价在2元以下的股票（股价连续15个交易日低于1元是会被强制退市的）。所以我们不要贪便宜买低价股，因为我们不知道价格低的股票还能跌多少。

图5-53所示的是截至2020年9月30日A股排名倒数第388～400名的股票，股价在3.7元以内。那么，在这个阶段，低于这个价位的股票最好不要考虑。

	代码	名称		涨幅%	现价↑	涨跌
388	002464	众应互联	R	-10.10	3.65	-0.41
389	600581	八一钢铁	R	-2.67	3.65	-0.10
390	603117	万林物流		-1.62	3.65	-0.06
391	000966	长源电力		-1.88	3.66	-0.07
392	600105	永鼎股份	R	-4.19	3.66	-0.16
393	601068	中铝国际		-1.88	3.66	-0.07
394	000680	山推股份	R	-3.42	3.67	-0.13
395	002336	ST人乐		-2.13	3.67	-0.08
396	600023	浙能电力	R	1.38	3.67	0.05
397	000563	陕国投A	R	-0.81	3.68	-0.03
398	300459	金科文化		-3.66	3.68	-0.14
399	600386	北巴传媒	R	-1.34	3.68	-0.05
400	600675	中华企业	R	-1.60	3.68	-0.06

图5-53　截至2020年9月30日，A股排名倒数第388～400名的股票

5．"戴帽子"的股票

"戴帽子"的股票是指在名称前面加上ST或*ST符号的股票，这是一种被特别处理的股票。

如果股票名称前加上ST，主要说明公司不赚钱了，而且公司连续两年亏损，"戴帽子"是告诉大家这只股票存在投资风险；如果股票名称前加上*ST，是指这家公司连续三年亏损，有退市风险。正因为风险很大，所以"戴帽子"的股票每天的涨跌幅被限制在5%。图5-54所示为"戴帽子"的股票。

第五堂课
理财进阶：从极简的股票投资说起

指	代码	名称	涨幅%	现价↑	涨跌	买价
1	900955	*ST海创B	-1.40	0.141	-0.002	0.139
2	900946	ST天雁B	-2.05	0.143	-0.003	0.141
3	900906	ST毅达B	0.00	0.180	0.000	0.179
4	600687	*ST刚泰	-5.56	0.68	-0.04	—
5	600086	*ST金钰	4.40	0.95	0.04	0.94
6	200017	*ST中华B	-1.03	0.96	-0.01	0.95
7	600978	*ST宜生	-2.78	1.05	-0.03	1.04
8	601258	ST庞大	0.00	1.06	0.00	1.06
9	000662	*ST天夏	-2.68	1.09	-0.03	1.09
10	600122	*ST宏图	-5.22	1.09	-0.06	—

图 5-54 "戴帽子"的股票

一般来说，"戴帽子"的股票走势都非常极端，可能会连续跌停，甚至有的股票会退市。如果股票退市了，股民的钱就相当于打了水漂。

截至 2020 年 12 月，沪深两市还有 200 多只"戴帽子"的股票，市场上很多低价股也是"戴帽子"的股票，建议大家不要购买。

以上就是我们建议通过排除法进行排除的五类股票。我们使用前面的选股工具再结合排除法，就能快速地把股票范围缩小到几十只甚至几只。选好股票后，也不能着急买入。就像我们捕鱼，如果鱼还没长大，即使捕捞了，也没多大经济价值，耐心等鱼长大了再捕捞，同时做好捕捞计划，这就是在后面的章节中会讲到的股票估值和仓位管理。

股市捕鱼法之适时捕鱼：市场估值法

除掌握正确的捕鱼方法外，还需适时、适当地捕捉肥美的大鱼。适时捕鱼其实就是买到估值合理的股票，股票的价格总是围绕着价值上下波动，有时估值过高，会通过下跌来回归，有时处于低估值阶段，会通过上涨来填补估值洼地。

所以，投资股票时，只有掌握好入场时点，才能捕捉到称心如意的价格。

在讲估值前，我们先来讲一个故事：

2017 年 5 月 19 日，贵州茅台首次突破了 400 元/股。5 月 21 日，有一位网友在微博上发表看空贵州茅台的言论，一位专业投资人士回复表示：2018 年底如果不到 600 元/股，就捐出 50 万元给慈善机构。

接着，重仓贵州茅台的投资界大佬但斌立刻接棒称，"我愿赌 1000 万元，1 亿元也行！为慈善事业做贡献！"

这场赌局最后谁赢了呢？

最后认为贵州茅台能涨到 600 元的人赢了，而且时间整整提前了一年！2017 年 10 月 27 日，也就是距离立下赌约还不到半年的时间，贵州茅台就以当日 7.69％ 的涨幅强势地站上了 600 元关口。截至 2020 年 9 月 2 日，贵州茅台最高涨到了 1828 元/股，3 年时间，涨了 3 倍以上。贵州茅台也是目前为止 A 股股价唯一站上 1000 元关口的股票，与第二高价股拉开 1 倍多的距离，成为当之无愧的 A 股股王！

坚定持有贵州茅台的投资者赚得盆满钵满，而看空贵州茅台的人却错失了赚钱的良机。

从上面的故事，我们会发现，不同的人对同一只股票的看法差别很大，有的人觉得股价太高了，要下跌了，而有的人觉得股价虽然看起来高，但实际上还有上升潜力。

所以，投资者们会在股价到底是高还是低的问题上产生严重的分歧，造成同一个价位有人卖出也有人买入。

股价低就是便宜，就值得买入吗？股价高就是太贵了，就应该卖出吗？

显然这从逻辑上讲是行不通的，不然股票投资也太简单了，大家只买价格低的股票就好了，同时，这也是很多股票投资新手常犯的一个错误。比如：我们挑选一只股票进行投资时，觉得它太贵了，总想找一只便宜的，但其实股价贵有贵的道理、便宜有便宜的道理。

那么，我们用什么办法来判断股票价格是否合理呢？我们可以通过两个角度来分析，一个是对市场的估值，一个是对个股的估值。

从市场估值来看，一般可以从两个方面来判断：一是通过经济周期找到股市高低点，二是通过 A 股温度计看市场热度。

1. 通过经济周期判断市场估值

一般来说，当宏观经济处于波峰，也就是经济发展比较快时，各行各业都呈现欣欣向荣的景象，股市也可能会出现牛市。2005—2007 年 A 股历史上最大的一轮牛市，就是在经济持续高增长的背景下推动的。而当宏观经济处于波谷，也就是经济不太景气时，企业倒闭破产得比较多，上市公司也会受到影响而出现业绩下滑，同时很多人手里都没有太多钱，股市就可能进入熊市。这时大多数股票都会出现 30％ 甚至 50％ 以上的跌幅，那么，此时就是股票价格比较便宜的时候。

不过，有一些股票长期趋势是向上的，这种股票是穿越牛熊市的大牛股。即使是这样的大牛股，在遇到大盘大幅下跌时，短期内也会出现 20％ 以上的跌幅。比如恒瑞医药（图 5-55），虽然长期趋势向上，但是短期内也有超过 20％ 的跌幅。对于这种随着大盘出现大幅下跌，而本身没有什么问题的股票，其实可以趁机"捡便宜"。

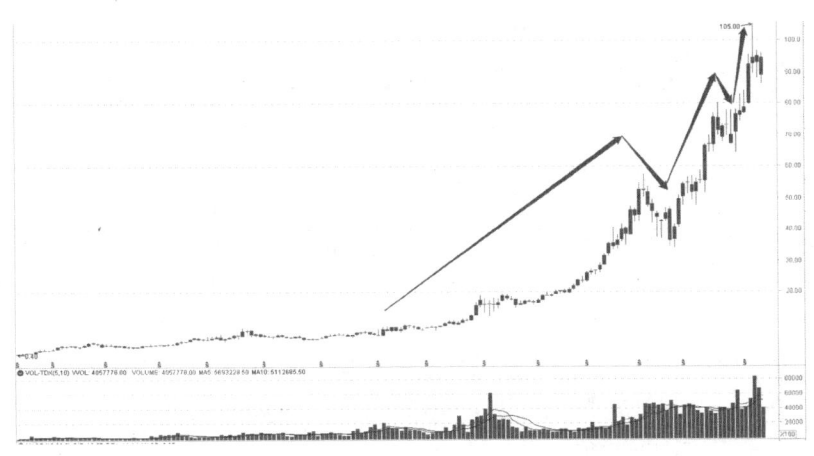

图 5-55　恒瑞医药月线图

从逻辑上来说，当经济下行时，似乎很难有公司可以不受其影响，因此想要找到穿越宏观经济波峰与波谷的股票看起来也不太可能。但是现实中确实有少数企业的盈利可以逆势增长，或者做到和经济周期波峰与波谷基本没有相关性，持续保持高增速。这是因为有些行业是弱周期性行业，和经济下行的相关度不高，比如医药行业，就能做到不受宏观经济影响而逆势增长，这是符合逻辑也符合现实情况的。

另外经济下行时，也会有部分受益的行业，比如与消费降级相关的企业。举个例子，2020 年受新冠肺炎疫情的影响，整体经济情况不乐观，榨菜销量反而增加了，成了经济下行的受益者，股价在疫情期间涨了 1 倍多。涪陵榨菜月线图如图 5-56 所示。

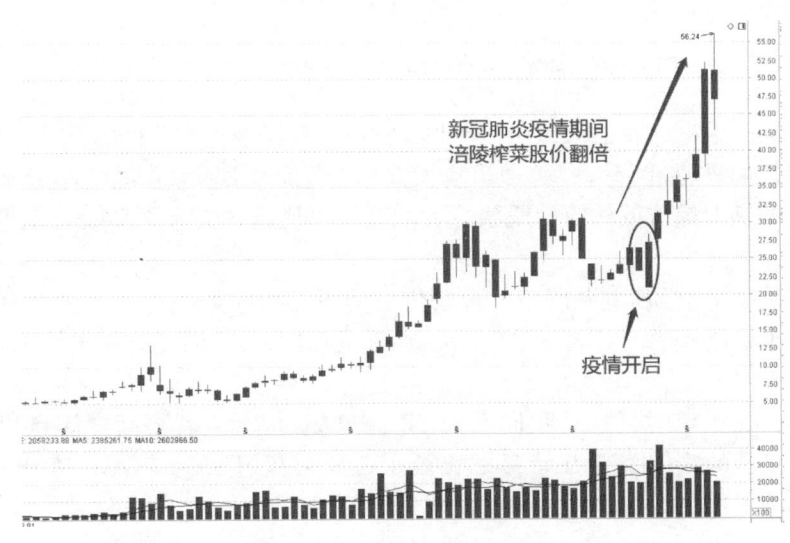

图 5-56　涪陵榨菜月线图

但是，这样的股票很少。因此，总体来看，运用宏观经济数据判断股票的大势，是有一定的参考价值的。如果我们要长期持股，一定要关注宏观经济环境的变化。

2. 通过 A 股温度计判断市场估值

我们还可以使用集思录网站推出的 A 股全市场温度计来测算当下股市的估值。这个工具就像温度计一样，可以测量市场的温度，从而判断市场的投资价值。如果温度过高，那么说明现在市场上跟风的人多，风险比较高，投资价值低，应该卖出；如果温度比较低，那么说明估值在底部区域，投资价值大，应该买入。

A 股全市场温度计包括 PB 温度和 PE 温度。我们先来看如何利用市净率 PB 温度来判断股市的投资价值。

如图 5-57 所示，从 1996 年到 2020 年，股市经历了 20 多年牛熊转换的过程，其中有 5 轮牛熊更替。5 轮牛市中，在牛市顶部时，PB 温度 4 次超过 95%，1 次超过 70%。在熊市底部时，PB 温度 4 次低于 20%，1 次低于 50%。

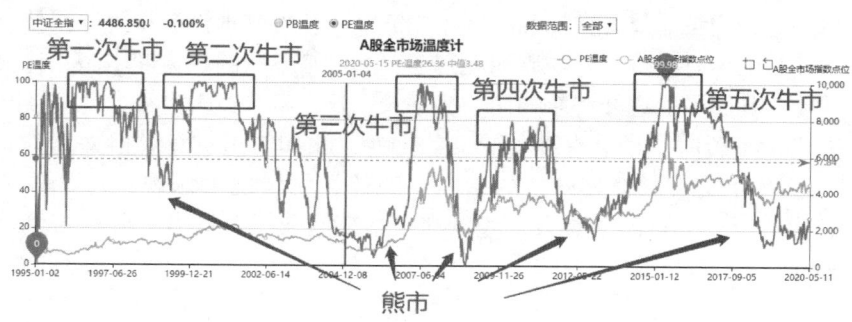

图 5-57 1996—2020 年，股市经历了 5 轮牛熊转换

根据以上数据，我们大致可以判断，如果 PB 温度达到 70% 以上，就意味着风险来临；如果超过 95%，那么市场大概率会见顶。如果 PB 温度低于 20%，则意味着市场有大量被低估值的股票，我们就可以挑选并买入这类股票，等待股价上涨。

用市盈率 PE 温度判断股市的投资价值的思路与此类似。在 5 次牛市中，PE 温度有 4 次超过 95%，1 次超过 70%。而在熊市时，PE 温度有 4 次低于 20%，1 次低于 45%。

所以，在牛市时，一旦我们看到 PE 温度超过 75% 就要高度注意规避风险了，长期投资的股票也要开始考虑止盈了，如果超过 95% 就可以考虑清仓了。如果是持续下跌的熊市阶段，PE 温度低于 20%，就可以考虑逐步配置优质的股票。

我们如何找到 A 股全市场温度计这个工具呢？

如图 5-58 所示，在网页里搜索"集思录温度计"，进入集思录首页。

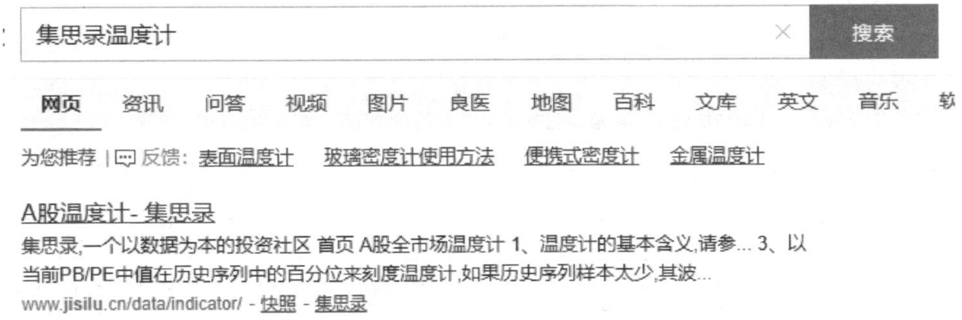

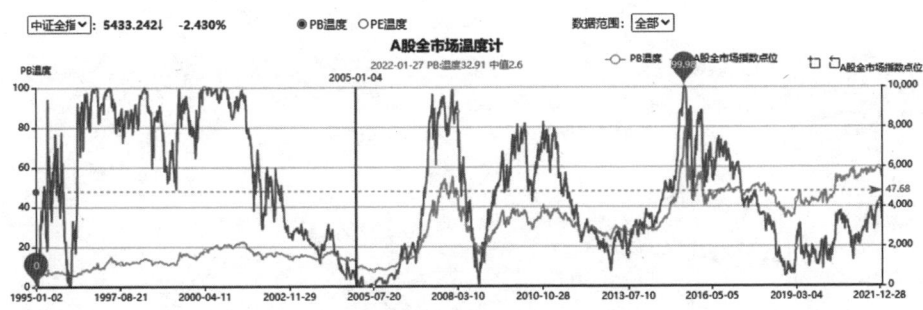

图 5-58　在网页里搜索"集思录温度计"

如图 5-59 所示，进入页面后，我们就可以查看每个交易日的 PB 温度和 PE 温度。

图 5-59　在集思录上查看 PB 温度或 PE 温度

总的来说，这个温度计是一个很好用的工具，能够帮助我们快速地判断现在市场的估值水平。温度高时，我们就减少股票的买入，及时止盈；温度低时，就大胆买入好股票。通过简单的操作，让自己的财富雪球滚起来。

股市捕鱼法之适时捕鱼：个股估值法

我们都想投资一家能够长期赚钱的好公司的股票，但是这样的股票，很多人都在盯着，如果大家都买该股票，股价就会上涨，就容易被高估。那么，如何判断某一段时间里，这家公司的股价是不是被市场高估了？这一节我们来学习个股的估值方法。

1. 市盈率估值法

对于个股的估值，市场上比较常见的是用市盈率（PE）来判断。

市盈率是股票价格除以每股净利润的比值，通常被用作衡量股票是否被高估或低估的指标。

一般来说，如果市盈率过高，说明这只股票的价格可能被高估了，最好暂时不要买入；如果市盈率比较低，说明股价可能被低估了，买入也许会有比较可观的收益。

比如，2020年3月到9月，食品加工龙头股海天味业（603288）从75.92元涨到了203元，半年涨了近2倍，市盈率高达100倍以上，市值突破6500亿元。然而，海天味业股价突破200元后，即突遭大跌，不到1个月时间下跌超过20%。为什么会出现大跌呢？其本质原因是海天味业的估值过高，公司业绩无法支撑起如此高的市盈率。海天味业月线图如图5-60所示。

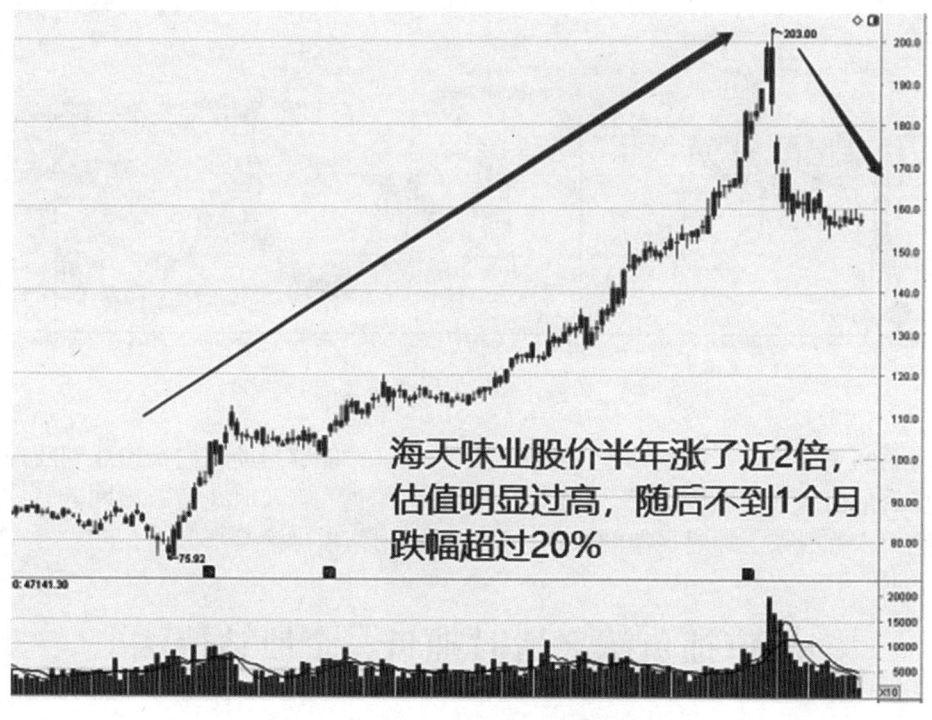

图5-60　海天味业月线图

再如，2021年开年，抱团股大跌，许多龙头股跌了20%以上，其实也是因为前期涨了太多，估值过高导致估值回归。所以，再好的股票，估值过高风险也

第五堂课
理财进阶：从极简的股票投资说起

很大，涨得厉害，跌的时候也会很严重。

在上市公司有正常盈利的情况下我们谈市盈率才有意义。如果企业没有盈利，那么市盈率就无意义了。

为什么这里强调正常盈利状态的公司呢？因为亏损的公司计算出来的市盈率是负数，指标就会失效；而小幅盈利的公司因为净利润的分母小，计算出来的市盈率会非常高，无法正确衡量公司的估值。

根据经验判断，对于正常盈利的公司，如果净利润保持不变，市盈率在10倍左右是比较合适的，因为10倍的倒数为$1/10=10\%$，刚好对应一般投资者要求的股权投资回报率或股票投资的长期报酬率。

未来几年净利润能够保持个位数至30%增长区间的公司，10～30倍市盈率比较合适。

遇到市盈率30倍以上的公司就要谨慎了，但是，这并不是说市盈率高于30倍的股票一定太贵了，比如科技类的股票，一般市盈率都比较高，可能会达到七八十倍甚至更高。

这些市盈率30倍以上的公司的股价还能持续上涨，是因为盈利可以保持高增速。从整个市场来看，保持盈利高增速的公司是少数的，因此注定了30倍的市盈率对于大多数公司来说都是过高的，所以我们需要对市盈率30倍以上的股票保持谨慎。

市盈率60倍以上被叫作"市盈率魔咒"或"死亡市盈率"，这时股票价格上涨最为迅猛，一般是牛市后期、市场情绪最乐观的时候，但是很难有公司、板块以及整个市场能够持续保持如此高的估值。

例如，1989年的日本股票市场、2000年美国的纳斯达克市场、2007年的中国A股市场等，无一能够从"市盈率魔咒"中幸免，最后都出现了大崩溃。

另外，企业发展经历不同的阶段：创业期、成长期、繁荣期、衰退期。

一般而言，在创业期与成长期，企业快速发展，这时也是容易给予高估值的时候。这时企业的营业收入从无到有，基数低，增速相对较快。

贵州茅台刚上市时有40倍左右的PE估值，2007年牛市顶峰时达到70多倍的PE估值，但现在的贵州茅台的市盈率不容易再达到70多倍。因为现在所面对的经济大环境的经济增速相比2007年时已经显著下降，同时贵州茅台在盈利保持多年高增速后想要继续保持这样的速度会越来越难，因此市场再给这样高的估值也越来越难。一旦我们看到贵州茅台的市盈率超过70倍，那就要非常小心，因为这时往往是泡沫破灭的前兆。2001—2020年，贵州茅台PE估值、股价对比如图5-61所示。

图 5-61　2001—2020 年，贵州茅台 PE 估值、股价对比图

企业发展到成熟阶段，一般会慢慢成为行业的龙头，在盈利稳定的情况下，市盈率可能会回落到 20 倍左右，甚至更低。

当然，以上所说的市盈率区间并不是绝对准确的，不能随便套用。想要判断估值高低，我们也可以通过其他方式去比较。

（1）对比历史估值

对比股票历史估值，也有助于判断股票的估值高低。

假设一家上市公司经过连续几轮的上涨，股价处于高位，此时市盈率为 80 倍。我们可以查看这家公司过去 5 年的市盈率情况，比如在熊市时，这只股票的市盈率仅为 15 倍，而在牛市最高点时市盈率是 85 倍。

通过对比发现，80 倍的市盈率已经处于历史高位，如果该公司的经营情况没有发生太大的改变，那么，我们就可以根据这一点判断它的股价可能太高了，要回到合理的估值水平，股价大概率要下跌。所以，这时我们就可以卖掉大部分该公司的股票，"落袋为安"。

（2）对比沪深市场指数估值

要判断当前股票估值水平的高低，除了和股票的历史估值比较之外，我们还可以和市场指数的估值进行比较。过去的十几年里，A 股在熊市底部时的市盈率大约为 9～13 倍，这个估值区间属于可以买优质股票的区间。而如果市场指数的市盈率高于 20 倍甚至达到 30 倍以上，就属于比较高的水平，要注意投资风险。

2020 年 5 月，A 股的市盈率是 12 倍左右，虽然不是历史最低，但也是相对较低的位置，此时就可以适当买入一些优质的股票。果不其然，到了 2020 年 9 月，市场出现了一轮反弹，涨幅在 15％ 以上。

　　沪深两市的市盈率可以在通达信软件上找到，输入沪深 300 的代码"399300"进入盘面，点击界面最下方的"值"，就能看到如图 5-62 所示的数据。图中的沪深市场指数的估值在 20 倍左右，说明现在估值已经处于比较高的水平，要注意投资风险，适当减仓。

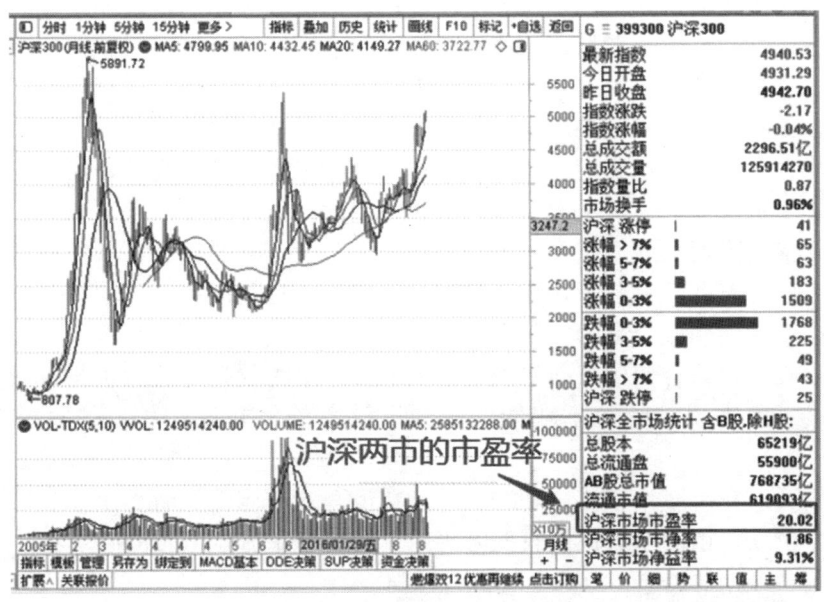

图 5-62　沪深 300 盘面信息

　　一般来说，市场处于低估值的情况下，大部分个股都处于低估值的水平，此时就可以买入一些业绩优异的行业龙头股。如果市场处于相对高估阶段，就要适当减仓。

（3）对比同类股票估值

　　我们还可以通过比较同类股票之间的估值，判断估值水平的高低。

　　市盈率指标在不同行业里的表现不同，比如科技领域的股票市盈率能高达上百倍，而银行股普遍市盈率不到 10 倍，乍一看好像银行股市盈率更低，更值得买，其实不然，我们不能把不同领域的股票市盈率进行比较。这就好比买洗发水和毛巾，根本就不能通过比较二者的质量来判断哪个更值得买。

　　所以，我们只有在比较两只差不多类型的股票时，通过比较市盈率的高低，判断市盈率更低的股票，被低估的概率更大。

2. 哪些情况下需谨慎使用市盈率？

虽然市盈率指标简单易用，但有些情况下是不适用的。

（1）周期性行业不适用

周期性行业一般是指钢铁、煤炭、工程机械、船舶、农林牧渔等行业。周期性行业产品大多同质化，公司盈利取决于产品的供求关系。在行业景气时，公司盈利状况很好，市盈率较低，估值看上去很低。而在行业低谷时，公司普遍亏损或微利，市盈率高达上百倍，股票估值看上去很高，但股价可能很便宜，一旦走出低谷，盈利上升，反倒会出现股价越涨市盈率越低的情况。

为什么会这样呢？我们知道，市盈率＝每股市场价格÷每年每股盈利，假如周期股处于景气期，股价上涨，盈利更高，因此市盈率会变低。

例如猪肉出现大涨后，每股盈利大涨，但是股价涨的幅度不如每股盈利，于是市盈率反而更低，看起来好像被低估了，但是一旦我们买入，就有可能被高位套牢，这就是周期股交易的特别之处。

周期股一般适合使用市净率来看估值。市净率指的是每股股价与每股净资产的比率。一般来说，市净率较低的股票，投资价值较高；相反，则投资价值较低。

我们可以在市净率整体较高时买入，在市净率整体较低时卖出。我们也可以参考百分位，在市净率分位值较低时买入，在市净率分位值较高时卖出。

（2）有假账风险的公司不适用

由于市盈率的计算是基于公司的净利润水平，而净利润是公司选择会计政策、会计估计编制出来的，人为调节的空间很大。如果我们不小心选择了一家财务造假的上市公司，就有可能"踩雷"。市盈率指标在这种情况下也是不适用的。

（3）单纯用同类型公司股价做对比的不适用

有些人经常用同行业两家公司的股票价格来进行比较，得出股价高的公司估值更高，而这种结论也是没有太大意义的，因为估值不能单纯看股价。

总的来说，市盈率大致反映了股票的价格水平，但是高市盈率的股票未必真的贵，低市盈率的股票未必真的便宜。我们在使用这个指标评估股票价格水平时，一定要注意结合其他方面来分析。

判断股票是否适合买入，可以根据市盈率来对股票进行估值，再好的股票，市盈率也不能太高，否则也会出现高估值泡沫风险，大部分个股估值在 30 倍以下比较适宜，大盘估值在 9～13 倍时，可以考虑买入优质的股票。

第五堂课
理财进阶：从极简的股票投资说起

股市捕鱼法之适当捕鱼：构建组合和仓位管理

适当捕鱼包括两个方面，一是捕哪些鱼，二是捕多少鱼，即我们要买哪些行业的股票和买多少股票。要了解如何适当捕鱼，我们需要先了解投资股票存在哪些风险。

1. 股票投资有哪些风险？

股票市场中的风险一般可以分为两种：一种是系统性风险，另一种是非系统性风险。

系统性风险是指由于全局性的共同因素引起的投资收益的可能变动，这种风险是由公司外部因素引起的，如政策风险、购买力风险、利率风险、战争、政权更迭、自然灾害等。系统性风险是公司自身无法控制的，对于投资者来说，这些风险通常难以消除或防范。比如2020年的新冠肺炎疫情就是典型的系统性风险。

非系统性风险是指发生于个别公司的特有事件造成的风险，如公司财务造假、新产品开发失败、失去重要的销售合同、诉讼失败等。非系统性风险可以通过分散投资、构建股票组合的方式来减少甚至避免损失。

2008年，三鹿奶粉三聚氰胺事件爆发，当时很多食用三鹿奶粉的婴儿被发现患有肾结石，随后在奶粉中找到了元凶——化工原料三聚氰胺。国家质检总局对全国的婴幼儿奶粉质检后，发现有问题的不止一家，包括伊利、蒙牛、光明、圣元及雅士利在内的22个厂家的奶粉都被检出三聚氰胺。

一时社会恐慌，年轻的爸爸妈妈不放心让孩子喝国产奶粉，纷纷选择进口奶粉。国内乳制品行业陷入巨大的危机，行业巨头三鹿集团就此倒闭，伊利、蒙牛等企业的股票也相继雪崩式下跌，跌幅近70％！

这就是股市中的非系统性风险，它是指只对某个行业或个别证券产生影响的风险，通常由某些特殊的因素引起，而这些因素往往是非预期的、随机发生的。

股市中常常发生这样的事情，它只影响一家或少数公司，不会对整个市场产生太大的影响，如果我们恰好持有同一类的股票，一旦这类股票出现了"黑天鹅事件"，就会出现大幅亏损，因此，我们需要通过建立股票组合来防范这种风险。

2. 分散投资，构建股票组合

我们如何建立自己的股票组合呢？可以从以下两个步骤入手。

第一步,确定持股数量范围

要做好股票组合,就要先确定它的个股数量范围。我们可以根据资金量的大小来进行不同数量的配置。

比如,资金量不到 50 万元,同一时间持有的股票数量最好不要超过 6 只,每只股票代表一个行业,尽量不要在同一个行业买超过 2 只股票;如果资金量达到 50 万元以上,则可以多选几个行业,多配置一些股票,但最好不要超过 10 只,股票越多,精力越容易被分散,越不容易获得高收益。

第二步,配置不同类型的股票

在建立自己的股票组合时,不要全部选择同一行业或题材的股票。

很多股民买股票时,根本不考虑股票之间有没有联系,看到涨得快就购买,这样做比较冒险。一旦遇到整个板块的股份一起下跌,就要承受很大的损失了。

举个很典型的例子,诺安成长混合基金是曾经的业绩冠军基金,但在 2020 年 7 月 14 日至 9 月 10 日,这只基金在不到 2 个月的时间里下跌了 30% 左右,引起市场一片哗然,而市场总体跌幅还不到 5%。诺安成长混合基金净值走势如图 5-63 所示。

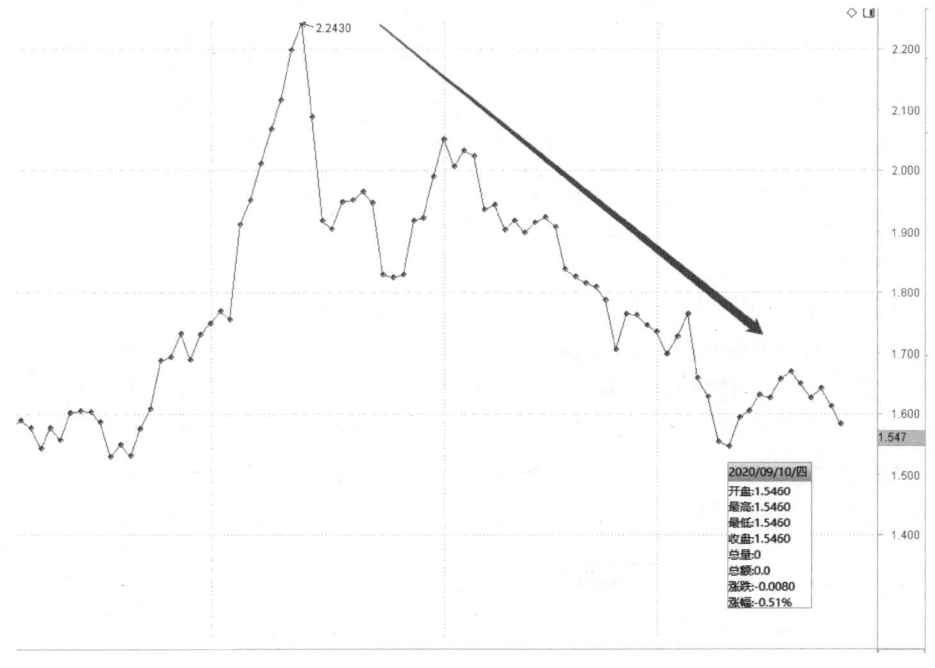

图 5-63 诺安成长混合基金净值走势图

第五堂课
理财进阶：从极简的股票投资说起

为什么这只基金会出现这么大幅的下跌呢？原因是这只基金持仓前十的股票基本上都属于芯片概念，占比高达83.43%。这也就意味着，这10只股票如果有比较大的波动，诺安成长混合的净值就一定会出现很大波动，而那段时间芯片概念股票集体出现大幅回调，因此直接影响了诺安成长混合的业绩。

由此可见，如果持有过多同一板块的股票，就可能会因为板块集体下跌而出现重大损失。

那么，我们怎样组建风险低一些的组合呢？

我们在构建股票组合之前，先要了解自己的投资风格。投资者的投资风格大致可以分为两类：一是相对保守者，二是风险偏好者。

如果你属于相对保守的投资者，就应该少买一些炒概念的股票，多配置非周期性行业的股票，如家用电器、食品饮料、医药、医疗保健、酿酒、家居用品、日用化工等板块，这类股票很容易出大牛股，可以选择在其中的1～5个板块里各挑选一只龙头股，然后配合买一只估值比较低、业绩比较好的券商股或银行股。

周期性行业是指和国内或国际经济波动相关性较强的行业，包括钢铁、有色金属、建材、水泥、机械制造、石油等行业，这类行业中的股票很少出大牛股，需要在出现行业周期性上涨时配置。而遇到行业低迷期不建议购买，如石油和钢铁行业，近几年行情低迷，就不建议配置了。

所以，相对保守者构建股票组合时可选家用电器、食品饮料、医药、医疗保健、酿酒、家居用品、日用化工等行业股票，再加上一两只优质的券商股或银行股。

风险偏好者为了追求高收益能够承受比较大的损失，投资的类型就更多一些，可以多配置一些科技类股票，再配置几只非周期性行业个股，如家用电器、食品饮料、医药、医疗保健、酿酒、家居用品、日用化工等行业龙头股。

因此，风险偏好者构建股票组合时可选科技类股票，再加上一些家用电器、食品饮料、医药、医疗保健、酿酒、家居用品、日用化工等板块的龙头股。

那么，怎么知道一只股票属于哪个行业呢？如图5-64所示，以华泰证券的涨乐财富通为例，在个股走势页面中，点击"简况/F10"，就能看到该股所属行业。使用通达信的F10功能也能查到股票所属行业。

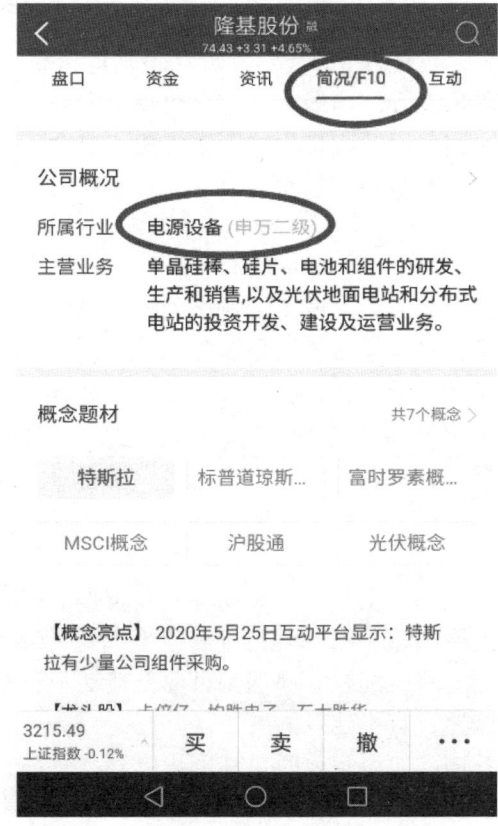

图 5-64 使用涨乐财富通查看股票所属行业

3. 如何进行股票仓位管理？

仓位管理，是指在不同时间、不同市场行情里对仓位进行调整。

仓位是投资者账户里资产总额（股票市值、现金等）和股票市值的比例。假如你的资产账户里一共充值了 10 万元，其中股票市值为 1 万元，那么你的仓位就是 10%，或称为"一成仓位"。半仓就是把账户里一半的钱用来买股票；而满仓就是把账户里所有的钱都拿来投资股票。如果把股票全部卖掉，就叫作"空仓"。

我们可以把资产账户想象成一个容器，你充值得越多，容器越大。我们购买股票这个动作，叫作"建仓"，建仓就好比往容器里灌水，水灌得越多，水位越高，也就是仓位越高。

"仓"这个词，在股市里还有很多其他用法。

有浮盈时继续买入叫作"加仓"；出现浮亏时买入叫作"补仓"；卖掉已有的股票叫作"平仓"；更换股票之间的买入比例叫作"调仓"；不买入也不卖出

股票，持有数量维持不变，叫作"持仓"；持有的 A 股票比例超过其他股票，则称 A 股票为"重仓股"。

在股票投资过程中，那些被股市重创或消灭的投资者，几乎都是因为没有做好仓位管理。

投资者在一只股票上重仓甚至满仓，都会非常渴望股价上涨，害怕股价下跌。与之相反，一旦空仓，投资者会不自觉地希望市场下跌，一旦股价大幅上涨，踏空的后悔情绪足以让其捶胸顿足。所以，学会控制仓位是一件非常重要的事情。

对于个股的仓位管理，推荐大家使用金字塔法则。这是一种比较简单而且科学的仓位管理办法。

买入股票时，建议大家使用正金字塔加仓法（图 5-65），即按一定的比例从低价到高价逐步减少买入仓位。如第一次开仓时买入 40%，再出现买入机会时，分别按 30%、20%、10% 的比例加仓买入，这样由多到少的加仓方法，可以使底部的持仓比例较高，控制成本范围。

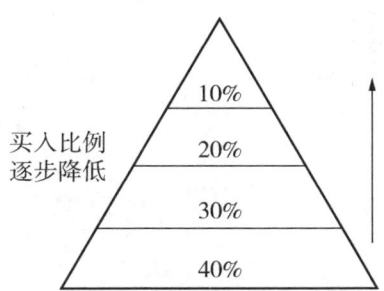

图 5-65　正金字塔加仓法示意图

使用正金字塔加仓法的原则是位置越低，原始仓位可以越重，这主要是基于对股票的良好判断，从中长期角度寻找优质的股票，更加看重股票未来的成长性，而不是短期的利差收益。

卖出股票时，建议大家使用倒金字塔卖出法，即从高价到低价，依次卖出 40%、30%、20% 和 10%，也可以分三次分别以 40%、30%、30% 的比例卖出。

我们不管采取什么样的仓位管理方法，都要记住，机会是跌出来的，风险是涨出来的。优质股的股价越跌，估值优势越凸显，我们可以逐步建仓；股票越涨，风险就越大，尤其是运行到前期重要压力区间时，我们要敢于锁定利润，不要有再涨点就卖的心态。合理的仓位配置不一定能保证让大家赚得更多，但一定可以让大家亏得更少、心态更平和，最后实现长期稳定盈利。

股票技术分析必学的3个指标

前面介绍了很多关于股票基本面的内容，这一节将进入技术面的学习。股票的技术面涉及的指标非常多，让人眼花缭乱。新股民入市都喜欢根据技术分析来买股票，但是，技术分析也不是万能的，因为我们参考的指标大多具有滞后性，所以不能根据指标来指导我们的投资策略。尽管如此，我们可以用这些指标来辅助我们选择更好的时机和点位，这是做好仓位管理的重要手段。

开始学习股票技术分析时，一定要先学习3个指标：K线、均线和成交量（图5-66）。

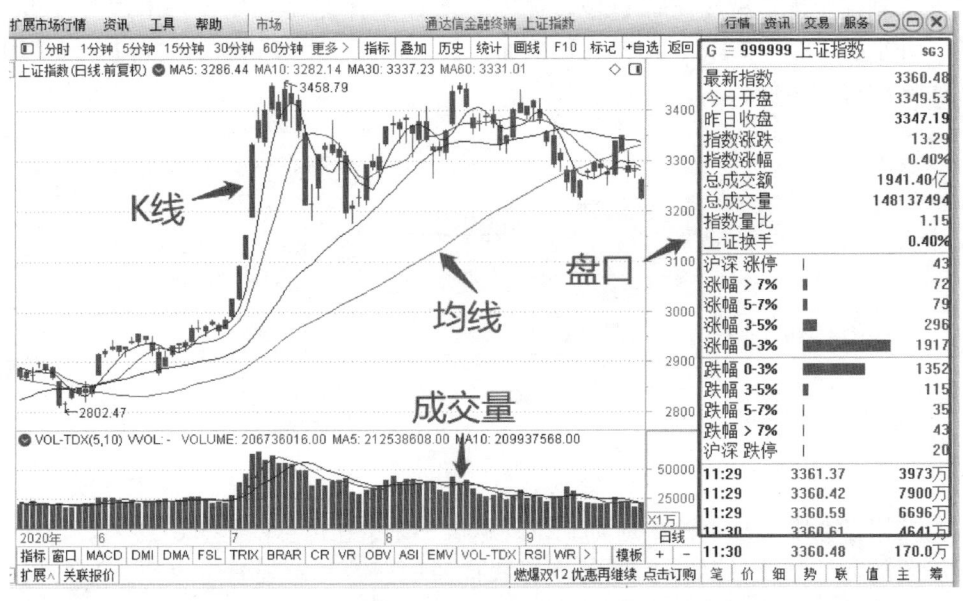

图5-66 股票行情图中的K线、均线、成交量

1. K线

K线是表示价格的图形。K线包含股票的四个价位——开盘价、收盘价、最高价和最低价。

收盘价高于开盘价，说明价格上涨，我们称其为阳线，一般用红色柱体表示；收盘价低于开盘价，说明价格下跌，我们称其为阴线，一般用绿色或蓝色柱体表示。K线柱体上面的细线叫作上影线，表示当天的最高价；下面的细线叫作下影线，表示当天的最低价。单根 K 线如图 5-67 所示。

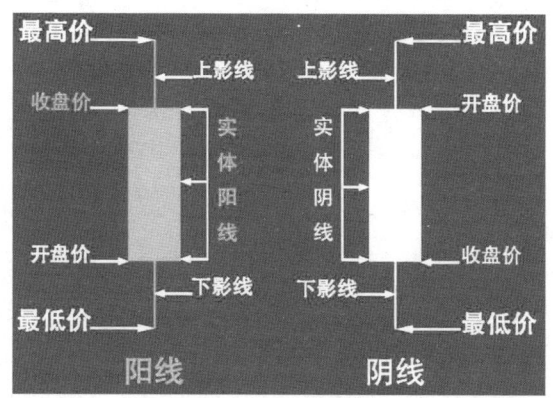

图 5-67 单根 K 线

通过 K 线，我们可以一眼看懂股票的四个价格，非常实用。所以，K 线是技术分析的第一板斧。

由于 K 线的形状像一根根的蜡烛，所以，K 线图又叫作"蜡烛图"（图 5-68）。

图 5-68 K 线图也被称为"蜡烛图"

根据表示的周期不同，K 线可以设置为 5 分钟 K 线、30 分钟 K 线、60 分钟 K 线、日线、周线、月线、年线等。如 5 分钟 K 线，表示的是以 5 分钟为一个周期形成的四个价格。

我们在分析股票时，用的较多的是日线图。日线图表示股票在每一个交易日里的四个价格。如果我们要看股票更长周期的走势，可以使用周线图或月线图。

如图 5-69 所示，我们可以通过 K 线周期选项栏选择要查看的股票走势周期。

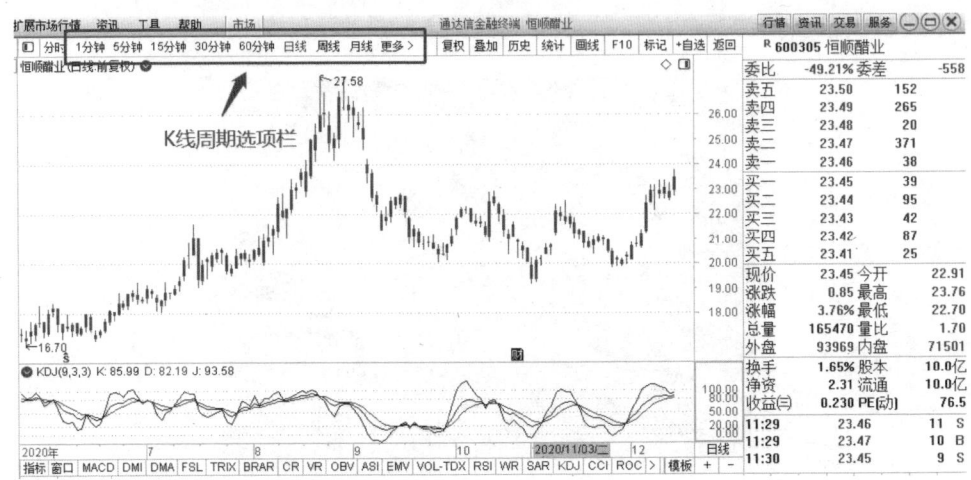

图5-69　通过K线周期选项栏选择要查看的股票走势周期

如果说看懂K线，能大致了解个股的运动趋势，那么要了解盘中的买卖走势，最重要的是看懂分时图。

分时图是反映股票盘中每一个时刻价格和成交量变动的图形。股票分时图查看方法如图5-70所示。

图5-70　股票分时图查看方法图示

如图5-71所示，分时图中一共有两条曲线，一条是表示股价每分钟变化的曲线（分时线），另一条是代表均价的曲线，其中（均价线）代表均价的曲线看起来比较平滑。如果股价在均价线上方运行，属于多头市场，走势相对较强，投资者应以持股待涨为主；如果股价在均价线下方运行，属于空头市场，走势相对较弱，投资者应以持币为主。

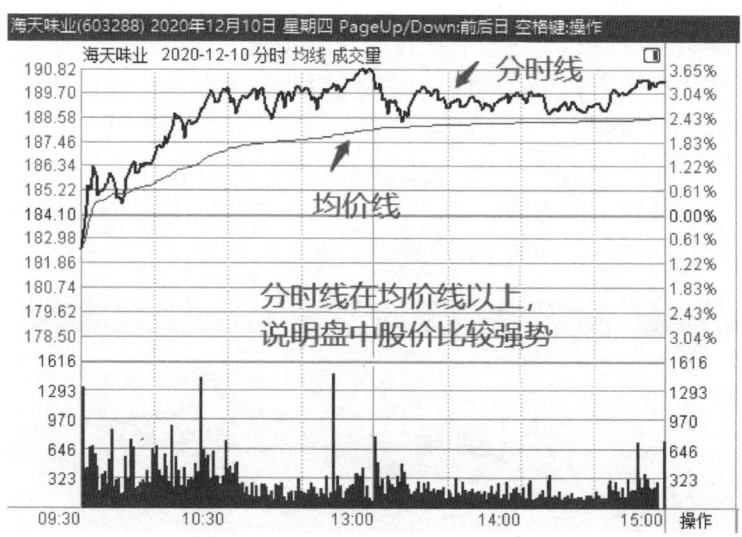

图 5–71　股票分时图

股票指数分时图和股票分时图稍有不同。如图 5–72 所示，上证指数的分时图中两条曲线可以看作大盘股和小盘股的涨跌幅曲线。哪根曲线在上面，就代表哪类股票走势更强。

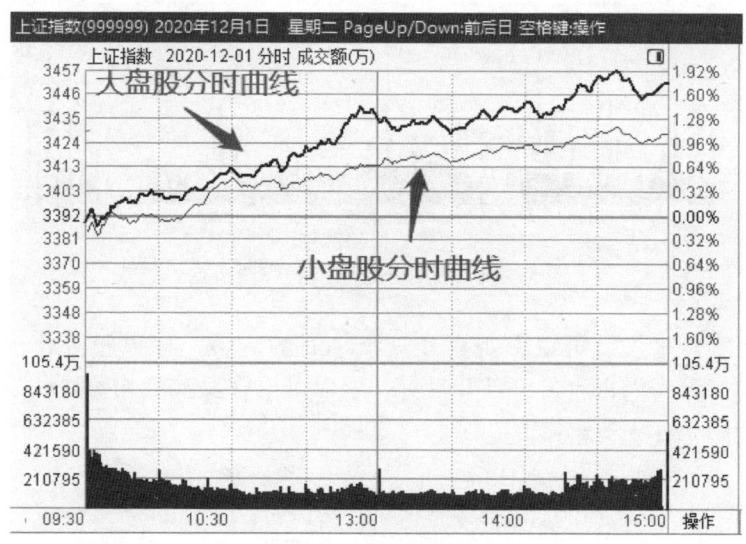

图 5–72　股票指数分时图

当大盘指数上涨时，小盘股曲线在大盘股曲线上方，表示流通盘小的股票涨幅较大；小盘股曲线在大盘股曲线下方，则表示流通盘大的股票涨幅较大。

当大盘指数下跌时，小盘股曲线在大盘股曲线上方，表示流通盘小的股票跌幅小于流通盘大的股票；小盘股曲线在大盘股曲线下方，表示流通盘小的股票跌幅大于流通盘大的股票。

利用分时图在盘中买卖股票，主要适合用来做短线投资。一般来说，分时图中呈股价在均价线以上形态的股票，盘中大概率能持续维持上涨的趋势，买点是股价回踩均价线的时候，如图5－73所示。

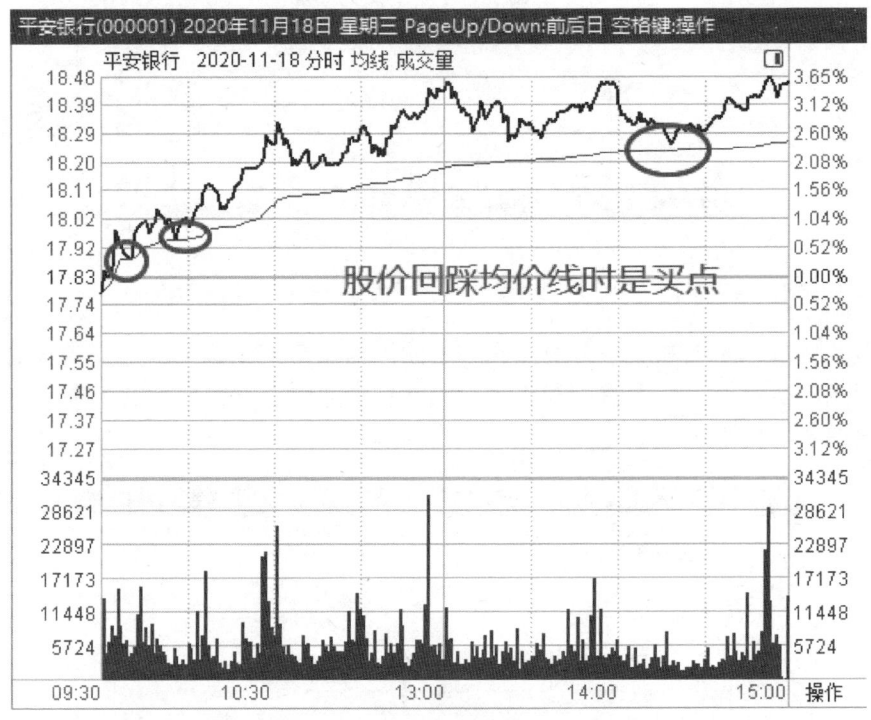

图5－73　利用分时图判断股票买点

而对于卖点来说，可以先观察开盘半小时的走势，如果股价处于均价线之下，一般预示着当天很难再突破开盘价，所以可以在反抽到均价线位置附近时卖掉股票，如图5－74所示。

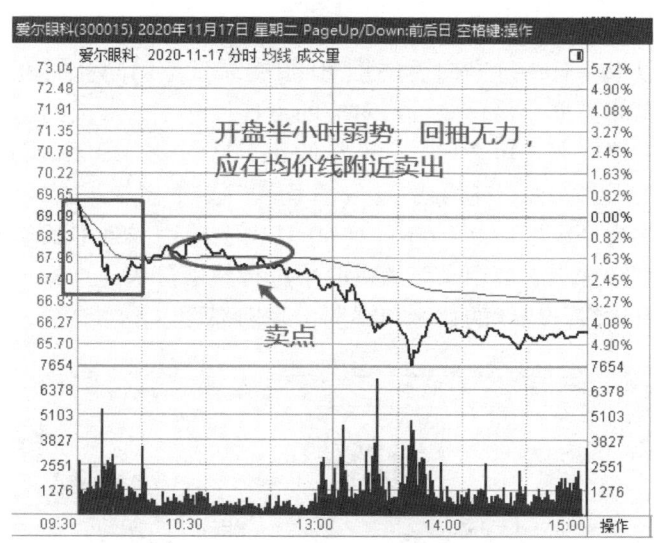

图 5－74　利用分时图判断股票卖点

不过,我们并不提倡大家根据分时图做短线操作,因为使用分时图做短线投资需要具备一定的技术水平,而且胜率不高。但是,我们可以使用分时图找到合适的买卖点。

2. 均线

均线是"移动平均线"的简称,是先计算过去某个时间段的收盘价的平均值,再把这些平均点连起来形成的一条曲线。图 5－75 所示为均线组。

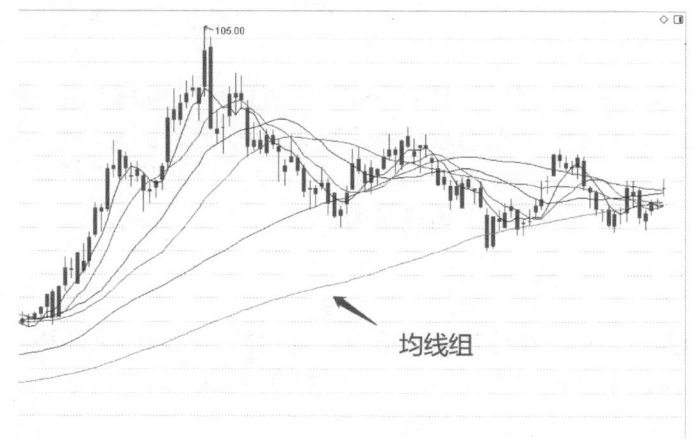

图 5－75　均线组

如 20 日均线，是将过去 20 个交易日的收盘价相加然后除以 20 得到一个平均收盘价，再以上一日为基准向后倒推 20 个交易日，用同样的方法计算出一个平均收盘价，以此类推，将这些价格对应的点连接起来，形成的一条线。

均线可以根据周期长短来划分，常见的是 5 日均线、10 日均线、20 日均线、30 日均线、60 日均线、120 日均线、250 日均线等。如图 5-76 所示，低于 60 日的均线一般被认为是短期均线，60 日及 60 日以上的均线是中长期均线。短期均线和中长期均线经常一起被用来作为对股票进行技术分析的指标，表现在股票走势图上就是一组均线。均线的数量和周期，我们都可以手动设置。

图 5-76　短期均线和中长期均线

那么，均线有什么用呢？

股市里有句老话：K 线看形态，均线看趋势。我们运用 K 线分析股票时，主要是看它的形态，有的形态出现后是做多信号，有的形态出现后是做空信号，一些股民会根据 K 线的形态来做交易决策。

均线则可以被用来看股票的趋势和方向，可以用来预判未来一段时间到底是上涨趋势还是下跌趋势，股票的趋势一旦形成，往往会在一段时间内保持。

我们在分析股票时，会发现 K 线和均线就像一对如影随形的好兄弟。

下面给大家介绍三种状态下均线组的特点。

（1）上升趋势的均线组

在上涨趋势中，均线组呈现多头排列，也就是短期均线全部依次排列在长期均线的上方，呈向上发散状。这种股票，在接下来的时间里可能会继续上涨，所以可以买入。

图 5-77 所示为宁德时代的日线图，在上涨趋势中，均线呈现上升排列，5 日均线在最上方，其次是 10 日均线、20 日均线……依次类推到周期更长的均线。

均线向上发散，呈现多头排列趋势，股价在较长时间内维持上涨趋势。

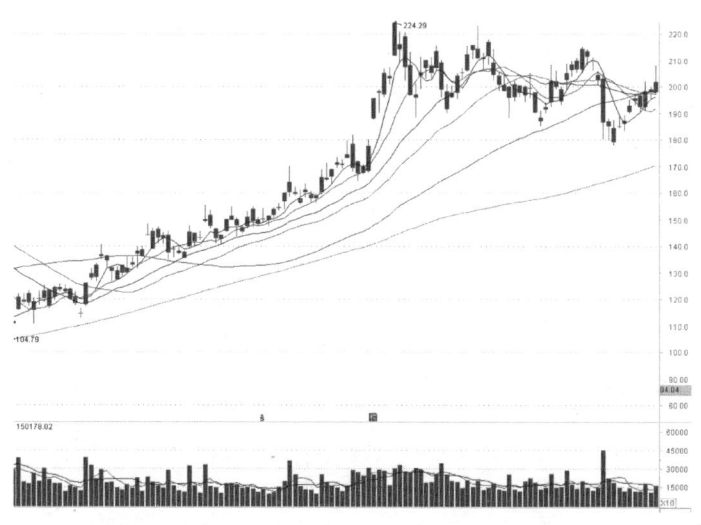

图5-77　上涨趋势的均线组（宁德时代日线图）

（2）下跌趋势的均线组

如果股票处在下跌趋势中，那么均线就会呈现向下发散的空头排列，主要表现为短期均线在长期均线的下方，并且均线组向下发散。

图5-78所示为顺丰控股的日线图，均线组向下呈现空头排列，该股在较长一段时间内维持下跌趋势。这样的股票，我们最好不要买。

图5-78　下跌趋势的均线组（顺丰控股日线图）

（3）震荡趋势的均线组

除了上升趋势和下跌趋势，股票中还存在没有明确趋势的震荡状态。在震荡状态下，股价长期维持在一个箱体中震荡，上面有压制，下面有支撑。

这时均线组就会纠缠在一起，对于这种状态的股票，最好以观望为主。如果实在忍不住要买，可以在箱体下方买入，在箱体上方止盈，跌破箱体下方则止损。图5-79所示为震荡趋势的均线组。

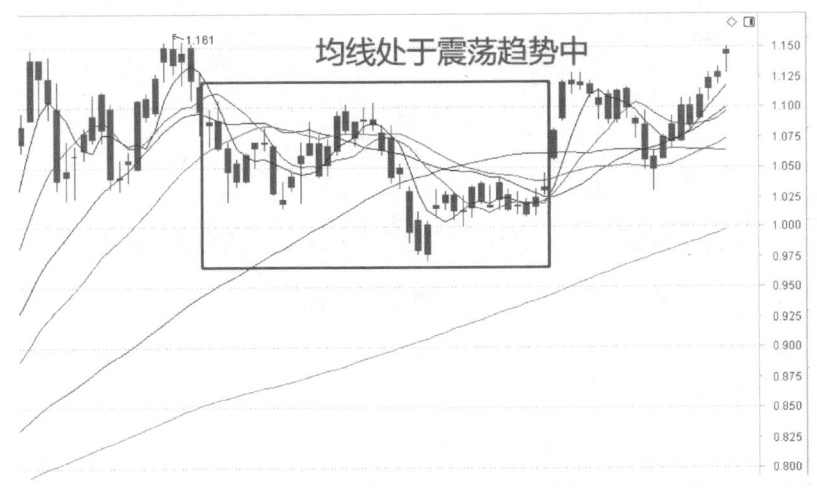

图5-79　震荡趋势的均线组（创业板指日线图）

这里我们只是简单介绍了均线，具体运用还需要不断地学习和总结，结合其他指标来判断股票走势，不要盲目运用。

3. 成交量

作为技术分析的第三板斧，成交量是判断股价走势的重要依据，它表示的是当天成交的股票总手数，在股票软件中输入"VOL"可以找到它。

我们可以这样理解成交量：很多人去水果批发市场买水果，假设水果的总量是恒定的，那么，越多人买的水果，即为市场爆款，价格上涨的可能性就越大；而越少人买的水果，价格可能就会下跌。

所以，成交量可以反映一只股票的关注度和上涨动能。

图5-80所示为东方国信（300166）日线图，在股价上涨时，成交量也慢慢增加。这说明它受到了资金关注，然后越来越多的资金涌入，不断推高股价。

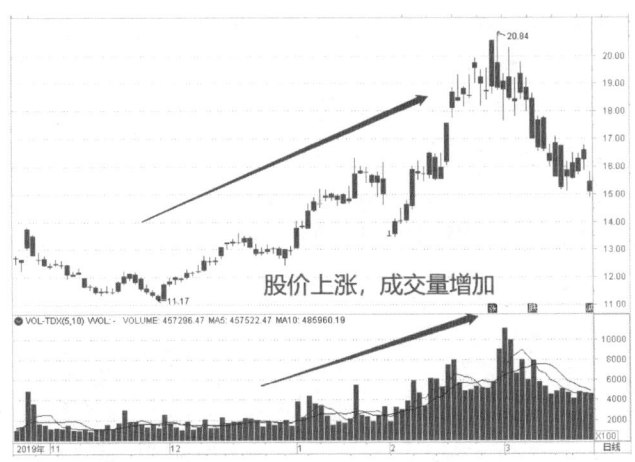

图 5-80　东方国信日线图

成交量和价格有非常密切的关系，成交量是推动股价上涨的动能，市场价格的有效变动必须有成交量配合，成交量是价格的先行指标。

那么，如何通过成交量来预判价格的变化呢？

一是"量增价涨"应买入。"量增价涨"是指成交量持续增加，股价趋势也转为上升。"量增价涨"是最常见的上升主动进攻模式，可以积极进场买入。好比房价不断上涨仍有人抢购，说明大家觉得现在的价格还算便宜，房价还有上涨的空间。如图 5-81 所示，东方财富（300059）在股价上涨的过程中，成交量也明显增加，说明该股在向上进攻，我们可以在上涨过程中买入股票。

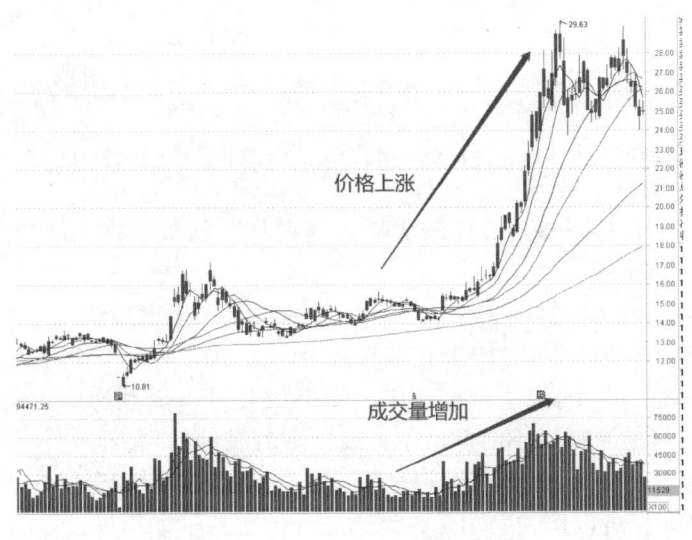

图 5-81　东方财富日线图

二是"量缩价涨"要卖出。"量缩价涨"是指价格不断上涨,成交量却逐渐缩小,说明价格可能太高,想买入的人减少了,预示着上涨动能不足,后市大概率会出现下跌行情,那么就应该尽快卖出股票。

图5-82中的上证指数一开始是价格和成交量一起增长,后来价格还在上升,成交量却出现了下降,说明上涨动能不够,后市大概率会出现下跌。这时我们应及时卖掉手里的股票,因为大盘指数下跌,代表着大部分股票的价格也会下跌。

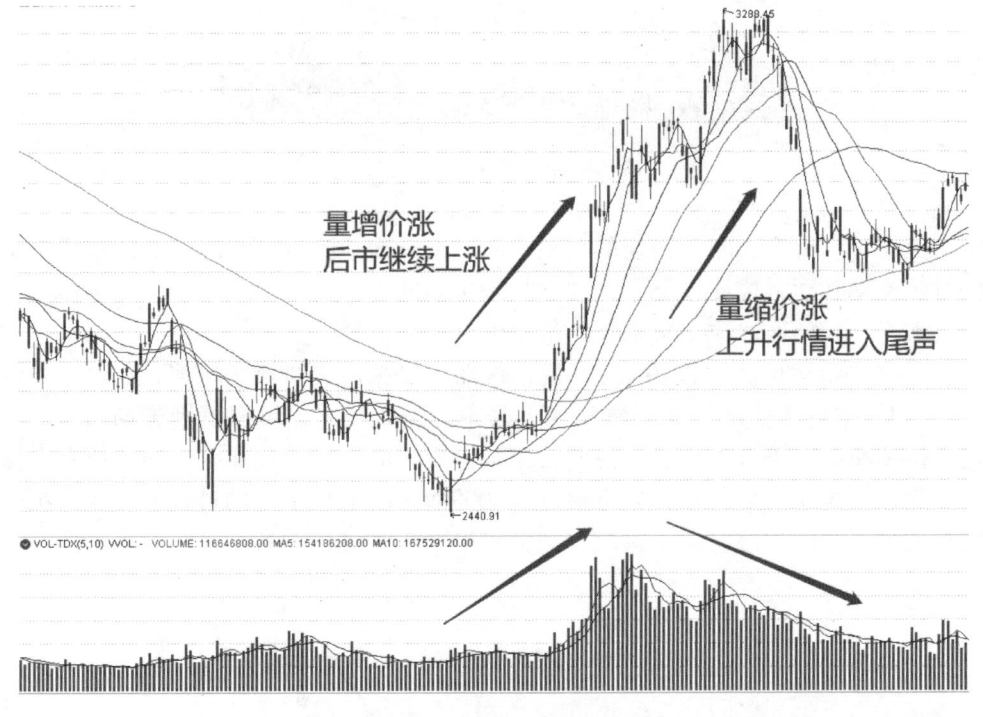

图5-82　量缩价涨代表上升行情进入尾声（上证指数日线图）

总的来说,价格上涨最好伴随成交量的增加。如果价格上涨成交量却下降,那么,后市不容乐观。

成交量和股价还有其他表现形式,如量缩价跌、量增价跌、量平价平等。

其中"量缩价跌"可以用来在熊市中判断市场底部,值得高度重视。股市中有"地量见地价"的说法。这是说,如果成交量下降到历史上的低位,那么此时的价格可能就是期望中的低价了,或预示着底部的到来。

从历史来看,几乎每一次出现底部都是"地量",即成交量在历史低位。因此,"地量地价"可以作为判断是否到达底部的重要辅助指标,如图5-83所示。

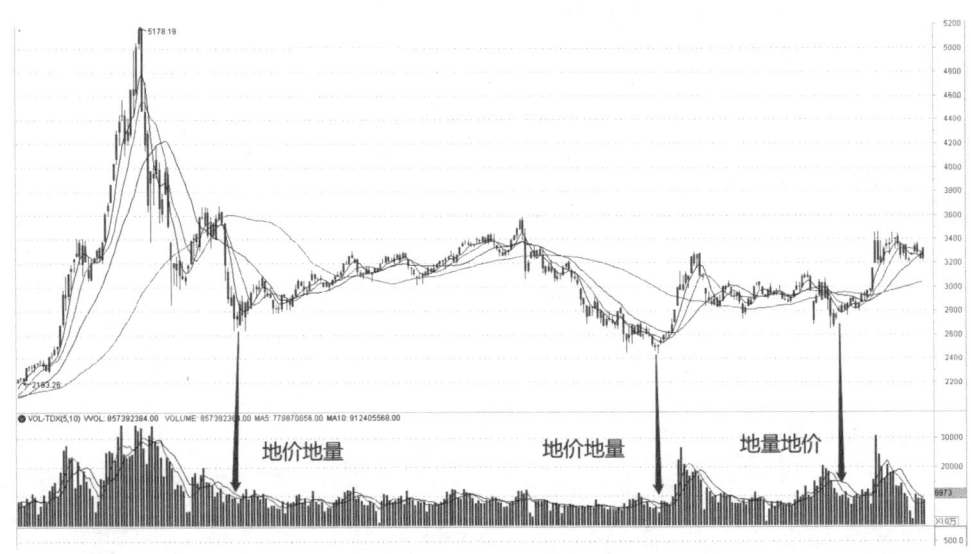

图5-83 地量地价是判断是否到达底部的重要辅助指标（上证指数日线图）

成交量的运用也是需要技巧的，这里只是介绍了比较简单的几种。

这一节我们介绍了股票技术分析的3个指标：K线、均线和成交量。投资者日常在对股票进行技术分析时，要把三者结合起来，才能更好地掌握市场的规律，洞悉股价变化的奥妙。

上升趋势中的操作方法

技术分析中有三大假设：①市场行为包容消化一切信息；②市场运行以趋势方式演变；③历史会重演。

对于"市场行为包容消化一切信息"，技术分析者认为，能够影响股价的因素，实际上都反映在其价格之中。由此推论，我们必须做的事情就是研究价格变化。

"市场运行以趋势方式演变"是指在技术分析中，趋势是核心，市场总是在跟踪趋势中不断运行，直到行情发生反转。

"历史会重演"是指打开未来之门的钥匙隐藏在历史里，也可以说将来是过去的翻版。历史会重演，但以不同的方式"重演"！

如果我们在做技术分析时，遇到似曾相识的一幕，不能认为现在的行情会和过去一模一样，因为市场是变化无穷的，历史会重演却不会重复。所以，做好技术分析是很不容易的事情，我们想要真正进入股市，就要先学好基础知识，再通过实操来总结经验。

如图 5-84 所示，股票走势有三种状态，分别是上升趋势、震荡趋势、下跌趋势。任何股票的走势图都是由这三种状态组成的，这三种状态分别表示在一个比较长的时间段内，股票处于多头、多空平衡、空头。

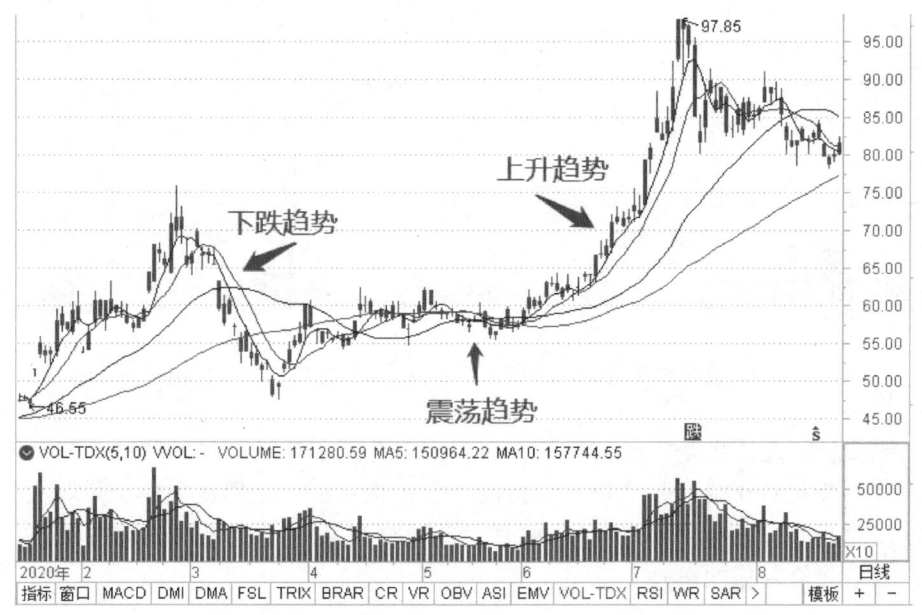

图 5-84　股票走势的三种状态

我们都希望买在上升趋势的起点，卖在上升趋势的高点，也就是我们常说的"高抛低吸"。但是能够识别上升趋势，敢于在上升趋势买股、持股，并不是每个人都能做到的。如果我们能学会在股票上升趋势时的操作方法，那么在投资股票时就能少走弯路。这一节，我们来认识上升趋势及操作方法。

1. 什么是上升趋势？

上升趋势由高点与低点都不断抬高的一系列价格走势构成。每一段涨势都持续向上穿越先前的高点，中间夹杂的下跌调整走势都不会跌破前一波跌势的低点。

如图 5-85 中，美的集团（000333）的价格在不断攀升，高点不断刷新，低点也比前一个低点要高，说明它正处于上升趋势。

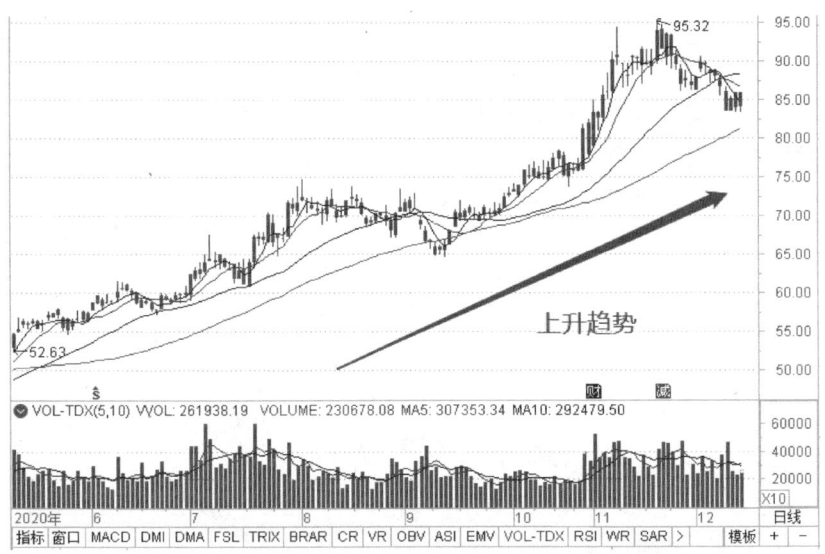

图 5-85 处于上升趋势的美的集团日线图

上升趋势的形成主要来源于资金推动,当不断有新资金涌入时,价格就会上涨。这种关系维持的时间越长,涨幅越大;维持的时间越短,涨幅越小。

根据时间长短的不同,上升趋势可以分为短期趋势和中长期趋势。一般我们用日线图看短期趋势,用周线图和月线图看中长期趋势。

如图 5-86 所示的是美的集团(000333)的周线图,它的长期趋势是向上的。这种股票就是我们说的大牛股,不管我们在什么位置买入,只要坚持长期持有就能赚钱。

图 5-86 长期趋势向上的美的集团周线图

2. 上升趋势的结构

上升趋势主要由连续上涨的波段和回调区间构成。

也就是说,没有只涨不跌的股票,多数的上升趋势特别是在中长期上升趋势中,一定会伴随着短期的回调或下跌,如图5-87所示。

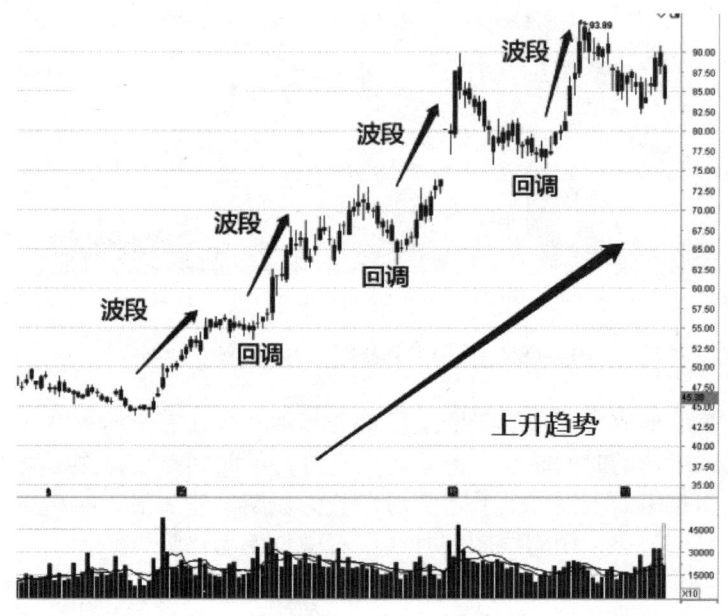

图5-87　上升趋势的结构(顺丰控股日线图)

就像我们去爬山,一般不可能一口气就爬到山顶上,而是往上爬一段,停下来休息一下,养精蓄锐后,再继续往上爬,山越高,停下来休息的次数越多。

短期上升趋势中的回调,多数是主力的洗盘动作,把那些意志不坚定的短线投资者洗出去,以更低的成本继续往上拉升。

许多投资者很难判断这到底是上升趋势中的洗盘,还是股价见顶了,所以往往会选择"落袋为安"。等股票回调结束,继续上涨时,就会捶胸顿足后悔自己卖出得太早。

而中长期趋势中的回调,也可以看作调整,调整的幅度会比回调幅度大很多,有时甚至能跌50%以上。因此,有时中长期上升趋势中出现的回调,放在短期来看,可能是下跌趋势。

比如,恒瑞医药的长期趋势是向上的,但是在上升趋势中有过比较大的调整,从最高57元附近跌到了34元附近,跌幅达40%,从短期来看,就属于下跌趋势。如图5-88所示,长期趋势向上的股票可能短期处于下跌趋势。

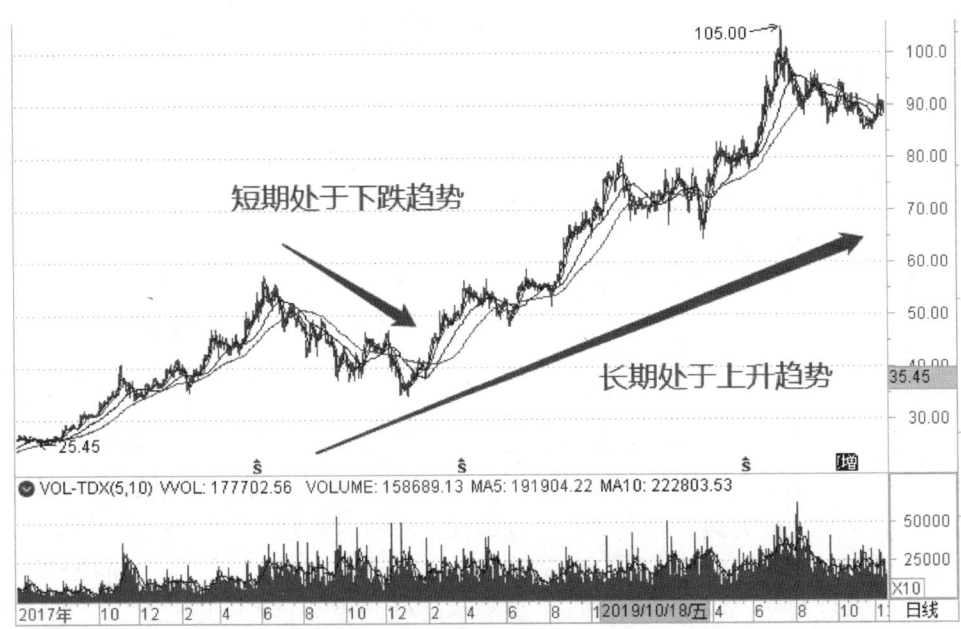

图 5-88　长期趋势向上的股票可能短期处于下跌趋势

我们上面举的例子都是长期趋势向上的股票，如果买了这样的股票，并且耐心持有三五年时间，一般是能赚钱的，但是很多人很难持有一只股票那么长时间，除非是被套牢了。

对于很多投资者来说，只要是赚钱的股票，都倾向于"落袋为安"，而亏损的股票往往持有的时间很长，这和"损失厌恶"的心理有关。"损失厌恶"是指人们面对同样数量的收益和损失时，损失更加令人难以接受，并且损失带来的负效应是同样的收益带来的正效应的两倍。

假如，你手中有两只股票，一只涨了 10 元，另一只跌了 10 元。现在你家里有急事要用钱，必须卖掉一只，那么你会卖掉哪一只？调查显示，大多数人会选择卖掉上涨的股票。

要克服"损失厌恶"心理不是一件容易的事，我们只有在实操中不断地总结经验，才能有所收获。下面，我们来学习上升趋势中的买入策略和卖出策略。

3. 上升趋势中的买入策略和卖出策略

（1）买入策略

如果我们在股票启动上升趋势的初期就买入，并能持有几个波段再卖出，获得的收益肯定是非常高的。但我们怎么判断股票是否启动了上升趋势呢？

因为股票启动上升趋势的走势之前，一般都是震荡趋势或下跌趋势。所以，我们要判断启动点非常难，需要有很专业的分析能力，一般人抄底，可能就是抄到了半山腰。

但是我们可以做确定性更强的事情，那就是看到股票明确的上涨趋势后，再买入。尽管成本高了一点，但上涨的确定性也更高了。

在上升趋势中买股票，推荐大家使用以下两种方法。

方法一：标志性阳线放量突破平台时开始建仓

标志性阳线突破平台，简单来说，就是股票在上升趋势的过程中会出现回调，回调结束的标志一般就是有一根比较长的阳线，涨幅一般超过4%，涨幅越大越好。

这样的标志性阳线突破平台，也就是突破了之前的平台高点，同时成交量明显放大一倍甚至更多的时候，说明很可能出现了新一轮上涨，可以先小额建仓。为了防止这只是假突破，可以等趋势继续往上涨时再加仓。

如图5-89所示，比亚迪（002594）在上升趋势中出现了一段时间的回调，而后以一根涨幅9%以上的大阳线突破平台高点，开启了新一轮的上涨，同时成交量也出现了一倍以上的放大。如果我们能在这根大阳线出现后买入，后期就可能获得一倍以上的收益。

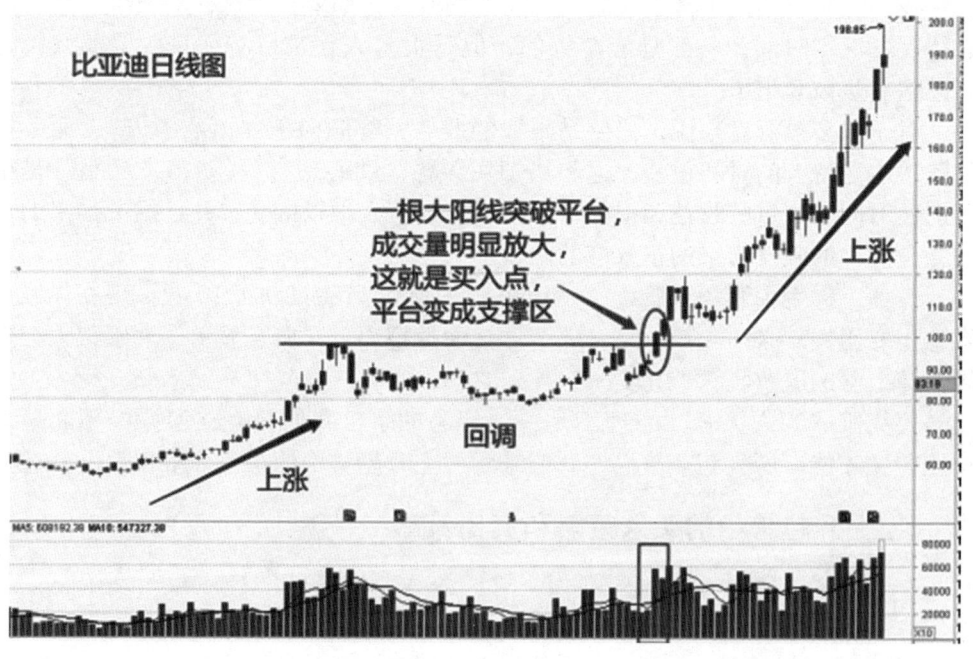

图5-89　标志性日线突破平台高点（比亚迪日线图）

方法二：回调时，在平台支撑区买入

如果我们错过了在股价突破平台时买入，还可以在股价回落到平台支撑区时小仓位买入。

一般来说，如果上升趋势还能持续，股票在回调时是不会跌破前面的低点的，很多强势一点的股票更不会跌回前一个调整区间的平台支撑区。此时，我们就可以在这样的支撑区买入。但是，如果支撑区被跌破，而且比前面的低点还要低，就要止损了。

如图5-90所示，迈瑞医疗（300760）在突破颈线后上涨，随后回调，出现了一个箱体震荡区间，我们可以在股价跌到箱体下方时买入，如果突破了箱体可以继续加仓。

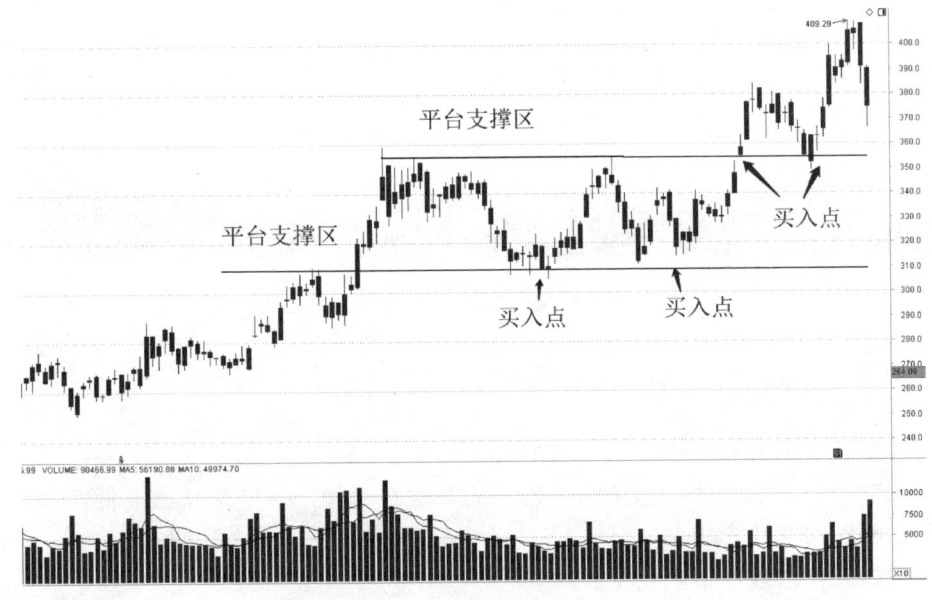

图5-90 平台支撑区（迈瑞医疗日线图）

这里要注意一点，股价在突破上面的阻力后，原来的阻力区会转变为支撑区。

判断是否为平台支撑区的方法有两个：一是根据前期的高点来判断，二是根据成交密集区来判断。市场在涨跌过程中，总会出现一些成交量集中的时段，这就是人们常说的"成交密集区"（图5-91），这种"成交密集区"往往会成为下一轮行情的"压力区"或"支撑区"。

在上升趋势中，成交密集区被突破后，就会成为新一波反弹行情的支撑，所以我们在成交密集区，也就是支撑区买入股票相对比较安全。

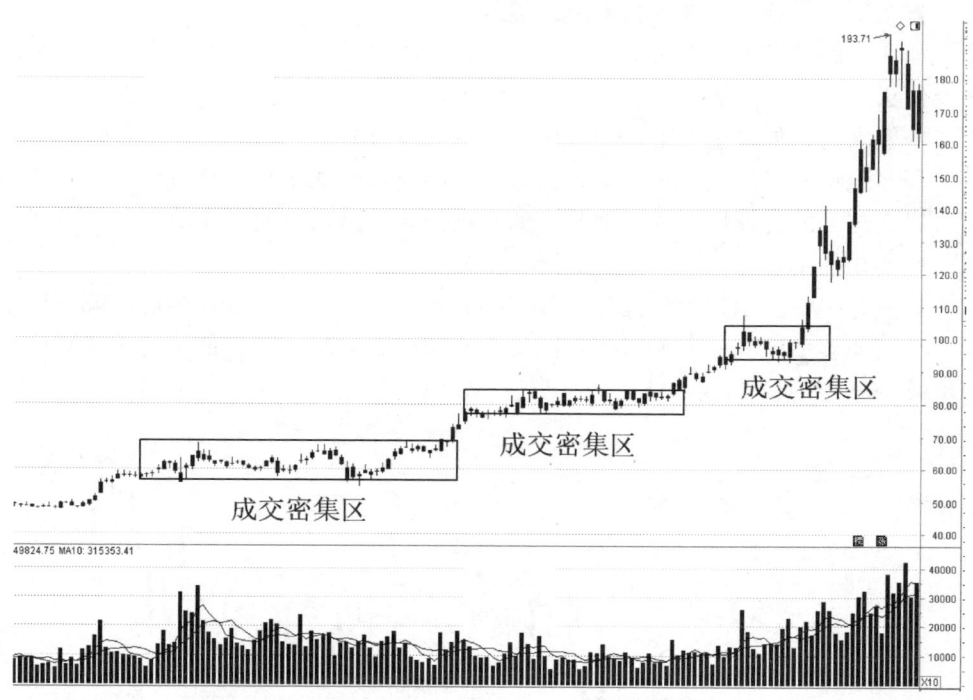

图 5-91 成交密集区（智飞生物日线图）

（2）卖出策略

股票处于上升趋势中应该什么时候卖出呢？

不同的人有不同的卖出策略，常见的方法有两种，一种是跌破前低卖出，另一种是跌破通道线卖出。

方法一：跌破前低卖出

上升趋势中每一个高点都比前面的高点高，每一个低点也都比前一个低点高。如果行情回调时，出现了低点比前一个低点还低的情况，那么短期的上升趋势可能就结束了，接下来可能还会出现更大的下跌，所以此时可以获利了结。

如图 5-92 所示，奥飞数据（300738）上升趋势中出现了一波回落，低点低于前一个调整平台的低点，这是第一个卖出信号；接着行情继续回落，又跌破了之前一个强支撑平台的低点，这是第二个卖出信号。所以，我们可以根据是否跌破前面的支撑平台低点，来作为卖出时机的一种判断方法。

图 5-92　平台底点（奥飞数据日线图）

方法二：跌破通道线卖出

我们还可以根据通道线来判断股票处于上升趋势时的卖出点。

通道线又称管道线，是在趋势线的反方向上画一根与趋势线平行的直线，且该直线穿越近段时期价格的最高点或最低点。这两条线将股票价格趋势夹在中间运行，有明显的管道或通道形状。上升通道线和下降通道线如图 5-93 所示。

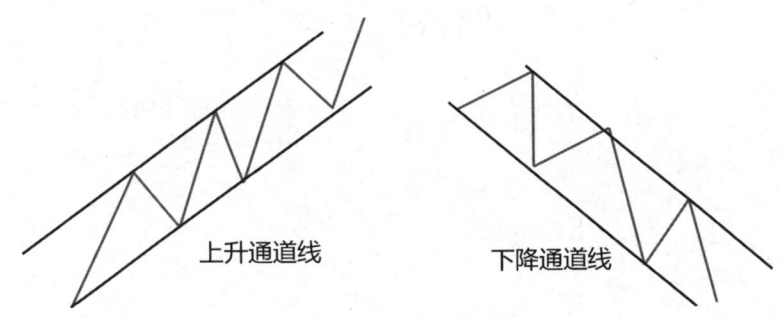

图 5-93　上升通道线和下降通道线

一般来说，利用通道线买卖上升趋势的股票，方法比较简单。如图 5-94 所示，我们可以在突破通道线上轨时加仓买入股票，跌破通道线下轨时卖出股票。

291

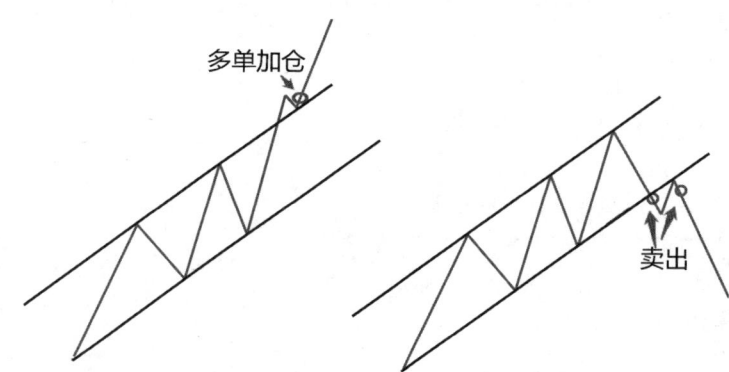

图 5-94　上升趋势中的买入点和卖出点

如图 5-95 所示,以奥飞数据（300738）为例,给它画一条通道线,连接低点 A 和低点 B,在其上方做一条平行线连接 C 点和 D 点,这就是一条比较标准的上升通道线。价格跌破通道线下轨时,即为卖出点。

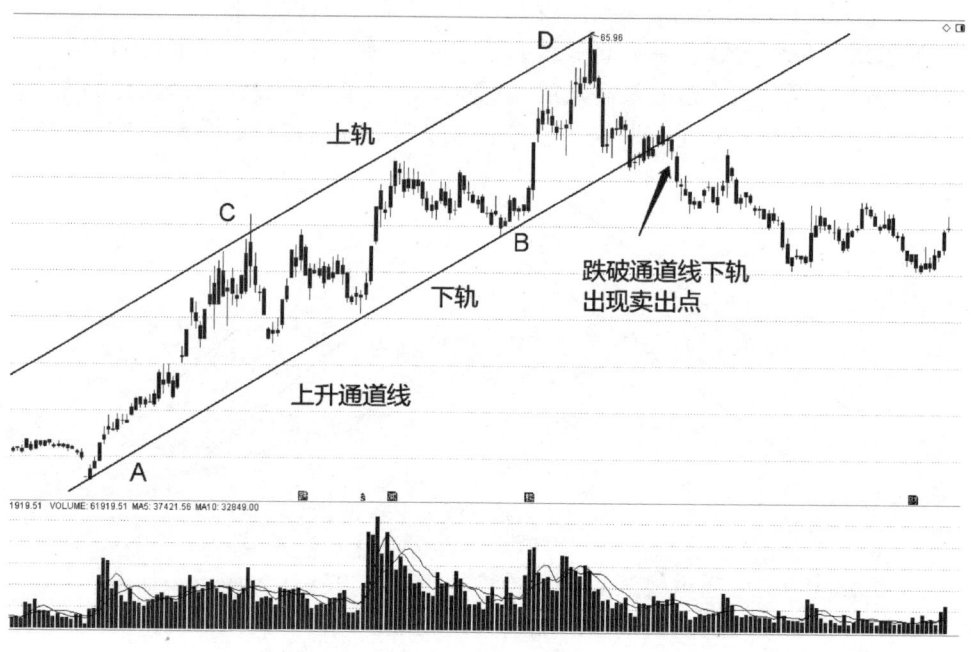

图 5-95　跌破通道线下轨出现卖出点（奥飞数据日线图）

突破通道线向上，则是加仓的机会，不过我们也要观察一下突破时成交量是否明显放大，突破的阳线力度够不够，是不是中阳线或大阳线。只有比较强势的突破，才有可能是新一轮行情的开始。

下跌趋势中的操作方法

A股市场目前不能做空股票。因此，我们投资股票时，只能通过"低吸高抛"来赚钱，也就是说，只有股票涨了才能赚钱。所以，我们想要在A股市场中长久生存，就要避开股票的下跌趋势。

那么，怎样才算是下跌趋势？在下跌趋势中如何操作才是正确的做法呢？这一节我们就来学习股票处于下跌趋势中的卖出方法。

1. 什么是下跌趋势？

下跌趋势和上升趋势截然相反，它由连续的一系列跌势构成，每一段跌势都持续向下穿越先前的低点，中间夹杂的上涨走势都不会向上突破前一波跌势的高点。概括来说，下跌趋势由低点与高点都不断压低的一系列价格走势构成。形象点说，下跌趋势就像走下坡路。

如图5-96所示，上证指数处于下跌趋势中，不断创出新低，高点也不断降低，呈现下降趋势。

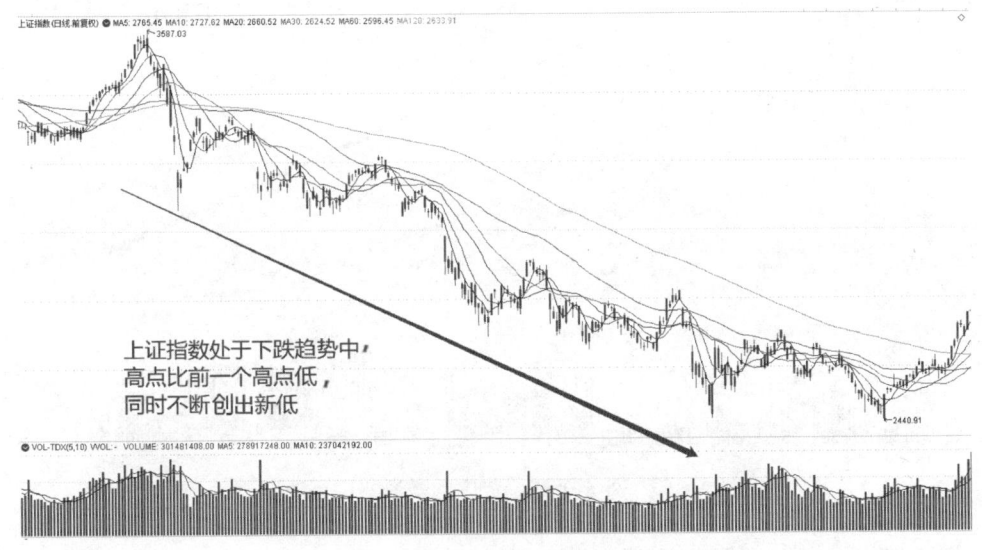

图5-96 处于下跌趋势中的上证指数

下跌趋势的形成，主要是由于大盘大幅上涨出现泡沫，高位出现不利消息或市场筹码开始松动，机构投资者纷纷减仓，市场逐步由上涨变为横盘，随着越来越多的人卖出股票，市场的成交量逐步萎缩，供大于求，价格持续下跌，就形成了下跌趋势。

下跌趋势的形成主要源于资金流失，只要供大于求，价格就会下跌，这种关系维持的时间越长，跌幅越大；维持的时间越短，跌幅越小。

2. 下跌趋势中的卖出方法

我们应该规避下跌趋势，特别是对于新手来说，贸然买入下跌趋势中的股票，很可能会吃大亏。

举个例子，曾经是A股大牛股的暴风集团，2015年3月上市，到2015年5月已经连续涨了几十倍，但是这只股票上市即巅峰，此后因为经营不当，股价一路下跌（图5-97），2020年退市。现在我们在A股市场已经找不到这只股票了。

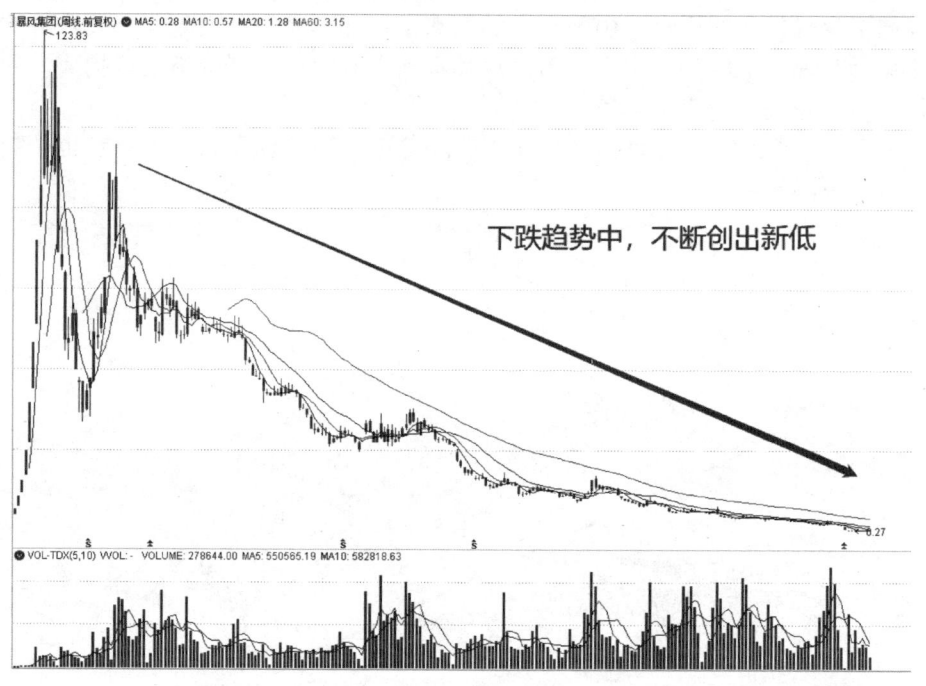

图5-97　处于下跌趋势中的暴风集团周线图

试想一下，如果有人看到这只股票跌了50%或80%，觉得已经跌到底了，而赶紧买入抄底，那么最后可能会损失所有本金。

第五堂课
理财进阶：从极简的股票投资说起

在"股吧"，有一位投资者晒出了自己购买暴风集团股票的交易截图（图5-98）。他在暴风集团跌到109元时买入，但是一直没有卖出，结果，昔日的暴风集团变成了"暴风退"，他账户的总市值也从近18万元亏到只剩下443元，损失高达99.75%。

图5-98　股票持续下跌给投资者造成高达99.75%的损失

所以，面对下跌趋势中的股票，哪怕跌得再多，我们都不要买入，如果持有这样的股票更要果断卖出。

在股票交易中，我们既要学会在合适的位置买入，也要学会在一个好的位置卖出。

如果我们能够识别股票顶部，把股票卖在高点，那么就可以获得较大的收益。不过这种操作很难，因为没有人能够准确预测股票顶部，因此，我们不要追求卖在最高点，而是要学会卖在一个合适的点。那么，我们怎样才能卖在好的位置呢？下面给大家介绍两种卖出的方法。

（1）跌破重要支撑位卖出

我们先来认识股票最常见的两种头部形态，一种是头肩顶形态，一种是双重顶形态。

①头肩顶形态。

如图5-99所示，头肩顶形态就像是一个人的左肩、头部和右肩的轮廓图，主要具有以下特点：

A. 头部明显高于两肩。
B. 左肩与右肩走势大致相同,且是比较理想的状态。
C. 左肩回落的低点与头部回落的低点之间的连线为颈线。
D. 颈线通常向上倾斜或水平。

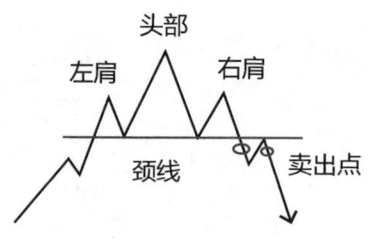

图 5-99　标准头肩顶形态

头肩顶形态还有一些复杂的变形,如左肩复合变形、右肩复合变形、头部复合变形等(图 5-100)。

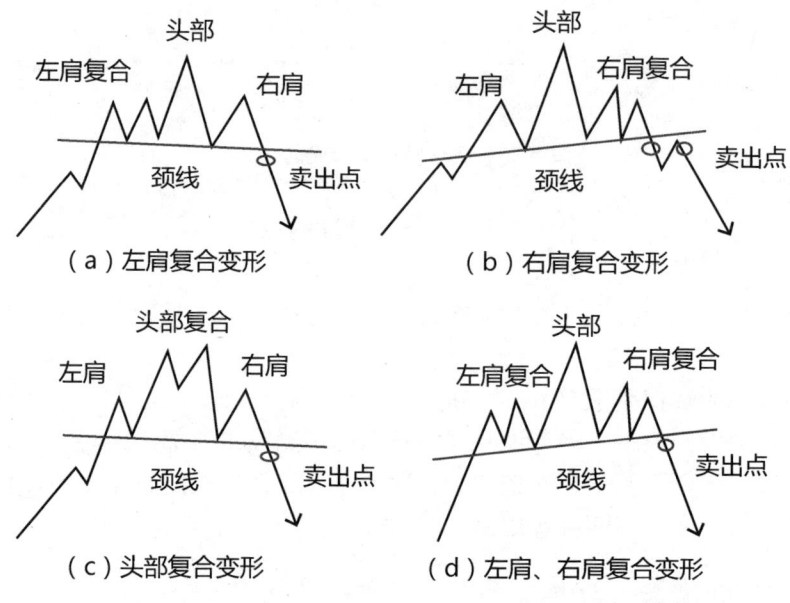

图 5-100　头肩顶形态的变形

如图 5-101 所示的川能动力(000155)的走势图中,在高位形成了一个不太规则的头肩顶形态,在跌破颈线后,出现第一个卖出点,如果错过了这个卖出点,后面也有比较好的卖出机会,也就是反抽到颈线附近时出现的第二个卖出点。

图 5 - 101　川能动力日线图中出现头肩顶形态

② 双重顶形态。

双重顶形态，像字母"M"，主要具有以下特点：

A. 存在两个高点，标准的双重顶形态中两个高点的价格基本一致，实际上也有很多不一样高度的双重顶形态中，两个高点允许存在小幅价差。

B. 双重顶的两个最高点都有明显的高成交量，这两个顶部的成交量同样尖锐和突出。

C. 经过第一次从高峰回落的最低点的水平线为颈线。

标准双重顶形态及双重顶形态的变形如图 5 - 102 所示。

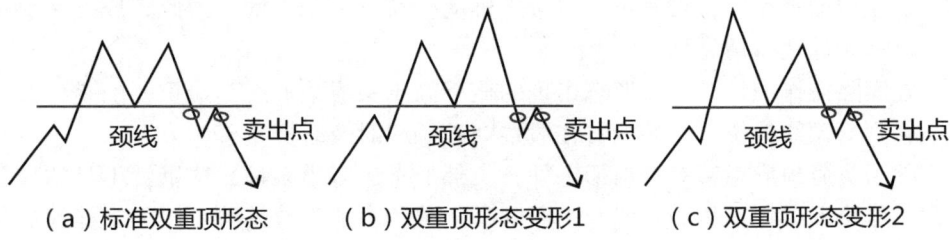

图 5 - 102　标准双重顶形态及双重顶形态的变形

头肩顶和双重顶两种顶部形态的确立,有一个很重要的前提条件,即颈线有效跌破。也就是说,颈线本来是作为支撑存在的,一旦被跌破就转换为阻力位,股价跌破颈线后再也无法回到颈线之上,即为"有效跌破"。有效跌破颈线后,我们应该卖出股票。

比如,从华锦股份(000059)的走势图(图5-103)中,我们可以看到,其先形成一个左边的高点比右边的高点还要高的双重顶,跌破颈线后,有一波反抽,这里是第一个卖出点。如果继续持有不卖出,第二个卖出点就是几个月后形成的第二个双重顶的顶点,这个点正好是第一个双重顶的颈线位置。如果错过了这个卖出点,可以选择在第三个卖出点即跌破了第二个双重顶的颈线时卖出。

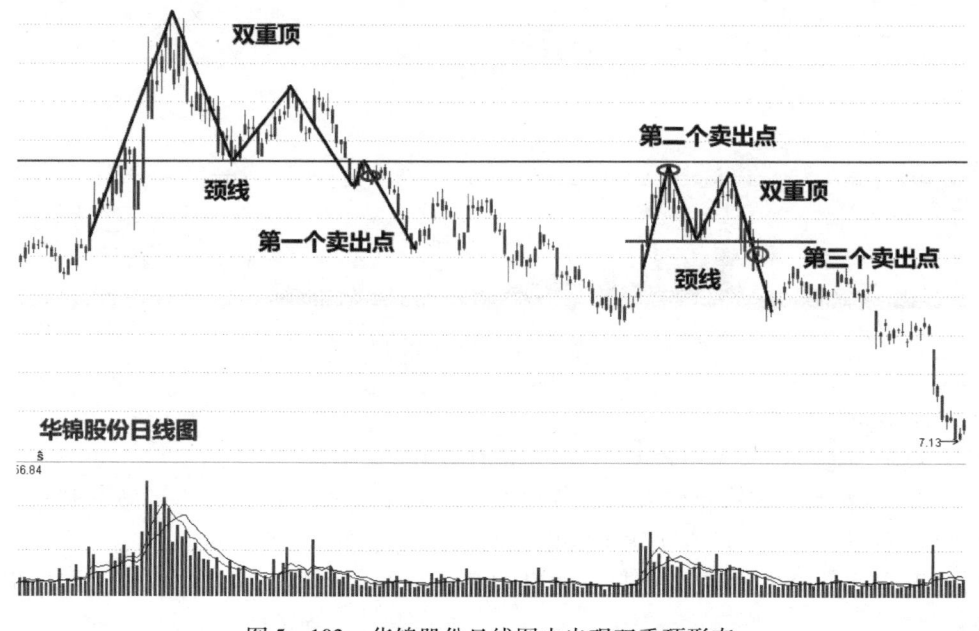

图5-103　华锦股份日线图中出现双重顶形态

另外,在双重顶形态中,左边的成交量一般高于右边的成交量。可以理解为形成了左边的高点后,没有更多资金去推动行情进一步上涨,因此,成交量会缩减,进一步导致行情见顶。

在实际操作中,双重顶形态出现的概率高于头肩顶形态。最重要的是,我们要学会判断颈线的位置,并能够在股票跌破颈线时及时"落袋为安"。

除了头肩顶形态和双重顶形态外,头部形态还有很多种,这里就不具体展开来讲。尽管形态各不相同,但卖出原则是一致的,那就是跌破重要的支撑线后就应该卖出。

(2) 反弹到通道上轨附近卖出

在下跌趋势中,我们还可以利用下降通道线来寻找卖出点。画出通道线后,寻找卖出点就很简单了,卖出点一般在下降通道线的上轨位置附近(图5-104)。每一次反弹到上轨都是卖出的机会。

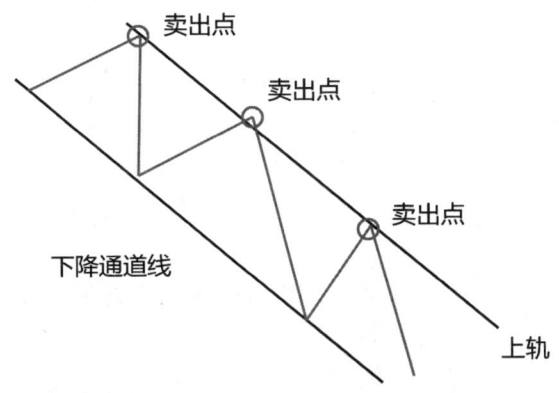

图5-104 卖出点一般在下降通道线的上轨位置附近

如图5-105所示,许继电气(000400)处于下跌趋势中,价格正好在一个通道中运行,每一次的卖出点都是价格反弹到通道上轨附近的位置。在没有突破上轨反弹时,不要轻易抄底。

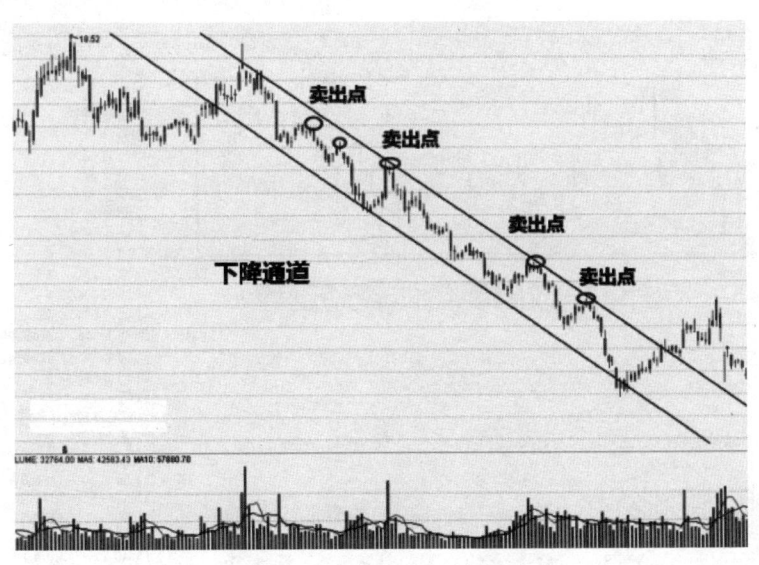

图5-105 许继电气走势图

总的来说，在下跌趋势中，我们一定不要尝试抄底，而是要抓住每一波反弹的机会，尽快卖出手里的股票，不要抱有太多幻想。只有保住手里的利润，才能在这个市场中长久地生存下去。

震荡行情中的操作方法

震荡行情是一种很常见的状态，任何股票都会出现震荡行情。震荡行情非常考验投资者的耐性。在震荡行情中，操作难度比较大，但如果能掌握规律，往往也能实现不错的收益。这一节，我们就来学习股票处于震荡行情中的操作方法。

1. 什么是震荡行情？

震荡行情是指股价或指数在某一价格区间内反复震荡盘整的股市行情，表现出上下两难、蓄势待变的市场特性。而且，震荡往往会持续比较长的一段时间，一般来说，一个月以上都是正常的。

由于震荡行情总是在遇到阻力位时回落，下跌到支撑位时反弹，价格有点像在一个箱子里波动，所以，我们在描述震荡走势时，也把它称为"箱体震荡"。

比如，图5-106所示为上证指数一段时间内的走势图，每次反弹到3450点附近时，行情就会出现回落，而回落到3200点附近时，就会出现反弹。所以我们可以说，上证指数处于箱体震荡中，区间是3200～3450点。

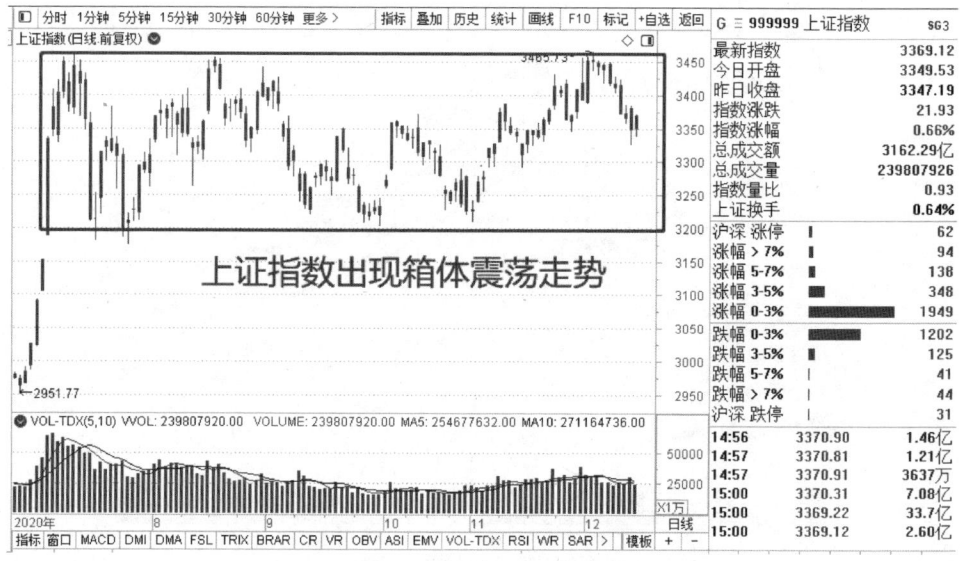

图5-106　处于箱体震荡走势的上证指数

2. 震荡行情中的股票的买卖方法

在震荡行情中，我们应该怎样进行股票买卖呢？

根据股价所处的位置，震荡行情可分为高位震荡、中位震荡和低位震荡。面对这三种不同的震荡行情，我们应采取不同的买卖策略。

（1）高位震荡：调仓换股

当股价经过长时间的上涨进入高位时，由于之前往往已经出现了几波上涨，这时主力获利丰厚，可能会在高位选择出货。

不过，有时股价不会在高位立马下跌，而是进行高位震荡，给人以一种震荡后能继续拉升的假象，但主力其实在一边拉升股价一边派发筹码，因此在高位的股票震荡区间往往会比较大。对于短线投资者来说，这里有机会，但是风险也更大，因为股价高位震荡是多空双方的分歧不断加大所产生的。

股市中有句俗话叫作"盘久必跌"，意思是说，如果一只股票长时间处于高位震荡，那么很可能会出现下跌，最好在跌破支撑位后选择卖出，否则可能会面临更大幅度的下跌。

如图5-107所示，隆基股份（601012）在高位经历了较长时间的震荡后没有继续上涨，而是出现了下跌。那么，我们应该在跌破震荡箱体下轨时卖出股票。

图5-107　高位震荡后选择向下的隆基股份日线图

不过,并不是所有高位震荡都会出现下跌,有的股票还会继续往上。所以,只要震荡行情没有结束,就很难判断方向,倒不如等方向明确了再做决定,虽然等突破后再买入的成本高一点,但风险更低了。

因此,对于高位震荡的行情,我们应以观望为主或进行调仓换股,把已经获利的股票卖掉。

(2) 中位震荡:等突破时加仓或跌破时卖出

中位震荡指的是股价从低位上涨了一定幅度之后开始的震荡盘整,由于前期的拉升导致获利盘比较多,这时必然会获利回吐,为了消化这部分获利盘而产生震荡就是情理之中的事情了。

对于谨慎型投资者来说,这时可以考虑将手中涨幅较大的股票卖出一部分,也可以继续持股,等待下一次突破。如果突破失败,跌破了支撑位,则卖出股票。

如图5-108所示,在经历了一轮从底部反弹后,隆基股份(601012)进入中位震荡,随后选择放量大阳线向上突破。

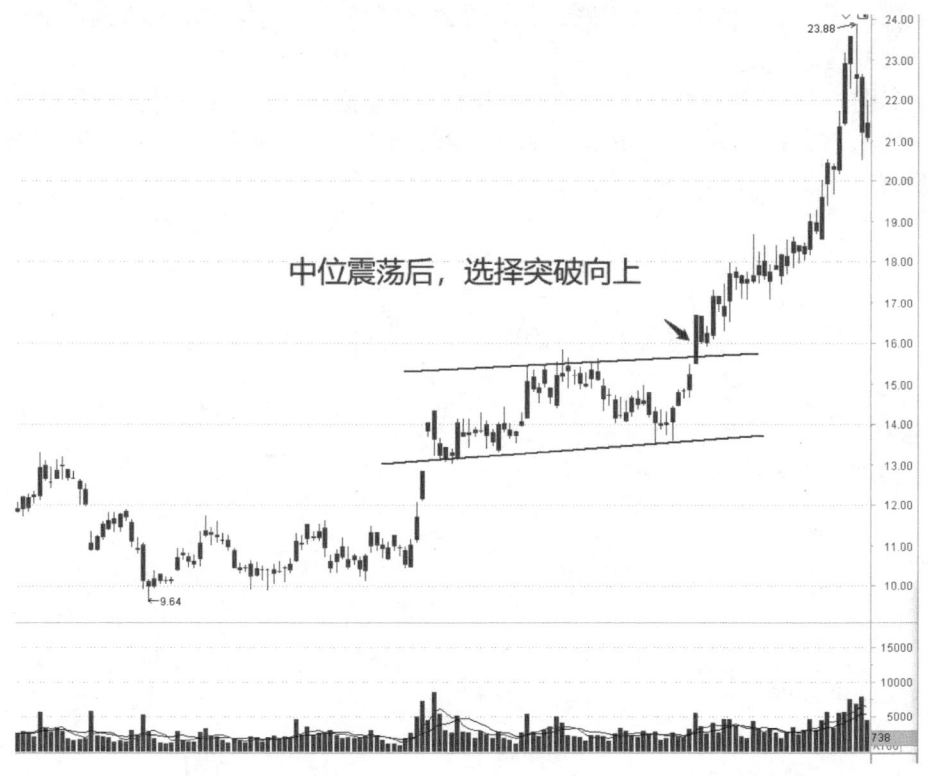

图5-108 中位震荡后选择突破向上的隆基股份日线图

所以，对于中位震荡的行情，我们可以耐心持股等待进一步反弹，如果行情不对，就要及时卖出股票。

(3) 低位震荡：放量大阳线突破买入

股价经过长时间下跌之后进入一个比较低的位置，这时股价不再继续下跌，而是开始横盘震荡整理，同时成交量不断萎缩，震荡时间短则几个星期长则几年，持续时间越久，反弹空间越大。

当股价开始放量突破震荡区间，并且成交量逐步温和放大时，也就代表着有资金在建仓，有可能会进行拉升，这就给我们提供了一个很好的跟进机会。

所以，在股价低位震荡行情中，我们应更多地考虑何时可以跟进买入，而不应考虑卖出。在这个低位震荡的位置上一旦被震荡出局，那么后期我们很难在同一个价位上再买回来。低位震荡行情是中长线投资者的最佳进场时机，买入之后长期持有，一般都能带来丰厚的回报。

如图 5-109 所示，在经过一波下跌后，隆基股份（601012）的股价来到一个低位，震荡了几个月后，以放量大阳线突破这个震荡区间，随后出现了一波上涨趋势，虽然上涨趋势中也伴随着震荡，但最后都以放量大阳线进行了突破。

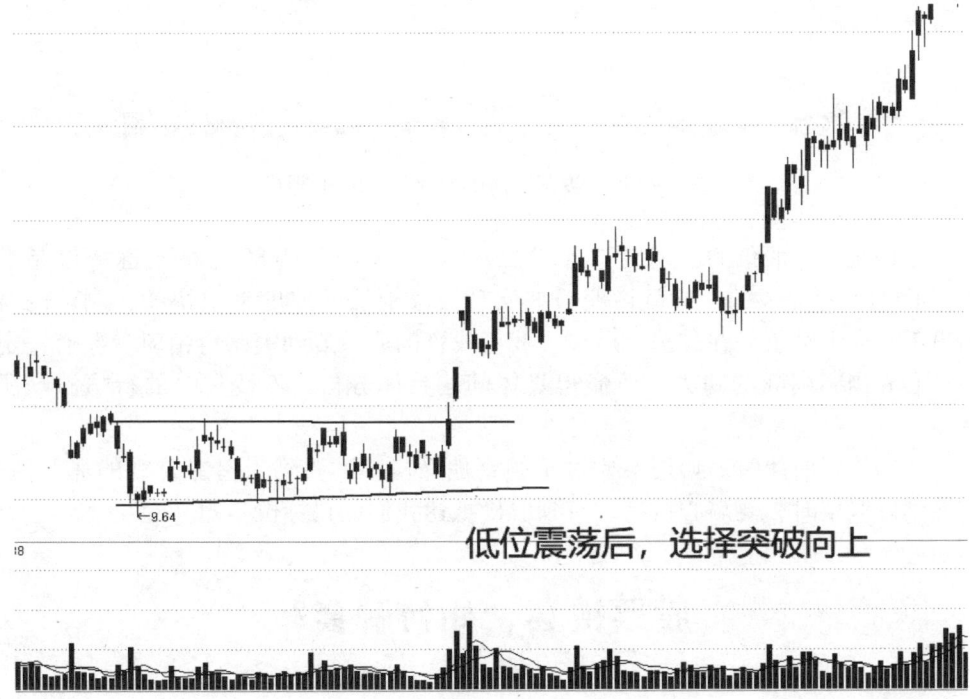

图 5-109　低位震荡后选择突破向上的隆基股份日线图

我们把隆基股份三种位置的震荡行情放在一起看，会发现震荡构成了股票的主要走势，也就是说，股票大部分时间都处于震荡行情中，如图 5-110 所示。

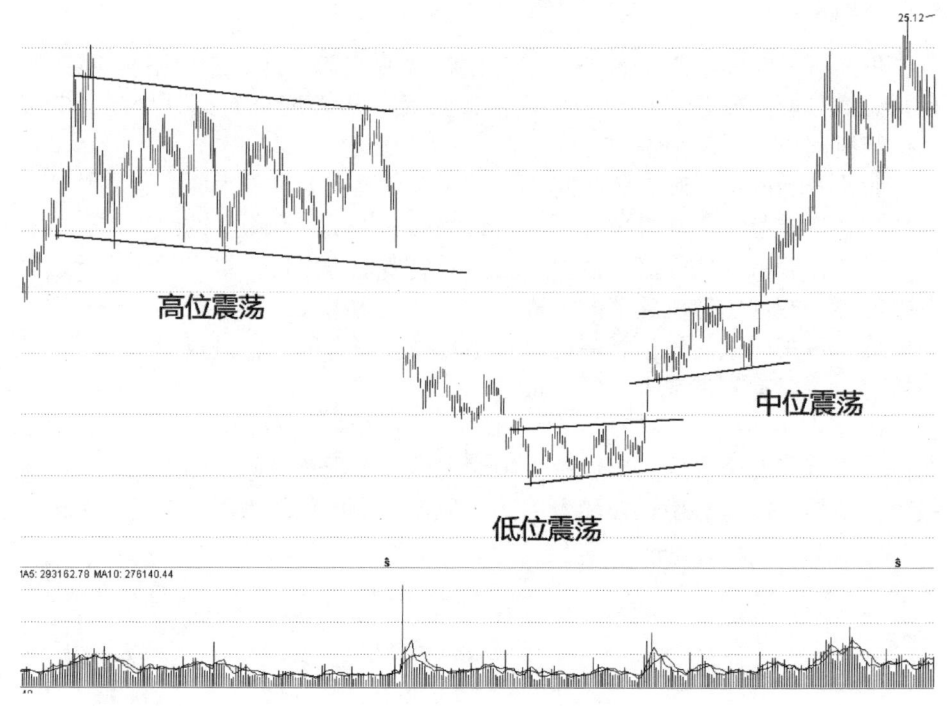

图 5-110　震荡行情中的隆基股份日线图

根据统计，股价的表现也符合"二八定律"，即股票 80％ 的上涨幅度是在 20％ 的时间里完成的，这就说明股票实现波段上涨的速度是很快的，剩下的时间里不是在下跌就是在震荡。所以，我们投资的股票遇到震荡行情时，要有一定的耐心和当断则断的魄力，要懂得具体问题具体分析，不被一时的行情涨跌所迷惑。

我们投资股票时，切记不要过于频繁地操作，不要陷入追涨杀跌的坏习惯。在遇到好股票时，要耐心持有，直到股价抵达我们的目标位。

股票被套，如何解套？

股市中涨跌无常，谁也不能保证自己选出来的股票会一路上涨。炒股时，我们甚至会有一些错觉，好像空头在盯着我们的账户，一买入它就下跌，而且越跌越多，不知不觉就被深深套住，一卖出它就暴涨，好像自己被全世界针对了一样，只能假装自己在做长期投资。

有人总结了 A 股投资者最深刻的 10 个认知，很形象，也很准确。

①看好不买一直涨。
②追涨买后变熊样。
③气愤不过又卖掉，卖后立即又大涨。
④两个选一个，必然选错，买的下跌，没买的大涨。
⑤选错后改正错误，换股，又换错。
⑥下定决心不搞短线，长期持股，则长期不涨！
⑦终于熬不过，抛了长线，第二天涨停！
⑧又去搞短线，立即被套。
⑨为了解套，越跌越补，越补越跌，深套！
⑩套的吐了半年血，实在熬不住了，割肉，第二天开始连续大涨！

股票被套，大家不要心慌，对于很多人来说，投资股票被套是再正常不过的事情。有的人只是一时被套，通过长期持有，获得极高的收益；有的人手里的股票下跌不止，以至于越亏越多、越补越亏，部分投资者被套甚至超过 10 年时间。

股票被套了，我们应该怎么办呢？

解套的方法有 4 种：持（股）、割（肉）、换（股）、补（仓）。

1. 持股不动

大多数人发现被套之后，都会比较慌张，但如果你持有的是绩优股或成长股，而它的基本面又没有显著变化，只是受市场短期影响，你就可以先持有，耐心等待股价回升。

因为决定股价长期走势的主要因素是企业的基本面，如果企业业绩持续保持稳定快速增长，那么股价最终还是会涨起来，这样的股票，我们就可以继续持有。

如图 5 - 111 所示，贵州茅台（600519）在 2018 年 6 月跌幅达 30％ 以上，但是两年后，贵州茅台股价达到了 2000 元以上，比 2018 年 6 月涨了近 4 倍。这也告诉我们一个道理：好股票不会长期套人。

图 5-111 基本面好的股票可以长期持有（贵州茅台日线图）

所以，对于一些业绩稳定增长、股价跟随大盘下跌的优质股票，我们可以长期持有。

2. 割肉止损

割肉止损是一种很常见的解套方法，通过及时卖出股票，防止损失进一步扩大，把损失最小化。

我们为什么要对股票进行止损呢？"鳄鱼法则"告诉我们：有一只鳄鱼咬住了我们的一只脚，如果我们试图用手去帮助这只脚脱困，鳄鱼便会同时咬住我们的脚和手，我们越挣扎，被咬住的程度就越深。所以，万一鳄鱼咬住了我们的一只脚，我们唯一的机会就是牺牲这只脚，来换取生存的机会。

在股市中，当我们发现自己的交易已经是一个错误时，最正确的做法是马上止损，不要对未来心存幻想，不要延误，否则就会越亏越多。

当出现下面两种情况时，要第一时间无条件止损离场。

（1）基本面出现严重问题

基本面出现问题的股票，就好像一个穷凶极恶的坏人，我们要远离。

例如，长生生物疫苗造假事件发生后，长生生物的基本面就已经发生了改变,而且这种转变会影响它的后续发展和经营。所以,对于这种股票,不管亏损多少,我们都要果断卖出,不然只会血本无归。

(2) 投机行为

在股票被套时,我们先问问自己当初买入的动机是什么,是投机性买入还是投资性买入。

如果买入的这只股票只是为了短期获利,但是股价走势和你的预期不符,那就应该果断卖出止损。

有些股民本来想趁炒短线赚一些钱,结果导致股票被套,短线变成了中线,中线变成了长线。这是股市中非常忌讳的做法。短线投资就应该快进快出,如果被套了,就严格按照止损原则卖出。

3. 调仓换股

股票被套后,第三种解套方法是调仓换股。这是一种比较理智的做法,因为股价的波动是阶段性的,这只股票下跌时,可能另一只股票正处于上升期。

如果你手上拿着一只被套的股票,而这只股票质地又很一般,那么,你可以把这只股票卖掉,换取一只质地比较好并且估值比较合理的股票。

毕竟有的股票可能会一直下跌,但是同期优质股可能会不断创新高,所以,用新股票的优异表现来弥补前一只股票的亏损,要比等待前一只股票行情反转的可能性要高得多。

继续持有一只弱势的股票,只会损失你的资金、时间、价值。优胜劣汰、适时换股是比较好的解套方式。

4. 补仓

在卖出一只股票前,我们可以问一下自己:我现在卖掉这只股票,后面还要不要买回来,如果后面还想继续买入,那么就没有必要卖出。

如果我们还想买入,说明这只股票本身的质地还不错,若现在的下跌是跟随市场大跌或估值过高,则可以推断目前的下跌只是短期调整,长期趋势还是向上的。并且,我们不知道自己会不会割肉割在地板上,说不定卖掉后就涨上来了,所以,我们就没必要买入与卖出了。好股票被套了不要卖出,甚至还可以通过补仓的形式来摊低成本,等到后市反弹能够更快地解套。以下两种补仓策略,可供大家参考。

(1) 大盘暴跌后,补仓先企稳的优质股

个股走势和大盘走势紧密相关,如果大盘下跌,那么大部分股票也会跟随下

跌。所以，就可能会出现优质股被错杀的情况。那么，在这种情况下，我们就可以趁机买入。

假设我们持有一只质地很好的白马股，可是该白马股在高位出现了15%以上的下跌，那么我们可以在这个位置进行一次补仓。因为很多优质的股票在大盘调整时，调整幅度一般不会太多，在跌幅超过15%的点位补仓也不至于错过最佳补仓机会，还可以大幅拉低成本。即便后面股价再跌，也不会跌得太多。

如果大盘是从牛市的高位下跌甚至崩盘，那么在这种时候，任何股票最好都要等下跌超过30%并且股价企稳时再补仓。

如图5-112所示，2015年6月，股市崩盘，贵州茅台从170元/股附近下跌到90元/股左右，跌幅接近50%。看到这样的大牛股都跌了这么多，很多人都不敢补仓。贵州茅台大跌后不久，股价企稳，并震荡上行，在第二年6月创了新高。所以，当遇到基本面很好的大牛股跟随市场下跌而大跌的情况时，我们可以在它跌幅超过30%的时候逐步补仓买入，这是买入大牛股的安全垫。一般来说，优质股跌幅越大，安全垫越厚。

图5-112 大盘暴跌后补仓先企稳的优质股（贵州茅台周线图）

（2）业绩好的龙头股可补仓

补仓补什么品种不重要，关键是补仓的品种长期趋势要向上、本身走势比较强。所以，补仓就要补走势稳定向上的龙头股，不要补长期趋势向下并且处于下降通道中的股票。

什么是强势的股票？我们要抓两个重点：一是这只股票业绩很好，是行业佼佼者；二是这只股票处于上升趋势。

比如，如图 5-113 所示，海天味业（603288）业绩比较稳定，属于调味品业龙头股，而且长期趋势向上，每一次回调，其实就是一次很好的进场机会。如果我们不幸在高位入场，也可以等股价下跌超过 10％ 时进行补仓，以摊低成本，等到反弹时就能更快地回本甚至获利。

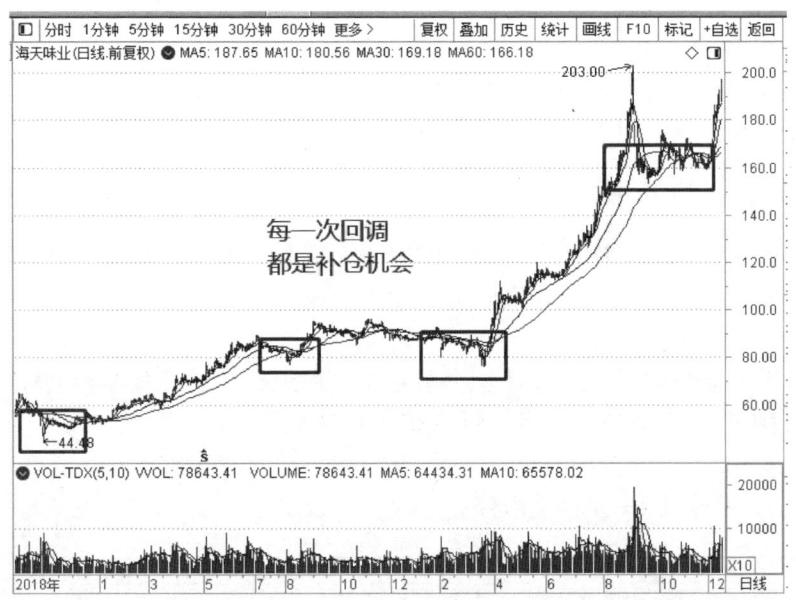

图 5-113　对业绩好的龙头股来说，每一次回调都是补仓机会（海天味业日线图）

另外，大家要注意一点，补仓时，最好一次或两次完成，不要多次补仓，因为一旦越补越跌，会让人越来越没有信心。

补仓不同于建仓，首先，普通投资者的资金有限，无法经受住多次摊平操作；其次，补仓是对前一次错误买入行为的弥补，不该成为第二次错误的交易。

所谓逐级补仓，是在为不谨慎的买入行为做辩护，多次补仓、越买越套的结果必将使自己陷入无法自拔的境地。

如果你已经补仓过一次，还想继续补仓，那么最好是在两个价格相差 10％ 以上时再补仓。比如，你在 10 元位置补仓了一次，那么，股价继续下跌到 9 元以下，才能再次补仓。

有人可能会有疑惑，为什么不早点止损呢？因为很多人都无法预测到好股票也会跌那么多。但好股票的特点就是跌得下去，也能涨得回来，这就是"以时间换空间"。

总的来说，不同的股票，操作方式是不同的，但我们持股最基本的原则就是买好股票，并坚持持有，直到股价达到我们的目标位。历史上，很多好股票哪怕是处于上升趋势中，也曾出现过40%以上的跌幅，但是仍然不影响它们继续创新高。

学会打新股，稳赚更高收益

股票投资是一种高风险、高收益的投资行为，那么，有没有低风险、高收益的投资方式呢？其实是有的，那就是打新股。

1. 什么是打新股？

打新股是申购第一次上市的公司的股票，新股上市常常被简称为"IPO"。

打新股为什么是低风险、高收益的投资方式呢？

我们来看一组统计数据：

2019年，沪深两市共有131只非科创板新股上市，已开板非科创板新股平均收获了7.04个一字涨停板，平均每签获利17167元。

如图5-114所示，2019年7月上市的值得买（300785），上市第一天大涨43.98%，此后连续13天一字涨停。

图5-114　新股值得买连续13天一字涨停

第五堂课
理财进阶：从极简的股票投资说起

假设张三中了1000股这只股票，涨到第十三个涨停板时卖出，相当于中一签就赚了11万元。可见，新股的赚钱效应是非常惊人的！

股票上市第一天往往会大涨，很少出现跌破发行价的情况。图5-115所示为2020年部分新股上市后的收益表现，从中可以看出多数新股的收益都在10000元以上。

名称/代码	发行价/上市日	最新价/总涨幅	一字板	每签获利	名称/代码	发行价/上市日	最新价/总涨幅	一字板	每签获利
豪悦护理 605009	62.26 09-11	221.00 254.96%	6	96370元	海融科技 300915	70.03 12-02	99.05 41.44%	—	41735元
立昂微 605358	4.92 09-11	132.61 2595.33%	22	51860元	朗特智能 300916	56.52 12-02	115.90 105.06%	—	58275元
万胜智能 300882	10.33 09-10	30.25 192.84%	—	17020元	兰剑智能 688557	27.70 12-02	46.59 68.19%	—	21685元
龙利得 300883	4.64 09-10	17.98 287.50%	—	11185元	艾力斯 688578	22.73 12-02	31.64 39.20%	—	8800元
海昌新材 300885	18.97 09-10	42.34 123.19%	—	21775元	健之佳 605266	72.89 12-01	135.67 86.13%	5	92000元
科威尔 688551	37.94 09-10	38.92 2.58%	—	7700元	瑞丰新材 300910	30.26 11-27	76.44 152.61%	—	29625元
海目星 688559	14.56 09-09	26.20 79.95%	—	9230元	声迅股份 003004	20.26 11-26	37.91 87.12%	7	15205元
众望布艺 605003	25.75 09-08	32.92 27.84%	1	12760元	东亚药业 605177	31.13 11-25	41.94 34.73%	2	22260元
福昕软件 688095	238.53 09-08	282.70 18.52%	—	49330元	中控技术 688777	35.73 11-24	100.77 182.03%	—	35640元

图5-115　2020年部分新股上市后的收益表现

所以，虽然打新股中签的概率低，但是只要中签了，大概率能有不错的收益。

2. 如何参与打新股？

如同我们去摇号买房，必须先交一定数额的定金，才有资格参与摇号一样，打新股也有一定的门槛要求。根据相关规定，我们想要申购新股，需要在T-2日前20个交易日（含T-2日），股票账户中上海/深圳非限售A股股票的日均持有市值在1万元以上（含1万元）。

这里的T日是指发行公告确定的网上申购日，也就是可以申购新股的日期。T-2日，即我们要在网上申购日前两天搞定打新股资格。在这两天之前的20个交易日内，平均每一个交易日，持有上海市场或深圳市场的股票市值超过1万元。

需要注意的是，这里的1万元说的是20个交易日的平均值，假如我们提前两天一次性买入20万元以上的股票，也算是具备了打新股的资格。

为了方便记忆,我们可以理解为,要想在今天申购一只新股,那么过去22个交易日(周末和节假日不算),我们要保持持有1万元以上的股票。

另外,沪市和深市的股票市值是分开计算的。也就是说,我们买了沪市的股票才能申购沪市的新股,买了深市的股票才能申购深市的新股。假如我们只持有深市的股票,就没办法申购沪市的新股了。

那么,具体的新股申购流程是怎样的呢?

下面以华泰证券"涨乐财富通"股票软件为例,详细讲解如何进行新股申购。

首先,我们必须有华泰证券的股票账户,然后下载并打开"涨乐财富通"App,点击导航栏的"交易",选择"登录账户",输入客户号和密码完成登录,再选择"打新神器",如图5-116所示。

图5-116 使用涨乐财富通软件进行新股申购

第五堂课
理财进阶：从极简的股票投资说起

进入"打新神器"界面（图5-117）后，看到有新股可申购，点击"新股申购"进入下一页。

图5-117 涨乐财富通的"打新神器"界面

看到可申购额度以及可申购的股票，勾选可申购的新股，点击"立即申购"，最后点击"确定申购"，如图5-118所示。

图5-118 涨乐财富通的"新股申购"与"新股申购确认"界面

那么,我们在申购之后,什么时候才能知道自己有没有中签呢?

中签结果在申购日后的第三个交易日(T+2日)公布。如果中签了,我们要在当天16:00前保证股票账户有足够的余额可以扣除,要缴纳的资金为中签股数×新股发行价,软件会自动计算好要充值的金额。

比如,你中了1000股,新股发行价是12.5元,那么你就要交1000×12.5 = 12500(元),如果账户里没有这么多余额,可以先卖掉持有的股票或进行银证转账。

新股中签是一件让人非常开心的事情,不过中签概率非常低,可以说是万里挑一。那么,打新股真的只能靠运气了吗?有没有提高打新股中签概率的办法呢?

3. 如何提高打新股中签的概率?

其实,打新股除了靠运气之外,还是有一些小诀窍可以提高中签概率的。

第五堂课
理财进阶：从极简的股票投资说起

(1) 砸钱

因为 A 股是按照持股市值配号的，深市中持有 5000 元市值可以配售一个号码，沪市中持有 10000 元市值可以配售一个号码，市值越高，可以配售的号码越多，中签的概率就越高。

如果张三的账户里的市值只够配 1 个号，而李四的账户中市值可以配 10 个号，很明显，李四打新股中签的概率更高，他的中签率是张三的 10 倍。所以，市值高才是硬道理。

一般来说，在沪市和深市同时配置 25 万元左右的资金，就可以满额申购 90% 的新股。

(2) 申购所有新股

我们知道，深市和沪市是分开核算股票的打新市值的。试想一下，如果张三拥有 10 万元市值的沪市股票，那么他只能申购沪市的新股；而李四在沪市和深市各有 10 万元的额度，那么两市的新股他都可以配售。

假设沪深两市的新股数量相同，那么，李四中签的概率大概是张三的 2 倍。

所以，要想提高中签率，应在沪市和深市都持有一定市值的股票，这样就能同时申购两市的新股了。

(3) 用几个不同的账户来打新股

根据打新股的规则，对于同一只新股，同一个人只能申购一次，哪怕同一个人名下有 3 个账户也不能重复申购。

所以，要想提高中签率，可以增加几个不同的人的账户来申购，最简单的办法就是全家人齐上阵，家里每个人都开账户，买入稳定一些的股票，作为打新股账户。

我们简单总结一下三种提高新股中签的办法：一是要投入一定的资金，最好是每个市场配置大约 25 万元的市值；二是所有新股都申购；三是多账户打新股。

我们在互联网上经常看到一些关于什么时间打新股中签率高的文章，但实质上这个没什么意义，因为没有任何一个时刻的中签率是显著高于其他时间的，而每个时间段有些许差异也是正常的，毕竟不可能每一个时刻打新股中签率都是一样的。所以，我们不需要挑时间去打新股，只要记得在交易时间内去打新股就好了。

另外，关于新市值，如果你想参与打新股，又不想有太大风险，可以选择一些质地比较好、估值比较低、波动比较小的股票作为打新股的门票，比如优质的银行股。

4. 中签后，如何卖出新股？

按照新股上市后的涨跌幅规则，创业板和科创板新股上市的前五天都不设置涨跌幅限制。据统计，在上市前五天能卖出好价格的概率更高。所以，在上市后的前五个交易日，越早卖出越好，最好在上市当天冲高就卖出。

我们再来讨论非创业板、非科创板的新股怎么卖。这类新股在上市后，我们要通过每天观察它的状态来决定我们的操作。

①新股上市首日，最大涨幅为44%，如果看到封住了涨停，可以不卖。

②新股上市非首日，最大涨幅限制是10%，开盘观察是不是涨停，如果是涨停，就不要卖。

③如果新股不再出现涨停，可以卖出。

总的来说，卖出非创业板、非科创板的新股的操作比较简单，只要不再出现涨停板就可以卖出，我们不要想着赚最后一个铜板，没有人可以卖在最高点。毕竟中新股本身就是一种运气，赚多少都是赚，不要患得患失。

炒股也要防被骗，4种股票骗局揭秘

股票是一种高风险、高收益的投资产品。在股票市场里，如果运气不好或水平不够，就可能要不断地"交学费"。但有一些坑是可以避免的，比如股票骗局。

我们有什么办法防止被骗呢？最简单的办法，就是了解骗子是怎么行骗的。一般来说，在股市里往往有4种行骗的方式。

1. 4种股票骗局

（1）股票交流群骗局

股票交流群骗局是最常见的股票骗局之一。

相信不少朋友都曾接到过股票营销电话，话术如：你好，我是某某证券公司的，最近公司组建了一个××交流群，里面有很多非常厉害的老师，可以带大家一起交流学习。

又或者：你好，我是专门做股票投资的，常年捕捉牛股，最近有几个看好的股票，可以加群免费送你一只牛股。

你一旦加了联系方式，就会被拉进一个股票交流群，群里有所谓的"老师"在讲课，时常推荐一些表现较好的股票吸引你的注意，还帮大家免费诊断股票，群里还会有人晒出盈利截图，称赞老师厉害，群内气氛十分活跃。

第五堂课
理财进阶：从极简的股票投资说起

如果你相信了老师的"厉害"，想跟着老师买股票，骗子就会给你提供一个买卖股票的平台和账号，该平台打开后界面和股票软件差不多。但实际上这个平台是骗子构建的，骗子可在后台任意修改数据，操控指数涨跌。

当你存钱进去买卖股票时，你的钱就已经转入骗子的账户了，骗子通常还会引诱你加大投资，然后通过操纵软件让你出现巨额亏损，你这时醒悟过来已经无济于事，骗子早就把钱转走了，就算报案，钱也很难追回来。

案例：

  深圳的方女士接到一个股票营销的电话，说是可以给她诊断股票，于是她加了对方微信，很快她就被拉进一个股票群学习投资。

  群里的"老师"看起来很厉害，经常有人晒出收益截图，说是"老师"推荐的股票好。

  方女士看到后很心动，也想尝试一下投资股票，于是联系了"老师"，那个"老师"让她下载了一个炒股平台。

  下载完成，注册账号之后，方女士向这个账户转了5万元。一开始还是赚钱的，于是她加大了投入，前后一共投入了40多万元，可这次充值后没几天，就出现了大幅亏损，本金只剩下10万元。方女士试图取出这10万元，发现这10万元也取不出来，去找"老师"理论，却发现自己被踢出了这个股票群。

  方女士意识到自己被骗了，后悔不迭。

（2）打新股骗局

大家都知道，打新股会有比较丰厚的收益，但是打新股中签的概率非常低，骗子利用这一点，一手炮制了"打新股中签"骗局，声称和专门的机构合作，能用机构的专用席位打新股，中签率大增，稳赚不赔。

许多不明就里的股民上了当，下载了专门的App，充值后发现，中签的新股多了，钱却提不出来，被骗子卷跑了。

案例：

  股民王先生通过QQ进入了一个股票群，每天都观看"导师"的直播课程，看着群里其他"投资人"发的盈利截图，王先生非常心动。

  "导师"在直播课中说，他们团队与一个机构合作，可以利用机构的专用席位大幅提高"打新股"的中签率。

  在助理的帮助下，王先生下载安装了"××机构专用"App，这个软件号称充值无门槛、"打新股"包赚不赔，不中全额退款。上面不仅有一对一的炒股专家做导师，还有市场专员专门指导操作、充值。

王先生想到最近一个朋友中签了一只新股就赚了几万元，想要搏一把，于是把 10 万元投入这个炒股 App 平台。

　　很快，王先生就中了多只新股。为了认购新股，王先生又把自己手里所有的积蓄——20 多万元全部投了进去。

　　一段时间后，账户里赚的钱越来越多，很快就超过了 100 万元。王先生非常开心，每天上班都心不在焉，觉得自己离财务自由不远了。

　　但是，当王先生打算将平台中的钱提现出来买台车时，却发现提现失败，他向"炒股老师"反映这个问题，"炒股老师"却把他拉黑了。

　　王先生这才意识到自己被骗了，赶紧报警，暴富梦瞬间破灭，所有的积蓄都没有了。

像上面这种打新股包中签、包赚钱的骗局，已经让许多人受骗。实际上，骗子开发的这些软件并没有真正接入证券市场，股民中签的全是虚构的新股，钱转入骗子的平台，是无法提现的。所以，大家千万不要去不正规的平台投资。

(3) "杀猪盘" 骗局

有一种骗局，也很容易让股民上当，那就是"杀猪盘"骗局。这个骗局一开始的套路是拉人进股票群，同样有老师在群里分享各类股票资讯，还有帮手在群里分享跟着老师炒股赚钱的截图和对话，慢慢获得股民的信任。

经过 10 多天的洗脑，很多人慢慢就会相信群里真的有"股神"。接着骗子就会让群里的人买入他们设定好的某一只股票，被蒙在鼓里的股民当天买入正好为骗子接了盘，而骗子趁机出货大赚一笔。

"杀猪盘"事件屡屡上演，仅 2020 年就有 10 多只股票成了"杀猪盘"的目标，部分投资者因为盲目相信骗子，损失惨重。"杀猪盘"骗局中，股票群对话页面如图 5-119、图 5-120 所示。

案例：

　　2020 年 3 月，刘女士被朋友邀请进入一个股票群，群里有炒股老师讲解股票知识，每天都有人夸老师有真本事，跟着老师炒股赚了不少钱。经过十几天的洗脑后，刘女士相信了老师的能力，也跟着老师买股票，一开始有些许盈利。

第五堂课

理财进阶：从极简的股票投资说起

图 5-119 "杀猪盘"骗局中，股票群对话页面 1

有一次，炒股老师介绍了一只股票，群里有很多人跟着买，都说这只股票好。刘女士后悔自己没有多买点，于是暗下决心，下次一定多买点。不久后，炒股老师让群里所有人全仓买入盛洋科技（603703，日线图如图 5-121 所示），声称机构已经提前潜伏，准备拉 7 个涨停板。

刘女士觉得前几次买入股票都赚钱了，这次应该也可以赚钱，而且老师要求全仓买入，于是她第二天充值了 60 多万元本金，一股脑全买了进去。结果，一买进去就是股票高位，下午股票就开始出现暴跌，接下来几天都出现了大幅下跌，短短几天就亏了接近一半的本金。

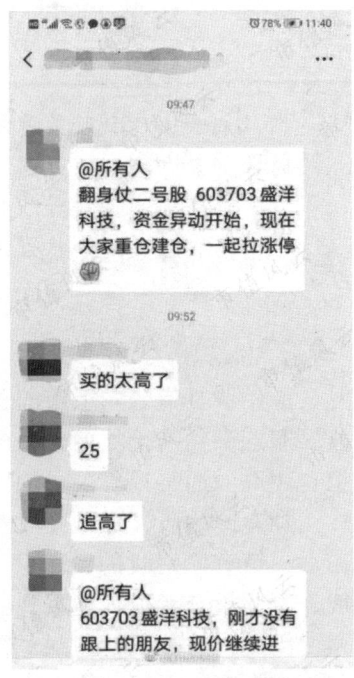

图 5-120 "杀猪盘"骗局中，
股票群对话页面 2

319

图 5-121 盛洋科技日线图

刘女士看到股票暴跌，赶紧找老师要对策，结果却被拉黑了。刘女士这时才如梦初醒——她遇到了"杀猪盘"骗局。骗子就是故意拉高了股价出货，让他们高位接盘。短短几天的时间一下子亏了几十万元，刘女士心痛不已，恨自己太过于信任别人，也恨自己太贪心。

（4）原始股骗局

原始股是指公司上市前首次发行的股票，这类股票可以在上市一段时期后出售，赚取高额差价。但原始股是稀缺资源，越是临近上市，原始股就越稀缺，估值也越高，通常只有公司的创始团队、核心高管，才有可能拥有公司原始股。

拥有原始股，意味着股票上市后可以把股权变现，一夜暴富。比如，小米上市后，持有原始股的员工一下子身家就过千万。但是公司很少向大众增发原始股，普通投资者很少能买到公司原始股。

因此，有骗子就炮制了原始股骗局，声称可以帮投资者买到原始股，许多梦想一夜暴富的人就可能上当。

原始股行骗的步骤一般是：

第五堂课
理财进阶：从极简的股票投资说起

①先拉人进群，然后称公司即将上市且有职能部门背书来进行宣传造势，让投资者认为这是有潜力的"绩优股"。

②承诺购买原始股的人在公司上市后可以获得高额回报，而且承诺无风险，如公司不能上市，公司高价回收原始股，看起来旱涝保收的样子。

③一旦投资者花钱买了原始股，得到的就是一张没有法律保障的股权证，钱大概率追不回来了，等投资者发现被骗去报案时，骗子早就没了踪影。

案例：

上海的陈先生听朋友介绍，有一只海外企业的原始股，几个月后上市，投资回报立马翻几百倍。

陈先生将信将疑，打算去"考察"一下这家公司。他发现这家公司在市中心豪华写字楼租了一层办公室，看起来实力很雄厚的样子。该公司派了一个人给他介绍这个项目：这是美国××上市公司旗下子公司，要备战美国纳斯达克上市，现短期内派发30%的原始股权给社会公众，让社会公众一起参与财富盛宴。

经过几个小时的"游说"，陈先生心动不已，他又去网上查了一下，认为这家公司是真实存在的，而且线下有办公地址，还在这么豪华的写字楼里，可信度很高，如果买到这家公司的原始股，就可以把郊区的房子换成二环的豪宅了。

于是，陈先生把房子抵押出去，向银行贷款100万元，还借了100多万元，买入这家公司的海外原始股。

然而，几个月后，陈先生等来的并不是公司上市的消息，而是这家公司已经人去楼空。陈先生感到天都塌了，房子不仅没有变成豪宅，还要卖出去偿还借款。

2. 如何防范股市骗局？

上面列举的这些骗局是我们最常遇到的骗局，新闻报道中也多次提醒人们防范，但仍有很多人被骗，说明这些人缺乏防骗意识，轻易被所谓的高收益蛊惑。

那么，面对这些骗局，我们应该如何防范呢？有六点需要注意。

第一，不要把自己的电话号码告诉陌生人，不要让陌生人拉你进股票群。

第二，不要向陌生人透露自己的信息，只要对方开始向你推荐某种理财产品并声称可以赚大钱，你就可以拉黑他了。

第三，尽量不要点开陌生人提供的下载链接，特别是理财投资App的下载链接。认准正规的证券公司，不要在非正规券商App交易。

第四，不要在网上用微信、支付宝账号、银行卡给陌生人充值或转账，不要扫描别人提供的收款码。

第五，中国内地（大陆）只有三个证券交易所，一个是上海证券交易所，一个是深圳证券交易所，一个是北京证券交易所，在其他所谓的交易所能交易的股票，都是骗局。

第六，我们只能赚到自己认知范围的钱，不要相信天上会掉馅饼。

投资不是一件简单的事情，需要我们花费很多时间和精力去学习，天上不会掉馅饼，我们不要想着走捷径。如果遇到一些"好事"，不知道是不是真的，可以上网查一下，如果是骗局，一般都会有相关的新闻。

第六堂课 六

保险配置：解决家庭的后顾之忧

社保能带来哪些福利？有了社保为什么还要买商保？

在日常生活中，大家或多或少都接触过保险，甚至有卖保险的熟人，但是对保险的了解不一定很深入，甚至在很多人眼里，保险是个"骗人"的东西，想要理赔很困难……

商业保险真的没什么用吗？有了社保还需要购买商业保险了吗？以下为大家简要介绍社保和保险，有深入的了解后，再做定论也不迟。

1. 社保是什么？

社保的全称是"社会保险"，它是一种为丧失劳动能力或暂时失去劳动岗位或因健康原因造成损失的人口提供收入或补偿的社会和经济制度。

我们常说的社保其实是指"五险一金"中的"五险"，包括养老保险、医疗保险、失业保险、工伤保险和生育保险，如图 6-1 所示。

图 6-1 社会保险的构成

其中养老保险、医疗保险和失业保险由企业和个人共同缴纳保费，工伤保险和生育保险的保费完全由企业承担，个人不用交钱。

表 6-1 所示的是 2019—2020 年广州市企业职工社会保险缴费标准。我们能从中看到，个人缴费比例不到单位缴费的一半。也就是说，我们只需要交少量的钱，就能享受社保的各种好处。所以，我们也可以将社保理解为一项社会福利。

表 6-1　2019—2020 年广州市企业职工社会保险缴费标准

缴纳项目	缴费工资基数/元		缴费比例		最低缴费金额/元		最高缴费金额/元	
	下限	上限	个人	单位	个人	单位	个人	单位
五险-养老	3803.00	19014.00	8.00%	14.00%	304.24	532.42	1521.12	2661.96
五险-医疗	5592.00	27960.00	2.00%	5.50%	111.84	307.56	559.20	1537.80
五险-失业	2100.00	27960.00	0.20%	0.64%	4.20	13.44	55.92	178.94
五险-工伤	—	—	—	根据行业	—	根据行业	—	根据行业
五险-生育	5592.00	27960.00	—	0.85%	—	47.53	—	237.66
总计					420.28	900.95	2136.24	4616.36

社保除了具有福利性质，还具有国家强制性。企业雇佣员工，必须给员工缴纳社保，否则属于违法行为。如果员工所在企业不缴纳社保，则可以向相关部门投诉。

那么，社保对我们来说，到底有什么用呢？接下来，我们逐个来了解社保的作用。

（1）养老保险

养老保险的全称为"社会基本养老保险"，是国家和社会根据一定的法律和法规，为解决劳动者在达到国家规定的解除劳动义务的劳动年龄界限，或因年老丧失劳动能力退出劳动岗位后的基本生活而建立的一种社会保险制度。

养老保险是在劳动者年老或丧失劳动能力后，根据享受养老保险资格或退休条件，按月或一次性以货币形式支付的保险待遇，主要用于保障职工退休后的基本生活需要。也就是说，我们在退休之前每月缴纳的养老金，到我们退休之后，会根据实际情况发放给我们。

退休金的计算涉及的因素很多，没到退休那一年，基础养老金和个人账户养老金都属于未知数。但总体上可以看出，养老金与缴费基数、缴费年限关系密切，缴费基数越高、缴费年限越长，养老金越高。

养老保险可以让我们在年老退休时，实现经济独立，不用依靠他人。

（2）医疗保险

医疗保险，也就是俗称的"医保"，是为补偿劳动者因疾病风险造成的经济损失而建立的一项社会保险制度。在日常生活中，医疗保险是一项使用频率很高的福利。

根据购买人员身份的不同，医保可以分为城镇职工医保、城镇居民医保和新农合三大类（表6-2），基本实现了对大部分人口的覆盖。

表6-2 医疗保险的分类（按购买人员身份）和特点

项目	城镇职工医保	城镇居民医保	新农合
参保对象	在职职工	城镇非就业人员	农村居民
管理机构	国家医疗保障局	国家医疗保障局	国家医疗保障局
资金来源	单位+个人	财政+个人	财政+个人
报销比例	最高	中间	最低
报销上限	最高	中间	最低

三类医保中，报销比例最高的是城镇职工医保，其次是城镇居民医保，最低的是新农合。

案例：

老李从农村来到城里的儿子家生活。有一天，老李突发脑卒中（俗称中风），被送到医院治疗，住院一段时间后才恢复健康，治疗费用和住院费一共花了8万多元，老李是农村户口，买了新农合，最后报销了5万多元，报销比例约六成。

老李的儿子小李，工作非常繁忙，有一天觉得肚子很痛，到医院检查，诊断出患有阑尾炎，于是动了手术，整个治疗费用花了8000多元，由于小李所在单位给他买了社保，报销了约七成，最后小李只花了2000多元。

从以上案例可以看到，医疗保险可以大幅减少我们在发生疾病或意外时所产生的医疗费用，减轻我们的经济负担，因此，医疗保险是每个人都应配备的保险。

(3) 失业保险

失业保险是指国家通过立法强制实行的，由社会集中建立基金，对因失业而暂时中断生活收入来源的劳动者提供物质帮助的保险制度。

失业保险金属于常规的失业保险待遇，申领失业金一般要同时满足以下3个条件：

① 缴满1年的失业保险。
② 非本人意愿中断就业。
③ 按规定办理失业登记并有求职要求。

申领失业金的条件比较严格，首先，必须连续缴满1年的社保，如果上班3

个月就被辞退了，是不能申领失业金的。其次，劳动者必须是非自愿失业的，如果是自己主动辞职的，也无法申领失业金。最后，申领失业金时表示自己有求职要求即可。能否申领失业金的几种情形如图6-2所示。

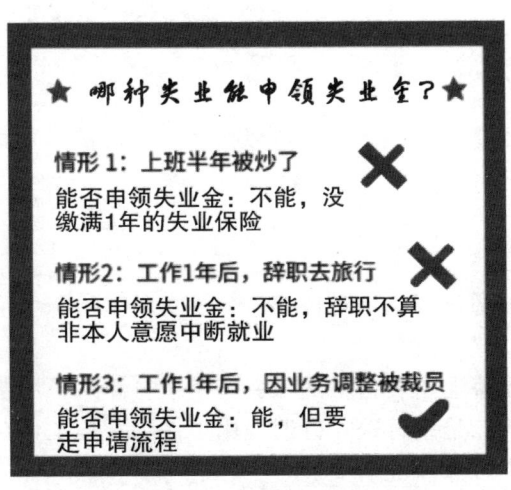

图6-2 能否申领失业金的几种情形

案例：

小陈在一家公司工作了2年，后来公司要搬到其他城市，小陈不愿意换城市，于是公司和他解除了劳动合同。小陈让公司开具了失业证明，去社保局申请了失业金。

申请成功后，小陈每个月能领取近2000元失业金，还能享受基本医疗保险待遇，医疗保险费由失业金基金支付。2个月后，小陈找到了新工作，去社保局停掉了失业金的领取。

失业保险的作用是保障我们在非自愿失业时，能够获得一些经济补贴，以缓解失业带来的经济压力，同时还能让我们在失业期间继续享受医疗保障。

（4）工伤保险

工伤保险是指劳动者在工作中或在规定的特殊情况下，遭受意外伤害或患职业病导致暂时或永久丧失劳动能力以及死亡时，劳动者或其遗属从国家和社会获得物质帮助的一种社会保险制度。

工伤保险费一般由用人单位缴纳，个人不用交钱。工伤保险的认定标准是：劳动者因工负伤或因职业病暂时失去劳动能力，且不管什么原因、责任在个人还是在企业导致的工伤，都享有社会保险待遇，即遵循补偿不究过失原则。

案例：

  小王在上班路上被闯红灯的汽车撞伤，造成了10级伤残。小王申请了工伤赔偿，共获得11万元的工伤赔偿款，包括停工留薪期工资、住院伙食补助费、一次性伤残补助金、一次性工伤医疗补助金和一次性伤残就业补助金、医药费等。

工伤保险的作用是当我们因工作造成伤病、残疾甚至死亡时，保障我们能得到一笔相应的补偿。

（5）生育保险

生育保险是国家通过立法，对怀孕、分娩女职工给予生活保障和物质帮助的一项社会政策。

我国的生育保险待遇主要包括两项：一是生育津贴，用于保障女职工产假期间的基本生活需要；二是生育医疗待遇，用于保障女职工怀孕、分娩期间以及实施节育手术时的基本医疗保健需要。

不要以为生育保险只针对女性，凡是与用人单位建立了劳动关系的职工，包括男职工，都应当参加生育保险。生育保险的保费全部由用人单位缴纳。

案例：

  小林工作了两年之后，迈入了结婚生子的阶段。由于公司给她买了生育险，所以，她在怀孕、分娩过程中花的检查费、接生费、手术费、住院费和药费，按规定报销了大部分，最终她自费的部分不超过3000元。

  另外，她在休产假时，还领到一笔2万多元的生育津贴，这笔津贴是按照她本人在单位上一年的平均工资乘假期天数来发放的。

生育保险的作用是保障怀孕、分娩的女性拥有稳定的经济收入，享受医疗费用报销。

以上五种保险，能够保障大多数劳动者的基本生活需要，而且个人缴纳的金额并不高，所以"五险"属于社会福利性保障。

但是，光有社保还是不够，因为社保也有其不足的地方。社保存在什么问题呢？

2. 社保有哪些不足？

社保虽然为我们带来了基本保障，但是鉴于我国经济发展的总体水平还不高，所以，对于我们来说，其保障水平还是不够的。

社保包括养老保险、医疗保险、失业保险、工伤保险、生育保险5个部分，其中占比较大的是养老保险和医疗保险,我们重点来谈谈这两块的不足。

(1) 养老金缺口较大

世界银行数据显示,2019年,我国人口老龄化程度为11%,排名世界第十。预计到2050年前后,我国老年人口数将达到峰值4.87亿,占总人口的比例达到34.9%。届时我国每三个人中就会有一位老年人,养老压力可想而知。

《人口老龄化背景下中国经济发展和养老金账户研究》一文中指出,中国养老金缴费模型在基准情景下进行估算,若养老金体制不进行改革,且财政补贴保持当前水平,到2050年,国内养老金账户的累计缺口将达到43万亿元。

在这种背景下,现在的年轻人想以后靠养老金安享晚年将变得比现在的老年人困难得多。

我们要想过个享乐的美好晚年,还得在年轻时多攒点积蓄,增加理财收入,单纯靠养老金恐怕很难维持原先的生活水平。

(2) 医保保障不全面

医保的不足主要体现在用药及治疗范围受限、有起付标准及给付比例限制、异地就医报销受限、意外保障明显不足、没有身故保险5个方面(图6-3)。

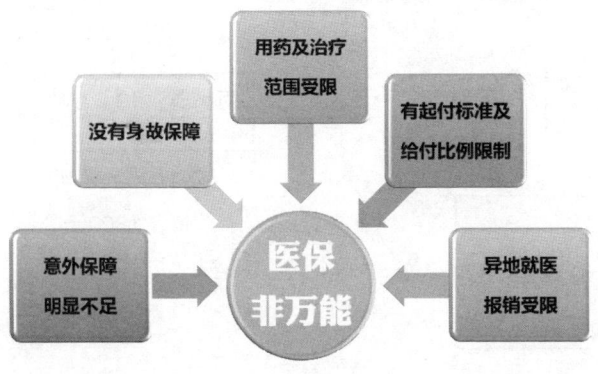

图6-3 医保的不足

①用药及治疗范围受限。

目前,医保设有明确的报销目录,只有在目录内的项目和药物才能报销。而疗效好但费用高的进口药、特效药以及部分医疗设备和诊疗项目等则需要完全自费。

一部根据真实故事改编的电影《我不是药神》围绕一名保健品商贩去印度代购"仿制格列宁"展开。正版格列宁属于进口药,对治疗"慢粒"白血病有很好的效果,但价格异常昂贵,在我国并没有纳入医保报销的范围。保健品商贩得知印度"仿制格列宁"疗效不错且价格便宜后,于是去印度代购"仿制格列宁",并私自以比较低的价格贩卖给病人,引起警方调查。该保健品商贩被认为是售卖假药,最终被捕。

这部电影正说明了医保并非万能的,有不少天价救命药并不能报销,而一般家庭的经济水平很难经受住一次重疾的打击。

②有起付标准及给付比例限制。

医保报销有起付线和给付比例的限制。起付线是指超过了一定的额度才可以报销。而给付比例是指按照一定的比例报销,而且每年可报销的额度有一个封顶线,封顶线一般是20万~40万元不等。也就是说,无论生了什么病、花了多少钱,当年报销的费用达到封顶线后就不能继续报销了。

有起付线和给付比例限制,意味着生了病有一部分钱还是要自己出。如果把某次生病住院的所有花费看作图6-4所示的这个倒三角,那么,医保能报销的部分只有白色的那一小部分,其他的大部分都要自己花钱。

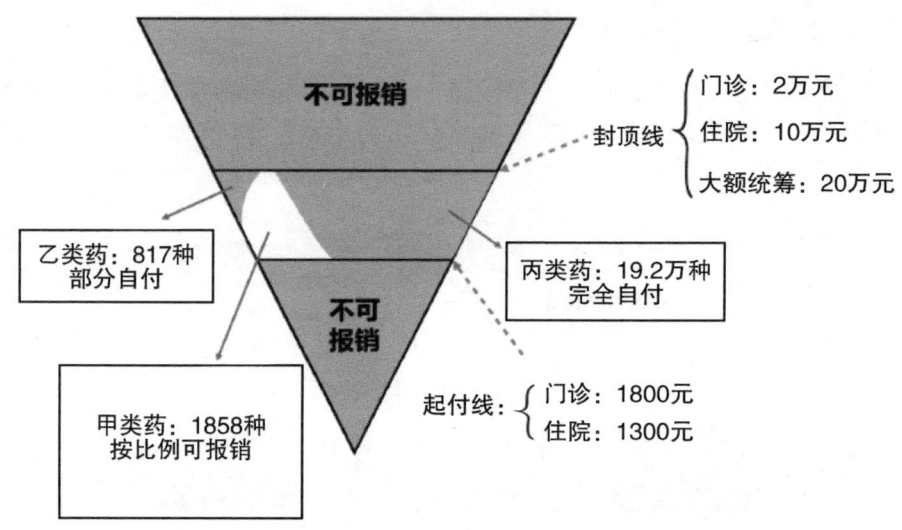

图6-4 某次生病住院支付的所有费用(倒三角)

③异地就医报销受限。

现在人口流动性强,异地就医的情况很常见,例如,爷爷奶奶在老家缴纳医保,但为了照顾孙子辈,从老家到子女所在地生活,一旦在子女所在地就医,报销限制就会加大。

在大部分地区,异地就医只能报销住院和急诊费用,普通门诊一般都要自费。由于异地就医涉及两地,所以报销规则与一般的有所区别。一般来说,能不能报销,看就医地;能报销多少,看参保地。

④意外保障明显不足。

不能纳入医保支付范围的有下列几种情况：

A. 应当从工伤保险基金中支付的。
B. 应当由第三人负担的。
C. 应当由公共卫生负担的。
D. 在境外就医的。

比如，在交通事故中受伤，且划定属于第三者的责任，应该向肇事司机要求赔偿，不能走医保报销流程。

⑤没有身故保障。

如果病人还没来得及抢救就去世了，医保无法进行身故赔付。有些乐观的人可能会想，"那就这样吧，人终有一死"。乐观是好事，不过我们想一下，如果这个人是家里的顶梁柱，上有老下有小，出事之后家里人该怎么生活呢？

社保虽然是必备的保险，但它并不是万能的。社保可以给我们报销一部分医疗费，但不会给我们报销生活费、孩子的教育费、老人的赡养费……

好在，社保有了一个好兄弟——商业保险，商业保险和社保一起组成了家庭保障的坚固基石，是社保的重要补充。

3. 为什么要买商保？

俗话说，"社保不够，商保来凑"。通过以上对社保的分析，我们已经知道，社保还有许多不足，如果想为生活加上多重保障，一定要未雨绸缪，通过配置不同类型的商业保险来转移未知的风险。

那么，什么是商业保险呢？

商业保险，是一种以小博大，用比较少的保费来撬动较高的保额，能够帮助我们转移风险的重要手段。

每个人的健康状况是随着年纪的增长而走下坡路的，但是，肩上的责任越来越重。一旦发生了意外或患上疾病，对于一个家庭来说将是灭顶之灾。

我们来举两个例子。

假如老张生了重病，治病住院花了很多钱，如果他只买了社保，报销比例非常有限。那么，他生病后所需的治疗费、康复费、家庭生活费、孩子的学费、老人的赡养费从哪里来呢？但如果他购买了一份50万元保额的重疾险和一份200万元保额的寿险，生病后就能获得50万元重疾赔付，可以大大地缓解家庭的经济压力。如果他不幸因病去世，他的家人还能获得200万元的寿险赔付。

再来看一个案例：李先生很不幸被跳楼的人砸死，肇事者已经死了，肇事者家里也没钱赔付李先生，对于李先生的家人来说，这是不是无妄之灾？但是如果李先生买了一份100万元的意外险，那么，起码还有100万元能够补偿给他的家人。

商业保险真正能做到"病了有钱治、意外了有钱赔、老了有钱养、走了有钱留"。我们要正确认识商业保险的重要性，积极了解商业保险的特点，买到合适的保险，这样才能让我们以及我们的家人拥有更惬意从容的生活。正所谓：社保+商保，生活更美好！

四大险种怎么配置才更经济合理？

保险种类繁多，犹如超市里琳琅满目的商品，一不小心就会挑花眼。但只要了解了产品，有针对性地去精挑细选，就不会觉得挑选保险是一件很困难的事情了。

这一节，我们主要认识商业保险的分类和特点，只有了解了产品的特点，我们才能对症下药，买到适合的保险产品。

商业保险主要分为人身保险和财产保险两大类。在这里，我们主要讨论人身保险，财产保险就不展开来说了。常见的人身保险包括意外伤害保险（意外险）、健康保险和人寿保险。人身保险的构成如图6-5所示。

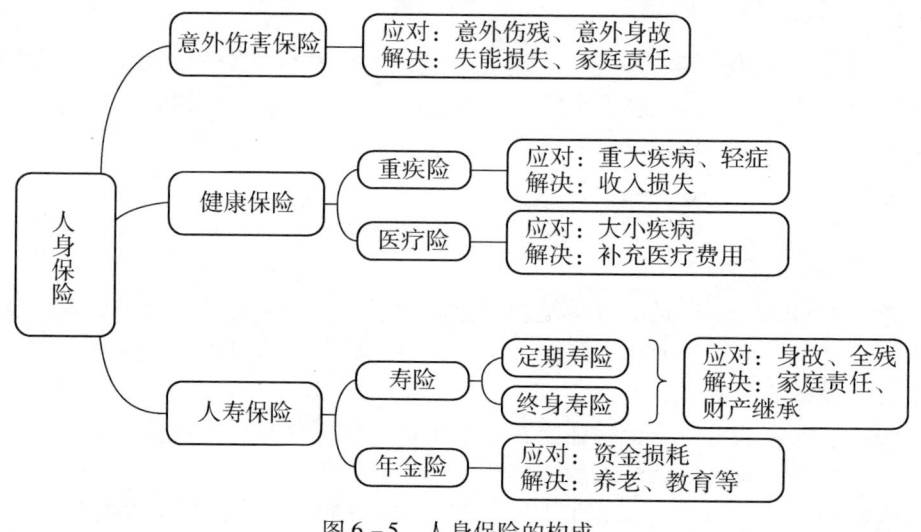

图6-5 人身保险的构成

1. 意外险

意外险，也称意外伤害保险，提供被保险人因遭受意外伤害事故而死亡、伤残或门诊、住院医疗等的保险赔偿。

这里我们需要强调的是"意外"两个字,简单来说,想要获得意外险的赔付,必须是由不能预见的原因使身体受到伤害,如果是人为故意、过失或疾病造成的事故则不能获得赔付。

举个例子,小明走在路上,被高空掉下来的花盆砸伤了,这属于意外事故。但如果小明在烈日下打球中暑了,这就不属于意外事故,因为医学上认为中暑是一种疾病,疾病不属于意外险的保障范围。

所以,我们一定要先搞清楚意外险的含义,才能更有针对性地进行购买。

(1) 意外险的优点

意外险有三大优点:

①保障范围广。

意外险可以覆盖大部分意外事件。在现实生活中,意外事件无处不在,如交通意外、跌打扭伤、烧伤烫伤、脱臼骨折、运动受伤等(图6-6),这些并不属于小概率事件。如果我们给自己配置了意外险,那么当这些意外事件发生后,都是可以获得赔付的。

图6-6 现实生活中的风险

②购买条件宽松。

意外险对被保险人没有太多健康要求,意味着不管被保险人是生病还是伤残,都不影响购买。同时,意外险对年龄的限制也很宽松,一般0～60岁的人群都能购买,现在还有特别针对老年人的意外险,可以让99岁的老人都能得到意外险的保障。所以,意外险基本上人人都可以购买。

③保障杠杆比例高。

意外险的杠杆可以说是所有保险里最高的。一般缴纳一两百元,就能获得几十万元、上百万元的保额,真正做到了花小钱办大事。

（2）意外险的保障责任

当意外发生时，购买意外险可以得到什么样的保障呢？

一般来说，意外险的基本保障责任有三种——意外身故责任、意外伤残责任、意外医疗责任，三者缺一不可。

①意外身故责任。

意外身故责任，即赔付因意外导致的身故。意外身故保额是一款意外险最重要的属性之一。

一个家庭的顶梁柱身故，将对家庭造成沉重打击，父母的赡养、子女的教育、家庭的生活水平等都有可能发生变化。如果给自己配置了高额的身故保额的意外险，则可以降低身故给家庭带来的财务风险。

②意外伤残责任。

意外伤残责任，即赔付因意外导致的残疾，这是意外险的主要责任，保险公司一般会根据伤残等级按比例来赔付。

比如，残疾程度一共分10级，每级之间相差10％的比例。1级伤残最严重，会按100％的比例赔付；2级次之，会按90％的比例赔付……以此类推，到了第10级——这是最轻的一种伤残级别，只按照总保额的10％来赔付。

③意外医疗责任。

意外医疗责任，即赔付因意外产生的医疗费，一般以附加险的形式存在，包括门诊和住院意外医疗，保障的是因为意外伤害在一定期限内产生的合理且必需的医疗费用。这跟社保是一样的，在保额以内，实报实销。比如砸伤脚住院治疗的花费，就可以根据意外险的意外医疗责任来进行报销。

除了以上三个基础保障责任之外，部分意外险还会有意外住院津贴以及其他保障内容。如图6-7所示的这款意外险，还包含新冠肺炎身故保险金、猝死保障保险金、非机动车第三者责任保险金等，让这款保险看起来性价比更高。

第六堂课

保险配置：解决家庭的后顾之忧

图 6-7 一款意外险的保障责任

（3）期限和保额怎么选？

按时间进行划分，意外险分为长期意外险、短期意外险和极短期意外险。最常见的意外险是一年期的短期意外险，价格也便宜，成年人 50 万元保额一般只需要 150 元左右。所以我们选择一年期的意外险就好，成年人的保额最好达到 50 万元以上，老人和儿童应该更多地考虑意外医疗的保额，儿童的保额往往被限制在 20 万元以内。

2. 医疗险

医疗险是指以保险合同约定的医疗行为的发生为给付保险金条件，为被保险人接受诊疗期间的医疗费用支出提供保障的保险。

简单地说，医疗险是一种用来转移医疗费用开支的保险种类，是一个报销类型的产品，即在产品的保额内，花多少报销多少，报销的总额不会超出自己花费的总金额。

（1）医疗险的特点

①不限定保障的疾病。

医疗险是理赔频次非常高的一个险种，只需要提供医院的诊断和治疗费用证明，就可按保险责任来进行报销，一般与得了什么病无关。

医疗险保障的是生病住院期间产生的合理且必要的花费，部分产品会涵盖门诊责任以及其他可选责任，如生育、体检等，具体的责任划定，要看具体的产品条款。

如图6-8所示的是一款医疗险的保障范围，涵盖一般疾病、重大疾病、意外伤害等。

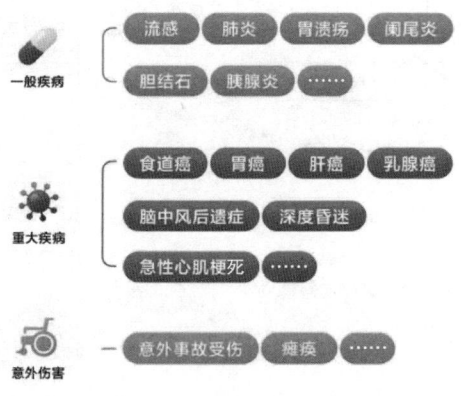

图6-8 一款医疗险的保障范围

②对免赔额以上的费用进行报销。

医疗险是一个报销型产品，即在保额内，根据被保险人花了多少钱，在扣除免赔额后，按比例来进行报销。免赔额是指不需要赔付的那部分钱。图6-9所示为医疗险报销部分示意图。

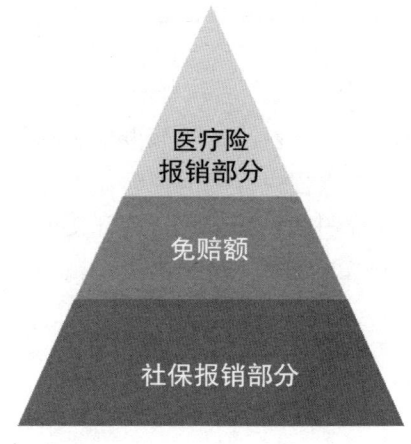

图6-9 医疗险报销部分示意图

通常，医疗险能报销的是"总花费－社保报销费用－免赔额"的部分，这意味着社保报销过的费用不能重复报销，剩余费用也要超过免赔额才有资格报销。

举个例子。小王生病住院，共花费2万元，其中社保报销了8000元，剩余1.2万元要自费，他购买的医疗险有1万元免赔额，那么他最多能报销的数额是20000－8000－10000＝2000（元）。所以，小王最后用医疗险报销的金额是2000元。

③医疗险不保证终身续保。

医疗险一般是一年一保，每年需要重新投保。目前，市面上没有任何一款医疗险是保证终身续保的，最多仅保证续保6年，在这6年续保期间内，即使你的健康状况出现了变化或发生过理赔，保险公司都不能拒绝你的续保申请和单独调价，但是6年之后，依然会有不能续保的可能性。

不保证终身续保会有什么问题呢？假如你生病了，下一年很可能就会因为不符合健康告知的要求，被保险公司拒保，以后都买不了健康保险。所以不保证终身续保是医疗险的一个缺点。

④年龄越大，医疗险保费越高。

无论是重疾险还是医疗险，初次投保时年龄越大保费就越高。年轻人买医疗险只需要几百元，老年人则可能需要几千元，而且保费会随着年纪的增长而增加。

以某款百万医疗险产品为例，基本保额是300万元，30岁的年轻人的保费是306元，65岁的老年人则需要1966元。

(2) 医疗险的分类

医疗险有三种常见的类别：第一类是最早出现的普通医疗险，第二类是近几年很火爆的百万医疗险，第三类是高端医疗险。

普通医疗险解决的主要是小病小痛的支出，功能和医保比较像，保额通常只有1万～5万元，适合希望小额费用也能报销的人群；高端医疗险保额高，一般是几百万元甚至上千万元，适合高净值人士；百万医疗险免赔额高，但保额也高，适合大部分人，目前已成为主流的医疗险。所以，接下来我们主要和大家介绍百万医疗险。

(3) 百万医疗险值得买吗？

百万医疗险是指报销额度最高可达100万元以上的商业医疗保险。

市面上第一款问世的百万医疗险是"尊享e生"，它背后的公司是众安在线财产保险股份有限公司，这是一家互联网保险公司，股东不乏著名企业家，如阿里巴巴的马云、中国平安的马明哲、腾讯的马化腾等。

依托这个背景，产品一经推出便引爆市场，它的性价比主要体现在保额高与保障范围广两个方面。下面我们来具体介绍百万医疗险的优点和缺点。

①百万医疗险的优点。

A. 保额高。

百万医疗险中的"百万"指的是保额，也就是每年的报销费用可以高达100万元甚至数百万元。

图6-10所示为一款热门的百万医疗险的保障详情，从中可以看到，一般疾病及意外医疗保险金为200万元，100种重大疾病医疗保险金则高达400万元。所以称之为"百万医疗险"也是名副其实。

保障详情	更多详情
一般疾病及意外医疗保险金	200万
100种重大疾病医疗保险金	400万
100种重大疾病津贴保险金	1万
保障期限	1年(可续保至100岁)

图6-10 一款热门的百万医疗险的保障详情

B. 保费低。

相对于重疾险来说，百万医疗险的保费比较低，如果是年轻人，一年保费只要三五百元，老年人也只要几千元，相对于百万保额来说，性价比非常高。

表6-3是一款百万医疗险的保费测算表，从中可以看到，有社保的人首次投保，50岁以上的人每年仅需1000元以上，而11～20周岁的年龄段保费最便宜，每年仅需128元。

表6-3 一款百万医疗险的保费测算表

单位：元

年龄 (周岁)	有社会医疗保险		无社会医疗保险	
	首次或非连续投保	续保	首次或非连续投保	续保
0～4	609	618	1570	1602
5～10	196	199	488	498
11～15	128	131	308	314
16～20	128	131	314	320
21～25	176	179	457	466
26～30	259	265	657	670

续表

年龄 （周岁）	有社会医疗保险		无社会医疗保险	
	首次或非连续投保	续保	首次或非连续投保	续保
31～35	339	346	953	972
36～40	469	479	1425	1455
41～45	598	609	2060	2101
46～50	856	873	2882	2941
51～55	1149	1172	3906	3986
56～60	1568	1599	5031	5134
*61～65	—	2541	—	8222
*66～70	—	3368	—	10603
*71～75	—	4349	—	13363
*76～80	5463	—	16385	—
*81～85	—	6360	—	19714
*86～90	—	7797	—	23846
*91～95	—	9493	—	28749
*96～99	—	11387	—	34521
*100	—	9766	—	32900

C. 保障范围广。

不同的百万医疗险产品在细节上会略有差异，主流产品的保障责任涵盖住院责任和门诊责任。其中住院责任包括一般住院医疗责任、癌症（重疾）住院医疗责任；门诊责任包括特殊门诊责任、住院前后门诊责任、门诊手术责任。

换句话说，百万医疗险可以用来报销住院费、手术费、医药费、护理费等，而且不限进口药、自费药，只要是合理且必要的治疗费用，统统可以找保险公司报销。

② 百万医疗险的缺点。

百万医疗险的优点比较明显，但是也有一些缺点。

A. 免赔额不低。

目前，市面上的百万医疗险都有 1 万元的免赔额，有的是 2 万元，也不乏同一个人 5 年共用 1 万元免赔额或一家人每年共用 1 万元免赔额的情况。存在免赔额，意味着小额的费用就得不到报销了。

B. 保费与有无社保挂钩。

百万医疗险的保费除了与年龄有关外，还与有无社保有关（图 6-11），没有社保的人购买百万医疗险，花的钱会更多。

图 6-11　百万医疗险的保费与有无社保有关

C. 需要进行健康告知。

百万医疗险需要进行健康告知，对购买者的身体健康要求比较高，这意味着不健康的人群可能无法购买百万医疗险。健康告知是指保险公司在接受客户投保申请时，要求其填写健康告知书，也就是关于被保险人的健康状况说明。

总结一下，百万医疗险是一款性价比很高的保险，可以报销各种必要且合理的医疗费用，但会有不低的免赔额限制，也对投保人群的身体素质有比较高的要求。因此，百万医疗险最适合身体健康的人群。

3. 重疾险

重大疾病保险是指由保险公司经办的以特定重大疾病，如恶性肿瘤、心肌梗死、脑出血等为保险对象，当被保险人患有上述疾病时，由保险公司对其所花医疗费用给予适当补偿的商业保险行为。

重疾险发展至今，在保障的疾病、理赔性质上已经形成了规范。

第一，在疾病保障上，中国银保监会规定，但凡叫重疾险的产品，必须包含 28 种统一定义的重疾和 3 种轻症。也就是说，无论我们选择哪类重疾险，保障范围都必须包含 28 种重疾。这 28 种重疾的合计发病率占整体重疾的 95% 以上。重疾险产品包含的疾病种类如表 6-4 所示。

表 6-4 重疾险产品包含的疾病种类

病种分类	第一类：确认即赔（4种）	第二类：实施了约定手术（6种）	第三类：达到疾病约定状态（21种）
轻症	轻度恶性肿瘤	—	①较轻急性心肌梗死 ②轻度脑中风后遗症
重疾	①严重恶性肿瘤 ②严重Ⅲ度烧伤 ③多个肢体缺失	①重大器官移植术或造血干细胞移植术 ②冠状动脉搭桥术 ③心脏瓣膜手术 ④严重良性颅内肿瘤 ⑤主动脉手术 ⑥严重溃疡性结肠炎	①较重急性心肌梗死 ②严重脑中风后遗症 ③严重慢性肾脏病 ④急性重症肝炎或亚急性重症肝炎 ⑤严重性肝衰竭 ⑥严重脑炎后遗症或严重脑膜炎后遗症 ⑦双耳失聪 ⑧双目失明 ⑨深度昏迷 ⑩瘫痪 ⑪严重原发性帕金森病 ⑫严重脑损伤 ⑬语言能力丧失 ⑭重型再生障碍性贫血 ⑮严重阿尔茨海默病 ⑯严重特发性肺动脉高压 ⑰严重运动神经病 ⑱严重慢性呼吸衰竭 ⑲严重克罗恩病

第二，在理赔性质上，重疾险是一旦满足合同约定的条件，就会一次性赔付一笔钱，而不是根据医疗费来报销的。

很多人认为，重疾险就是把赔付的钱拿来治病的，但其实这种理解不完全正确。重疾险更重要的作用在于补偿重大疾病带来的潜在损失，比如工资收入、赡养费、护理费、家庭其他成员的收入损失、隐形负债等。生了重疾必定会存在这些潜在的损失，这些损失无法通过医疗险去弥补，只能依靠重疾险进行一次性或多次性补偿。

相对于医疗险和意外险来说，重疾险保费比较贵，一年至少要几千元。一般建议成年人购买保额达到50万元及以上、保险期间到60岁以上的重疾险。除了考虑保额和保险期间之外，购买重疾险还应考虑保费返还与否、赔付次数这两个条件。下面就以这两个维度来分类，带大家了解目前市面上常规的重疾险。图6-12所示为重疾险常见产品形态分类。

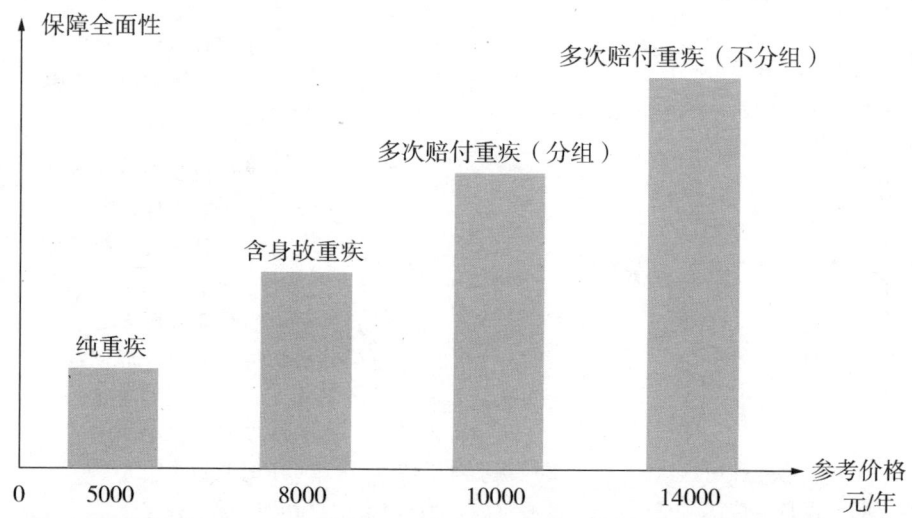

图6-12 重疾险常见产品形态分类

重疾险的分类

①按保费返还与否分类。

按保费返还与否，重疾险可分为消费型重疾险和储蓄型重疾险两类。

A. 消费型重疾险。

消费型重疾险通常只保障重疾，不保障身故，在保障期间内，有发生合同约定的重疾情况则赔钱，平安无事则不会返还。消费型保险的优点是保费便宜，保障也较全面，是典型的以小博大的保险产品。

目前大部分消费型重疾险是互联网产品，不支持人工核保，线上可以智能核保简单的身体异常情况，但如果近两年有住院等复杂性的身体情况，则无法通过核保。

消费型重疾险适合预算比较少又有重疾保障需求的人群，对于大部分人来说，可以选择50万元及以上保额、保障到60岁以上的重疾险。

B. 储蓄型重疾险。

储蓄型重疾险的说法属于市场叫法，在《中华人民共和国保险法》和监管规定中并没有"储蓄型重疾险"这个词。储蓄型重疾险其实就是具有"终身保障重大疾病责任＋身故责任"的保险，因为人迟早都会身故，必然能拿到100％保额的赔付，所以叫"储蓄型保险"。

带身故责任的储蓄型重疾险有两个缺点：一是重疾和身故共享保额，只赔其中一项，两者不可兼得。比如保额50万元，得了重疾理赔了50万元，合同就终止了，后来如果身故了也不会再次赔付。二是价格比较高，一般工薪家庭可能难以接受。很多终身重疾险的保费高达每年1万元以上。所以，储蓄型重疾险也更适合高净值人士。普通人还是采取"消费型重疾险＋寿险"的组合更划算。

②按赔付次数分类。

按赔付次数分类，重疾险可以分为单次赔付的重疾险与多次赔付的重疾险两类。

A．单次赔付的重疾险。

单次赔付的重疾险指的是被保险人确诊一次重疾得到赔付以后，合同就终止了，被保险人不再享有保障，而且赔付过一次后，会受病史影响，无法再次投保，如果再次得重疾，所有费用就只能由自己承担了。

由于单次赔付的重疾险存在这样的风险，因此，一般情况下，保费也会相对便宜一些，适合预算有限的人群。

B．多次赔付的重疾险。

多次赔付的重疾险是指确诊一次重疾并拿到赔付以后，后续未缴的保费可以免缴，同时，合同内可保障的内容继续有效。

举个例子，李先生在40岁左右时患有甲状腺癌，这类癌症对生命的威胁并不大，但一旦确诊过一次，就会被记录在大部分保险公司的黑名单里，李先生就不会再有买重疾险的机会了。

但是如果他拥有的是一份多次赔付产品，就无须为这个问题烦恼了，假如10年后，李先生不幸又突发急性心梗，可以再从保险公司获得一次赔付。对于家庭来说，就可以再次转嫁掉风险。

从长远来说，在资金充足的情况下，还是建议购买多次赔付的重疾险更有保障。

总结一下，对于大部分人来说，可以选择消费型重疾险，保障到60岁以上；预算充足的朋友可以选择多次赔付的储蓄型重疾险，重疾险的保额至少在50万元及以上。

4．寿险

在各类保险中，最不受欢迎的可能就是寿险了。

因为寿险是"人死了才赔"，对于中国人来说，这太晦气了。很多人觉得人都死了，赔钱还有什么意义？但人死了，什么都没留下，甚至留下了一堆债务，对于家人来说，岂不是痛上加痛？

风险发生时，寿险虽不能弥补失去亲人的伤痛，却能为家庭补充一份相对数额较大的赔付，让活着的家人有继续生存下去的物质基础，这何尝不是一种负责任的表现？

（1）寿险是什么？

寿险是一种以人的生死为保险对象的保险，被保险人在保险责任期内死亡，由保险人根据契约规定给付保险金。也就是说，只要是免除责任外的身故情况，都可以获得赔付，比如因交通意外身故或疾病身故，都可以获得寿险赔付。

虽然意外险也包含身故赔偿，但意外险只赔付意外导致的身故，不赔付疾病导致的身故。而根据行业内对死亡原因的统计，意外导致死亡的概率只有10%左右，剩下的90%则是由其他原因导致的死亡。而寿险可以保障大部分的身故情况都可以获得赔偿。

可能还有人疑惑：带身故责任的重疾险能赔付身故的情况，可以替代寿险吗？其实，也是不可以的。

第一，带身故责任的重疾险保费会大幅提高，增加的保费还不如买份保额高的寿险。

第二，重疾险的身故赔付是在"没得重疾而身故"的前提下，相当于两份风险共用一份保额，且只能赔1次。如果一个人患有重疾，得到一次赔付，后面因为重疾而身故，则无法再次得到赔付。但如果买了寿险，则寿险可以赔偿。

所以，无论是重疾险还是意外险，都不能代替寿险。

（2）寿险的分类

按照保障期限来分类，寿险可分为定期寿险和终身寿险两类。

定期寿险，只在一定期限内有效，这个期限一般由投保人选择，可以选择20年或30年，也可以选择保到60岁或70岁，确定后就不能更改了。在这个期限内身故，保险公司会依照约定条件进行赔付。如果没出险，保费就归保险公司了。

终身寿险，一生都能得到保障，直至身故，保险公司将按照约定条件赔付。人总有身故的一天，买了终身寿险，家人是一定会拿到一笔赔偿金的，因此终身寿险的保费相对较高。

终身寿险的缺点也很明显，杠杆不高，这也是它保障功能偏弱的原因。比如，一个30岁的人买终身寿险，保险杠杆只有4倍左右，即买100万元保额，一共需要25万元保费；而定期寿险的杠杆一般有50倍左右，即买100万元保额，一共只需要2万元保费。

第六堂课
保险配置：解决家庭的后顾之忧

所以，从定期寿险和终身寿险的作用和杠杆来说，二者适合的人群有很大差别。

终身寿险并不适合普通家庭购买，而是适合富人拿来做资产的定向传承。富人可以把自己的财产换算成身故赔偿金，指定保险受益人，等自己身故了，就让保险受益人继承自己的财产，以此来规避遗产税及债务风险。

定期寿险更适合普通家庭购买，因为它保障功能强，保费便宜，普通人花较少的钱就能给家庭一个"保底的保障"。

接下来，我们来讲讲购买定期寿险需要注意什么问题。

（3）购买定期寿险要搞懂四个问题

购买定期寿险，要弄清楚以下四个问题。

①谁需要买寿险？

寿险最大的作用是当被保险人身故时，家人会收到一笔赔偿金以此维持生活。所以，优先考虑寿险的人群有三类：家庭经济支柱、高收入高负债人群、准备成家立业的年轻人。

总的来说，谁的离世给家庭造成的经济损失最大，谁就是全家最需要买定期寿险的人。能力越大责任越大，被保护的力度也应该越大。

②保障期限怎么选？

定期寿险只保障人生几十年，投保期限和什么时候能够卸下经济重担相挂钩。

一般而言，父母可以考虑保障到孩子30岁左右，或是保障到自己退休的年龄，比如60岁。如果我们在50岁时就能还完房贷与车贷，也做足了孩子教育金的准备，人生没什么大的负担了，那么选择保障到50岁也是可以的，因为保障期限越短越便宜。

③保额怎么定？

在保额方面，建议涵盖家庭年支出的10倍+负债（剩余房贷、车贷等），以此来保障未来一定时期内的支出。

比如，小王一家每年支出15万元，还欠着100万元房贷。那么，小王需要购买的寿险保额应该为：$15 \times 10 + 100 = 250$（万元）。

还有一个简单的计算方式：如果被投保人去世了，还想保障家人几年？如果保障5年，就买年收入的5倍；如果保障10年，就买年收入的10倍。以此类推。

④缴费期限怎么选？

寿险缴费期限一般可以自选，比如保障到70岁的寿险，可以选择一次性交（也叫趸交），也可以选择分为5年、10年、30年交，还可以选择按照保障期限交，比如交到 60 岁、70 岁等。

图 6-13 是一款保障到 70 岁的寿险，可以选择的缴费年期有趸交、5 年、10 年、20 年、30 年等。

图 6-13　一款寿险的缴费期限

建议大家尽可能选择较长的缴费期限。这样可以减少缴费的经济负担，也可以最大限度地享受保险的高杠杆率。

5. 总结

本节主要讲了四大块内容，包含四大保险的介绍和购买建议。

①意外险。建议成年人特别是家庭经济支柱的保额是 50 万元起步，最好达到 100 万元以上，老人和儿童应该更多地考虑意外医疗的保额。

②医疗险。建议健康人群优先选择百万医疗险，暂时没有经济能力、负担不起长期重疾险的年轻人，或是已经购买了长期重疾险，但认为保额不够，需要更多保障的人更应该购买百万医疗险。

③重疾险。对于大部分人来说，可以选择定期消费型重疾险，保障到 65 岁以上；预算充足的朋友可以选择多次赔付的储蓄型重疾险，重疾险的保额至少在 30 万元以上。

④寿险。家庭经济支柱、高收入高负债人群、准备成家立业的年轻人这三类人群最需要买寿险。经济条件一般的人可以优先选择定期寿险，保障期限可以选择到子女 30 岁左右，或到本人退休，能卸下家庭重担时比较合理。保额建议涵盖家庭年支出的 10 倍 + 负债，缴费期限越长越好。

第六堂课
保险配置：解决家庭的后顾之忧

一家人的保险，怎么买最合理？

人身保险主要分为意外险、医疗险、重疾险和寿险，每一种保险都各有特点：意外险比较便宜，一两百元钱就能买到 100 万元左右的保额，但是只能保"意外"情况；医疗险也不贵，属于实报实销的商业保险，保费随着年龄的增长而增加；重疾险是在满足合同约定的条件下，患病就能得到一笔赔付；寿险则是"人死了才赔"，是留给家人最后的保障。

没有哪一种保险是能兼顾所有保障的。因此，保险需要进行合理配置，才能更好地转移家庭的财务风险。那么，要为自己或家人配置保险，有哪些配置原则？未成年、青年、壮年和中老年人买保险的侧重点又在哪里？这一节，我们来了解这些问题。

1. 买保险的两大关键

（1）给谁保？

保险是一种以小博大，把风险进行转移的方式，因此，家里的每个人都应该配置保险。但对于大多数家庭来说，如果全家人把所有保险都配置齐全，起码得几万元，经济压力实在不小。所以，在预算有限的情况下，就不可能给每个人都配置齐全所有的保险，而是要考虑先给谁买保险。

在选择先给谁买保险这个问题上，很多家长会进入一个误区，那就是会选择先给自己的孩子配置保险，只给自己买一些价格低廉的保险，如意外险。虽然凡事先考虑孩子是父母的本能，但是这并不符合保险配置的原则。

买保险，其实就是花钱买商品。我们买商品肯定是考虑谁最需要才给谁买。买保险也是一样的，优先给最需要的人买。从降低家庭风险的角度来考虑，家庭经济支柱最需要得到保障，应该优先配置好保险，其次才是孩子和老人。

举个例子，一个 4-2-1 结构的家庭（即 4 位老人，中年夫妻二人，1 个孩子）或 4-2-2 结构的家庭（即 4 位老人，中年夫妻 2 人，2 个孩子），这个家庭是靠夫妻二人来养家的。那么，这对夫妻就是家庭的经济支柱，他们应该优先给自己配置好保险，再考虑给家里的小孩和老人购买合适的保险。

（2）保多少？

知道自己应该配置什么保险后，就要考虑配置多少保额的保险。大多数保险的保额越高，保费越贵。所以，对于很多预算有限的家庭来说，就要懂得在保额和期限等关键项目上做出衡量和取舍，尽量用有限的预算买到保额最高的保险。

那么，我们应该花多少保费，配置多高的保额呢？

推荐大家使用"双十配置法"来计算家庭总体的保费和保额的支出。"双十配置法"是指家庭的总保费支出最好不要超过家庭总收入的10%，而总保障额度至少是家庭收入的10倍。

比如，一个家庭的年收入是15万元，那么，这个家庭的总保费支出最好不要超过1.5万元，而各类保险的总保额最好是150万元以上。

当然，我们也可以不用那么死板地利用这个公式，而是用另外一个原则来测算该花多少保费。这个原则就是，我们把这笔钱拿去买保险后，是否会影响我们正常的生活水平。

如果交完保费后，并不会让家庭节衣缩食，那么这笔支出就是合适的。如果需要省吃俭用才能攒够钱去买保险，那么就没必要花那么多钱买保险。我们要先解决生存问题，再考虑配置保险。

比如，一个家庭的年收入是20万元，花2万元买保险，其实是在10%的范围内，但这家人经济支出较大，一年支出就要19万元，那么花2万元买保险就不合适了，需要压缩购买保险的成本。

说完保费，我们再来说保额。

根据"双十配置法"，总保障额度至少是家庭收入的10倍，但在实际配置中可能远远超过这个额度。因为总保障额度是指所有保险的总额度，但不同保险的额度差异较大。比如百万医疗险和意外险，交几百元钱保费就能轻松达到200万元保障额度。

所以，我们还需要知道重疾险、医疗险、意外险、寿险这4种保险对应适合的额度是多少。下面列出的是这4种保险的合理保额计算公式，大家可以对照着来计算。

①重疾险保额=家庭年收入的3～5倍。

建议大家在配置重疾险时，保额选择在30万元及以上，预算范围内保额越高越好。因为钱是会贬值的，我们现在买30万元重疾险，20年后，这30万元的购买力估计还不到现在的10万元。所以，我们要尽量在预算范围内配置充足保额的保险，有条件的话，可以购买50万元或以上的保额。

②医疗险保额=每人不低于100万元。

现在市面上主流的百万医疗险基本上是200万元保额起步，个别是600万元保额，但由于医疗险是报销形式，需要报销那么多费用的情况较少出现，所以200万元和600万元保额的差别不是特别大。当然，在价格一样的情况下，可以选择保额更大的。

③意外险保额＝家庭年收入的3倍以上。

意外险相对来说比较便宜，可以分别针对小孩、大人和老人购买有针对性的意外险，保额最好在50万元及以上，特别是大人的意外险最好能达到百万元以上。

④定期寿险保额＝家庭年支出的10倍＋负债。

定期寿险的保额最好高一点，一般是家庭年支出的10倍加上负债。比如一个家庭一年支出10万元，房贷还有100万元，那么寿险的保额就要配置200万元以上。

2. 在未成年、青年、壮年、中老年阶段该怎么买保险？

一棵树从种子落地发芽到长成枯藤老树的生命过程，犹如一个人从呱呱坠地的婴孩走向步履蹒跚的迟暮之年。

一个人，从少年、青年、中年到老年，在不同的人生阶段会扮演不同的角色，也需要承担属于这个阶段的责任和风险，需要制订不同的风险抵御策略。那么，我们如何在不同的生命进程中，选择适合该年龄的保险呢？不同年龄阶段配置保险有什么不同呢？接下来我们一一来看人们在未成年、青年、壮年、中老年阶段的保险配置特点。

（1）未成年阶段

年龄：0～18岁。

特征：没有收入，靠家里抚养。

保障需求：生病＋意外。

保险配置建议：

①第一份保险：儿童医保。

在考虑商业保险之前，所有父母一定要为孩子投保的是儿童医保或少儿医保。这份保险属于城镇基本医疗保险，类似于孩子的社保，交费形式是国家补贴一部分，自己再交一部分，每年大概200～500元，不同城市有所不同。

在医疗费的报销上，每个城市的报销比例略有不同。一般情况下，门诊的报销比例在50%～60%之间；住院的报销比例在75%～90%之间；大病的报销比例在80%～95%之间。有了儿童医保，就可以享受国家医保的政策优惠，剩余的部分我们再通过商业保险来解决。

②第二份保险：意外险。

小朋友都顽皮好动又缺乏自我保护能力，因此意外类保险必须配置，最好选择没有免赔额且可以100%报销的意外险。

如果是3岁以上在上学的孩子，可以直接选择学平险（全称为"中小学生平安保险")。学平险是人身意外伤害保险的一种,性价比较高,会在意外险的基础上增加住院医疗的赔付。对于很多家庭来说,这非常实用,并且整体保费不会增加太多。

③第三份保险:重疾险。

配置了儿童医保和意外险,孩子的基本保障已经有了,如果经济条件允许的话,建议在孩子出生时就给孩子购买一份重大疾病保险,儿童重疾险价格都比较低,一年几百元钱的保费就能购买一份几十万元保额的重疾险。

为孩子购买重疾险不用选择终身期限的,一般保障二三十年就可以了,等孩子长大了再根据情况配置。

(2) 青年阶段

年龄:18～30岁。

特征:收入偏低或无收入;有些人还在读大学,有些人刚开始踏入社会,有些人开始为买房成家做准备,有些人已经成家立业;身体健康状况良好;父母大多年过50岁,身体机能逐渐下降。总的来说,青年阶段的人群收入不多,但要为成家立业、照顾父母做准备。

保障需求:生病+赡养父母。

保险配置建议:

①第一份保险:意外险。

我们永远不知道意外和明天哪个先来临,所以,不管是什么年纪,一定要购买意外险。意外险是杠杆最高的一款保险,而且保费不高,一年期意外险只需要一两百元。

②第二份保险:健康险。

健康险不是任何人想买就能买,购买前提是身体健康,而青年阶段的人群往往都还比较健康,适合购买健康险,而且年纪越轻,保费越低。因此,建议把重疾险和医疗险都配置好。

③第三份保险:定期寿险。

青年阶段的人群逐渐成为家庭支柱,一旦发生身故的情况,将给家庭带来巨大的伤害,所以,青年阶段的人群应该开始购买寿险,此时保费也是最便宜的。购买了寿险,如果被保险人不幸身故,家人就可以得到大额的保额赔偿,不至于"人财两空"。

(3) 壮年阶段

年龄:30～50岁。

特征:工作繁忙,赚钱能力稳步提高,身体素质走下坡路。身肩家庭的重担,如果发生健康或意外风险,不仅会导致家庭收入中断,甚至会让家庭负债累累。

保障需求:疾病+上有老下有小的重担+自身养老。

保险配置建议:

①第一份保险:意外险。

一年期意外险要优先购买,一是因为其便宜,二是因为壮年出现意外情况的概率较高,保额最好在100万元以上,对猝死的情况负有保险责任更好。

②第二份保险:重疾险。

人到中年几乎是买重疾险的最后机会,因为年纪越大身体越容易出毛病,到了老年可能连健康告知都过不了,这时买保险容易被保险公司拒保。因此在壮年时期要及时配置重疾险,保额最好在50万元以上。

③第三份保险:寿险。

壮年阶段压力最大,上有父母要赡养,下有孩子要抚养,还要还房贷与车贷。在这样的高压下,要非常努力地工作才能维持家庭的开销,如果不幸由于疾病或意外身故,家庭将陷入困境。

肩上责任越大,就越要把保障做足,这时寿险的作用就凸显了,建议买一份保额涵盖家庭10年年收入和负债的定期寿险,保额最好达到100万元以上。

④第四份保险:医疗险。

医疗险能对社保和重疾险起到很好的补充作用,将看病的压力降到最低。在经济条件允许的情况下,建议大家优先选择低免赔额、高保额的类型。

总之,配置了"意外险+重疾险+寿险+医疗险"这四大保险,方能保障处于壮年阶段的人群拥有体面的生活。

(4)中老年阶段

年龄:50岁以上。

特征:开始卸下家庭重担,逐渐步入退休阶段,开始为养老做准备,身体素质快速下降,患各种疾病的概率显著上升,容易因为健康问题被保险公司拒保。

保障需求:疾病+养老。

保险配置建议:

①第一份保险:意外险。

中老年人群年纪大了,身体不如以前,走路摔伤跌伤发生的概率比较高,所以中老年人群第一个要买的保险就是意外险。现在市面上有专门针对老年人的意外险,一年只要两三百元,就有几十万元的保障额度。

②第二份保险:防癌险。

中老年人在年轻的时候都在为生活温饱问题奔波,不懂得买保险,等反应过来,年纪已经大了,能购买的保险已经不多,特别是健康险,基本上很难买到,就算能买到，也要花费很高的价格，性价比非常低。

但中老年人群又是最容易生病的群体，如果因身体健康情况无法买医疗险、重疾险，就可以选择购买防癌险。防癌险只保障癌症，但是健康告知宽松，即便患有高血压、糖尿病和心脏病也可以购买，60岁以上的老年人也可以投保，对中老年人来说是比较友好的险种。

③第三份保险：医疗险。

身体状况还不错的中老年人可以购买医疗险，并且一定要购买续保容易、无须再填写健康告知的医疗险。

对四个年龄段的保险配置建议大体上就是这样。不同年龄段的人配置保险的侧重点不一样，我们要从实际出发，根据需要去配置相应的保险，特别是那些很重要又便宜的保险，可以尽早配置，而其他比较昂贵的保险，也是越年轻的时候买越便宜。不管哪个年龄段，都应该做好相应的保障工作。

3. 总结

①买保险要优先给家庭支柱买，先大人，后小孩和老人。
②普通人主要考虑配置重疾险、医疗险、意外险、寿险这4种保险。
③保费保额可以参照"双十配置法"，即家庭总保费不超出家庭年收入的10%，保额至少是家庭总收入的10倍。
④未成年阶段先买儿童医保和意外险，有充足预算可以买定期的重疾险。
⑤青年阶段先买意外险，其次是健康险，最后是定期寿险。
⑥壮年阶段先买意外险，其次是重疾险和寿险，最后是医疗险。
⑦中老年阶段先买意外险，其次是防癌险，最后是医疗险。

保险的险种还有很多，我们的配置原则是从刚需出发，大家可以根据自己的条件，去选择配置适合自己的保险。在预算有限的情况下，考虑先给大人配置意外险、重疾险和寿险，给孩子配置儿童医保和意外险，给老人配置意外险。如果预算充足，可以做一个全套的保险配置。

我们买保险是为了规避风险，预防突发的事故和疾病，避免让家庭陷入困境，因此我们购买保险时一定要合理配置，保证保额充足。

买保险前，这十大常见问题要搞懂

挑选合适的保险说难不难，说简单不简单。如果我们没有一点保险知识，就很容易被人牵着鼻子走，买不到合适的保险。如果我们懂一些保险知识，就可以在挑保险产品的时候游刃有余。

第六堂课
保险配置：解决家庭的后顾之忧

关于保险的内容，本书没有展开去讲，而是精挑细选了一些重要的内容进行讲解，大家只要掌握了这些知识点，挑选高性价比的保险就是一件很简单的事情了。

这节内容，我们来探讨买保险最常见的 10 个问题，帮助大家增进对保险相关知识的理解。

问题 1：什么是免赔额？

所谓免赔额，就是医保报销之后，个人先自付一部分，剩余部分，保险公司才会相应地进行理赔。简单来说，免赔额就是保险公司不予赔付的部分。

免赔额最常见于医疗险，如百万医疗险中往往有 1 万元免赔额，意味着只有超过 1 万元的那部分医疗费用，保险公司才理赔。

问题 2：忘记交保费，该怎么办？

保险到期前，保险公司都会用短信通知投保人在扣款银行预留足够的保费，如果忘记交保费，保险公司还会预留 60 天的时间给投保人补交或做资金周转，只要在 60 天内补交保费就可以。

问题 3：现金价值是什么？

我们在购买保险后，如果要退保，能退回多少钱呢？我们要解答好这个问题，就需要关注保险的现金价值。现金价值等于退保时能拿回的钱。一年期的消费型保险是没有现金价值的，只有长期限的险种才有现金价值，如一年期以上的重疾险、寿险、年金险、养老保险、万能险、分红险等。

问题 4：没有办理过医保，只买商业医疗险行吗？

医保是我国居民最基础的保险配置，而商业医疗险是在医保基础上进行补充使保障更全面，因此医保和商业医疗险不是选择其中一个就行了，二者是互补的。如果想要获得充分的保障，最好医保和商业医疗险两手抓。

如果我们是在企业上班，则企业会帮我们购买职工医保；没有工作的城市户籍人员可以到当地居委会办理居民医保；农村户籍人员可以到村委会办理新农合。在有医保的情况下，大部分商业医疗险的保费会更便宜。所以，我们最好先买好医保，再去购买商业医疗险。

问题 5：线上和线下买保险，哪种方式更好？

现在越来越多的人在互联网上购买保险，但也有很多人更认可在线下购买保险。那么，哪种方式更好呢？综合来看，还是推荐在互联网上买，原因主要有以下两点。

（1）线上买保险更便宜

线上销售的产品多数是消费型保险，线下销售的产品很多是储蓄型保险。

消费型保险更注重保障功能，花小钱撬动高额保障。比如消费型重疾险，保障期限可以选择保障到70岁或终身，保障内容可以选择是否含身故责任，缴费期限也能选择是20年还是30年，而且费率比较有竞争力。而储蓄型保险往往都很贵，性价比不高。所以，线上买保险往往更便宜，选择更多，性价比更高。

（2）理赔流程没差别

线上和线下购买的保险，理赔流程没有什么差别，现在很多保险公司都开通了多种理赔报案渠道：电话、官方网站、微信公众号、App等，不管是在线上买还是线下买，都能采用这些方式去理赔。在报案后，即便我们附近没有保险公司的分支机构，也可以通过快递资料来申请理赔。

买保险不像买衣服，要试穿，要摸过材质才知道适不适合自己，保险其实更像一件虚拟的商品，我们应该注重的是怎样买到性价比最高的产品，而不是在哪里买。综合来看，线上买保险反而更加有优势。

问题6：差不多退休了还适合买养老保险吗？

其实，养老金储备应当是在年轻时就要放入规划的，而不是等退休后才开始考虑。

所以，年纪大了就不太适合再去买养老保险了，建议中老年人理财首选我们前面提到的储蓄国债、银行存款类产品和保本且有稳定收益的理财型保险。

另外，需要特别提醒的是，老年人很容易成为理财诈骗的对象，因此挑选产品时着重考虑的因素应当是平台与产品的安全性、稳定性，而不是收益。

问题7：保险合同中，哪些内容是最关键的？

买保险时，最重要的信息都在合同条款里。保险合同条款内容包含合同订立、保障内容、保险金申领、保费缴纳、现金价值权益等，可以说所有的疑问都可以通过合同条款找到答案。其中，最关键的内容主要是保险责任和责任免除这两部分。

（1）保险责任

看保险合同条款其实不难，要快速了解一种保险究竟有什么用，最靠谱的做法就是看看保险条款当中的保险责任。所谓保险责任，就是保险公司在什么情况下会赔钱，具体赔多少钱。

第六堂课
保险配置：解决家庭的后顾之忧

我国的人身保险合同条款有标准条款模板，各保险公司的保险条款基本格式都差不多，但保险责任会有所区别。如图6-14所示，这份重大疾病保险合同中的保险责任包括重大疾病保险金额、中症疾病保险金额的说明等内容。

```
第七条 保险责任
  在本合同保险期间内，本公司承担如下保险责任：
  （一）必选责任
  1. 重大疾病保险金
    被保险人自本合同生效或最后复效（以较迟者为准）起90日内（含第90日）经诊断因
  疾病首次发生并经本公司指定或认可的医院由专科医生确诊初次患有本合同约定的重大疾
  病（无论一种或多种），本公司向投保人无息退还已交保险费，本合同终止。
    被保险人因意外伤害或自本合同生效或最后复效（以较迟者为准）起90日后（不含第
  90日）经诊断因疾病首次发生，并经本公司指定或认可的医院由专科医生确诊初次患有本
  合同约定的重大疾病（无论一种或多种），本公司按本合同约定的基本保险金额的100%给付
  重大疾病保险金。本项保险责任终止。如投保人未选择本合同"可选责任3. 重大疾病医疗
  津贴保险金"和"可选责任4. 恶性肿瘤保险金"，本公司给付重大疾病保险金后本合同终
  止。如投保人选择本合同"可选责任3. 重大疾病医疗津贴保险金"或"可选责任4. 恶性肿
  瘤保险金"，本公司给付重大疾病保险金后，除"可选责任3. 重大疾病医疗津贴保险金"
  或"可选责任4. 恶性肿瘤保险金"外的其他保险责任终止，本公司将豁免本合同自被保险
  人确诊初次患有本合同约定的重大疾病之日以后的剩余各期保险费，被豁免的保险费视为已
  交纳，同时本合同继续有效，但本合同的现金价值自重大疾病确诊之日起降低为零。
    如果被保险人因同一原因或在同一事故中导致其发生本合同所指的两种或两种以上的
  重大疾病，本公司仅按一种重大疾病给付重大疾病保险金。
    如果被保险人因同一原因或在同一事故中导致其发生本合同所指轻症疾病、中症疾病、
  重大疾病中多项责任的，本公司仅按保险金额最高的一项给付。
  2. 中症疾病保险金
    被保险人自本合同生效或最后复效（以较迟者为准）起90日内（含第90日）经诊断因
  疾病首次发生，并经本公司指定或认可的医院由专科医生确诊初次患有本合同约定的中症疾
  病（无论一种或多种），本公司向投保人无息退还已交保险费，本合同终止。
    被保险人因意外伤害或自本合同生效或最后复效（以较迟者为准）起90日后（不含第
  90日）经诊断因疾病首次发生，并经本公司指定或认可的医院由专科医生确诊初次患有本
  合同约定的中症疾病（无论一种或多种），本公司按本合同约定的基本保险金额的50%给付
  中症疾病保险金。
    本公司对同一种中症疾病只给付一次中症疾病保险金，给付后该种中症疾病保险金保险
  责任终止，本合同的中症疾病保险金给付以两次为限，当累计给付的中症疾病保险金次数达
  到两次时，本项保险责任终止。
```

图6-14　某重大疾病保险合同中的保险责任部分

大家在买保险前，一定要读懂保险责任，搞清楚它到底保什么、保多久等内容。

（2）责任免除

保险合同里我们要关注的第二个内容就是责任免除部分，保险责任是明确什么情况下可以赔偿，责任免除则可以看作在哪些情况下即使买了保险也不赔偿。

图6-15所示为某重疾险合同条款的责任免除部分，其中已说明"被保险人故意犯罪、酒后驾驶、无合法有效驾驶证驾驶、患有艾滋病"等情况，保险公司

都是可以不赔偿的。

> **第八条 责任免除**
> 因下述一种或多种情形导致被保险人身故、全残、进入疾病终末期阶段、患本合同约定的重大疾病、中症疾病、轻症疾病、少儿特定疾病或成人特定疾病的，本公司不承担给付保险金和豁免保险费的责任：
> （一）投保人对被保险人的故意杀害、故意伤害；
> （二）被保险人故意犯罪或者抗拒依法采取的刑事强制措施；
> （三）被保险人自本合同生效日或者最后复效日（以较迟者为准）起2年内自杀，但被保险人自杀时为无民事行为能力人的除外；
> （四）被保险人醉酒，斗殴，故意自伤、服用、吸食或注射毒品；
> （五）被保险人酒后驾驶，无合法有效驾驶证驾驶，或驾驶无有效驾驶证的机动车；
> （六）被保险人患先天性疾病、先天性畸形、遗传性疾病（但符合本合同"附表一：重大疾病列表""附表二：中症疾病列表""附表三：轻症疾病列表""附表四：少儿特定疾病列表"中疾病定义的除外）；
> （七）被保险人患艾滋病或感染艾滋病病毒（但符合本合同"附表一：重大疾病列表"中疾病定义的除外）；
> （八）战争、军事冲突、暴乱或武装叛乱；
> （九）核爆炸、核辐射或核污染。
> 被保险人因上述第（一）项情形身故的，本公司向被保险人的继承人退还本合同的现金价值，本合同终止。
> 被保险人因上述第（一）项情形全残，进入疾病终末期阶段、患本合同约定的重大疾病、中症疾病、轻症疾病、少儿特定疾病或成人特定疾病的，本公司向被保险人退还本合同的现金价值，本合同终止。

图 6-15 某重疾险合同条款的责任免除部分

所以，大家在买保险时，一定要看清楚免责条款的内容，看看到底哪些情况是不赔偿的。免责条款的内容越少越好。

问题 8：保险条款太复杂，重点看哪些？

（1）犹豫期

犹豫期是指在这期间如果投保人发现买错买贵或其他原因导致买完后悔了，都可以向保险公司申请退保，保费会全额退还。如果过了犹豫期退保，有可能只退一小部分。

目前大部分保险的犹豫期一般为 10～15 天，个别险种规定若是老年人投保，则犹豫期为 30 天；长期健康保险，犹豫期一般为 15 天。一般一年期的保险，也会有 3～15 天的犹豫期。

（2）等待期

保险合同在生效的指定时期内，即使发生保险事故，受益人也不能获得保险赔偿，这段时期被称为等待期。一般情况下，等待期从合同生效日算起，只适用于第一个保险年度。如果进行续保，一般没有等待期。

各类保险等待期的时间如下：

①定期寿险：一般是90天。

②重疾险：90～180天。

③医疗险：0～90天。

④意外险：0天。

等待期时间越短，对被保险人越有利。当然，等待期的时间长短因产品的不同而有区别，这些都会在保险合同条款中写明。

（3）宽限期

长期险通常有60天的续缴保费宽限期，如果过了缴费日忘记缴保费，那么只要在60天内补缴即可。在宽限期内保单依旧有效，如在此期间发生保险事故，保险公司仍要承担保险责任，但要从给付金额中扣除欠缴的保费。

（4）中止期

如果在60天的宽限期里依然忘记缴费，那么保单就会进入中止期，保险效力中止。合同中止日起两年内可以申请复效，补交所欠保费及利息后，合同继续有效，哪怕复效时这款产品已停售，也是可以复效的。

但应该注意的是，如果是疾病保险，复效后观察期自复效之日起重新计算，如果复效时被保险人达到投保体检年龄，还需要进行体检之后才能复效。

问题9：买保险前要不要体检？

买健康险和寿险一般要做好健康告知，也就是在点击购买时，会先弹出健康告知，我们要根据实际情况去填写，自己是否有健康告知里提到的健康问题。

但这并不意味着你要在买保险前特意去做一次体检，恰恰相反，买保险前千万不要自行去体检，否则检查出有问题就必须如实告知。

除非保险公司有明确要求，比如你有既往症或承保保额太高时，保险公司要求你去做一次体检进行核查，这种情况下是需要配合体检的，这一般适用于年龄比较大或保障金额在200万元、300万元或更高的被保险人。

在没有明确要求体检的情况下，我们在填写健康告知时做好两方面工作即可，一是健康告知里提到的问题如实回答，如果有自己不了解的身体情况或没有任何检查报告的项目，一定不要盲目地把自己臆想的最坏结果填写上去；二是健康告知没有提到的问题，无须补充告知。

简单地说，就是健康告知提到的问题你要如实回答，没有提到的就不用管。

如果我们买好保险后，遇到单位免费体检，要不要立马去做体检呢？

最好不要！因为保险公司承保之后，是有一段等待期的。如果在等待期内因疾病导致出险，保险公司只会退回已交的保费，然后合同就中止了。

所以，在等待期内，不要贸然去体检，等待期一般是 3～6 个月，过了等待期再去体检是不影响的。当然，如果身体不适应该就医，这是不能耽搁的。

问题 10：如果健康告知时出现不符合的情况，是不是就买不了了？

在线上买保险，如实进行健康告知后，一旦有不符合的情况，一般是不能买保险的，这时需要进行线下核保。一般来说，线下核保会产生 5 种结果。

①正常投保。如果个别身体健康指标异常，但对投保的影响不大，是可以正常投保的。

②加费承保。如果有既往症，会增加以后罹患重疾的风险，这时也可以投保，但保费要比普通人高，之后出险可以正常理赔。

③除外责任。如果某一部位或器官罹患重疾的风险很大，其他脏器没问题，这时通常需要除外承保，也就是因该部位或器官引起出险，保险公司不承担赔偿责任，而其他部位引起出险可以正常理赔。

④延期受理。当投保人目前健康状况不明，需要一定的时间进行观察时，保险公司会延期受理保单，等到有明确诊断后，才决定是否承保。

⑤拒保。如果投保人的异常情况超出保险公司的承受范围，那么就会被拒保。

以上 5 种情况是常见的核保结果，是由保险公司来决定的，我们要想顺利投保，应配合保险公司，根据保险公司的指引，该交材料就交材料、该填表格就填表格。

总结起来，我们从买保险到理赔，都是有流程和规则可循的。相信学完之后，我们都能做到把该关注的提前知晓，做到心中有数，遇到什么情况也能不慌不忙按章办事。

最后，建议大家把保险合同管理好，最好是打印出来，放在家里比较显眼的地方，同时告知家人，并发一份电子版到家人的邮箱。毕竟万一出险了，有可能需要家人去理赔。

如何管理保险合同呢？我们可以让保险公司寄送一份纸质版合同或自行打印下来，在合同上贴个便利贴，写下被保人姓名、投保种类、保额、保障期限、续保日期等重点信息，方便以后查找。对电脑操作熟悉的人，也可以直接在电脑上列一张表格，将每份合同的重点信息记录下来。

保险的购买说难不难，说简单也不简单。保险条款本身是非常严谨的，所以理解上会比较困难。如果我们确实读不懂保险条款，还可以找专业人士帮我们选择保险产品。先让保险经纪人或代理人帮我们挑选几个，我们再从中选择性价比最高的那一个。所以，我们学习保险的知识，也是为了提高我们判断哪些产品值得买的能力。

第七堂课　七

工具、网站、书籍推荐

四大常用基金投资工具介绍

我们在投资基金时,需要用到很多投资工具,主要包括基金投资 App、估值工具、评级网站、定投计算器等。

1. 基金投资 App

基金投资 App 主要包括以下 6 个:
① 支付宝。
② 天天基金。
③ 腾讯理财通。
④ 蛋卷基金。
⑤ 且慢基金。
⑥ ETF 组合宝。

其中,ETF 组合宝是雪球旗下的一款专门用来查看 ETF 基金的软件(图 7-1),分类非常清晰,各项数据都比较完善。

图 7-1 使用 ETF 组合宝查看 ETF 基金

2. 估值工具

①且慢小程序。且慢小程序是一款微信小程序，可以使用它对一些常见的指数进行估值，如图7－2所示。

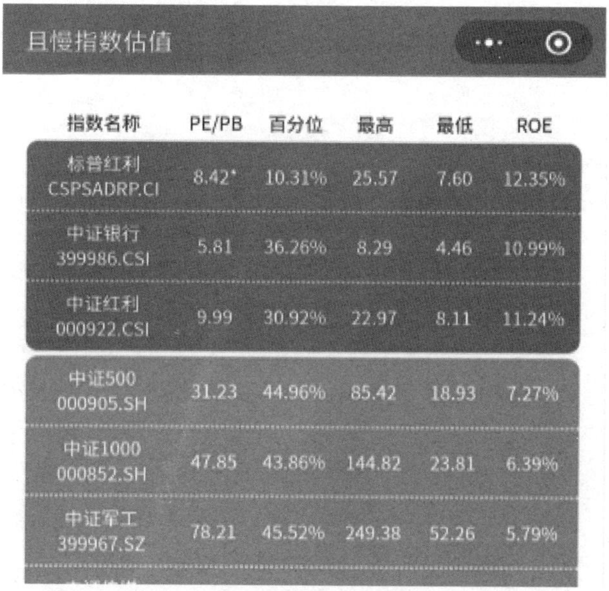

指数名称	PE/PB	百分位	最高	最低	ROE
标普红利 CSPSADRP.CI	8.42*	10.31%	25.57	7.60	12.35%
中证银行 399986.CSI	5.81	36.26%	8.29	4.46	10.99%
中证红利 000922.CSI	9.99	30.92%	22.97	8.11	11.24%
中证500 000905.SH	31.23	44.96%	85.42	18.93	7.27%
中证1000 000852.SH	47.85	43.86%	144.82	23.81	6.39%
中证军工 399967.SZ	78.21	45.52%	249.38	52.26	5.79%

图7－2　使用且慢小程序进行指数估值

②指数红绿灯。指数红绿灯是支付宝中的一项功能，主要用来查看指数估值，如图7－3所示。

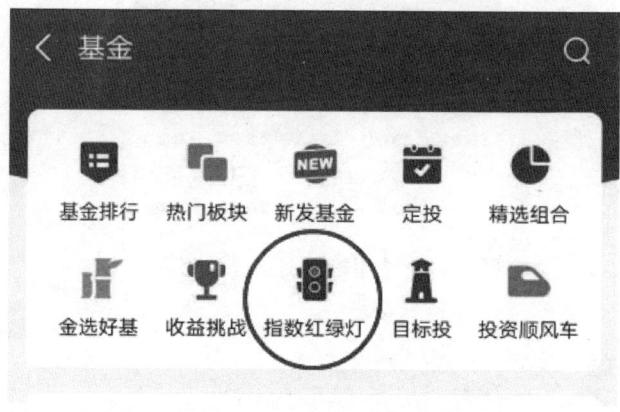

图7－3　使用指用红绿灯查看指数估值

③韭圈儿。它是一个好用的指数估值网站。如图7－4所示，可以使用韭圈儿查看指数估值。

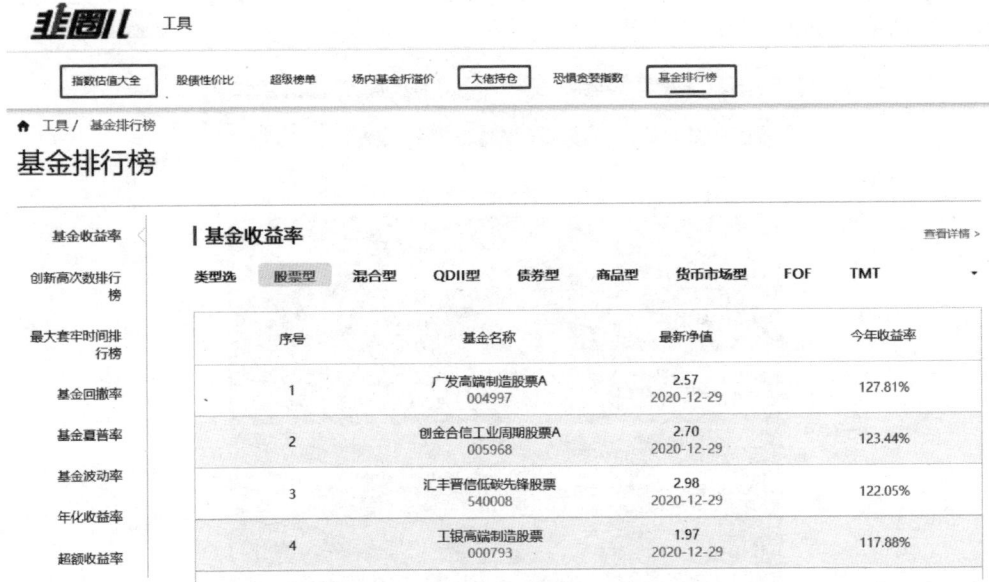

图7－4　使用韭圈儿查看指数估值

④指数宝。如图7－5所示，指数宝是天天基金App上的一个估值功能，可以用其查看指数估值。

图7－5　使用指数宝查看指数估值

3. 评级网站

晨星是全球知名基金评级机构，其对基金的评级以及分析评价，具有很高的参考价值。在使用晨星网（图7－6）的过程中，既可以查询单只基金的晨星评级,也可以结合使用评级和其他指标选基金。

图7-6 晨星网

4. 定投计算器

定投计算器可以用来计算定投的收益。以下为微信小程序中的定投计算器:
①蛋卷基金定投计算器。
②定投计算器助手。
③复利定投计算器。
④极简定投计算器。

7个好用的炒股工具介绍

我们投资股票时,需要使用股票行情软件,也需要使用交易工具,并进行基本面分析。下面,就给大家介绍几个投资股票时需要用到的工具。

1. 同花顺

同花顺是一款功能非常强大的免费网上股票证券交易分析软件，能够提供行情显示、行情分析、行情交易等功能。支持超过85%的券商交易，也就是我们大部分在券商开户的账号，也能在同花顺进行登录。我们可以在电脑的浏览器里搜索同花顺官网，在官网中找到软件下载地址，也可以用手机在应用市场下载使用。

2. 东方财富

东方财富网是中国访问量大、影响力大的财经证券门户网站之一。旗下的产品东方财富 App 不仅功能最全，而且交互非常人性化。大家可以下载使用手机端的东方财富 App。

3. 通达信软件

通达信软件是具有多功能的证券信息平台，与其他行情软件相比，有简洁的界面和行情更新速度较快等优点。大家可以在电脑端使用通达信，手机端选择开户的券商软件，比如你在华泰证券开户，可以使用华泰证券的 App——涨乐财富通。

4. 雪球

雪球是一个比较专业的股票社区，论坛上会发布很多专业内容，可以参考，有时能在雪球网看到非常有价值的文章。

5. 淘股吧

淘股吧是一个散户比较多的炒股论坛，用户多数是短线投资者，比较关注涨停板、打板和追热点。如果你喜欢做短线，也可以在淘股吧找到同类。

6. 同花顺 i 问财

i 问财是同花顺旗下专业的智能选股平台，通过 AI 技术为股民提供智能选股、量化投资、价值投资、技术分析等各类选股指标。我们可以在其网页或 App 中，通过输入条件选股的内容，找到符合要求的目标股票。

7. 集思录

集思录是一个以数据为本的投资社区，内容偏专业化，其中，A 股市场温度计就是集思录里具有一定投资参考的指标。集思录适合有一定基础的投资者。

第七堂课
工具、网站、书籍推荐

8个好用的投资网站推荐

常用的投资网站有很多，这里主要给大家推荐8个。

1. 东方财富网

前面已介绍过东方财富App，这里介绍的是东方财富网的网页版，这是一个非常全面的财经网站，几乎囊括了市面上所有投资类的内容，包括股票、债券、基金、黄金、银行理财、外汇等，可谓包罗万象。大家在这个网站中能找到非常专业的知识，让自己更快进步。

2. 新浪财经

新浪财经和东方财富网非常相似，内容比较综合，其不仅有投资的内容，还有时事热点类新闻。大家也可以选择去新浪财经了解一些投资知识。

3. 英为财情

英为财情是全球第四大财经网站Investing.com的中文品牌。其提供全球股票、外汇、期货、债券、基金、数字货币等数十万种金融投资产品的实时行情和新闻资讯，以及多种投资工具。这个网站的内容适合有一定基础的投资者。

4. 巨潮资讯网

巨潮资讯网可用来查看上市公司公告，我们常用的资料一般是公司的招股说明书、年报、半年报、季报以及部分特殊公告。巨潮资讯网最大的缺陷就是查找不到年代比较久远的招股说明书。

5. 萝卜投研

萝卜投研是利用人工智能、大数据、移动应用技术建立的股票基本面分析智能投研平台。在萝卜投研，可以查询到很多宏观数据，还可以看到各个券商对上市公司的分析，从数据层面来看，有很高的参考价值。

6. 中证指数有限公司官网

中证指数有限公司是由上海证券交易所和深圳证券交易所共同出资发起设立的一家专业从事证券指数及指数衍生产品开发服务的公司。我们通过这个网站能查找到一系列指数。这里是指数类数据信息最全面的地方之一。

我们在浏览器里输入"中证指数有限公司",进入其官网,点击"指数"进入"指数体系与服务"界面,然后点击各个不同的指数系列,就能筛选出自己想要看到的指数信息,还能观察到不同行业历年来的增长状况,以及当前行业的估值。点击指数的名称,还可以下载它的编译方案等数据。

7. 理杏仁

理杏仁的定位为理性投资者的数据中心,为投资者提供专业的数据提取、筛选以及可视化服务。

利用理杏仁查询各类指数和个股的估值比较方便、全面,也可以使用它的筛选器功能筛选股票。不过,使用这个工具需要付费,收费标准是约每两小时1元。新用户有一段时间的试用期,试用期结束过后还需继续使用就要付费了。

8. 中国理财网

中国理财网是由银监会批准设立的网站,统计了大量银行理财产品的信息,支持验证产品真伪。大家在购买银行理财产品时,可以通过该网站查证该产品是不是银行的产品。

理财小工具、实用理财书籍推荐

成为投资小能手,需要用到各种理财投资小工具,也需要通过不断的学习提高自己,下面给大家推荐一些常用的理财小工具和实用理财书籍。

1. 记账工具

①鲨鱼记账。
②口袋记账。
③ Timi 时光账本。
④松鼠记账。
⑤网易有钱。

2. 理财计算器

(1)个税计算器

在微信小程序中输入"个税计算器",选择排在前面的小程序,用来计算个人的个税缴纳额。

(2) IRR 计算

在微信小程序中输入"IRR 计算",就能找到相关的小程序,在 IRR 计算小程序中,输入借款金额、还款方式、还款期数、每次还款金额,能计算出实际贷款利率。

(3) 实用贷款计算器

在微信小程序中输入"实用贷款计算器",能找到一款计算贷款利率的小程序,可以利用其计算等额本息、等额本金等情况下的月供、支付利息和还款总额。

3. 理财书籍

(1) 股票类

我们推荐 10 本股票类经典书籍(表 7-1),这 10 本书籍涉及股票技术面分析、基本面分析、股票交易之道、股票操作策略等方面。

表 7-1 10 本股票类经典书籍

序号	书名	作者
1	《日本蜡烛图技术——古老东方投资术的现代指南》	史蒂夫·尼森
2	《期货市场技术分析》	约翰·墨菲
3	《股票大作手回忆录》	埃德温·勒菲弗
4	《炒股一定要懂上市公司分析》	李石养
5	《大炒家》	吴迪
6	《海龟交易法则》	柯蒂斯·费思
7	《怎样选择成长股》	菲利普·A.费舍
8	《道氏理论》	罗伯特·雷亚
9	《走进我的交易室》	亚历山大·埃尔德
10	《史丹·温斯坦称傲牛熊市的秘密》	史丹·温斯坦

这 10 本书体现 10 种不同的股票投资策略,其中,《日本蜡烛图技术——古老东方投资术的现代指南》和《期货市场技术分析》是广受认可的技术分析书籍,适合理财小白作为技术分析入门书籍。

《股票大作手回忆录》是一本精彩的人物传记,记述了一位几百年一遇的金融市场交易与投资天才——杰西·利弗莫尔的人生、梦想、事业和财富的故事，我们可以从中学到大师的投资交易逻辑，领悟投资的真谛。

其他几本书在学有余力的情况下，可以继续研究学习，深入读懂交易市场。

我们读书时不要太纠结于书中一些具体的细节和说法，而是要理解为什么要用这种方式来进行股票投资，然后结合这些内容形成自己的投资体系。

（2）基金投资类

推荐大家学习以下5本基金投资类的书籍（表7-2）。

表7-2　5本基金投资类书籍

序号	书名	作者
1	《解读基金：我的投资观与实践》	季凯帆、康峰
2	《这样做，迈出投资第一步》	兴全基金理财实验室
3	《指数基金投资指南》	银行螺丝钉
4	《基金定投的奥秘》	李伟
5	《买基金为自己加薪》	萧碧燕

《解读基金：我的投资观与实践》是一本很好的入门书，介绍了正确的基金投资观、理性的基金投资回报预期、优秀投资者的心态管理、丰富的基金投资常识等，语言通俗易懂，一般一两天内能读完。其他4本书在这里不多做介绍，大家学有余力可以去阅读。

后　　记

　　看到这里的朋友，首先要恭喜你，你已经把这本书看完啦，相信通过对本书的研读，你已经厘清了投资的基本逻辑，学会了不少投资技巧。

　　其次，要给你"点赞"，因为你坚持看到了最后，说明你具备了一名专业投资者锲而不舍、坚持到底的优秀素养。坚持这种品质，在投资当中尤为重要。

　　如果你是初学者或有一定的投资经验但是又没有比较清晰的理财思路的投资者，这本书对于你来说，应该是一本理论与实践相结合的实用书籍。在投资的道路上，永远没有所谓的"捷径"，我们必须努力认真学习相关的知识，并通过实操来实现财富的增值。

　　我们理财投资的终极目的，是要在获取工资收入之余，还能通过钱生钱获得"被动收入"，让我们的资产得以保值和增值，让我们过上更加富裕的生活。那么，理财投资路上，我们要如何提升自己的财商呢？

1. 不理财是"等死"，乱投资是"找死"

　　我们都知道"你不理财，财不理你"的道理，通货膨胀不断稀释着我们的资产，让我们账户上的钱能买的东西越来越少。

　　而理财路上有无数的陷阱，一知半解最容易盲目自信，如果这时乱投资，那么无异于"找死"。

　　举个例子。前几年数字货币非常火爆，随随便便就有几十倍的涨幅，让许多人看到了暴富的机会。于是，他们把所有的积蓄砸到数字货币里面，连自己买的数字货币是哪家公司发行的、到底合不合法都不知道。结果，不久后，数字货币被国家认定为"非法集资"，许多数字货币出现暴跌，甚至一些平台都跑路了。那些投入了全部身家的投资者可谓是血本无归。

　　乱投资是一件很可怕的事情，它抓住了人性贪婪的一面，不断炮制"暴富"的泡沫，吸引不明所以的人进场。然而，泡沫终归会破灭，乱投资的人最终会亏得很惨。

　　所以，我们投资的铁律就是：不懂的东西不要碰！

2. 要树立正确的理财观

　　常听别人说，理财投资能够实现财务自由，因此很多人带着"一夜暴富"的幻想踏进投资领域，但他们并不知道别人到底花了多长时间、交了多少"学费"才实现财务自由。抱着暴富心态去投资的人，往往会亏得一塌糊涂，因为他们的投资目的就类似于"赌博",最后的结局就是被市场"收割"。

因此,我们要树立正确的理财观,放弃一夜暴富的幻想,学会利用时间的复利效应。

说到复利效应,不得不提"股神"巴菲特。巴菲特在1957年到2008年间,取得了平均19.91%的年化收益率。这个收益看起来好像不是很高,因为一年实现1倍收入的人很多,五年实现年化50%收入的人也有,但没有一个人能像巴菲特那样,在持续半个世纪的时间里,年化收益率达到20%左右,因此,到2008年,巴菲特以620亿美元的身价成为世界首富。这背后的根本力量就是复利效应,是复利让财富增长得越来越快,最后实现财富的集聚。

亚马逊CEO贝佐斯问过巴菲特:"你的投资理念非常简单,为什么大家不直接复制你的做法呢?"巴菲特说:"因为没有人愿意慢慢变富。"

这句话道出了投资的真谛!多少人因为投资急功近利,不愿意在市场中慢慢变富,因此掉进了暴利的陷阱,最终变得越来越穷!

在这里,我要给大家介绍一位理财投资界的元老级人物——刘元生。他是一位香港商人,他之所以为人称道,是因为他在投资万科A上的坚持。

他在30多年前开始买入万科(1988年万科发行股票),多年来累计投资万科400多万元。现在,他已经是万科最大的个人股东,持有万科股票30多年,财富至少已经增值到35亿元,赚了970多倍!试问,到底有多少人能够坚定持有一只股票长达5年、10年甚至20年呢?

所以,坚持复利投资,与时间为伍,这才是普通人可以掌握的致富之道,也就是我们所说的"与时间做朋友"。

巴菲特说过:"人生就像滚雪球,关键是要找到足够湿的雪和足够长的坡。"在投资时,我们要先学会找到优质的资产,买入后长期持有,不为短期波动所迷惑,才能获得满意的收益。

3. 四个方法,让理财学习更高效

学习,方法远比努力重要。否则,费了九牛二虎之力,收效也是微乎其微。如果你想真正学会投资理财,成为理财高手,以下四个方法可以让你的学习更有效。

(1) 明确理财学习的目标

我们要想把事情做好,有个清晰的目标非常重要,学习理财也是如此。如成为一个股票投资达人、每年获得10%以上的收益等,都是很好的投资目标。有了具体的目标后,就可以把目标进行拆解,比如通过教科书学习知识、上理财培训课程、进行投资实战演练等。所以,我们在投资前,先要学会明确目标。

后　记

（2）寻找良师益友，共同学习

学习理财时需要克服自己的懒惰，需要极强的自我管理能力。很多人学习时容易半途而废就是因为没有人监督，没有人一起学习。

因此，如果你只是单单买了一个课程独自学，很容易感到空虚、寂寞，远远比不上在一个班级里，和老师、同学一起学习。同时，有什么疑问也可以得到及时的解答，学习的效率会大幅提升。

（3）动口又动手，练脑也练手

很少有人是因为单纯对理财知识感兴趣而学习理财，我们学习理财更多是为了在学会理财后打理自己的财产。

而我们想要把理论知识变成自己的变富工具，就需要在学习过程中边学边动手操作，这样才能真正把知识转化为生产力。如果我们担心投资出现亏损，可以先做模拟投资，也可以用很小的金额去尝试投资，在掌握了更多的知识后，再慢慢增加投入。

（4）走出舒适圈，让自己从此不再"一般"

你还记得1个月前看过的综艺节目吗？还记得2天前刷过的抖音吗？你可能都不记得了。这些行为都是在消耗时间，没有太大意义，对我们的成长更没有什么帮助。我们之所以无法改正这些行为，很大程度上是因为我们没有目标，也没有动力去改变现状。

"当你感觉安逸顺畅的时候，说明你在走下坡路。"不努力的后果就是用后半生的勤劳来补偿前半生的懒惰。

所以，我们想要成长起来，变得更加强大，就要让自己走出舒适圈，把看抖音、刷微博的时间用来学习，通过不断实践，让自己每天进步一点点，直至实现质的飞跃，让自己成为拥有更多收入的人！